# Apuramento e Aplicação de Resultados

## NO CÓDIGO DAS SOCIEDADES COMERCIAIS

# Apuramento e Aplicação de Resultados

NO CÓDIGO DAS SOCIEDADES COMERCIAIS

2016

Paulo Alves de Sousa de Vasconcelos

**APURAMENTO E APLICAÇÃO DE RESULTADOS**
NO CÓDIGO DAS SOCIEDADES COMERCIAIS

AUTOR
Paulo Alves de Sousa de Vasconcelos

EDITOR
EDIÇÕES ALMEDINA, S.A.
Rua Fernandes Tomás, nºs 76, 78 e 80
3000-167 Coimbra
Tel.: 239 851 904 · Fax: 239 851 901
www.almedina.net · editora@almedina.net

DESIGN DE CAPA
FBA.

EDITOR
EDIÇÕES ALMEDINA, S.A.

IMPRESSÃO E ACABAMENTO
PAPELMUNDE

Maio, 2016

DEPÓSITO LEGAL
409502/16

Os dados e as opiniões inseridos na presente publicação são da exclusiva responsabilidade do seu autor.

Toda a reprodução desta obra, por fotocópia ou outro qualquer processo, sem prévia autorização escrita do Editor, é ilícita e passível de procedimento judicial contra o infrator.

 | GRUPOALMEDINA

---

BIBLIOTECA NACIONAL DE PORTUGAL – CATALOGAÇÃO NA PUBLICAÇÃO

VASCONCELOS, Paulo

Apuramento e aplicação de resultados : no
código das sociedades comerciais. – (Teses
de doutoramento)
ISBN 978-972-40-6373-7

CDU 347

*À Domingas e ao Tomás*

*À memória do meu irmão Diogo*

*A meus Pais*

## NOTA PRÉVIA

O texto que ora se coloca nas mãos do leitor corresponde, com pequenas alterações e atualizações legais e jurisprudenciais, à dissertação de Doutoramento apresentada em janeiro de 2014 no Departamento de Direito Privado da Faculdade de Ciências Jurídicas e do Trabalho da Universidade de Vigo e aí defendida, em 26 de maio do mesmo ano, perante um júri constituído pelos Professores Doutores José Antonio Gómez Segade, da Universidade de Santiago de Compostela, que presidiu, Maria Elisabete Ramos, da Universidade de Coimbra, e Julio Costas Comesaña, da Universidade de Vigo, a qual mereceu aprovação com a classificação "sobresaliente cum laude".

No momento em que este estudo é publicado, expresso o meu justo agradecimento a todos os que, de um modo ou de outro, possibilitaram que esta etapa chegasse ao final, na certeza de que os méritos que este trabalho possa ter são seus. Pois embora uma dissertação seja um trabalho solitário, é também dependente de muitas contribuições, apoios e incentivos, sem os quais, manifestamente, não passaria de um sonho.

Em especial, dirijo uma palavra de muito apreço ao Professor Doutor Anxo Tato Plaza, que não hesitou aceitar ser o orientador deste estudo e de quem, desde a primeira hora, sempre recebi uma pronta resposta a todas as minhas solicitações, com um acompanhamento paciente do desenvolvimento da dissertação e um incentivo permanente à sua conclusão.

Uma palavra é devida a cada um dos membros do júri, a quem agradeço a honra que me concederam ao terem aceite o encargo de o integrar e as observações e críticas que construtivamente formularam.

Expresso igualmente o meu reconhecimento ao Departamento de Direito Privado da Universidade de Vigo, além de tudo o mais, pela forma tão acolhedora como me recebeu e por ter permitido que me expressasse na minha língua materna.

Agradeço também ao Instituto Superior de Contabilidade e Administração, do Instituto Politécnico do Porto (ISCAP), que me proporcionou dispensa de serviço docente, sem a qual não teria sido possível concluir este trabalho em tempo razoável. Em particular, agradeço ao Professor Doutor RAUL GUICHARD o decisivo incentivo dado e o apoio constante ao longo destes anos. Gratidão que se alarga a todos os Colegas da área de Direito que proficientemente supriram as minhas ausências.

Apesar de muito breve, foi marcante a estadia que pude efetuar no *Max-Planck-Institut für ausländisches und internationales Privatrecht*, em Hamburgo. No agradecimento pela oportunidade que me foi dada, e pelas condições que me foram facultadas, não posso esquecer o Professor Doutor LUÍS MIGUEL PESTANA DE VASCONCELOS que me abriu as portas desta enriquecedora experiência de investigação.

Ao longo da elaboração deste trabalho, para além de muitos outros, foram importantes os diálogos com os Professores JOSÉ RODRIGUES DE JESUS e PAULO DE TARSO DOMINGUES, a quem estou grato pela disponibilidade sempre manifestada e pelos ensinamento recebidos.

Dois últimos agradecimentos se impõem: aos meus alunos, que são a razão última do meu trabalho enquanto professor, e à Domingas e ao Tomás, que são o suporte vital, sem o qual este trabalho não teria sequer começado.

*

O tema da dissertação – "Apuramento e Aplicação de Resultados – No Código das Sociedades Comerciais" – situa-se no âmbito do Direito Societário, mas na fronteira com a Contabilidade.

O desafio que nos propusemos foi o de analisar e compreender como se apuram os resultados obtidos pelas sociedades comerciais, por um lado, e, de seguida, como se podem aplicar, sejam eles positivos ou negativos, determinando qual o regime a que a destinação dos resultados está sujeita.

É certo que, no âmbito das atividades comerciais, que constituem o objeto do Direito Comercial, o lucro é o objetivo principal e a razão que justifica os investimentos pessoais e materiais nelas efetuados. E, no que concerne às sociedades comerciais, o lucro é não só o fim como também a causa do próprio contrato. Ora, face a esse caráter essencial do lucro e do Direito que o tem por objeto, revela-se um desafio interessante compreender como se apuram e como se aplicam os resultados obtidos pelas sociedades comerciais, no sentido de contribuir para a melhor compreensão da posição jurídica dos sócios.

Sendo eu jurista, "natural" do Direito, certo é que "resido", há mais de 24 anos, numa escola de Contabilidade e Administração, pelo que se afigurou pertinente a escolha de um tema que propiciasse o diálogo científico com outros saberes, neste caso, com a Contabilidade. Esta opção, não sendo isenta de riscos e dificuldades, pode proporcionar novos pontos de vista que as fronteiras sempre nos oferecem.

Oxalá, a partir deles os leitores se sintam animados a aprofundar o diálogo interdisciplinar, essencial para o estudo de qualquer área do saber.

Porto, dezembro de 2015.

# ABREVIATURAS

ACE – *Agrupamento Complementar de Empresas*
AEIE – *Agrupamento Europeu de Interesse Económico*
AIE – *Agrupación de Interés Económico* (Espanha)
AktG – Aktiengesetz (*Lei alemã sobre Sociedades Anónimas e em Comandita por Ações, de 6 de Setembro de 1965*)
BGB – *Bürgerliches Gesetzbuch* (Código Civil alemão)
BMJ – *Boletim do Ministério da Justiça*
CC – *Código Civil Português, de 1966*
CCI – *Código Civil Italiano*
CIRC – *Código do Imposto sobre o Rendimento das Pessoas Coletivas, aprovado pelo DL nº 442-B/88, de 30 de novembro*
CIRE – *Código da Insolvência e da Recuperação de Empresas, aprovado pelo DL nº 53/2004, de 18 de Março*
CMVM – *Comissão de Mercado de Valores Mobiliários*
CVM – *Código dos Valores Mobiliários, de 1999*
Cód. Com. – *Código Comercial Português, de 1888*
Col. Jur. – *Colectânea de Jurisprudência*
CPC – *Código de Processo Civil*
CRC – *Código do Registo Comercial*
CSC – *Código das Sociedades Comerciais*
CVM – *Código dos Valores Mobiliários*
DL – *Decreto-Lei*
DGRN – *Direção-Geral dos Registos e Notariado*
EIRL – *Estabelecimento Individual de Responsabilidade Limitada*

APURAMENTO E APLICAÇÃO DE RESULTADOS

GIE – *Groupement d'Intérêt Économique (França)*

GmbH – *Gesellschaft mit beschränkter Haftung* (sociedade alemã de responsabilidade limitada)

HGB – *Handelsgesetzbuch* (Código Comercial alemão)

IAS – *International Accounting Standards*

IES – *Informação Empresarial Simplificada*

IFRS – *International Financial Reporting Standards*

IRC – *Imposto sobre o Rendimento das pessoas Coletivas*

JO – *Jornal Oficial da União Europeia*

JOCE – *Jornal Oficial da Comunidade Europeia*

LOFTJ – *Lei Orgânica de Funcionamento dos Tribunais Judiciais, aprovada pela Lei nº 52/2008, de 28 de agosto*

LSA – *Lei sobre Sociedades Anónimas, texto refundido de 22 de dezembro de 1989 (Espanha)*

LSC – *Texto refundido da Lei de Sociedades de Capital (Espanha)*

LSRL – *Lei sobre Sociedades de Responsabilidade Limitada, de 23 de março de 1995 (Espanha)*

MEP – *Método da equivalência patrimonial*

NCRF – *Normas Contabilísticas e de Relato Financeiro*

NIC – *Normas Internacionais de Contabilidade*

OPA – *Operação pública de aquisição (de ações)*

POC – *Plano Oficial de Contabilidade, aprovado pelo DL nº 47/77, de 7 de fevereiro*

RDE – *Revista de Direito e Economia*

ROA – *Revista da Ordem dos Advogados*

ROC – *Revisor Oficial de Contas*

RSE – *Responsabilidade Social das Empresas*

SA – *Sociedade Anónima*

SAD – *Sociedade Anónima Desportiva*

SCE – *Sociedade Cooperativa Europeia*

SENC – *Sociedade em Nome Colectivo*

SGPS – Sociedade Gestora de Participações Sociais

SNC – *Sistema de Normalização Contabilística, aprovada pelo DL nº 158/2009, de 13 de julho*

SQ – *Sociedade por Quotas*

SROC – *Sociedade de Revisores Oficiais de Contas*

STJ – *Supremo Tribunal de Justiça*

ABREVIATURAS

TCAS – *Tribunal Central Administrativo Sul*
TRC – *Tribunal da Relação de Coimbra*
TRE – *Tribunal da Relação de Évora*
TRL – *Tribunal da Relação de Lisboa*
TRP – *Tribunal da Relação do Porto*
UE – *União Europeia*

# SUMÁRIO

| | |
|---|---|
| NOTA PRÉVIA | 7 |
| PRÓLOGO | 17 |
| INTRODUÇÃO | 23 |

**CAPÍTULO I – O LUCRO COMO ELEMENTO CARACTERIZADOR DAS SOCIEDADES COMERCIAIS** — 29
1. O lucro no contrato de sociedade — 29
2. O lucro nas Sociedades Comerciais — 69

**CAPÍTULO II – O APURAMENTO DE RESULTADOS** — 101
1. O apuramento anual da situação social – obrigação de dar balanço e de prestar contas anualmente — 101
2. O processo de apuramento dos resultados do exercício — 118
3. A invalidade das contas — 155
4. Os resultados apurados — 165

**CAPÍTULO III – AS APLICAÇÕES DE RESULTADOS** — 195
1. As reservas — 196
2. Os dividendos — 239

**CAPÍTULO IV – A DELIBERAÇÃO DE APLICAÇÃO DE RESULTADOS** — 267
1. Noção de aplicação de resultados — 268
2. Regras a que está sujeita a deliberação de aplicação de resultados — 291

APURAMENTO E APLICAÇÃO DE RESULTADOS

3. Distinção de figuras afins     316
4. Síntese das prioridades a observar na aplicação de resultados     323

CONCLUSÕES     331

ABSTRACT     339

BIBLIOGRAFIA     345

JURISPRUDÊNCIA PORTUGUESA CONSULTADA     361

# PRÓLOGO

Entre o Sur de Galiza e o Norte de Portugal existe dende sempre unha forte relación de veciñanza. A división xeográfica a través do Río Miño e a propia división fronteiriza nunca chegaron a borrar por completo a existencia de fondos lazos sociais, culturais e lingüísticos. Creo que estes fondos lazos de unión permiten falar dun espazo único onde, afortunadamente, se desenvolven dende hai tempo e con total normalidade relacións sociais e económicas.

Tamén de xeito afortunado, a estas relacións sociais e económicas que dende sempre se producen nese espazo único e compartido sumáronse de xeito máis recente vínculos académicos e científicos. Así, cada día son máis frecuentes e fortes os vínculos entre os distintos centros e Profesores da Universidade de Vigo e os centros e Profesores das distintas Universidades do Norte de Portugal. Non podía ser doutro xeito, se temos presente que a escasa distancia entre os nosos centros (cada vez máis curta, a medida que avanza o proceso de modernización de infraestructuras) permite un rico intercambio académico e científico do que todos nos beneficiamos.

Sen dúbida, unha das manifestacións máis claras (e, por que non dicilo, máis fermosas) deste intercambio consiste na frecuente presencia de estudantes galegos nas Universidades do Norte de Portugal e de estudantes portugueses na Universidade de Vigo. E estou a referirme non só a estudantes de grao, senón tamén a estudantes de terceiro ciclo que, cada vez máis a miudo, cruzan "a raia" para obter o título de doutor no país veciño.

APURAMENTO E APLICAÇÃO DE RESULTADOS

Como dicía, estou seguro de que esta "ponte académica sobre o Miño" a todos nos beneficia. Ofrece e ofrecerá no futuro grandes froitos para o desenvolvemento cultural, económico e científico dun espazo que xa é común. E a obra que o lector ten nestes momentos nas súas mans constitúe a mellor mostra do que acabo de afirmar.

En efecto, coñecín ao Dr. Paulo Alves de Sousa de Vasconcelos cando cursaba o programa de doutoramento sobre "Ordenación Xurídica do Mercado" no Departamento de Dereito Privado da Universidade de Vigo. Cando rematou os entón denominados "Cursos de doutoramento", Paulo dirixiuse a min para pedirme que aceptase a dirección da súa Tese de doutoramento, Tese na que pretendía abordar o réxime de determinación e aplicación de resultados nas sociedades mercantís.

A materia que o Dr. Paulo Alves de Sousa de Vasconcelos pretendía abordar na súa Tese de Doutoramento estaba lonxe das que naquel momento (e inda hoxe) constitúen as miñas principais liñas de investigación. Por iso caeron sobre min algunhas dúbidas, non sobre a capacidade de Paulo para a realización da Tese (capacidade que xa me quedara clara durante os cursos de doutoramento), senon sobre a miña adecuación e aptitude como Director desa Tese. A determinación e o tesón de Paulo diluiron esas dúbidas, aceptei a dirección da Tese, e hoxendía podo dicir que foi unha decisión afortunada.

En efecto, atopeime dende entón cunha persoa cuia capacidade intelectual e de traballo permitían superar as dificultades de toda índole que supoñía a realización da Tese: as dificultades científicas inherentes a un traballo profundo sobre un dos aspectos cruciais do réxime xurídico das sociedades mercantís, as dificultades laborais propias de quen ten que simultanear a elaboración dun traballo destas características coa docencia e outras actividades profesionais, as dificultades persoais que ambos coñecemos, e incluso as dificultades físicas propias da distancia entre o Oporto no que o autor desenvolve o seu traballo cotián e o Vigo no que eu me atopaba.

Todas estas dificultades, como dicía, foron felizmente superadas pola capacidade e valentía de Paulo, e gracias a iso o día 26 de maio de 2014, o agora Doutor Paulo Alves de Sousa de Vasconcelos defendeu a súa Tese de Doutoramento na Facultade de Ciencias Xurídicas e do Traballo da

Universidade de Vigo perante un Tribunal integrado polos Profesores Doutores José Antonio Gómez Segade, Julio Costas Comesaña e María Elisabete Gomes Ramos. O Tribunal, tras a defensa do traballo, destacou a súa calidade e concedeulle a calificación de apto cum laude por unanimidade. O libro que o lector ten hoxe nas súas mans reflicte o contido daquela Tese de Doutoramento, con pequenas modificacións e adicións para acoller algunhas das suxerencias que con total acerto formularon os membros do Tribunal.

Polo demais, non son partidario de longos prólogos que prácticamente pretenden substituir a lectura da obra. Por esa razón, unha vez chegados aquí, limitareime a destacar a importancia do tema abordado, a estructura do traballo e a relevancia dos seus resultados. Logo, será a propia lectura da obra a que descubra ao lector a calidade e relevancia do traballo que ten entre as súas mans.

Tanto o Código Civil portugués como o Código Civil e o Código de Comercio españois articulan o concepto de sociedade en torno ao lucro. De feito, o artigo 116 do Código de Comercio español define o "contrato de compañía" como aquel no que dúas ou máis persoas se obrigan a poñer en común bens, traballo ou algunha destas cousas, para obter lucro.

Sendo isto así, fácilmente se comprenderá que os distintos procesos tendentes a determinar os resultados da actividade empresarial e acordar o seu destino constitúen procesos clave na vida das sociedades mercantís e, de xeito particular, na vida das sociedades anónimas. Por iso podemos afirmar, sen risco algún de equivocarnos, que a presente obra, ao abordar o estudo do réxime de determinación e aplicación de resultados nas sociedades mercantís, céntrase nun aspecto clave e fundamental da vida destas sociedades e, por conseguinte, do seu réxime xurídico.

A estes efectos, a obra comeza cun primeiro capítulo onde se analiza o lucro como elemento estructural e caracterizador das sociedades mercantís. Tras este capítulo introductorio, a presente monografía adéntrase xa no estudo do réxime aplicable á determinación dos resultados nestas sociedades, analizando o proceso de formulación e aprobación de contas e concluindo coa determinación dos resultados, xa sexan estes positivos ou negativos. Ao fío do estudo dos resultados do exercicio, a obra que teño a honra de presentar adéntrase tamén na análise do concepto e das distintas clases de lucro. No terceiro capítulo desta monografía, o autor estudia o proceso de aplicación de resultados, diferenciando entre os dous grandes fins aos que estes poden ser destinados: a constitución ou ampliación de reservas ou a distribución de dividendos. A obra péchase cun último capítulo onde se analiza o acordo de distribución de resultados, os seus requisitos e o seu contido.

Ao final, o lector atopa un estudo absolutamente completo e exhaustivo do réxime aplicable á determinación e distribución de resultados nas sociedades mercantís, centrado no Dereito portugués pero que se adentra tamén na análise doutros ordenamentos do seu entorno, como o español. Pero non só iso. A análise do réxime de determinación e distribución de resultados nas sociedades mercantís permite ao autor realizar tamén unha profunda disección e estudio de conceptos e institucións xurídicas de valor universal (como o concepto e clases de lucro, o concepto de dividendo, o lucro como elemento definidor das sociedades mercantís, etc.). E por iso podemos afirmar que a obra será valiosa e imprescindible para todos aqueles que, ou ben desexen introducirse no estudio do Dereito das sociedades, ou ben, por razóns académicas ou profesionais, deban enfrontarse a algún problema específico relacionado coa determinación e aplicación de resultados. Para os primeiros, a lectura do libro do Dr. Paulo Alves de Sousa de Vasconcelos, cunha linguaxe clara, concisa e precisa, constitúe un inmellorable punto de partida para achegarse a algún dos conceptos e aspectos básicos do réxime xurídico das sociedades mercantís. Os segundos poderán comprobar como na presente obra se debullan e solventan algún dos problemas máis habituais – dende os máis sinxelos aos máis complexos - que se plantexan con ocasión da determinación e distribución de resultados nas sociedades mercantís. E se o lector, excepcionalmente, está a procura dunha solución para algún problema de interpretación ou aplicación que non se atope expresamente plantexado no libro, atopará nel alomenos as bases suficientes para afrontalo con solvencia e garantías de éxito.

Creo que hoxe, mellor ca nunca, podemos afirmar con rotundidade que "o Miño non separa". E que o que inicialmente era un espazo para o intercambio social, cultural e económico, comeza a ser tamén un espazo académico e científico común. Todos nos beneficiaremos desta unión e colaboración, e, máis aló das verbas, obras como a presente constitúen a mellor proba do que acabo de afirmar. Por iso, só me resta animar ao lector a aproveitala e disfrutala. E ao autor agradecerlle que me permitira acompañalo dende o inicio da súa Tese de Doutoramento ata o momento presente, no que me da a oportunidade de incorporar o meu nome a unha obra que só obedece ao seu tesón, capacidade e talento.

*Na Galiza, no nadal de 2015*

ANXO TATO PLAZA
Catedrático de Dereito Mercantil

# INTRODUÇÃO

## I

No âmbito das atividades comerciais, que constituem o objeto do Direito Comercial, o lucro é o objetivo principal e a razão que justifica os investimentos pessoais e materiais nelas efetuados. No que concerne às sociedades comerciais, o lucro é não só o fim como também a causa do próprio contrato. Que os sócios têm direito ao lucro, afirma-o o Direito. Sobre ele, todos os manuais de Direito Comercial se debruçam.

Importa, porém, esclarecer em que consiste esse lucro, como se apura e como se aplica, no sentido de contribuir para a melhor compreensão da posição jurídica dos sócios. De facto, o Direito não é alheio ao apuramento e à aplicação dos resultados nas sociedades comerciais.

Ora, face a esse carácter essencial do lucro e do direito que o tem por objeto, revela-se um desafio interessante compreender como se apuram e como se aplicam os resultados obtidos pelas sociedades comerciais, num diálogo científico com outros saberes, neste caso, com a contabilidade.

## II

As atividades comerciais têm como fim último o lucro, pelo que as sociedades comerciais, que as elas se dedicam, não só visam o lucro, como este é a causa do próprio contrato pela qual, regra geral, se constituem. Todavia, de acordo com a lei portuguesa, o fim societário não é qualquer lucro, mas sim aquele que se destina a ser repartido pelos sócios.

De acordo com a noção de contrato de sociedade do Código Civil Português, não só os sócios pretendem que a atividade social se oriente para a obtenção de lucro, como este deve ter conteúdo patrimonial e ser transferível para os sócios. Assim, ao contrário do que sucede noutros ordenamentos jurídicos, em Portugal, a noção de sociedade não abarca outros fins que não a obtenção de lucro a fim de ser repartido pelos sócios, apesar da importância crescente atribuída à responsabilidade social das empresas e das exigências que dela resultam para as sociedades comerciais, especialmente as de maior dimensão. No mesmo sentido, hoje exige-se aos administradores que no exercício das suas funções tenham em conta, para além do fim lucrativo, os interesses dos trabalhadores e de terceiros que de alguma forma dependem da sociedade ou com ela interagem – os *stakeholders*.

É ainda o fim lucrativo que permite distinguir o contrato de sociedade de outras figuras afins, como são os casos do ACE, do AEIE, das Cooperativas, do contrato de consórcio e do contrato de associação em participação. Acresce que, nos termos do Código das Sociedades Comerciais Português, os sócios têm o direito de exigir que a atividade social se oriente para o lucro. Mas também o de participar na distribuição dos lucros que a sociedade registe, sendo nula qualquer cláusula que exclua os sócio da comunhão nos lucros. Este direito dos sócios impede que a sociedade possa deliberar validamente destinar integralmente os lucros a terceiros ou a fins estranhos ao seu objeto.

Para além disso, os sócios têm também direito a partilhar o lucro final ou de liquidação, que consiste no ativo final, após reembolso das entradas realizadas. Certo é que a prática foi instituindo a distribuição periódica e anual de lucros, que a lei consagrou, associada ao dever de prestação de contas pelos administradores.

O direito societário português prevê, sem paralelo nos ordenamentos jurídicos que lhe são próximos, um direito mínimo dos sócios a metade do lucro distribuível. Este direito só em situações especiais pode ser afastado, ou por cláusula contratual, ou por deliberação especial, discutindo-se na doutrina o âmbito que aquelas poderão ter.

Uma vez aprovada a deliberação de distribuição de lucros, os sócios passam a ter o direito de exigir a entrega da sua parte nos lucros que a sociedade deliberou distribuir. Pode ainda discutir-se se haverá outras

INTRODUÇÃO

formas, indiretas, de participar no fim lucrativo da sociedade, nomeadamente, quando se trata de sociedades cotadas em mercado de valores regulamentado e que possua razoável liquidez.

## III

A administração da sociedade deve prestar anualmente contas da atividade desenvolvida, o que obriga a que se proceda ao apuramento da situação económica, patrimonial e financeira. Trata-se de prestar a informação relevante para os sócios, para os credores, para o Estado e para todos os *stakeholders* em geral.

Esta obrigação compreende a elaboração e apresentação aos sócios dos seguintes documentos: relatório de gestão, balanço, demonstração de resultados por naturezas e por funções, demonstração dos fluxos de caixa, demonstração das alterações no capital próprio e respetivo anexo.

A elaboração das contas efetua-se de acordo com as normas contabilísticas em vigor, fundamentalmente previstas no Sistema de Normalização Contabilística e apenas de forma residual nos Códigos Comercial e das Sociedades Comerciais, ao contrário do que sucede noutros países da União Europeia, como Espanha, Itália, França e Alemanha.

O processo de apuramento do resultado do exercício é iniciado pela administração, a quem cabe elaborar e apresentar o relatório de gestão e as contas do exercício, assinadas por todos os gerentes e administradores em funções, a fim de serem apresentadas aos sócios para aprovação. Caso tal não suceda, pode qualquer sócio intentar ação contra a sociedade e os titulares dos órgãos, tendente a que sejam apresentadas as contas.

Após a sua apresentação, as contas são submetidas à apreciação dos órgãos de fiscalização, a quem compete emitir o parecer sobre as mesmas, mas não alterá-las. Acresce que, as contas das sociedades anónimas carecem de certificação legal, a efetuar por um revisor oficial de contas.

Uma vez elaborados, as contas do exercício, o relatório de gestão e os demais documentos de prestação de contas são submetidos ao órgão competente para a sua aprovação, que é o coletivo dos sócios. Diferentemente, nas sociedades anónimas alemãs, à direção compete preparar as contas que, após apreciação pelos auditores são submetidas à aprovação do conselho geral (*Aufsichtsrat*). O mesmo sucede em Itália, no modelo dualista (*Consiglio di Sorveglianza*).

Aprovadas as contas – e a sua aprovação é condição para que se possa decidir da aplicação do resultado – devem as mesmas ser depositadas na Conservatória do Registo Comercial e objeto de publicação em sítio da Internet de acesso público.

Importa observar que a deliberação que aprova as contas assume o seu conteúdo, pelo que os possíveis vícios daquelas – por exemplo, quando as contas não dão uma imagem verdadeira e apropriada da situação da sociedade – se comunicam ao ato de aprovação. Assim, há que distinguir as situações em que a invalidade das contas decorre da fixação de ativo líquido superior ao real, ou pelo contrário, de ativo diminuído face ao real ou um passivo indevidamente aumentado. São situações distintas, a merecer diferente enquadramento jurídico.

Uma questão controversa, a este propósito, que decorre da invalidade das contas, é a de saber qual o efeito que a invalidade das contas de um exercício pode causar nos exercícios posteriores, analisando-se as diversas posições em confronto.

Da aprovação das contas resulta o apuramento do resultado do exercício, positivo ou negativo. Trata-se do resultado contabilístico, que é o juridicamente relevante. Diferente deste é o lucro final ou de liquidação, que consiste na diferença positiva entre o valor obtido na liquidação da sociedade e o valor inicialmente colocado à sua disposição pelos sócios. Devemos também distinguir o lucro do exercício, do lucro distribuível e do lucro de balanço.

## IV

Apurados os resultados, quer positivos, quer negativos, cabe aos sócios determinar o seu destino, pelo que importa identificar os destinos possíveis dos resultados.

Em primeiro lugar, observaremos as reservas, que são cifras constantes do balanço e que não se materializam em nenhum ativo concreto. Neste contexto, importa analisar o conceito de reservas, quer em sentido estrito, quer em sentido lato.

Quanto aos diferentes tipos de reservas, começaremos por distinguir as reservas expressas das ocultas, as reservas obrigatórias das facultativas, bem como as reservas de lucros das reservas de capital. Em particular, importa proceder à analise das diversas reservas que a lei obriga a efetuar, comparando o regime português com o regime espanhol, francês, italiano e alemão. Verificar-se-á que o Código das Sociedades Comerciais português prevê a existência de diversas reservas, com um regime legal nem sempre uniforme e com diferentes finalidades que importa compreender.

Em segundo lugar, deteremos a nossa atenção nos dividendos a distribuir pelos sócios, começando por ver como se apura o seu valor global, bem como aquele a que cada sócio tem direito. Para além da situação regra, há algumas situações excecionais que é necessário considerar como são os casos das ações privilegiadas, o dividendo mínimo, o dividendo máximo e o dividendo garantido. Neste contexto, deverá também considerar-se a possibilidade de distribuição antecipada de dividendos, analisando o seu regime jurídico em Portugal e nos ordenamentos jurídicos próximos.

<h1 style="text-align:center">V</h1>

Analisadas as possíveis aplicações de resultados importa, de seguida, considerar os pressupostos e condicionalismos a que está sujeira a deliberação de aplicação de resultados, começando por determinar a noção de deliberação de aplicação de resultados, distinguindo-a de outras deliberações que lhe são próximas.

A deliberação de aplicação de resultados está sujeita a condicionalismos legais específicos que importa analisar, determinando a competência para a mesma que recai sobre os sócios, o respeito pela integridade do capital social e pela igualdade de tratamento entre os sócios.

A aplicação dos resultados positivos determina a distribuição de bens aos sócios, a título de lucros. Porém, esta não é a única forma de a sociedade distribuir bens aos sócios, razão pela qual se justifica analisar e distinguir as diversas situações que compreendem uma distribuição de bens e não são aplicações de resultados, como sucede com as operações sobre o capital social e a partilha do ativo na liquidação.

Por fim, analisam-se as prioridades que os sócios têm de respeitar na sua deliberação de aplicação de resultados, procurando hierarquizar as prioridades que, por imposição legal ou contratual, terão de respeitar na deliberação que tomem, caso o resultado seja positivo. Caso contrário, o prejuízo do exercício é levado a resultados transitados, importando estabelecer as prioridades na afetação das diversas reversas a esse fim.

# Capítulo I
# O lucro como elemento caracterizador das Sociedades Comerciais

## 1. O lucro no contrato de sociedade
## 1.1. Noção de contrato de sociedade

É comum dizer-se que a sociedade tem escopo lucrativo[1]. Porém, no orde-namento jurídico português, a noção de sociedade – *rectius*, a noção de contrato de sociedade[2] – é restritiva no que ao lucro respeita, pois exige não só que a sua finalidade seja a obtenção de lucros, mas também que os mesmos se destinem a ser repartidos pelos seus sócios.

Recorremos à noção de contrato de sociedade, pois é a partir dela que se constrói a noção de sociedade comercial, subjacente ao artigo 1º, nº 2, do CSC[3]. Razão pela qual importa que nos detenhamos na noção de contrato de sociedade e no papel central que nela o lucro desempenha.

---

[1] Lucro no sentido amplo de obtenção de quaisquer vantagens para os sócios. Neste sentido se poderá afirmar que toda a atividade económica visa o lucro, direta ou indiretamente.

[2] O legislador português assume uma perspetiva contratualista da sociedade, ao invés de optar pela visão institucional. Mas a noção de que a sociedade é, antes de mais, um contrato não pode hoje deixar de ser questionada quando se admite a constituição de sociedades unipessoais. E as referências que o CSC faz ao contrato de sociedade terão de se considerar referidas ao ato constituinte da sociedade, seja este um contrato ou um ato unilateral.

[3] De facto, o referido art. 1º do CSC, ao definir sociedade comercial, revela que esta é apenas uma espécie de um género mais vasto, a sociedade. E é na noção de sociedade que encontramos já o escopo lucrativo, como veremos. Com a doutrina maioritária entre nós, podemos dizer que antes de ser comercial se há de tratar de uma sociedade, sendo por isso aquela noção

APURAMENTO E APLICAÇÃO DE RESULTADOS

O contrato de sociedade é definido, no artigo 980º do Código Civil, como aquele *"em que duas ou mais pessoas se obrigam a contribuir com bens ou serviços para o exercício em comum de certa actividade económica, que não seja de mera fruição, a fim de repartirem os lucros resultantes dessa actividade"*[4].

Daqui decorrem os seus quatro elementos essenciais: a intervenção de duas ou mais pessoas; a obrigação de contribuição com bens ou serviços; o propósito de exercerem em comum uma certa atividade económica, que não seja de mera fruição; o propósito de obterem lucros, através desse exercício, e de promoverem a sua distribuição[5].

---

incompleta «limitando-se a enunciar as notas específicas da comercialidade da figura e pressupondo um conceito genérico de sociedade» – Vasco Lobo Xavier, *Sociedades Comerciais*, p. 5. No mesmo sentido Coutinho de Abreu, *Curso de Direito Comercial*, p. 5. Em sentido contrário, cf., a título de exemplo, José António P. Ribeiro e Rui P. Duarte que entendem que o art. 980º do Código Civil não se aplica às sociedades comerciais, pelo que «sendo comercial a sociedade pode não ter por fim a obtenção de lucro a fim de ser repartido pelos sócios» – cf. *Dos Agrupamentos Complementares de Empresas*, p. 19. Também Pedro Pais de Vasconcelos, *A Participação Social nas Sociedades Comerciais*, p. 15 e Carlos Ferreira de Almeida, *Contratos III*, p. 111 e ss..

[4] Definições próximas podemos encontrar nos direitos espanhol e italiano. Já o legislador francês optou por uma definição mais ampla de contrato de sociedade.

De facto, em Espanha, nos termos do art. 1665 do Código Civil (*"La sociedad es un contrato por el cual dos o más personas se obligan a poner en común dinero, bienes o industria, con ánimo de partir entre sí las ganancias."*) e do art. 116. do Código de Comércio (*"El contrato de compañías, por el cual dos o más personas se obligan a poner en fondo común bienes, industria o alguna de estas cosas, para obtener lucro, será mercantil, cualquiera que fuese su clase, siempre que se haya constituido con arreglo a las disposiciones de este Código."*), no contrato de sociedade os sócios visam o desenvolvimento de uma atividade com fim lucrativo, com ânimo de repartirem entre si os lucros. É a sociedade lucrativa – cf. Francisco Vicent Chuliá, *Introdución al Derecho Mercantil*, p. 224 e ss.

O *Codice Civile* italiano, na mesma linha, define no art. 2247 o contrato de sociedade desta forma: *"Con il contratto di società due o più persone conferiscono beni o servizi per l'esercizio in comune di un'attività economica allo scopo di dividerne gli utili."*

Em França, por seu lado, o art. 1832 do *Code Civil* estabelece que *"La société est instituée par deux ou plusieurs personnes qui conviennent par un contrat d'affecter à une entreprise commune des biens ou leur industrie en vue de partager le bénéfice ou de profiter de l'économie qui pourra en résulter."*

Na Alemanha, o Código Civil (*Bürgerliches Gesetzbuch*, em vigor desde 1900) admite que as sociedades civis se constituam para qualquer fim lícito, apenas se exigindo que exista um fim comum a todos os sócios – cf. § 705 do BGB – que pode ser de tipo comercial, cultural, científico, desportivo ou outro. Neste sentido, cf. Friedrich Kübler, *Derecho de Sociedades*, p. 93.

É, pois, patente a diferença entre os regimes português, espanhol e italiano, por um lado, e o francês e germânico por outro – cf. Coutinho de Abreu, *Curso de Direito Comercial*, II, p. 14 e ss.

[5] Cf. Vasco Lobo Xavier, *Sociedades Comerciais*, p. 6 e ss. A estes elementos acrescenta ainda este Autor a sujeição dos sócios ao risco da perda total ou parcial dos bens por eles postos em comum – *idem ibidem*, p. 23.

Estamos, desta forma, perante um contrato plurilateral. De facto, o que tem de especial a referência a "duas ou mais pessoas" é admitir-se que neste contrato pode haver mais de duas partes[6], pois duas partes qualquer contrato terá que ter. Todavia, hoje há relevantes casos de sociedades constituídas por apenas um sócio, isto é, sociedades que são unipessoais *ab initio*. O mesmo é dizer que a sociedade não resulta necessariamente de um contrato, podendo antes ter na sua génese um negócio jurídico unilateral. É o que sucede com as sociedades unipessoais por quotas[7] e com as sociedades anónimas em que há um domínio total inicial[8]. A estas situações de unipessoalidade originária haverá ainda que acrescentar as sociedades constituídas por ato legislativo, em que o Estado é o seu único sócio.

Por outro lado, no decurso da vida da sociedade esta pode vir a ficar apenas com um sócio, o que não constitui causa de dissolução automática da sociedade. Na verdade, a lei portuguesa[9] apenas estabelece que, se por determinado período, a sociedade tiver o número de sócios inferior ao legal, pode ser requerida a dissolução administrativa da sociedade (exceto se o sócio único "for uma pessoa colectiva pública ou entidade a ela equiparada por lei para esse efeito").

Acresce que, não sendo tal dissolução da iniciativa da sociedade ou do(s) seu(s) sócio(s), será sempre concedido prazo para que a situação seja regularizada[10]. Assim sendo, na prática, não há qualquer risco de uma sociedade não cumprir temporariamente o requisito da pluralidade de sócios.[11]

---

[6] Quando se diz "duas ou mais pessoas" o que se quer dizer, em bom rigor, é antes "duas ou mais partes".

[7] Cf. art. 270º-A e ss do CSC. Não deixa de ser contraditório, nos seus próprios termos, designar-se de «sociedade unipessoal». Além de que, na verdade não se trata de sociedade unipessoal por quotas mas antes de sociedade por quotas unipessoal, pois de facto é uma sociedade por quotas, que tem a especificidade de ter apenas um sócio (melhor, uma quota). Sobre as sociedades unipessoais cf. Ricardo Costa, *Unipessoalidade Societária*, p. 41 e ss.

[8] Cf. art. 488º, nº 1, do CSC.

[9] No caso das sociedades civis, o prazo de tolerância da unipessoalidade é de seis meses; no caso das sociedades comerciais é de um ano – cf. art. 1007º, d), do Código Civil, art. 142º, nº 1, a), do CSC e o art. 4º, nº 1, a), do Regime Jurídico dos Procedimentos Administrativos de Dissolução e de Liquidação de Entidades Comerciais, aprovado pelo DL nº 76-A/2006, de 29 de março.

[10] Cf. art. 9º, nº 1, b), do Regime Jurídico dos Procedimentos Administrativos de Dissolução e de Liquidação de Entidades Comerciais, aprovado pelo DL nº 76-A/2006, de 29 de março.

[11] No que respeita às sociedades anónimas é discutível, face à lei portuguesa, a exigência de uma pluralidade de sócios, após a sua constituição. O que a lei impõe é um número mínimo de sócios (5) para que a mesma seja constituída (art. 273º do CSC). E este mínimo também

APURAMENTO E APLICAÇÃO DE RESULTADOS

Uma segunda nota caraterizadora do contrato de sociedade é a obrigação que todos os sócios assumem de contribuir com bens ou serviços para o exercício da atividade social. Trata-se de um contrato que para poder ser executado carece das contribuições dos sócios, em bens ou serviços, e que constituem as suas entradas. Cabe aos sócios dotarem a sociedade dos meios de que esta carece para poder exercer a atividade que pretendem que ela exerça. Estas contribuições dos sócios constituirão o património inicial da sociedade. E é, em princípio, por comparação com ele que posteriormente se há de medir o lucro ou o prejuízo da sociedade[12]. De facto, é assim na generalidade das situações, mas o mesmo já não é verdade quando houver entradas indústria ou contribuições ulteriores resultantes, por exemplo, de aumentos do capital social.

As contribuições realizadas pelos sócios visam o exercício em comum de determinada atividade económica. Estamos, pois, face a um contrato de colaboração ou de fim comum: as diversas declarações negociais convergem para o mesmo objectivo. Por haver comunhão de objetivos é que os sócios se juntam na mesma sociedade. Por isso se diz que a sociedade é um contrato plurilateral e de fim comum, por oposição aos contratos bilaterais e comutativos.

É certo que nas sociedades anónimas, em particular nas de maior dimensão, este exercício em comum de uma atividade económica dificilmente é visível. Uma réstia de tal elemento do contrato societário poderá ver-se na possibilidade de qualquer sócio, através da sua participação nas assembleias gerais, contribuir para a atividade que a sociedade desenvolve[13].

O legislador teve a preocupação de excluir da noção de sociedade as atividades económicas de mera fruição, o que revela que o princípio que presidiu à orientação legislativa foi a de conceber uma sociedade que fosse a veste jurídica para as atividades de natureza empresarial. Isto é, em que há um objetivo de incremento patrimonial, de maximização de proveitos, e não apenas uma atitude passiva de repartição dos frutos (naturais ou

---

deverá ser revisto, pois não se vislumbram razões válidas para não admitir, em termos gerais, sociedades anónimas unipessoais.

[12] Discutível é se deverá o notário ou o conservador do registo comercial verificar a adequação ao objeto social dos meios que os sócios facultam à sociedade. Tal adequação seria uma exigência do princípio da congruência do capital, de acordo com Paulo de Tarso Domingues – cf. *Do Capital Social*, p. 237 e ss.

[13] Cf. Vasco Lobo Xavier, *Sociedades Comerciais*, p. 13.

civis) que um bem, a todos pertencente, possa gerar de acordo com o seu destino económico. É, pois, *"necessário que os resultados sejam produto de uma atividade dos sócios"* nas palavras de PIRES DE LIMA e ANTUNES VARELA[14]. Excluem-se, pois, da sociedade as situações de comunhão de direitos.[15]

O fim último do contrato de sociedade é o lucro e não quaisquer outras vantagens. Contudo não é qualquer lucro, mas sim o lucro que haja de ser repartido pelos sócios, pois o que estes pretendem é "repartir os lucros resultantes dessa atividade". Vejamos então, mais detalhadamente, em que consiste o fim lucrativo do contrato de sociedade.

## 1.2. O escopo lucrativo

O artigo 980º do CC revela que o legislador português, ao definir contrato de sociedade, adotou uma noção restrita de lucro.

Antes de mais, porém, ainda que de forma preliminar, importa referir que o lucro[16] é um ganho traduzível num incremento patrimonial da sociedade, verificado num determinado período de tempo e decorrente da atividade social desenvolvida[17]. Assim, no contrato de sociedade, os sócios visam obter um acréscimo patrimonial, que se verificará na esfera da própria sociedade e nela é contabilizado. Não basta, deste modo, a obtenção de uma poupança de despesa. Exige-se o objetivo de aumentar o património comum, isto é, exige-se a obtenção de lucros como valores patrimoniais distribuíveis. Mais à frente veremos com mais detalhe em que consiste o lucro. Por ora diga-se tão somente que, em princípio, haverá lucro se, no final, após o pagamento de todas as dívidas, o património restante for superior ao inicialmente colocado pelos sócios ao serviço da atividade desenvolvida em conjunto[18].

---

[14] *Código Civil Anotado*, Vol. II, p. 309.

[15] Assim, caso os sócios pretendam constituir uma sociedade com uma finalidade de mera fruição de bens o contrato será nulo por impossibilidade legal do objeto, nos termos do art. 280º do Código Civil, sem prejuízo da sua eventual conversão nos termos gerais. Carvalho Fernandes admite a possibilidade de conversão numa situação jurídica de compropriedade sobre os bens sociais, na proporção das entradas – cf. *Teoria Geral do Direito Civil*, I, p. 406 e 407.

[16] O lucro, nas palavras de Coutinho de Abreu, é um signo polissémico (também) no direito – *Da Empresarialidade. As empresas e o direito*, p. 178.

[17] Cf. Coutinho de Abreu, *Código das Sociedades Comerciais em Comentário*, p. 36.

[18] De resto, este fim lucrativo é inerente a qualquer empresa. A noção de empresa não se compreende sem este fim lucrativo. A empresa visa a troca sistemática e vantajosa que permita alimentar o processo produtivo ou, como refere Orlando de Carvalho, "a auto-reprodução

APURAMENTO E APLICAÇÃO DE RESULTADOS

Da noção de contrato de sociedade do artigo 980º do CC resultam duas notas que importa destacar, no que ao fim lucrativo diz respeito. Por um lado, a afirmação legal do escopo societário. No contrato de sociedade as partes pretendem que a sociedade exerça uma determinada atividade económica, com fim lucrativo. Isto é, para que de uma sociedade se trate importa que os sócios imponham, à organização comum que vão criar, uma orientação com vista a alcançar um ganho, um incremento do património que inicialmente afetam a essa atividade[19]. Porém, como é evidente, o lucro é um objetivo, pois caso o mesmo não seja alcançado em cada exercício concreto, nem por isso fica em causa o tipo contratual[20].

É esta característica que nos permite distinguir o contrato de sociedade das associações, pois estas não têm por finalidade o exercício de uma atividade económica lucrativa, mas sim atividades culturais, desportivas, religiosas ou outras, sem fim lucrativo[21].

---

do processo produtivo", e que, por outro lado, constitua estímulo à renovação desse mesmo processo – cf. Orlando de Carvalho, *Empresa e lógica empresarial*, pág. 5. Se é certo que a existência de uma sociedade não exige a exploração de uma empresa, a verdade é que, por regra, a constituição de uma sociedade visa a exploração de uma atividade empresarial. Registe-se, porém, que para Orlando de Carvalho, o "sentido reditício da empresa" não é sinónimo de lucro capitalista, pois distingue-se dele por "não ser um fim em si a reprodução ampliada do capital, a majoração e a apropriação da mais-valia" – cf. Orlando de Carvalho, *Empresa e lógica empresarial*, pág. 7.

[19] Cf. Ferrer Correia, *Lições de Direito Comercial*, II, p. 9; Vasco Lobo Xavier, *Sociedades Comerciais*, p. 23; Coutinho de Abreu, *Curso de Direito Comercial*, II, p. 15; Cassiano dos Santos, *O direito aos lucros no Código das Sociedades Comerciais*, p. 186; Manuel António Pita, *Direito aos Lucros*, p. 65 e Pedro Pais de Vasconcelos, *A Participação Social nas Sociedades Comerciais*, p. 79. Em sentido contrário, advogando uma noção ampla de lucro, cf. Pinto Furtado, *Curso de Direito das Sociedades*, p. 141 a 144 e Miguel Pupo Correia, *Direito Comercial*, p. 128. A escassa jurisprudência portuguesa sobre esta questão alinha pela doutrina maioritária, sustentando a ideia do fim lucrativo da sociedade, com vista à distribuição pelos sócios. Nesse sentido se situam os acórdãos do STJ, de 9 de maio de 1978 (Bruto da Costa), de 10 de julho de 1999 (Noronha do Nascimento) e de 28 de outubro de 1999 (Abílio de Vasconcelos).

[20] Cf. Pinto Furtado, *Curso de Direito das Sociedades*, p. 141.

[21] Referimo-nos aqui a associações sem fim lucrativo. Na verdade alguma doutrina admite uma noção ampla de associação que se contrapõe às fundações. Dentro desta noção ampla de associação encontramos as que têm fim económico lucrativo – as sociedades – e as que não têm tal fim – as associações em sentido estrito. Esta conceção tem apoio no Código Civil que no art. 157º determina que as disposições dos artigos seguintes se aplicam "às associações que não tenham por fim o lucro económico dos associados, às fundações de interesse social, e ainda à sociedades, quando a analogia das situações o justifique". Aparentemente o legislador consi-

O LUCRO COMO ELEMENTO CARACTERIZADOR DAS SOCIEDADES COMERCIAIS

Importa, todavia, referir que não falta quem sustente que o lucro não é a causa do contrato de sociedade, adotando uma noção ampla deste contrato[22]. De resto, quando o próprio Estado decide prosseguir os seus fins (nomeadamente de proteção e promoção da saúde) através da utilização de sociedades anónimas das quais está ausente qualquer fim lucrativo[23], está a dar razão a todos quantos perfilham essa posição. Daí que, como refere FÁTIMA GOMES[24], o legislador português, sem alterar a concepção tradicional do fim lucrativo das sociedades, tem aberto exceções a esse entendimento, de que são exemplos as Sociedades Anónimas Desportivas (SAD)[25], as Sociedades Gestoras de Participações Sociais (SGPS)[26] e

dera que, para além das associações sem fim lucrativo outras haverá que têm o lucro como fim. Neste sentido cfr. Carvalho Fernandes, *Teoria Geral do Direito Civil*, p. 401 e ss.

[22] Cf., por exemplo, Rafael Illescas Ortiz, *Derecho del socio al dividendo en la sociedad anónima*, p. 18 e ss.

[23] Cf. Coutinho de Abreu, *Sociedade Anónima, a sedutora*, p. 25. O Autor refere em especial as sociedades anónimas constituídas para a atividade hospitalar estatal. Solução que foi entretanto abandonada em favor do regime de entidade pública empresarial (E.P.E.), que se rege pelo disposto nos artigos 23º e ss do DL nº 558/99, de 17 de dezembro, alterado pelo DL nº 300/2007, de 23 de agosto.

[24] Cf. Fátima Gomes, *O Direito aos Lucros e o Dever de Participar nas Perdas nas Sociedades Anónimas*, p. 83 e ss. Coutinho de Abreu refere ainda, como exceções ao fim lucrativo, o caso de algumas "sociedades de simples administração de bens". Mas, para esta Autora, são apenas exceções, que não se devem generalizar, em que prevalece a «"neutralidade" da "forma" sociedade» – *Código das Sociedades em Comentário*, p. 37.

[25] As Sociedades Anónimas Desportivas estão previstas na Lei de Bases do Sistema Desportivo, aprovado pela Lei nº 1/90, de 13 de janeiro. O seu regime está previsto no DL nº 67/97, de 3 de abril (entretanto alterado pela Lei nº 107/97, de 16 de setembro, pelo DL nº 303/99, de 6 de agosto e pelo DL nº 76-A/2006, de 29 de março), cujo "objecto é a participação numa modalidade, em competições desportivas de carácter profissional (...) a promoção e organização de espetáculos desportivos e o fomento ou desenvolvimento de atividades relacionadas com a prática desportiva profissionalizada dessa modalidade", sendo-lhe subsidiariamente aplicável o regime da sociedade anónima. Nos termos do art. 23º do seu regime jurídico a SAD "pode repartir lucros", pelo que se admite, mas não impõe, o seu fim lucrativo. Sobre este assunto pode ver-se o relatório "Sociedades Desportivas – Análise do regime jurídico e fiscal", de novembro de 2011, elaborado por um grupo de trabalho designado pelo Ministro Adjunto e dos Assuntos Parlamentares disponível em http://www.portugal.gov.pt/media/364613/rel_gt_sad. pdf. Neste sentido também cf. Luís Alexandre Serras de Sousa, *Direito aos lucros nas sociedades anónimas desportivas – um verdadeiro direito?*, p. 169 e ss. Em Espanha o regime jurídico das SAD está previsto no Real Decreto 1251-1999, de 16 de julho.

[26] As SGPS estão sujeitas ao regime jurídico previsto no DL nº 495/88, de 30 de dezembro, e apenas podem ter por objeto a gestão de participações sociais de outras sociedades, como

APURAMENTO E APLICAÇÃO DE RESULTADOS

as sociedades que prosseguem funções do próprio Estado, como é o caso dos "Hospitais SA"[27].

A estes casos que partem de normativos legais, haverá ainda que acrescentar os exemplos que resultam da prática societária, em que não raro são constituídas sociedades que não possuem qualquer finalidade de obtenção e repartição de lucros. É o caso das sociedades instrumentais como veículos especiais (*special purpose entities*), muito utilizadas no âmbito dos grupos societários, que integrando-se numa lógica de maximização do lucro do grupo, não têm em si mesmo como finalidade obter e repartir lucros, mas estar ao serviço do todo[28].

É também conhecido o fenómeno de constituição de sociedades sem ativo nem passivo e sem atividade, que apenas ficam mantidas em reserva para o caso de ser necessário, de um momento para o outro, ter uma sociedade comercial para certo fim que não se compadece com as demoras na constituição de uma sociedade. São as denominadas sociedades vazias (*shell* ou *shelf companies*)[29].

forma indireta de exercício de atividades económicas. Podem prestar serviços às sociedades participadas mas têm diversas limitações, quer quanto à propriedade de imóveis, quer quanto à alienação e oneração de participações sociais e à concessão de crédito às participadas. O regime legal visa fundamentalmente tipificar as SGPS para efeitos de concessão de benefícios fiscais.

[27] Sobre os "Hospitais SA" ver Coutinho de Abreu, *Sociedade Anónima, a Sedutora*.

[28] Servindo, por exemplo, para concentrar determinados serviços a prestar a todo o grupo (contabilidade e marketing, entre outros), ou para parquear participações sociais do grupo, sem que visem o lucro – cf. Pedro Pais de Vasconcelos, *A Participação Social nas Sociedades Comerciais*, p. 80 e 81.

[29] Cf. Pedro Pais de Vasconcelos, *A Participação Social nas Sociedades Comerciais*, p. 81. Esta prática, muito em moda em Portugal há alguns anos atrás, tem vindo a tornar-se mais rara. Por um lado, é hoje fácil e rápido constituir uma sociedade em Portugal, mesmo através da plataforma on-line (regime de constituição de sociedades on-line, previsto no DL nº 125/2006, de 29 de junho) e por meio do processo especial de constituição da "Empresa na hora", de acordo com o DL nº 111/2005, de 8 de julho. Por outro, existe a obrigatoriedade de pagamento de IRC, ainda que de valor reduzido, por todas as sociedades, independentemente de terem ou não atividade, por meio dos pagamentos especiais por conta, que em 2013 tinha o valor mínimo de 1000 EUR (art. 106º do CIRC). De todo o modo, este tipo de sociedade apenas se concebe numa lógica formal, em que estamos perante uma mera estrutura, sem fim lucrativo e sem *affectio societatis*. Veja-se, a este propósito, a reflexão feita por Arnauld Houet / Henri Culot, *Affectio societatis, esprit de lucre et libération du capital: deux conceptions de la société?*, p. 375 e ss a propósito de uma decisão do Tribunal de 1ª instância de Bruxelas, de 25 de janeiro de 2012, que condenou criminalmente quatro pessoas que se dedicavam a constituir sociedades por quotas para de seguida

Nos termos da lei portuguesa, de facto, o lucro não é qualquer ganho, mas tão só aquele que tem natureza patrimonial, suscetível de ser transferido para o património dos sócios. Deste modo, nem todas as formas de empresa coletiva podem adotar o regime societário, como veremos à frente[30]. Esta orientação da lei portuguesa é comum a vários ordenamentos jurídicos que lhe são próximos.

Por exemplo, em Espanha, o artigo 1665 do Código Civil eleva o escopo lucrativo a fim comum dos sócios ao determinar que *"[l]a sociedad es un contrato por el cual dos o más personas se obligan a poner en común dinero, bienes o industria, con ánimo de partir entre sí las ganancias"*, numa redação que, neste particular, é próxima da portuguesa[31].

Todavia, a doutrina maioritária em Espanha tende a adotar uma noção ampla de sociedade, entendendo-a como uma relação jurídica plurilateral de carácter negocial, pela qual os sócios se obrigam a colaborar para a promoção de um fim comum, podendo este consistir ou não na obtenção lucros[32]. Na verdade, nesta aceção ampla admite-se que se possa constituir uma sociedade sem qualquer finalidade lucrativa, mas apenas para, por exemplo, criar postos de trabalho para os sócios ou para a formação e manutenção de instalações desportivas.

Na Alemanha, as sociedades podem ser constituídas com qualquer fim comum lícito, nos termos dos § 705 do *BGB*. O mesmo é expressamente

---

venderem as quotas, depois de dela retirarem o valor do capital subscrito. Foram condenados por falsas declarações e abuso de bens sociais. Importa advertir que na Bélgica prevalece o entendimento de que o juiz criminal goza de autonomia para interpretar conceitos de outros ramos de direito – *idem ibidem*, p. 377.

[30] Cf. Francesco Galgano, *Diritto Commerciale – Le società*, p. 16.

[31] Saliente-se que o art. 116 do Código Comercial espanhol, ao invés, não impõe à sociedade comercial o fim de repartição de lucros, estipulando apenas que aquela tenha fim lucrativo ao determinar que *"El contrato de compañías, por el cual dos o más personas se obligan a poner en fondo común bienes, industria o alguna de estas cosas, para obtener lucro, será mercantil, cualquiera que fuese su clase, siempre que se haya constituido con arreglo a las disposiciones de este Código."*

[32] Neste sentido, Francisco Vicent Chuliá, *Introducción al Derecho Mercanti*, p. 262 e Manuel Broseta Pont / Fernando Martínez Sanz, *Manual de Derecho Mercantil*, p. 263 e ss. Esta doutrina é maioritária em Espanha, sendo sufragada por autores de referência como Girón Tena, Sánchez Calero, Paz-Ares, Eizaguirre e Fernandez de la Gándara. Francisco Vicent Chuliá refere ainda uma noção amplíssima de sociedade, entendida como qualquer entidade jurídica privada à qual o direito comunitário reconhece a liberdade de estabelecimento e prestação de serviços – *idem ibidem*, p. 262.

APURAMENTO E APLICAÇÃO DE RESULTADOS

reafirmado no § 1 da lei que rege a *GmbH*[33]. Em França, o *Code Civil* admite que a sociedade tenha como finalidade, não só o lucro ou partilha de benefícios, mas também a mera obtenção de economias[34]. No mesmo sentido, na Bélgica, o Código das Sociedades prevê que o fim societário possa ser um benefício patrimonial, direto ou indireto[35]. Por seu lado em Itália, o artigo 2247 do Código Civil determina que a sociedade é constituída por duas ou mais pessoas, para o exercício em comum de uma atividade económica, "*allo scopo di diviterne gli utili*", numa redação muito próxima da portuguesa. Exige-se, pois, que a empresa coletiva vise o lucro[36].

Se é certo que, face ao conceito legal de sociedade do artigo 980º do CC, não é admissível uma sociedade sem fim lucrativo, é também verdade que hoje em dia na linguagem económica se fala preferencialmente em "criar valor" para os sócios, especialmente nas sociedades anónimas cotadas. Esta criação de valor exige que a sociedade se oriente para o lucro, mas dando prioridade à valorização dos títulos no mercado, em detrimento da distribuição de dividendos, questão que veremos melhor mais à frente[37].

---

[33] Cf. Peter Ulmer, *Principios fundamentales del Derecho alemán de sociedades de responsabilidad limitada*, p. 20, Carsten Jungmann / David Santoro – *German GmbH Law*, p. 3, Coutinho de Abreu, *Curso de Direito Comercial*, p. 18 e 19 e Fátima Gomes, *O Direito aos Lucros e o Dever de Participar nas Perdas nas Sociedades Anónimas*, p. 64.

[34] É o que resulta do art. 1832 do Código Civil francês, após a alteração introduzida pela Lei 78-9, de 4 de janeiro de 1978. Anteriormente, o fim societário era apenas o de partilhar os benefícios que pudessem resultar dos bens postos em comum, o que permitia distinguir as sociedades das associações sem dificuldade. Desde 1978, as fronteiras entre sociedades, associações e "*Groupements d'Intérêt Économique*" não são claras e precisas, reconhecendo-se zonas de sobreposição – cf. neste sentido Philippe Merle, *Droit Commercial – Sociétés Commerciales*, p. 58 e ss.

[35] O art. 1. do Código das Sociedades belga (de 7 de maio de 1999) determina que "*Une société est constituée par un contrat aux termes duquel deux ou plusieurs personnes mettent quelque chose en commun, pour exercer une ou plusieurs activités déterminées et dans le but de procurer aux associés un bénéfice patrimonial direct ou indirect*". Todavia, o parágrafo terceiro do mesmo artigo admite que "*Dans les cas prévus par le présent code, l'acte de société peut disposer que la société n'est pas constituée dans le but de procurer aux associés un bénéfice patrimonial direct ou indirect.*"

[36] Cf. Francesco Galgano, *Diritto Commerciale – Le società*, p. 15 e 16.

[37] O tema tem sido abordado no âmbito do princípio do *shareholder value*, de origem anglo-saxónica. Nele se destaca a ideia de que a sociedade comercial se deve orientar para a procura do máximo valor para o acionista, quer através da distribuição de dividendos, quer por meio da valorização das suas participações, principalmente no caso das sociedades cotadas. Aos defensores da *shareholder value* contrapõem-se os que dão primazia aos interesses de um conjunto mais vasto de pessoas que de um modo ou de outro vivem em redor da sociedade (trabalhadores,

Sendo inquestionável que o fim último é o lucro, também não se pode esquecer que hoje se exige às sociedades (em especial às grandes) que tenham igualmente como finalidade o bem comum, o interesse dos trabalhadores e o das sociedades em que se integram. É o que se designa por "responsabilidade social das empresas", a qual se insere na problemática mais ampla da responsabilidade social das organizações[38].

A responsabilidade social das empresas pode ser definida, usando os termos do Livro Verde "Promover um quadro europeu para a responsabilidade social das empresas", apresentado pela Comissão Europeia em 18 de julho de 2001, como a *integração voluntária de preocupações sociais e ambientais por parte das empresas nas suas operações e na sua interação com as outras partes interessadas*"[39].

Esta responsabilidade, que se projeta nos planos social, ambiental e económico, carece ainda de plena vinculação jurídica[40], mas não pode deixar se ser tida em conta especialmente pelas sociedades de maior dimensão (em particular as sociedades multinacionais) e obriga à consideração de outros fins societários que não apenas o lucro[41].

---

clientes, consumidores, público em geral): os denominados *stakeholders* – cf. Fátima Gomes, *O Direito aos Lucros e o Dever de Participar nas Perdas nas Sociedades Anónimas*, p. 86 e ss.

[38] Cf. Catarina Serra, *Direito Comercial*, p. 109 e ss e *Responsabilidade Social das Empresas – Sinais de um instituto jurídico iminente?*, p. 42 e ss.

[39] Cf. Livro Verde "*Promover um quadro europeu para a responsabilidade social das empresas*", ponto 20.

[40] Sobre a juridicidade da responsabilidade social das empresas (RSE) pode ver-se o estudo de Catarina Serra, *A Responsabilidade Social das Empresas através do Direito (e o Direito à luz da Responsabilidade Social das Empresas)*. A RSE tem, até ao momento, um carácter eminentemente voluntário, superando as exigências legais a que as empresas estão sujeitas, e surgindo por opção livre das empresas. Não se pode, contudo, ignorar as crescentes pressões externas: as exigências do mercado e da sociedade civil. Nas palavras de Catarina Serra, "*Fenómenos como os da RSE solicitam o recurso a técnicas inovadoras, que tornem os comportamentos ou condutas, os actos ou as práticas, não obrigatórios, mas desejáveis ou apetecíveis aos sujeitos – assim como os actos contrários a elas indesejáveis ou repugnantes*" – idem ibidem, p. 10. O acolhimento da RSE no Direito irá em boa medida depender da capacidade que este tenha para adotar uma abordagem proativa (e não apenas reativa) visando prevenir as causas dos conflitos e promover comportamentos que ultrapassem as meras exigências legais. Cf. a este propósito o parecer de iniciativa do Conselho Económico e Social Europeu "*A abordagem proactiva do direito: um passo para legislar melhor a nível da EU*" – *in* JOCE, C 175, de 28 de junho de 2009, que pode ser consultado em http://eur-lex.europa.eu/LexUriServ/LexUriServ.do?uri=OJ:C:2009:175:0026:01:PT:HTML.

[41] Cf. Fátima Gomes, *O Direito aos Lucros e o Dever de Participar nas Perdas nas Sociedades Anónimas*, p. 101.

APURAMENTO E APLICAÇÃO DE RESULTADOS

Um afloramento desta responsabilidade pode ser detetada no regime de responsabilização dos administradores. Na verdade, ao estabelecer os deveres de quem gere a sociedade, o legislador português não deixa de exemplificar os interesses a que os mesmos devem atender.

Ora, o dever de administrar, que recai sobre os gerentes e administradores, ordena que a sociedade seja gerida com vista a atingir a maximização dos seus interesses, isto é, dos lucros. Todavia, impõe-se que os mesmos tenham em conta e ponderem outros interesses concorrentes com o intuito lucrativo.

Na verdade, o artigo 64º, nº 1, alínea b), do CSC, impõe aos administradores a observância de deveres de lealdade "*no interesse da sociedade, atendendo aos interesses de longo prazo dos sócios e ponderando os interesses dos outros sujeitos relevantes para a sustentabilidade da sociedade, tais como os seus trabalhadores, clientes e credores*"[42]. Se é certo que se mantém o objetivo de maximização do lucro, certo é também que esse não pode ser o único interesse atendível para aqueles que têm o encargo de administrar a sociedade, sob pena da sua eventual responsabilização.

Este enquadramento jurídico da atividade dos administradores impõe-lhes que atendam aos interesses de longo prazo dos sócios, afastando-se de uma gestão de curto prazo. O interesse de preservação da sociedade, como entidade geradora de lucros que se repetem no tempo, deve sobrepor-se ao objetivo do máximo lucro no mais breve período de tempo. Este interesse de longo prazo dos sócios é aquele que deve ter a primazia entre os diferentes interesses a considerar: é o interesse prioritário a que os administradores devem atender. Não se afasta, pois, dos princípios do *shareholder value*. Nesta versão, com uma visão de mais longo prazo, é denominada na doutrina como *enlightened shareholder value theory*.[43]

Mas não é o único interesse a ter em conta, pois o comando legal referido determina que os administradores "ponderem" os interesses de terceiros relevantes para a sustentabilidade da sociedade – os denominados *stakeholders*, ou os que sustentam a sociedade. São interesses secundá-

---

[42] Redação introduzida pelo DL nº 76-A/2006, de 29 de março. Na redação anterior, o preceito previa apenas, sob a epígrafe "Dever de diligência", que "*Os gerentes, administradores ou directores de uma sociedade devem actuar com a diligência de um gestor criterioso e ordenado, no interesse da sociedade, tendo em conta os interesses dos sócios e dos trabalhadores.*"

[43] Cf. Fátima Gomes, *O Direito aos Lucros e o Dever de Participar nas Perdas nas Sociedades Anónimas*, p. 113.

rios, que devem ser apenas tidos em conta, "ponderados", pelos administradores[44].

É o caso dos interesses dos trabalhadores, dos clientes e dos credores, que a lei identifica expressamente, de forma exemplificativa, mas também dos poderes públicos, nacionais e locais, dos fornecedores, das comunidades locais, e dos próprios concorrentes, que se devem considerar também, pois a atividade societária não deve ignorar os interesses do meio em que se insere[45].

Ora, a conciliação do interesse principal da sociedade de obtenção de lucros com a restante multiplicidade de interesses destes outros atores sociais pode não ser fácil ou ser mesmo, em concreto, impossível. O que é certo é que, não obstante se deva considerar o fim lucrativo como interesse prevalecente, como o fim último da sociedade, também é verdade que os interesses dos *stakeholders* não podem ser ignorados pela administração das sociedades comerciais, sob pena da sua eventual responsabilização.

Desta forma, por via do condicionamento da atividade dos seus administradores, temos que considerar que é a própria atividade social que fica sujeita à ponderação destes outros interesses para além do fim lucrativo, que é, naturalmente, o interesse preponderante. E na medida em que estão

---

[44] Cf. Paulo Câmara, *O governo das sociedades e os deveres fiduciários dos administradores*, p. 174. Concordamos com Pedro Pais de Vasconcelos quando defende que por *stakeholders* se devem entender os "especialmente interessados" na sociedade. Isto é, não só os que são importantes para a sustentabilidade da sociedade mas também aqueles "para cuja sustentabilidade a sociedade desempenhe um papel relevante". Ou seja, são os que dependem da sociedade e também aqueles de quem a sociedade depende – cf. *Responsabilidade civil dos gestores das sociedades comerciais*, p. 20 e 21. Também Fátima Gomes, *O Direito aos Lucros e o Dever de Participar nas Perdas nas Sociedades Anónimas*, p. 112 e ss.

[45] O regime do CSC é neste ponto semelhante ao britânico *Companies Act* de 2006, como refere Paulo Câmara, *O governo das sociedades e os deveres fiduciários dos administradores*, p. 175. No mesmo sentido Pedro Pais de Vasconcelos, *Responsabilidade civil dos gestores das sociedades comerciais*, p. 19. Na verdade, este recente código societário inglês estabelece no nº 1 do artigo 172 o seguinte:
*"(1) A director of a company must act in the way he considers, in good faith, would be most likely to promote the success of the company for the benefit of its members as a whole, and in doing so have regard (amongst other matters) to —*
*(a) the likely consequences of any decision in the long term,*
*(b) the interests of the company's employees,*
*(c) the need to foster the company's business relationships with suppliers, customers and others,*
*(d) the impact of the company's operations on the community and the environment,*
*(e) the desirability of the company maintaining a reputation for high standards of business conduct, and*
*(f) the need to act fairly as between members of the company."*

## APURAMENTO E APLICAÇÃO DE RESULTADOS

também em causa interesses de terceiros, pode até afirmar-se que por esta razão o contrato de sociedade se converte num contrato com proteção para terceiros[46].

Por outro lado, desta noção de contrato de sociedade decorre também que este fim lucrativo é de natureza particular, pois a sociedade visa não simplesmente a obtenção de lucros. O escopo social é antes a obtenção de um ganho «a fim de [os sócios] repartirem os lucros» entre si. Isto é, os contraentes pretendem que a sociedade obtenha lucros para que depois seja efectuada a sua repartição entre eles.

Optou, então, o legislador português por uma noção restrita de sociedade[47], como se disse, que deixa de fora todos aqueles contratos que associam duas ou mais pessoas para o exercício de uma atividade económica com vista a daí retirarem vantagens, mas que não visam a repartição entre si dos lucros obtidos, como sucede, como veremos a seguir, com as Cooperativas, com os Agrupamentos Complementares de Empresas (ACE) e com os Agrupamentos Europeus de Interesse Económico (AEIE)[48]. Opção essa que é hoje consensual em Portugal[49].

Também este elemento finalístico permite distinguir as sociedades das fundações, uma vez que estas, além de outras notas diferenciadoras, não têm por fim a obtenção de lucros para atribuir ao seu fundador. Se procuram obter ganhos, certo é que não os poderão atribuir ao fundador[50].

---

[46] Cf. neste sentido, Manuel Carneiro da Frada, *A Business Judgment Rule no quadro dos deveres gerais dos administradores*, p. 217 e Gabriela Figueiredo Dias, Fiscalização das Sociedades, p. 45.

[47] Em sentido contrário, defendendo, à luz dos mesmos normativos, um conceito mais amplo de sociedade, cf. Pinto Furtado, *Curso de Direito das Sociedades*, p. 141 a 144 e Pupo Correia, *Direito Comercial*, p. 128.

[48] No caso dos contratos de consórcio e de associação em participação a distinção face ao contrato de sociedade é mais funda, pois nestes não só não existe lucro, como não há exercício em comum de qualquer atividade, como veremos mais à frente – cf. *infra* pontos 1.3.4. e 1.3.5. deste Capítulo.

[49] Cf. Vasco Lobo Xavier, entrada "Sociedade Comercial", Polis, p. 928. No entender do saudoso Mestre, a adopção hoje de uma figura geral de sociedade "não mostra utilidade, quer prática quer construtiva", nomeadamente após o Código Cooperativo de 1980 e a consagração legal do ACE.

[50] Cf. Coutinho de Abreu, *Curso de Direito Comercial*, II, p. 16. Ocorre ainda referir que nas fundações o seu substrato é formado por coisas, por elementos patrimoniais ou de outra natureza, mas não por pessoas. Já a sociedade, para além dos elementos patrimoniais, carece sempre de pessoas, nas quais desde logo radica a vontade de constituir a entidade coletiva. Pelo contrário, nas fundações a vontade constituinte está fora, sendo estranha à pessoa coletiva, daí que se possa dizer que é uma vontade transcendente (ao passo que nas sociedades teremos uma vontade imanente) – cf. Carvalho Fernandes, *Teoria Geral do Direito Civil*, I, p. 397 e ss.

O escopo societário, o interesse que em última instância move os sócios na constituição da sociedade, é que a sociedade obtenha um lucro que seja distribuível, que se destina a ser repartido pelos sócios[51]. Representa a contrapartida do investimento feito pelos sócios, isto é, das contribuições por eles efetuadas para o exercício da atividade social. Daqui se deduz que o fim lucrativo não só é um elemento qualificador do contrato como é também um elemento norteador da atividade da organização societária a que o contrato dá origem[52]. Por outro lado, parece já poder retirar-se desta norma que aponta para a finalidade de «repartição de lucros», que estes deverão ser, em princípio, apenas entregues aos sócios e não a terceiros, como veremos melhor mais à frente. Daí que se diga que a sociedade é uma instituição egoística[53].

Este escopo lucrativo imposto pelos sócios à organização a que pelo contrato vão dar origem tem como corolário, na esfera jurídica dos sócios, o direito ao lucro, que usualmente a doutrina designa de direito geral ao lucro ou direito abstrato ao lucro, como teremos ocasião de analisar em detalhe a seguir.

## 1.3. Confronto com figuras afins

Este requisito do lucro em sentido estrito, ou seja, o facto de a noção de sociedade exigir que os sócios visem a obtenção de lucros, com o propósito de os repartirem entre si, é o elemento que permite a distinção deste contrato de outros em que diversas pessoas contribuem para o exercício de uma atividade económica, mas em que está ausente o intuito de obtenção de lucros para os partilhar entre os seus sócios, como veremos a seguir[54].

---

[51] O que significa que não são os sócios, no seu plano individual, que prosseguem fins lucrativos, mas antes a sociedade que constituíram – cf. Cassiano dos Santos, *O direito aos lucros no Código das Sociedades Comerciais*, p., 186. De resto, pode suceder que o sócio, pela sua natureza jurídica, nem prossiga fim lucrativo, como sucederá quando a sociedade tiver sócios que sejam associações, fundações ou cooperativas, por exemplo. A constituição destas sociedades instrumentais não põe em causa o seu escopo lucrativo, ao contrário do que parece sustentar Pinto Furtado. Cf. *Curso de Direito das Sociedades*, p. 147.

[52] Cf. Cassiano dos Santos, *O direito aos lucros no Código das Sociedades Comerciais*, p, 187 e Francisco Vicent Chuliá, *Introducción al Derecho Mercantil*, p. 229.

[53] Cf. Pinto Furtado, *Curso de Direito das Sociedades*, p. 146.

[54] Neste percurso pelos contratos afins do contrato de sociedade seguiremos de perto o nosso *O contrato de consórcio no âmbito dos contratos de cooperação entre empresas*, p. 66 e ss.

É o que se verifica nos casos do ACE, do AEIE e da cooperativa. No contrato de consórcio e na associação em participação também não existe fim lucrativo, pois nem sequer existe exercício em comum de uma atividade económica, requisito sem o qual não faz sentido falar em distribuição de lucros.

### 1.3.1. Agrupamento complementar de empresas

Regulados em Portugal desde 1973, pela Lei nº 4/73 e pelo DL nº 430/73, de 25 de agosto, o ACE inspira-se na figura francesa do *groupement d'intérêt économique*[55], introduzido em França pela *Ordonnance* nº 67-821, de 23 de setembro de 1967[56] e pelo Decreto de Aplicação nº 68-109, de 2 de fevereiro de 1968[57].

Um dos objectivos do legislador francês com a criação desta nova forma contratual foi o de possibilitar às empresas, sobretudo às pequenas e médias empresas, um esquema de cooperação e relacionamento intermédio entre as associações e as sociedades. Ou seja, dotar as empresas de um instrumento que permitisse estabelecer uma forma estável de cooperação, com personalidade jurídica e que, ao mesmo tempo, preservasse a autonomia económica e jurídica de cada um dos seus membros[58].

Também em Portugal se faziam sentir essas necessidades, desde há bastante tempo, o que foi descrito de forma muito clara num relatório do Instituto Nacional de Investigação Industrial de 1968[59]. No entanto, só com a Lei do Fomento de 1972 (Lei nº 3/72, de 27 de maio) foi atribuída

---

[55] Cf. Paola Balzarini, *Disciplina Portoghese degli "Agrupamentos Complementares de Empresas"*, p. 324 e ss e Luís Ferreira Leite, *Novos Agrupamentos de Empresas*, p. 19 e ss.

[56] Alterada pela lei Nº 89-377, de 13 de junho de 1989 e pela *Ordonnance* nº 2000-912, de 18 de setembro de 2000.

[57] Sobre a figura dos agrupamentos complementares de empresas ver Raúl Ventura, *Sociedades Complementares*; José António Pinto Ribeiro / Rui Pinto Duarte, *Dos Agrupamentos Complementares de Empresas*; Luís Ferreira Leite, *Novos Agrupamentos de Empresas*, p. 19 e ss; Vasco Lobo Xavier, *Sociedades Comerciais*, p. 40 e ss; Oliveira Ascensão, *Direito Comercial*, vol. I, p. 322 e ss; Pinto Furtado, *Curso de Direito das Sociedades*, p. 159 e ss e Ana Príncipe Lourenço, *O impacto da lei nos custos de transacção*, p. 44 e ss.

[58] Atualmente o *"groupement d'intérêt économique"* está previsto nos artigos L251-1 e ss do Código de Comércio francês. O segundo parágrafo daquele artigo estabelece que *"Le but du groupement est de faciliter ou de développer l'activité économique de ses membres, d'améliorer ou d'accroître les résultats de cette activité. Il n'est pas de réaliser des bénéfices pour lui-même"*.

[59] Cf. Maria Helena Garcia da Fonseca, *Constituição de Agrupamentos de Empresas em Portugal*.

ao Governo a tarefa de definir a disciplina jurídica dos agrupamentos, na Base V, nº 1, alínea f). Na sequência desta Lei, o Governo encomendou dois projetos de lei relativos a esta matéria, um a RAÚL VENTURA e outro a ARALA CHAVES[60].

A questão que se colocava então entre nós era a de saber como concretizar juridicamente o interesse das empresas de se agruparem e de realizarem operações de concentração que permitissem a obtenção de economias de escala e aproveitamento de sinergias, sem que com isso tivessem que abdicar da sua autonomia jurídica e económica.

É que, de acordo com a noção de contrato de sociedade do artigo 980º do Código Civil que vimos, é essencial a finalidade de obtenção de lucros, a fim de serem repartidos pelos sócios. Isto quer dizer que no conceito restrito adoptado nessa norma já não cabe o agrupamento de empresas cuja finalidade é obter economias de escala, realizar compras em conjunto em condições mais vantajosas, dividir custos de investigação e desenvolvimento ou controlo de qualidade, etc. De facto, nestas hipóteses a entidade criada não tem por objectivo maximizar um lucro que se destine a repartir pelos seus associados, mas visa antes propiciar economias e maiores ganhos aos associados, através da redução dos seus custos ou da melhoria da sua produção.

Mas, se lhes era vedado o acesso ao contrato de sociedade, igualmente não se afigurava satisfatório o recurso à constituição de uma associação entre os interessados. De facto, de acordo com a interpretação maioritária dada ao artigo 157º do Código Civil, não é possível constituir uma associação com fim lucrativo, como seria neste caso, ainda que se tratasse de um lucro em sentido amplo.

Perante este quadro assim definido, restava ao legislador optar por uma de duas soluções: permitir a constituição de sociedades sem fim lucrativo, ou seja, ampliar o âmbito da noção de sociedade, ou criar uma figura jurí-

---

[60] Não deixa de ser curioso o facto de que, ainda antes da publicação da Lei nº 4/73, já se haviam constituído entre nós, sob a forma de sociedade comercial, entidades cujo objetivo era o de criar um agrupamento de empresas, suscetível de melhorar as condições de exercício e lucro dos associados. No entanto, a utilização da forma societária levantava muitas dúvidas quanto à legalidade de tais sociedades, uma vez que não existia qualquer intuito de obter lucros a fim de os distribuir pelos sócios, como da análise dos respetivos pactos sociais se pode constatar. Cf. José António P. Ribeiro / Rui P. Duarte, *Dos Agrupamentos Complementares de Empresas*, p. 24, que referem os exemplos das sociedades "ISOLA, Lda", "UCEL, Lda" e "CIVE, Lda".

dica nova capaz de corresponder aos interesses das empresas. Isto mesmo escreveu RAÚL VENTURA no seu anteprojeto, afirmando que, para satisfazer as necessidades que estavam na origem da elaboração do projeto, o legislador *"deverá em primeiro lugar optar entre o alargamento do conceito de sociedade e a criação dum novo tipo de associação, dotada de personalidade como o 'groupement' francês"*[61].

O mesmo anteprojeto acaba por optar pelo alargamento do conceito de contrato de sociedade, invocando em sua defesa dois argumentos. Por um lado, esse era o entendimento que prevalecia nos estudos para a reforma das sociedades, pretendendo-se que neste conceito se pudessem acolher todas as formas de organização das pessoas coletivas. Por outro lado, porque se constatava que o regime criado pela *Ordonnance* francesa acabava por repetir inutilmente uma série de disposições das normas relativas às sociedades comerciais.

ARALA CHAVES, no anteprojeto que elaborou relativo às "sociedades complementares", salienta a mesma necessidade que as empresas sentem, cabendo ao direito *"dar guarida a novas formas de colaboração que não prejudiquem a subsistência e autonomia dos associados"*, salientando que se trata de tipos associativos *"a meio caminho entre as sociedades e as associações"* [62].

Ao contrário de Raúl Ventura, este autor opta pela criação duma figura jurídica nova, os agrupamentos, que se designam, naquele anteprojeto, por "sociedades complementares". Foi esta a solução que vingou no projeto de proposta de Lei nº 10/X e que, depois de passar pela Câmara Corporativa que no seu parecer não altera essa orientação, vem a ser legalmente consagrada pela Lei nº 4/73.

Instituiu-se, por via legal, uma forma de agrupamento entre pessoas singulares ou coletivas, que desenvolvam determinada atividade económica, dotado de personalidade jurídica e com a finalidade de melhorar as condições de exercício ou de resultado das atividades que cada um dos seus membros desenvolve.

Merece, nesta sede, especial atenção a questão do lucro no ACE. É que o legislador optou por deixar inalterada a definição de contrato de sociedade, a qual, de acordo com o artigo 980º do Código Civil, exige o intuito

---

[61] Cf. *Sociedades Complementares*, p. 14.
[62] Cf. José António P. Ribeiro / Rui P. Duarte, *Dos Agrupamentos Complementares de Empresas*, p. 144.

ou finalidade de obtenção de lucro a fim de ser repartido pelos sócios. Ora é precisamente este elemento que falta no ACE.

A Base II, da Lei nº 4/73, no seu nº 1, estipula que os *"agrupamentos complementares de empresas não podem ter por fim principal a realização e partilha de lucros"*. A sua finalidade, de acordo com a mesma norma legal, é melhorar as condições de exercício e de resultado das atividades económicas das empresas agrupadas.

Enquanto no contrato de consórcio, como veremos, não pode existir lucro, por não haver qualquer atividade comum que possa gerar lucros, no ACE existe uma atividade exercida em comum pelos seus membros. Contudo, tal atividade não pode ter como finalidade a obtenção de lucros próprios do agrupamento, que depois houvessem de ser repartidos pelos seus membros[63].

O lucro que cada um dos associados terá será o que resultar da diferença entre o preço a que o ACE lhe presta determinado serviço e aquele que teria que pagar se fosse ele próprio a adquirir esse serviço isoladamente[64].

Podemos concluir que a principal distinção entre o contrato de sociedade e o ACE está, essencialmente, no fim lucrativo[65]. Na verdade, o ACE

---

[63] Cf. Vasco Lobo Xavier, *Sociedades Comerciais*, p. 40 e ss, que refere que, atenta esta característica dos ACE, os anglo-saxónicos referem-se a figuras desta natureza designando-as *no profit making companies*. Cf. também Ferrer Correia, *Lições de Direito Comercial*, vol. II, p. 15.

[64] O problema ganha, porém, outra amplitude quando o ACE não se limita a prestar serviços aos seus membros, mas antes se abre a terceiros a quem, naturalmente, prestará o serviço pretendido mediante uma contrapartida lucrativa. Se não faz sentido o ACE ter margens de lucro quando vende os seus serviços aos associados, o mesmo já não se pode afirmar naquelas situações em que o ACE se relaciona comercialmente com terceiros. Para viabilizar estas situações, a lei admite que o ACE tenha por fim acessório a realização e partilha de lucros. De acordo com o artigo 1º do DL nº 430/73, o «ACE pode ter por fim acessório a realização e partilha de lucros, apenas quando autorizado expressamente pelo contrato constitutivo». Desta forma, se o contrato constitutivo do Agrupamento autorizar que, de modo acessório relativamente ao seu fim, o ACE possa ter atividades lucrativas, este pode prestar serviços a terceiros com intuito lucrativo. O legislador, contudo, acabou por baralhar toda esta questão com o que dispôs nos artigos 15º e 16º do mesmo diploma legal. Nestes preceitos, relativos às consequências do incumprimento do seu fim legal, a lei refere que, o facto de exercer atividade acessória diretamente lucrativa ou não autorizada, sujeita o ACE às regras aplicáveis às sociedades em nome coletivo. Sobre esta questão, em particular sobre a confusão do legislador entre fim principal e atividade principal, cf. Raúl Ventura, *Primeiras Notas...*, p. 630.

[65] Daí que não caiba no objeto do ACE a execução de empreitadas para terceiros, como por vezes sucede. O seu fim é melhorar as condições de exercício ou de resultado das respetivas atividades e não associar esforços e meios para executar uma empreitada para terceiros. Para isso

APURAMENTO E APLICAÇÃO DE RESULTADOS

integra-se nos chamados «*no profit making companies*», ou seja, nas sociedades sem fim lucrativo. Assim, entendendo-se por fim lucrativo o escopo de obter incrementos patrimoniais distribuíveis pelos sócios, dúvidas não pode haver de que o ACE não é reconduzível a uma figura societária[66]. De resto, como se referiu, a institucionalização do ACE só se explica pelo carácter limitado da noção de sociedade adotada no artigo 980º do CC[67].

Figura semelhante ao ACE é a *"Agrupación de Intererés Económico"* (AIE) prevista no Direito espanhol, que não é confundível com as *"Uniones Temporales de Empresas".*[68] O AIE que é regulado pela Lei 12/1991, de 29 de Abril

os seus membros deveriam ou constituir uma sociedade, ou celebrar um contrato de consórcio – cf. José António P. Ribeiro e Rui P. Duarte, *Dos Agrupamentos Complementares de Empresas*, p. 107, que num levantamento, ainda que incompleto, constatou a existência de numerosos casos de recurso irregular a esta figura, nomeadamente para a realização de empreitadas.

[66] Neste sentido se orienta a doutrina maioritária. Entre outros, cf. Lobo Xavier, *Sociedades Comerciais*, p. 37; Brito Correia, *Direito Comercial*, II, p. 66 (que considera o ACE «uma figura jurídica nova e "sui generis", de tipo associativo»); Coutinho de Abreu, *Curso de Direito Comercial*, II, p. 32 e Engrácia Antunes, *Os Grupos de Sociedades*, p. 91 e ss.

[67] Por esta mesma razão, para quem faça uma interpretação extensiva do referido preceito legal é possível qualificar os ACE, pelo menos quando exerçam atividades comerciais, como sociedades. Cf., por exemplo, Pinto Furtado, *Curso de Direito das Sociedades*, p. 164 – 165 e Pupo Correia, *Direito Comercial*, p. 144.

[68] As *Uniones Temporales de Empresas* do Direito espanhol, são reguladas pela Lei nº 18/82, de 26 de maio, (que foi em parte revogada pela lei de 29/04/91 que introduziu em Espanha a *Agrupación de Interés Económico*) – cf. Adolfo Ruiz Velasco, *Manual de Derecho Mercantil*, p. 391 e ss e Francisco Vicent Chuliá, *Compendio Critico de Derecho Mercantil*, p. 227 e *Introducción al Derecho Mercantil*, p. 678. Diferentemente da *"Agrupación de Interés Económico"*, as *Uniones Temporales de Empresas* não têm personalidade jurídica e resultam de um pacto de colaboração entre empresas, por tempo determinado ou indeterminado, para o desenvolvimento ou execução de uma obra ou serviço. São formadas por empresas de especialidades diferentes que pretendem colaborar umas com as outras a fim de levar a cabo um projeto comum que excede o objeto de cada sociedade interveniente. Trata-se de um contrato de colaboração entre empresas que não exige forma especial mas que, se pretender gozar de determinados benefícios fiscais, terá de corresponder a certos condicionalismos legais. Assim, é necessário que a *unión temporal de empresas* seja formada por empresários, pessoas físicas ou coletivas, que se associem para desenvolver e executar uma obra ou serviço e eventualmente outras atividades que lhes sejam complementares ou acessórias. O contrato deve ser celebrado por escritura pública e registado junto do Ministério da Economia e Fazenda, não podendo a sua duração ser superior a 10 anos. A *unión temporal de empresas* deve ter um único gerente, com poderes suficientes para a vincular nos atos que tenham a ver com os fins que ela visa prosseguir. As *Uniones Temporales de Empresas*, para beneficiarem do referido regime legal, devem ainda ter firma, constituída pelo nome de um

(que regulamenta também o AEIE quando este tem sede em Espanha), visa desenvolver atividades auxiliares das sociedades que o constituem, sem finalidade lucrativa[69]. É constituído por escritura pública e inscrito no registo comercial (artigos 7º e 8º), respondendo as empresas agrupadas pelas dívidas do AIE, subsidiariamente em relação a este e solidariamente entre si (cf. artigo 5º). O AIE é qualificado em Espanha como uma sociedade, mas de carácter especial.[70]

### 1.3.2. Agrupamento Europeu de Interesse Económico

Com a finalidade de instituir um mecanismo de cooperação comum a todo o espaço comunitário, foi aprovado o Regulamento (CEE) nº 2137/85, de 25 de julho de 1985, publicado no Jornal Oficial das Comunidades Económicas Europeias nº L 199, de 31 de julho de 1985. Através dele se introduziu no ordenamento jurídico da União Europeia a primeira entidade jurídica criada ao abrigo dos seus tratados[71]: o AEIE[72].

Este Regulamento entrou em vigor nos países membros da Comunidade em 3 de agosto de 1985, e em Portugal no dia 1 de janeiro de 1986. Contudo, de acordo com o próprio Regulamento, os primeiros AEIE só poderiam ser reconhecidos a partir de 1 de julho de 1989 (artigo 43)[73].

---

ou de vários associados, e conter a expressão *"Unión Temporal de Empresas"*. Pelas dívidas contraídas em operações comuns respondem todos os agrupados pessoal, solidária e ilimitadamente.

[69] Como estabelece o art. 2º, nº 2, da Ley nº 12/1991, *"La agrupación de interés económico no tiene animo de lucro para si misma."*

[70] Cfr. Francisco Vicent Chuliá, *Introducción al Derecho Mercantil*, p. 677.

[71] A que se seguiram, bastante mais tarde, a Sociedade Europeia – Regulamento (CE) nº 2157//2001, do Conselho e Diretiva 2001/86/CE, do Conselho, ambas de 08 de Outubro de 2001 e a Sociedade Cooperativa Europeia – Regulamento (CE) nº 1435/2003 do Conselho, de 22 de julho de 2003.

[72] Cf. Jean Guyénot, *La Vocation Européenne des Groupements d'Intérêt Économique comme Instruments de Coopération d'Entreprises dans le Marché Commun*, p. 351 e ss; Jean Guyénot, *Un Cadre Juridique para la Coopération dans le Marché Commun*, p. 422 e ss; Annick Pételaud, *La Construction de la Communauté Européenne et le Groupement Européen de'Intérêt Économique (GEIE)*, p. 191 e ss; Séverine Israel, *Une Avancée du Droit Communautaire: Le Groupement Européen d'Intérêt Économique (GEIE)*, p. 645 e ss; Maria Ângela Coelho, *Algumas Notas sobre o Agrupamento Europeu de Interesse Económico (A.E.I.E.)*, p. 389 e ss e Maria do Céu Athayde de Tavares, *O Agrupamento Europeu de Interesse Económico*, p. 151 e ss.

[73] O primeiro anteprojeto destinado a instituir um *groupement européen de coopération*, da autoria da Comissão Europeia, já havia sido publicado em 29 de outubro de 1971; em 21 de dezembro de 1973, a Comissão apresentou um projeto definitivo de Regulamento ao Conselho das Comunidades Europeias, proposta essa que viria a ser publicada no Jornal Oficial, em 15 de fevereiro

Esta figura do Direito Comunitário foi inspirada no *groupement d'intérêt économique* do Direito Francês, criada pela *Ordonnance* nº 67-821 de 23 de setembro de 1967, a que já nos referimos. É, desta forma, também próxima do nosso agrupamento complementar de empresas, cuja inspiração é a mesma.

A criação do AEIE teve como finalidade estabelecer uma base jurídica comum a todos os países comunitários, permitindo a cooperação no desenvolvimento das atividades económicas das empresas de mais de um Estado-Membro, sem pôr em causa a autonomia jurídica de cada uma.

Uma das preocupações do legislador comunitário foi a de separar com clareza as águas entre o agrupamento e as sociedades, evitando assim as dúvidas que se levantaram a propósito quer do GIE, quer do ACE[74]. É assim que, por exemplo, se proíbe que o AEIE tenha por fim a obtenção do lucro, ao passo que no ACE se permite tal finalidade se for acessória. Por outro lado, o AEIE não pode recorrer à subscrição pública, enquanto o regime do ACE possibilita o lançamento de empréstimos obrigacionistas.

O legislador europeu entendeu também estender o AEIE às atividades de profissionais liberais, atividades que em Portugal se consideram sem carácter comercial, ao mesmo tempo que acentua a necessidade de existir um *animus cooperandi* e impõe que a atividade do agrupamento se conexione com as dos seus membros, o que não aparece no GIE e nem no ACE.

Com este aspeto inovador torna-se possível a associação não só entre empresas mas também entre profissionais liberais e, de uma forma geral, entre todos os prestadores de serviços. Aliás, o regime deste agrupamento é muito aberto em relação à determinação dos seus sujeitos, admitindo, nomeadamente, que possa ser constituído entre entidades públicas ou organismos científicos.

De facto, de acordo com o artigo 3º do Regulamento, a atividade a desenvolver pelo AEIE deve estar ligada à atividade económica dos seus

---

de 1974. Em 11 de julho de 1977, o Parlamento Europeu aprovou uma Resolução que introduziu algumas alterações, para finalmente ser aprovado o Regulamento nº 2137/85, em 25 de julho de 1985. O texto a que se chegou tem, assim, um carácter marcadamente compromissório, recorrendo com frequência à intervenção do direito interno de cada Estado-Membro e tendo sofrido sucessivas alterações no decurso do seu longo processo de elaboração e aprovação.

[74] Maria Ângela Coelho, *Algumas Notas sobre o Agrupamento Europeu de Interesse Económico (A.E.I.E.)*, p. 390.

membros, constituindo um complemento desta, revestindo-se assim de um carácter auxiliar. Esta característica não está explicitada no regime do ACE, mas vem clarificar a relação que deve existir entre a atividade do agrupamento e a atividade dos seus membros.

O AEIE não pode ter por finalidade a obtenção de lucros a fim de os repartir, considerando o Regulamento que os lucros que eventualmente obtenha serão considerados lucros dos seus membros, gozando assim do regime de transparência fiscal.

De acordo com o artigo 24º, os membros do AEIE são solidária e ilimitadamente responsáveis pelas dívidas do agrupamento, o que se compreende, uma vez que não existe capital social. Esta responsabilidade é subsidiária em relação ao agrupamento uma vez que os credores deverão em primeiro lugar exigir o pagamento ao AEIE.

Uma questão que foi deixada para resolução pelas legislações de cada Estado-Membro foi a atribuição ou não de personalidade jurídica aos agrupamentos europeus. Em Portugal, por virtude do disposto no artigo 1º do DL nº 148/90, de 9 de maio, é reconhecida personalidade jurídica ao AEIE, a partir da inscrição definitiva da sua constituição no registo comercial. Mas, apesar do Regulamento não atribuir diretamente personalidade jurídica ao agrupamento, por impossibilidade de acordo entre os Estados-Membros quanto a este ponto[75], a verdade é que o legislador europeu lhe confere uma ampla capacidade jurídica e judiciária[76].

---

[75] Na Alemanha, para se reconhecer a existência de uma pessoa moral, exige-se que o organismo em causa prossiga uma via independente dos seus membros, o que no caso do AEIE não sucede – cf. Maria Ângela Coelho, *Algumas Notas sobre o Agrupamento Europeu de Interesse Económico (A.E.I.E.)*, p. 389 e 390, nota 4.

[76] A fim de completar e dar execução ao Regulamento Comunitário, bem como adaptar o regime do AEIE ao direito nacional, foram publicados o DL nº 148/90, de 9 de maio e o DL nº 1/91, de 5 de janeiro. De acordo com o diploma de 1990, o AEIE goza entre nós de personalidade jurídica, a partir da *"inscrição definitiva da sua constituição no registo comercial"* – artigo 1º. O contrato está sujeito a forma escrita – artigo 2º –, ao contrário do estabelecido para os ACE, e o seu carácter comercial ou civil dependerá do objeto que possua, sendo certo que, se tiver por fim a prática de atos de comércio, será considerado comerciante – artigo 3º. Destaque ainda para o facto de, entre outras disposições, este diploma permitir a transformação de um ACE em AEIE e vice-versa, desde que estejam satisfeitos os requisitos de uma e outra figura – artigo 11º. Acresce que o regime supletivo será constituído pelas normas estabelecidas na lei portuguesa para os ACE. Quanto ao diploma de 1991, visa estabelecer o regime sancionatório relativo ao não cumprimento de várias disposições do Regulamento, a par de outras já contidas no Código de Registo Comercial (nomeadamente nos artigos 17º e 71º).

APURAMENTO E APLICAÇÃO DE RESULTADOS

Ora, tal como sucede com o ACE e AIE, o AEIE não pode ter como fim a obtenção de lucros, com o propósito de os repartir pelos seus associados, o que o afasta do regime societário tal como ele é entendido entre nós. É claro que os agrupados podem ter intuitos lucrativos ao constituírem o agrupamento. Mas este, enquanto entidade comum, não tem como escopo obter incrementos patrimoniais que sejam depois distribuídos. Aí reside a sua distinção face ao contrato de sociedade.

### 1.3.3. Cooperativas

As cooperativas são empresas mutualistas, com o fim de desenvolver atividades económicas que permitam a satisfação das necessidades dos seus membros[77]. De acordo com o Código Cooperativo português, as cooperativas não têm por fim obter lucros para distribuir, daí que se diga que não têm fim lucrativo, no sentido restrito de lucro.

Todavia, tal como sucede ainda hoje em vários ordenamentos jurídicos, como veremos a seguir, em Portugal as cooperativas já foram consideradas sociedades, tendo começado por se encontrar reguladas no Código Comercial, que as denominava «sociedades cooperativas»[78]. Porém, desde 1980,

[77] A identidade do fenómeno cooperativo pode deduzir-se dos princípios cooperativos da *International Co-operative Alliance* (ICA), associação fundada em 1895 e que coordena o movimento cooperativo internacional. Na sua versão atual, aprovada pelo Congresso de 1995, em Manchester, o *Statement on the Co-operative Identity*, enuncia os seguintes princípios caracterizadores: 1º Adesão voluntária e livre; 2º Gestão democrática pelos membros; 3º Participação económica dos membros; 4º Autonomia e independência; 5º Educação, formação e informação; 6º Intercooperação e 7º Interesse pela comunidade. Estes princípios foram também vertidos no art. 3º do Código Cooperativo português e decorrem do movimento cooperativo iniciado no século XIX, em Inglaterra, numa reação ao capitalismo industrial da época, gerador de profundas desigualdades. A primeira cooperativa terá sido a *Rochdale Society of Equitable Pioneers*, formada por vinte e oito tecelões de Rochdale.
[78] Cf. art. 207º a 233º do Código Comercial de 1888. Refira-se que o anteprojeto do Código das Sociedades Comerciais, de Ferrer Correia e António Caeiro, previa que fossem consideradas sociedades "*as empresas colectivas que tenham por fim o proveito económico dos associados, embora não se proponham obter lucros a repartir por estes*" – cf. art. 1º, nº 3, *in* Lei das Sociedades Comerciais (Anteprojeto), p. 25. De acordo com esta proposta, seriam também sociedades as *«no profit making companys»*, as sociedades de mera administração de bens, numa conceção aberta de sociedade que incluísse todas as entidades que visassem o «exercício de uma actividade económica comum, tendo em vista realizar o proveito económico dos sócios por qualquer modo que seja» – *idem ibidem*, p. 37. Refira-se que à data deste estudo (1969) as cooperativas eram consideradas sociedades, pelo que se impunha, por identidade de razão, abrir o fenómeno societário a outras realidades que não cabiam no conceito de sociedade vigente.

possuem uma lei própria, estando agora previstas e reguladas no Código Cooperativo[79].

O Código Cooperativo, no seu artigo 2º, dá-nos a definição de cooperativa: «As cooperativas são pessoas colectivas autónomas, de livre constituição, de capital e composição variáveis, que, através da cooperação e entreajuda dos seus membros, com obediência aos princípios cooperativos, visam, *sem fins lucrativos*, a satisfação das necessidades e aspirações económicas, sociais e culturais daqueles.» – itálico nosso[80].

Apesar de se encontrarem, em Portugal, excluídas do âmbito societário, certo é que estão sujeitas ao registo comercial[81] e à insolvência[82], tal como as sociedades comerciais.

Um dos traços caracterizadores das cooperativas é o seu capital social variável. Isto é, o capital pode aumentar ou diminuir, consoante as entradas e saídas de cooperadores, sem qualquer alteração dos seus estatutos. É que um dos princípios cooperativos é o designado "princípio da porta aberta" ou da adesão voluntária e livre, o que significa que, verificados determinados requisitos previstos nos estatutos de cada cooperativa, a entrada e

---

[79] As cooperativas regem-se em Portugal pelo Código Cooperativo, aprovado pela Lei nº 51/96, de 7 de setembro, que entrou em vigor no dia 1 de janeiro de 1997. O Código Cooperativo foi, entretanto, pontualmente alterado pelos seguintes diplomas: DL nº 343/98, de 6 de novembro, DL nº 131/99, de 21 de abril e DL nº 204/2004, de 19 de agosto. O atual Código Cooperativo sucedeu ao primeiro Código Cooperativo português, aprovado pelo DL nº 454/80, de 9 de outubro. Anteriormente, o regime das cooperativas constava do Código Comercial de 1888 que, nos seus artigos 207º a 223º, regulava as chamadas "sociedades cooperativas". No entanto, a nossa primeira lei reguladora das cooperativas foi a Lei de 2 de julho de 1867. As cooperativas são uma das entidades que integram a economia social, como está consagrado no art. 4º da Lei de Bases da Economia Social, aprovada pela Lei nº 30/2013, de 8 de maio. As atividades económico-socais das entidades da economia social têm por finalidade «prosseguir o interesse geral da sociedade» (cf. art. 2º da mesma Lei).

[80] Nos trabalhos preparatórios do Código Cooperativo foi intensamente debatida a questão da natureza jurídica das cooperativas, tendo acabado por prevalecer a tese que entendia que as cooperativas não deveriam ser qualificadas como sociedades. Neste sentido ver Rui Namorado, *Introdução ao Direito Cooperativo*, p. 253.

[81] Art. 4º do CRC. E poderão constituir sociedades comerciais (na modalidade de sociedade anónima), de acordo com parecer do Conselho Técnico da Direção-Geral dos Registos e Notariado, de 16 de fevereiro de 1989 – cf. Pinto Furtado, *Código das Sociedades Comerciais Anotado*, p. 42.

[82] Art. 2º, nº 1, do CIRE e art. 78º, nº 4 do Código Cooperativo. Registe-se que hoje todas as pessoas (singulares ou coletivas) e certas organizações estão sujeitas à insolvência, dediquem-se ou não ao comércio.

APURAMENTO E APLICAÇÃO DE RESULTADOS

saída dos membros é livre[83]. E a entrada ou saída não exigem transmissão de partes sociais nem aumentos ou reduções de capital, ao contrário do que sucede nas sociedades comerciais. De resto, a voluntariedade na adesão e a liberdade de saída não podem ser suprimidas nem pelos órgãos da cooperativa, nem pelos seus estatutos. Podem, no entanto, ser regulados pela cooperativa, estabelecendo critérios objetivos de entrada ou regulando o direito de saída (artigo 36º, nº 2, do Código Cooperativo).

A permanente variabilidade do capital, aumentando com a adesão de novos cooperadores e diminuindo com a demissão de outros, pode colocar dificuldades relevantes à vida cooperativa, nomeadamente no caso de estas últimas superarem as primeiras, pois no caso da demissão de um cooperante ser-lhe-á restituído o montante do capital por ele realizado (artigo 36º, nº 3, do Código Cooperativo). Tal facto pode colocar em risco quer a estrutura de produção, quer a estrutura financeira da cooperativa, que ficam dependentes dos movimentos de entrada e saída de membros, podendo conduzir à descapitalização daquela, com todos os problemas daí advenientes para a própria cooperativa e para terceiros, nomeadamente os credores. Daí que o legislador tenha estabelecido regras que permitem mitigar esses efeitos negativos. Entre elas destaca-se a exigência de um capital mínimo[84].

Não obstante a variabilidade do capital das cooperativas, os seus estatutos têm, no entanto, que fixar um capital social inicial, não podendo este, em princípio ser inferior a 2 500 EUR[85]. Assim, os estatutos de cada

---

[83] Registe-se, a este propósito, o Acórdão do Tribunal da Relação de Lisboa, de 13 de março de 1995, *in* Col. Jur., 1995, 2, p. 82, que dando consistência ao princípio da "porta aberta" decidiu que «I – Só em concreto e fundando-se em justa causa, surge o direito de os membros duma Cooperativa se oporem à entrada de novos membros. II – Assim, não têm aqueles o direito de exigir antecipadamente que a direção se abstenha de admitir novos cooperadores».

[84] Cf. Deolinda Aparício Meira, *O Regime Económico das Cooperativas no Direito Português – O Capital Social*, p. 112 e ss. Para além do capital mínimo, esta Autora refere ainda os seguintes mecanismos tendentes a atenuar os efeitos negativos da variabilidade do capital das cooperativas, sobretudo perante a saída de membros: diferimento do reembolso da entrada; estabelecimento de deduções ao valor nominal do reembolso; imposição de limites ao exercício do direito de reembolso; previsão estatutária de prazos mínimos de permanência na cooperativa ou de prazos de pré-aviso; responsabilidade externa dos cooperadores; recurso a outros instrumentos financeiros e à figura do sócio de capital; fixação de número mínimo de cooperadores – cf. idem ibidem, p. 117.

[85] Legislação especial poderá estabelecer mínimos mais baixos ou mais elevados para determinados sectores da atividade cooperativa (art. 18º nº 2, do Código Cooperativo). De resto, o

cooperativa têm que indicar o montante do capital inicial, valor que pode ser mais elevado que os mínimos legais, mas não inferior, devendo também fixar o capital mínimo a subscrever por cada cooperador, nos termos do artigo 15º nº 1 e), do Código Cooperativo.

O capital social é dividido em títulos, cujo valor não pode ser inferior a 5 EUR cada um. Por outro lado, exige-se que cada cooperador efetue uma entrada mínima de 3 títulos de capital, ou seja, de 15 EUR, que deverá ser realizada em dinheiro, pelo menos em 50%.

Apesar de se denominar capital social inicial, deve entender-se que o capital social da cooperativa não deve, em nenhum momento da sua vida, descer abaixo daquele valor fixado por cada cooperativa, razão pela qual se pode dizer que é também o capital social mínimo da cooperativa. Este valor do capital social mínimo é uma menção estatutária obrigatória (artigo 15º, e), do Código Cooperativo) e deve constar do registo comercial. É assim um valor estável e público.[86]

O capital subscrito das cooperativas pode ser realizado em dinheiro, em bens, em direitos, em trabalho ou em serviços[87]. Estabelece a lei que 10% do capital a realizar em dinheiro deve ser realizado aquando da subscrição, devendo o valor correspondente a 50% das entradas mínimas ser realizadas em dinheiro.

Admite-se, desta forma, o diferimento da realização das entradas, cujo valor deve estar integralmente realizado ao fim de cinco anos. Ao contrário do que sucede quanto às sociedades comerciais, o Código Cooperativo não estabelece a limitação do diferimento das entradas àquelas que são em dinheiro, pelo que também a realização das outras entradas pode ser diferida.

---

art. 91º nº 5, do mesmo código dispõe que enquanto «não for fixado outro valor mínimo pela legislação complementar aplicável aos ramos de produção operária, artesanato, cultura e serviços, mantém-se para as cooperativas desses ramos o valor mínimo de 250 euros».

[86] Todavia, o regime jurídico português não acautela devidamente a regra de que o capital inicial é sempre um capital mínimo, como sustenta Deolinda Aparício Meira, *O Regime Económico das Cooperativas no Direito Português – O Capital Social*, p. 149. Pelo contrário, em Espanha, a *Ley Estatal de Cooperativas*, no seu artigo 70º alínea d), determina a dissolução da cooperativa cujo capital seja durante mais de um ano inferior ao capital mínimo. Igual solução é consagrada no *Statut de la Cooperation* francês, no art. 27 bis – *idem ibidem*.

[87] Registe-se, a este propósito, uma diferença significativa relativamente ao estabelecido para as entradas de indústria nas sociedades comerciais. É que, nos termos do art. 178º nº 1, do CSC, estas entradas não são computadas no capital social, ao contrário do que sucede nas cooperativas.

## APURAMENTO E APLICAÇÃO DE RESULTADOS

As entradas em espécie (bens ou direitos, trabalho ou serviços) são avaliadas pela assembleia de fundadores, sob proposta da Direção. Se ultrapassarem os 7 000 EUR por cada membro ou os 35 000 EUR pela totalidade das entradas, terão que ser avaliadas por um Revisor Oficial de Contas (ou Sociedade de Revisores Oficiais de Contas). As joias que sejam previstas para quem pretende ser cooperador não integram o capital social e têm como destino obrigatório uma conta de reservas (artigo 25º nº 2).

Questão sensível no regime jurídico das cooperativas é a da distribuição de excedentes. Como se disse, a cooperativa não visa a distribuição de lucros, ao contrário do que sucede no contrato de sociedade. Mas o Código Cooperativo prevê a existência de excedentes, cuja distribuição impõe a prévia destrinça entre aqueles que são provenientes de operações realizadas com terceiros e os restantes (artigo 73º).

De facto, os primeiros terão sempre como destino a constituição de reservas, não podendo, desta forma, ser distribuídos pelos cooperadores[88]. Os restantes excedentes deverão, em primeiro lugar, ser utilizados para compensar as perdas de anos anteriores, bem como para pagar juros pelos títulos de capital (embora não possam ser utilizados para este fim em percentagem superior a 30% – princípio do juro limitado ao capital). O saldo restante poderá então retornar para os cooperadores[89].

O retorno para os cooperadores será efetuado proporcionalmente às operações realizadas por cada um deles com a cooperativa[90]. Assim, por exemplo, numa cooperativa de produção, a distribuição far-se-á proporcionalmente aos dias de trabalho de cada cooperador. De facto, se assim não fosse, estaríamos face a uma verdadeira distribuição de lucros, à semelhança do que sucede nas sociedades comerciais. De resto, esta norma corresponde ao que está definido nos princípios da Aliança Cooperativa Internacional quanto ao chamado "retorno cooperativo"[91].

---

[88] Cf. artigos 69º, nº 2, b) e 70º, nº 2, d), do Código Cooperativo.

[89] Cf. Brito Correia, *Direito Comercial*, II, p. 58 e ss e Deolinda Aparício Meira, *O direito ao retorno cooperativo*, p. 9;

[90] Cf. a clara explicação deste princípio por Anxo Tato, *Concepto e características das sociedade cooperativa (con especial referencia á sociedade cooperativa galega)*, p. 52 e 53.

[91] De acordo com o 3º princípio referido, o benefício a receber pelos seus membros deve estar «na proporção das suas transações com a cooperativa». Ver, a este propósito, o Acórdão do Supremo Tribunal de Justiça, de 17 de outubro de 2002, *in* Col. Jur., 2002, III, p. 98, que relati-

Em síntese o destino dos excedentes será:

a) desenvolver a cooperativa (podem constituir-se reservas);
b) distribuição pelos cooperadores;
c) apoio a outras atividades que os membros aprovem.

Importa sublinhar que os excedentes que tenham transitado para reservas obrigatórias são insusceptíveis de distribuição pelos cooperadores, mesmo em fase de liquidação. De facto, nos termos do artigo 79º, nºs 2 e 3, as reservas obrigatórias, que não sejam necessárias para cobrir prejuízos, transitam para nova entidade cooperativa, de acordo com o princípio da irrepartibilidade do saldo patrimonial final resultante da liquidação.

Tal como sucede com o ACE e com o AEIE, é fundamentalmente na questão do lucro que a cooperativa se afasta da noção de sociedade. Também aqui, a noção restrita de lucro do artigo 980º do CC dificilmente admite que nela caibam as cooperativas, na medida em que nestas não há fim lucrativo nem há lugar à distribuição de lucros (aqui denominados de excedentes)[92]. Não falta, todavia, quem considere que estamos face a verdadeiras sociedades, através de uma interpretação mais lata da noção de sociedade[93].

De resto, no Direito comparado não raro encontramos as cooperativas inseridas no conceito de sociedade, pela mão do legislador ou da doutrina

---

vamente a uma cooperativa de ensino determinou que «Cada cooperante apenas poderá receber da cooperativa a sua parte nos excedentes por esta produzidos em resultado da atividade dos próprios cooperantes. Os montantes creditados na conta corrente nominativa de um cooperante devem ser considerados como um adiantamento ou antecipação de uma quota parte do resultado líquido anual que no fim do exercício poderá ser corrigido em função do resultado efetivo da produção do cooperante.» No mesmo sentido, Acórdão do Tribunal da Relação do Porto, de 9 de junho de 1997, *in* Col. Jur., 1997, III, p. 212, que estipulou que «Os cooperadores têm direito a haverem parte nos excedentes, com observância do que for deliberado em assembleia geral. Consideram-se excedentes as vantagens económicas fruto das operações realizadas entre as sociedades cooperativas e os seus associados.»

[92] Neste sentido Lobo Xavier, *Sociedades Comerciais*, p. 31 e ss; Coutinho de Abreu, *Curso de Direito Comercial*, II, p. 27 e ss; Brito Correia, *Direito Comercial*, p. 62 e ss.

[93] É o caso de Pinto Furtado, *Curso de Direito das Sociedades*, p. 148 e ss e Pupo Correia, *Direito Comercial*, p. 140.

APURAMENTO E APLICAÇÃO DE RESULTADOS

maioritária[94], como sucede em Espanha[95], em Itália[96], em França[97], na Alemanha[98] e no Brasil[99], bem como no Estatuto da Sociedade Cooperativa Europeia[100], podendo ainda colocar-se a questão de saber se podem ou não ser qualificadas como sociedades comerciais, quando o seu objeto consista, ao menos parcialmente, na prática de atos de comércio[101].

[94] Cf. Manuel Carneiro da Frada / Diogo Costa Gonçalves, *A acção social* ut singuli (*de responsabilidade civil) e o Direito Cooperativo*, p. 893 e ss.

[95] A Ley 27/1999, de 16 de julho, estabelece no seu art. 1.1 que a cooperativa "*es una sociedad constituida por personas que se asocian, en régimen de libré adhesión y baja voluntaria, para la realización de actividades empresariales, encaminadas a satisfacer sus necesidades y aspiraciones económicas y sociales, con estructura y funcionamiento democrático, conforme a los principios formulados por la alianza cooperativa internacional, en los términos resultantes da presente Ley.*" Como se vê, no Direito espanhol a cooperativa é qualificada como uma sociedade, mas neste, a noção de sociedade geralmente adotada é mais ampla que a consagrada no Direito português, como se viu *supra*, ponto 1.2. deste Capítulo. Uma vez que em Espanha a matéria das cooperativas é da competência das Comunidades Autónomas, ao lado da lei nacional existem 9 leis de cooperativas (País Basco, Catalunha, Andaluzia, Comunidade Valenciana, Navarra, Estremadura, Galiza, Aragão e Madrid).

[96] Cf. a noção geral de "società cooperative", do art. 2511. do *Codice Civile*. Ver também Francesco Galgano, *Diritto Commerciale – Le Società*, p. 475 e ss.

[97] Cf., por exemplo, as cooperativas de comerciantes retalhistas previstas nos art. L124-1 do Código Comercial francês, que se denominam significativamente de "*sociétés coopératives de commerçants détaillants*".

[98] Na Alemanha as cooperativas regem-se por uma lei de Cooperativas de 1898 (*Gesetz betreffend die Erwerbs- und Wirtschaftsgenossenschaften*).

[99] Cf. artigos 1.093. e ss do Código Civil brasileiro, aprovado pela Lei Nº 10.406, de 10 de janeiro de 2002, e a Lei 5.764/1971. O art. 982. do mesmo Código qualifica a cooperativa como uma sociedade simples (por contraposição à sociedade empresária). Uma vez que, de acordo com o novo Código Civil brasileiro, todos os tipos de sociedades têm fim lucrativo (art. 981.), as cooperativas deixaram de ser entidades sem fim lucrativo. Neste sentido, o art. 1.094. enuncia que uma das características da sociedade cooperativa é a «distribuição dos resultados, proporcionalmente ao valor das operações efetuadas pelo sócio com a cooperativa, podendo ser atribuído um juro fixo ao capital realizado». Esta qualificação das cooperativas como sociedades simples tem suscitado problemas na doutrina e jurisprudência brasileiras, que tem vindo a considerar que «não é o elemento organizacional em si que deve caracterizar a cooperativa como empresária, mas sim a prática do chamado ato cooperativo ou, ao contrário, a oferta de produtos ou serviços ao mercado» – Gustavo Tepedino / Heloisa Helena Barbosa / Maria Celina Bodin de Moraes, *Código Civil Interpretado – Conforme a Constituição da República* – Vol. III, p. 274.

[100] Aprovado pelo Regulamento (CE) nº 1435/2003 do Conselho, de 22 de julho de 2003. Este Regulamento foi em boa medida beber a sua inspiração na tradição alemã – neste sentido Raul Guichard, *O regime da Sociedade Cooperativa Europeia (SCE). Alguns aspectos*, p. 210.

[101] Em sentido afirmativo, admitindo que as cooperativas possam ser qualificadas como sociedades comerciais, embora de direito especial, refira-se Maria José Morillas Jarillo / Manuel

Em bom rigor, a inclusão ou não das cooperativas na noção de sociedade depende naturalmente das definições jurídicas adoptadas, pois em
qualquer dos casos é inegável a especificidade cooperativa decorrente do
princípio mutualista, do regime da porta aberta e do capital variável, bem
como dos princípios próprios do movimento cooperativo já referidos.

Face ao direito societário português, atenta a definição restrita de
contrato de sociedade constante do artigo 980º do Código Civil e o previsto
no artigo 2º do Código Cooperativo[102] não vemos como seja possível
reconduzir a cooperativa à noção de sociedade[103], independentemente das
soluções *de iure constituendo* que se possam perfilhar e que não cabe agora
desenvolver pois não é este o local para empreender tal tarefa.

Certo é que, como vimos, o legislador nacional adota uma noção restrita
de contrato de sociedade, na qual um dos quatro elementos que o caracterizam é o escopo de obtenção de lucros a fim de serem repartidos pelos
sócios. É mesmo esse o único fim último apontado à sociedade e que exige
a prévia obtenção de um incremento patrimonial apurado na sociedade e
que posteriormente é repartido pelos sócios. E esta noção de lucro, marca
de forma indelével todo o regime jurídico das sociedades, particularmente
das sociedades comerciais, como veremos.

Neste sentido, no caso em que o sócio obtenha diretamente no seu
património um determinado ganho ou no caso em que a sua participação
na coletividade lhe permita a poupança de despesas, não estamos perante
o tal escopo de obtenção de lucros para repartir, típico das sociedades[104].[105]

---

Ignacio Feliú Rey, *Curso de Cooperativas*, p. 81 e ss, *apud* Deolinda Aparício Meira, *A natureza jurídica da cooperativa*, p. 176.

[102] Não se ignora que, mesmo em Portugal, as cooperativas já foram tidas como sociedades. Era o que sucedia na Lei de 2 de julho de 1867 e no Código Comercial de 1888 – cf. Deolinda Aparício Meira, *A natureza jurídica da Cooperativa*, p. 150 e ss. Registe-se, porém, que nas noções de coope-rativa que ambas as referidas leis ofereciam não se impunha a ausência de fim lucrativo como sucede hoje com o disposto no art. 2º do Código Cooperativo. Como afirma Carlos Ferreira de Almeida, *Contratos III*, p. 120, a *"escolha entre a diferenciação e a indiferenciação do fim destas pessoas jurídicas é uma questão de política legislativa que deve avaliar as vantagens e desvantagens dos dois modelos"*.

[103] Em sentido contrário, defendendo que no direito português a cooperativa se reconduz à noção de sociedade, refira-se Menezes Cordeiro, *Manual de Direito das Sociedades*, I, p. 370; ss, Deolinda Aparício Meira, *A natureza Jurídica da Cooperativa*, p. 170 e ss; Miguel Pupo Correia, *Direito Comercial*, p. 141; Pinto Furtado, *Curso de Direito das Sociedades*, p. 156 e ss.

[104] Neste sentido Coutinho de Abreu, *Da Empresarialidade. As Empresas e o Direito*, p. 174 e ss.

[105] Não sendo enquadrada no contrato de sociedade, a cooperativa também não se subsume facilmente à noção de associação, como alguns autores sustentam – por exemplo Coutinho de

É esta, de resto, a orientação largamente dominante, para não dizer uniforme, da jurisprudência portuguesa. Sempre que o STJ foi chamado a pronunciar-se sobre a natureza jurídica da cooperativa, nunca deixou de a considerar como uma entidade insuscetível de ser qualificada como sociedade, atento o facto de lhe ser inerente a ausência de fim lucrativo, elemento decorrente dos princípios cooperativos[106]. Como se refere no

---

Abreu, in *Curso de Direito Comercial*, II, p. 26 e ss –, pelo que será mais adequado considerá-la um *tertium genus*, dado o seu carácter específico. Neste sentido Rui Namorado, *Introdução ao Direito Cooperativo*, p. 252 e ss.

[106] Cf. acórdão do STJ de 5 de fevereiro de 2002 (Garcia Marques), *in* Col. Jur., Supremo X, 2002, I, p. 68, bem como o acórdão do STJ de 5 de dezembro de 2002 (Afonso Melo), *in* Col. Jur., Supremo X, 2002, III, p. 156. Podem ver-se também os acórdãos do STJ de 8 de março 2001, Proc. nº 6806/2002; de 04 de julho de 2002, Agravo nº 7757/01; de 19 de setembro de 2002 (Dionísio Correia), no Proc. 02B2071; de 4 de julho de 2002 (Sousa Inês), no Proc. 02B1349; e o de 2 de novembro de 2003 (Pinto Monteiro), no Proc. 02A4002, todos disponíveis em www.dgsi.pt/jstj. No mesmo sentido, refira-se o acórdão do Tribunal da Relação do Porto, de 24 de maio de 2001 (Teles de Meneses), *in* Col. Jur., ano XXXI, 2001, III, p. 204. Em todos estes arestos, a questão em análise é sempre a de saber se o Tribunal de Comércio é ou não competente para conhecer providências cautelares e ações relativas a, respetivamente, suspensão e anulação de deliberações de cooperativas. Ora, a competência dos Tribunais de Comércio está prevista no artigo 121º da Lei Orgânica de Funcionamento dos Tribunais Judiciais – LOFTJ – (aprovada pela Lei nº 52/2008, de 28 de agosto) que na sua alínea d) do nº 1 determina que compete a estes tribunais de competência especializada preparar e julgar "As ações de suspensão e de anulação de deliberações sociais". Deste modo, quem entenda que as cooperativas são sociedades considerará os Tribunais de Comércio (de Lisboa e de Vila Nova de Gaia) materialmente competentes para preparar e julgar estas ações; pelo contrário, quem as considere insuscetíveis de se reconduzirem à noção de sociedade, considerará estes tribunais incompetentes. Foi esta última a orientação adotada em todos os acórdãos citados. Contra este entendimento da jurisprudência pronunciaram-se Menezes Cordeiro, *Manual de Direito das Sociedades*, p. 353 e Deolinda Aparício Meira, *A natureza jurídica da cooperativa*, p. 177 e ss. Independentemente da posição que se adote, certo é que a prática desmente que, como afirma Menezes Cordeiro, *"retirá-las do Tribunal de Comércio é negar-lhes as vantagens que esse foro especializado, em princípio, acarretará para a boa e pronta decisão das coisas comerciais" – Manual de Direito das Sociedades*, p. 354. De facto, importa referir que, desde que foram criados estes tribunais especializados em matéria comercial estão em situação de total rutura, incapazes de dar resposta atempada aos litígios que lhes compete dirimir, sobretudo os que se prendem com matérias societárias. Isto acontece porque é também da sua competência a tramitação dos processos de insolvência (cf. art. 121,º, nº 1, a), da LOFTJ) que, por determinação legal, são urgentes (cf. art. 9º do Código da Insolvência e da Recuperação de Empresas, aprovado pelo DL nº 53/2004, de 18 de março). Deste modo, têm prioridade sobre todo o restante serviço do tribunal, o que conduz à subalternização de todos os restantes processos, nomeadamente aqueles em que se discute a legalidade das deliberações sociais. Razão pela qual, na prática,

acórdão do STJ, de 5 de fevereiro de 2002, "*a ausência de espírito lucrativo é inerente à noção de "cooperativa", sendo elemento estruturante dos princípios cooperativos. Pelo contrário, o fim lucrativo caracteriza, e é indissociável, do contrato de sociedade (artigo 980º do Código Civil).*"[107]

Não pode deixar de se sublinhar que o Regulamento sobre a cooperativa europeia[108], também vigente na ordem jurídica portuguesa, aproxima decisivamente as noções de sociedade e de cooperativa. Na verdade, temos agora por via comunitária de novo sociedades cooperativas. Todavia, não pode ignorar-se que as finalidades da cooperativa europeia não são totalmente coincidentes com a congénere de direito exclusivamente luso.

Nos termos do seu artigo 1º, sob a epígrafe "Natureza da SCE", consagra-se no nº 1 que «*A SCE é uma sociedade com o capital subscrito e dividido em ações*» e no nº 3, o seguinte: «*A SCE tem por objeto principal a satisfação das necessidades e/ou o desenvolvimento das atividades económicas e/ou sociais dos seus membros, nomeadamente através da celebração de acordos com estes com vista ao fornecimento de bens ou serviços ou à execução de trabalhos no âmbito da atividade que a SCE exerce ou faz exercer. A SCE também pode ter por objeto a satisfação das necessidades dos seus membros através da promoção da sua participação em atividades económicas, da maneira supramencionada, em uma ou mais SCE e/ou cooperativas nacionais. A SCE pode realizar as suas atividades através de uma filial.*»

Isto é, na definição dos fins da SCE não é feita qualquer referência ao fim lucrativo, ou melhor, ao afastamento deste, como sucede no Código Cooperativo português, como vimos. O que equivale a dizer que a obtenção de lucros que tanto repugna ao legislador cooperativo português não tem lugar paralelo no regime da SCE. Acresce que, a distribuição dos resul-

---

a jurisprudência seguida pelos tribunais, quanto a esta questão, favorece as cooperativas, ao contrário do que se poderia pensar.

[107] Importa, no entanto, referir também que em inúmeros acórdãos os tribunais portugueses têm aplicado diversas normas do CSC às cooperativas, nomeadamente em matéria de invalidade das deliberações sociais, atas das assembleias gerais e direito à informação – cf. Manuel Carneiro da Frada / Diogo Costa Gonçalves, *A acção ut singuli (de responsabilidade civil) e a relação do Direito cooperativo com o Direito das sociedades comerciais*, p. 894 e 895. Para estes Autores a "*autonomia formal de fontes não é suficiente, por si só, para sustentar uma verdadeira independência de disciplina do direito cooperativo, nem para afirmar uma dogmática própria do direito cooperativo*" – idem ibidem, p. 919.

[108] Regulamento (CE) n.º 1435/2003 do Conselho, de 22 de julho de 2003, relativo ao Estatuto da Sociedade Cooperativa Europeia (SCE), publicado no JO L 207 de 18.8.2003, p. 1 a 24, e a Diretiva 2003/72/CE do Conselho, de 22 de julho de 2003, que consagra o regime do envolvimento dos trabalhadores na SCE.

APURAMENTO E APLICAÇÃO DE RESULTADOS

tados distribuíveis está apenas dependente da vontade dos cooperantes, nos termos do artigo 67º do Regulamento, pelo que está sujeita a um regime bem menos apertado que o consagrado na lei portuguesa, aceitando-se a sua distribuição, mesmo quando procedem de operação com terceiros. Daí que se possa aceitar mais facilmente que a SCE possa ser qualificada como sociedade, tanto mais que no Direito Europeu a noção de sociedade é bastante ampla, como decorre do artigo 54º, 2º parágrafo do Tratado sobre o Funcionamento da União Europeia que estabelece que «*Por "sociedades" entendem-se as sociedades de direito civil ou comercial, incluindo as sociedades cooperativas, e as outras pessoas colectivas de direito público ou privado, com excepção das que não prossigam fins lucrativos*».[109]

De todo o modo, face ao nosso ordenamento jurídico, nomeadamente o referido artigo 980º do Código Civil, não se afigura possível tal desiderato. Pois se à SCE não está vedado o fim lucrativo, mesmo dentro do seu escopo mutualístico, certo é que também não é o seu elemento definidor, podendo constituir-se SCE sem tal finalidade.

Tal não obsta, porém, a que as cooperativas portuguesas possam, em função da sua concreta configuração, ser qualificadas como comerciantes à luz do artigo 13º do Código Comercial. Importa é que se trate de uma entidade que faça da prática de atos de comércio (cf. artigo 2º do Código Comercial) a sua profissão[110].

### 1.3.4. Contrato de Consórcio

Há uma evidente proximidade entre o contrato de sociedade e o contrato de consórcio. Tanto assim é que, antes da entrada em vigor do DL nº 231/81, de 28 de julho, as empresas que constituíssem consórcios corriam o risco de serem consideradas sociedades irregulares[111]. O preâmbulo deste diploma refere esse mesmo facto, invocando-o como uma das razões justificativas da necessidade de regulamentação legal do contrato de consórcio. Pode-se constatar também em várias disposições da lei o intuito claro de evitar confusões entre os dois conceitos, desde a questão da denominação do consórcio, até ao problema dos lucros e da proibição de fundos comuns.

---

[109] Cf. Coutinho de Abreu, *Código das Sociedades Comerciais em Comentário*, p. 46.

[110] Cf. Paulo Olavo Cunha, *Lições de Direito Comercial*, p. 108.

[111] Cf. Luís Ferreira Leite, *Novos Agrupamentos de Empresas*, p. 29 e Manuel António Pita, *Contrato de Consórcio – Notas e Comentários*, p. 190.

O contrato de sociedade é o típico contrato plurilateral, ou seja, é um contrato que pode ser celebrado por duas ou mais pessoas, sendo assim vocacionado para a plurilateralidade. Esta característica da plurilateralidade está igualmente presente no contrato de consórcio, que tem que reunir duas ou mais pessoas, como indica o artigo 1º do DL nº 231/81.

Outra nota comum reside no facto de ambos serem contratos com comunhão de fim ou de fim comum. Na verdade, quer o contrato de sociedade quer o de consórcio são exemplos de contratos em que existe um fim comum a todas as partes; fim esse que procuram alcançar através da comunhão de esforços.

Existem, pois, algumas semelhanças entre estes dois contratos, havendo até autores que consideram existir uma certa similitude no aspecto formal entre a definição do contrato de sociedade e a do contrato de consórcio[112], entre os artigos 980º do CC e 1º do DL nº 231/81[113].

Contudo, o contrato de consórcio não é reconduzível ao contrato de sociedade[114]. O âmago da distinção está no facto de o contrato de consórcio não prever o exercício em comum de uma atividade económica, ao contrário do que é exigido pelo artigo 980º do Código Civil. É certo que tanto no consórcio como na sociedade, o objeto do contrato deve ser o desenvolvimento de uma determinada atividade económica. A diferença está no modo como tal atividade é levada a cabo, executada pelos seus membros.

Na sociedade, essa atividade é exercida em comum; isto quer dizer, de acordo com a lição de VASCO LOBO XAVIER que, «*a sociedade está organizada de modo a assegurar-se a todos os sócios uma qualquer participação, ainda que apenas indirecta, na condução da actividade em causa*»[115]. No contrato de

---

[112]  Cf. Manuel António Pita, *Contrato de Consórcio*, p. 190.

[113]  No Direito italiano admite-se que as sociedades possam ter por objeto realizar os fins do consórcio, de acordo com o artigo "2615º-ter" do Código Civil italiano. De acordo com a referida norma "*Le società previste nei capi III e seguenti del titolo V possono assumere come oggetto sociale gli scopi indicati nell'art. 2602*". São as chamadas *società consortilli* – Cf. Giovanna Volpe Putzolu, *I Consorzi per il Coordinamento della Produzione e degli Scambi*, p. 426 e ss. e Raúl Ventura, *Primeiras Notas...*, p. 615.

[114]  Neste sentido, Raúl Ventura, *Primeiras Notas...*, p. 641 e ss; Oliveira Ascensão, *Direito Comercial*, vol. I, p. 331; Luís Ferreira Leite, *Novos Agrupamentos de Empresas*, p. 36; Manuel António Pita, *Contrato de Consórcio – Notas e Comentários*, p. 201 e ss. Em sentido contrário, qualificando o contrato de consórcio como um contrato de sociedade, cf. Pinto Furtado, *Curso de Direito das Sociedades*, p. 123 e ss.

[115]  Cf. Vasco Lobo Xavier, *Sociedades Comerciais*, p. 13.

consórcio não está presente esta característica. Cada membro do consórcio exerce a sua própria atividade, com total autonomia técnica, administrativa e económica. O que sucede é que, por via do contrato de consórcio, é obrigado a concertar, ou seja, a ajustar, a atividade por si desenvolvida, com os restantes membros do consórcio[116].

Outro ponto essencial na distinção entre estas duas figuras prende-se com a questão do lucro. No consórcio, uma vez que não existe exercício em comum de uma atividade económica, não faz sentido falar em lucros para serem repartidos pelos seus membros: o consórcio em si não obtém lucro que possa ser repartido. O lucro, a existir, será obtido diretamente no património de cada consorciado, podendo verificar-se a situação de uns terem lucro e outros perda, não havendo pois comunhão de lucros e perdas. Já no contrato de sociedade, a obtenção de um lucro, a fim de ser repartido pelos sócios, é um elemento essencial do conceito do artigo 980º do CC.

O fim mediato do contrato de sociedade é a obtenção de lucros a fim de os repartir. No consórcio, o fim mediato não é indicado pela lei; ou seja, o consórcio em si não tem um fim mediato, cada um dos seus membros é que o terá, mas qual ele seja é irrelevante para caracterizar o consórcio[117]. O fim imediato do consórcio é a realização dos objetos referidos no artigo 2º do mencionado Decreto-Lei.

Por outro lado, no consórcio não existem entradas, não existe a obrigação de contribuir com bens ou serviços para a organização comum, enquanto no contrato de sociedade é indispensável que os sócios contribuam com bens ou serviços para a atividade social. A obrigação que recai sobre o consorte de efetuar *"certa contribuição"* (artigo 1º do DL nº 231/81) não se equipara juridicamente à contribuição dos sócios, pois não se destina à constituição de um património comum que suporte uma atividade comum[118]. A organização comum do consórcio existe apenas para coordenar as atividades executadas por cada membro,[119] e não para desenvolver uma atividade em comum, como sucede no contrato de sociedade.

Por último, não podemos deixar de analisar a posição de PINTO FURTADO, que tende a considerar o consórcio como *"uma sociedade desti-*

---

[116] Cf. Raúl Ventura, *Primeiras Notas...*, p. 641.
[117] Cf. Manuel António Pita, *Contrato de Consórcio – Notas e Comentários*, p. 202.
[118] Cf. Raúl Ventura, *Primeiras Notas...*, p. 642 e ss. De resto, no consórcio não existe um fundo comum. Tal é proibido pelo artigo 20º, nº 1.
[119] Cf. Manuel António Pita, *Contrato de Consórcio – Notas e Comentários*, p. 202.

*tuída de personalidade"* afirmando que "*[t]alvez, pois, no fundo, seja a sua real natureza jurídica* [do consórcio] *ainda susceptível de reportar-se à figura da sociedade*"[120]. Este autor fundamenta a sua opinião, ainda que dubitativa, no facto de no contrato de consórcio haver um exercício em comum de atividade económica. De acordo com este Autor, a existência da realização concertada de certa atividade ou contribuição, constitui uma distribuição de tarefas, o que é uma forma legalmente admissível de exercício em comum de uma atividade económica; tal como em qualquer sociedade os sócios repartem entre si as tarefas a executar, não realizando todos a mesma tarefa.

Não comungamos desta opinião por várias razões. Em primeiro lugar, não vemos que no contrato de consórcio exista uma distribuição de tarefas, tal como pode haver numa sociedade. No consórcio essa distribuição, a existir, é prévia à celebração do contrato, pelo que não decorre dele, sendo, pelo contrário, um pressuposto da sua celebração.

Em segundo lugar, no contrato de sociedade, mesmo após a distribuição de tarefas, cada sócio é, em princípio, responsável por toda a atividade desenvolvida pela sociedade, ainda que esta o seja por interposta pessoa. Ora, no contrato de consórcio cada membro executa separadamente a sua atividade e é por ela responsável, executando-a com autonomia face aos restantes consorciados.

Acresce ainda que um dos corolários do exercício em comum de determinada atividade é a assunção em conjunto dos riscos que essa atividade comporta. Por essa razão, no contrato de sociedade, os sócios comungam nas perdas e ganhos da atividade exercida. Ora, no contrato de consórcio, cada um dos membros assume sozinho o risco da atividade que desenvolve, não havendo perdas ou ganhos do consórcio enquanto tal, mas apenas de cada membro[121].

Não cremos, pois, que no contrato de consórcio exista o tal exercício em comum, pelo que não podemos acompanhar a conclusão a que, a partir daí, se possa chegar[122].

---

[120] Cf. Pinto Furtado, *Curso de Direito das Sociedades*, p. 125.

[121] Sobre a questão dos lucros e perdas do consórcio, ver nosso *Contrato de consórcio*, p. 123 e ss.

[122] Não colhe, ainda, o argumento do mesmo autor, de que, descendendo o consórcio das *joint ventures*, também por essa razão deveria ser considerado como uma sociedade, já que aquelas seriam formas especiais de sociedade – cf. Pinto Furtado, *Curso de Direito das Sociedades*, p. 124. Ora, de facto é possível identificar o contrato de consórcio com algumas formas de *joint venture*,

## 1.3.5. Associação em Participação

Em Portugal, o contrato de associação em participação, antiga "conta em participação", está regulado ao lado do contrato de consórcio no DL nº 231/81, de 28 de julho.

O anteprojeto do diploma foi elaborado por RAÚL VENTURA, tendo sido publicado em 1969, no Boletim do Ministério da Justiça[123]. O legislador adotou, com alterações de pormenor, o texto proposto que veio a ser publicado no mesmo diploma que disciplina o contrato de consórcio, ou seja nos artigos 21º a 32º do referido DL nº 231/81, de 28 de julho.

O contrato de associação em participação estava já previsto na nossa lei, designadamente nos artigos 224º a 227º do Código Comercial, com o nome de "conta em participação". Normas estas revogadas pelo diploma legal de 1981, por se considerarem insuficientes, pouco regulamentadoras desta figura contratual e recheadas de disposições de carácter negativo, mais preocupadas em dizer o que não é e o que não lhe é aplicável do que em estabelecer um regime, ainda que supletivo, para este contrato[124].

Este contrato, de natureza associativa, é qualificado como uma sociedade tanto em França (a *société en participation* está regulada no artigos 1871 a 1873 do Código Civil, que a caracteriza, determinando que *"Les associés peuvent convenir que la société ne sera point immatriculée. La société est dite alors «société en participation». Elle n'est pas une personne morale et n'est pas soumise à publicité. Elle peut être prouvée par tous moyens"*), como na Alemanha (a *Stille Gesellshaft* prevista nos artigos § 230 a 237 do HGB, que lhe veda a possibilidade de ter relações com terceiros[125]).

Também no Brasil é considerada uma sociedade, denominada de "sociedade em conta de participação", encontrando-se regulada nos artigos 991º e ss do Código Civil[126] que estabelece que *«Na sociedade em conta de participação, a atividade constitutiva do objeto social é exercida unicamente pelo sócio*

---

mas apenas com as formas de *contractual joint ventures* (ou *unincorporated joint ventures*), como aliás o preâmbulo do DL nº 231/81 tem o cuidado de precisar – cf. nosso *Contrato de consórcio*, p. 48 e ss.

[123] Cf. Raúl Ventura, *Associação em Participação – Anteprojeto*, p. 15 e ss.

[124] Cf. Raúl Ventura, *Associação em Participação – Anteprojeto*, p. 40.

[125] Apenas o associante está legitimado e fica obrigado pelos negócios concluídos no exercício da sua atividade (e não o associado), como resulta do nº 2 do § 231, do HGB.

[126] Aprovado pela Lei nº 10.406, de 10 de janeiro de 2002.

*ostensivo, em seu nome individual e sob sua própria e exclusiva responsabilidade, participando os demais dos resultados correspondentes*».

Todavia, em todos estes casos não lhe é reconhecida personalidade jurídica[127].

Em Espanha é controversa a qualificação da *"cuenta en participación"* como sociedade. Esta figura, com raízes na medieval *"commenda"*[128], está regulada nos artigos 239º a 243º do Código Comercial espanhol de 1885[129]. No artigo 239º estabelece-se que «*Podrán los comerciantes interesarse los unos en las operaciones de los otros, contribuyendo para ellas con la parte del capital que convinieren, y haciéndose partícipes de sus resultados prósperos o adversos en la proporción que determinen.*»

Assim, a *"cuenta en participación"* caracteriza-se pela ausência de personalidade jurídica e de património comum, tendo carácter oculto, pois não está sujeita a qualquer tipo de publicidade. Todavia, uma vez que existe um fim lucrativo que é comum a ambas as partes, as quais assumem o risco da atividade que o empresário irá exercer, poderá ser considerada uma sociedade[130]. Não obstante, nesse caso, por virtude do disposto no artigo 1669º do Código Civil espanhol, não poderá ter personalidade jurídica e reger-se-á pelas disposições relativas à comunhão de bens e não pelas normas das sociedades[131].

Refira-se que de acordo com o Código Comercial espanhol, esta figura pode ter carácter ocasional ou duradouro, sugerindo o texto legal que

---

[127] Em Itália não é pacífica esta questão. Cf. Giampaolo Ferra, *Associazione in Participazione*.

[128] Esta raiz é comum às sociedades em comandita simples. Em ambos os casos trata-se de estabelecer uma forma de colaboração entre o empresário e um ou mais investidores. Todavia, no caso da sociedade em comandita esta associação é pública e a atividade é exercida em comum por todos os sócios, o que não sucede na *"cuenta en participación"*, que assim pode ser entendida como uma sociedade em comandita escondida – cf. Mercedes Farias Batlle / Mercedes Sánchez Ruiz, *Sociedad Comanditaria Simples. Cuentas en Participación*, p. 91 e ss.

[129] No Código Comercial espanhol de 1829 falava-se de uma *"sociedad accidental"* – cf. Manuel Broseta Pont / Fernando Martínez Sanz, *Manual de Derecho Mercantil*, p. 306.

[130] Neste sentido, Manuel Broseta Pont / Fernando Martínez Sanz, *Manual de Derecho Mercantil*, p. 307; Mercedes Farias Batlle / Mercedes Sánchez Ruiz, *Sociedad Comanditaria Simples. Cuentas en Participación*, p. 91 e ss.

[131] Cfr. Manuel Broseta Pont / Fernando Martínez Sanz, *Manual de Derecho Mercantil*, p. 308. Estes Autores concluem assim que, apesar da qualificação da *"cuenta en participación"* como sociedade – atento o conceito amplo que adotam para esta –, não lhes são aplicáveis as regras societárias.

possa funcionar em regime de reciprocidade, como decorre da noção do artigo 239º já citada.

Em Itália, a opinião maioritária é a de que a *"associazione in participazione"* não pode ser reconduzida a um contrato de sociedade. Na verdade, este é um contrato associativo, ao passo que aquela tem o seu fundamento num contrato *"di scambio"*[132].

Também em Portugal este contrato já foi incluído no conceito de sociedade, de acordo com o Código Comercial de 1833[133], que nos artigos XLVI a LI regulava as "associações em conta de participação"[134].

Certo é que através do contrato de associação em participação se estabelece uma associação entre uma pessoa com disponibilidade de meios financeiros e uma outra que deles carece para desenvolver determinado tipo de atividade económica. A primeira, como contrapartida do capital investido, fica a participar nos lucros ou nos lucros e perdas que da atividade do segundo resultarem.

O associante obtém desta forma os capitais de que carece, sem recurso ao crédito, e continua a deter a exclusiva direção do seu negócio. O associado tentará obter, através da associação, uma remuneração para o capital investido superior a outras aplicações alternativas.

Desta forma, os elementos essenciais deste contrato são a participação nos lucros e o fim comum a ambas as partes[135]. Em princípio, haverá também uma contribuição do associado, mas pode ser dispensada desde que fique a partilhar as perdas eventuais do negócio do associante (artigo 24º, nº 2, do DL nº 231/81).

---

[132] Cf. Francesco Galgano, *Diritto Commerciale – Le Società*, p. 22 e ss.

[133] O Código Comercial de 1833, também conhecido por Código de Ferreira Borges – seu autor – foi o primeiro código comercial português, pondo termo a inúmera legislação dispersa e contribuindo para a afirmação do Direito Comercial como ramo autónomo no âmbito do Direito Privado. Era marcado pela conceção subjetivista do Direito Comercial, tendo como destinatários os comerciantes e as suas operações – cf. Pupo Correia, *Direito Comercial*, p. 20. Foi revogado pela Carta de Lei de 28 de junho de 1888 que aprovou o Código Comercial – também conhecido por Código de Veiga Beirão, então Ministro da Justiça – ainda atualmente em vigor em Portugal, tendo adotado um acentuado pendor objetivista.

[134] O artigo XLVI do Código Comercial de Ferreira Borges postulava que *"as associações em conta de participação são verdadeiras sociedades mercantis"*.

[135] De acordo com Raúl Ventura, é este fim comum que permite distinguir o contrato de associação em participação de certas modalidades de contratos parciários – op. cit. p. 95 e ss.

O LUCRO COMO ELEMENTO CARACTERIZADOR DAS SOCIEDADES COMERCIAIS

Apesar de existir um fim comum a ambas as partes, não há nem fundo comum, nem exercício em comum de uma atividade. De facto, a contribuição do associado, quando exista, integra-se no património do associante, que faz seu o objeto de tal contribuição (quando esta se consubstancie na constituição de um direito ou na sua transmissão). E, por outro lado, apenas o associante exercerá a atividade à qual a outra parte se associou, gerindo a sua empresa em seu nome e por sua conta.

Não existe, deste modo, nenhum exercício em comum de alguma atividade, como ocorre no contrato de sociedade e nos ACE's, nem a concertação de contribuições ou atividades, como sucede no contrato de consórcio. O que há é a associação de uma parte com recursos financeiros e capacidade e vontade para assumir riscos à atividade económica desenvolvida por outrem, que pode ou não ser um comerciante.

De referir, contudo, que existem algumas características comuns entre estes contratos referidos e a associação em participação, nomeadamente o facto de se tratar de contratos associativos. De facto, de acordo com Raúl Ventura, que adota a posição defendida por parte da doutrina italiana, estamos perante um contrato de associação e não perante um contrato comutativo (ou *di scambio*), o que o aproxima do contrato de sociedade e do consórcio[136].

Podemos, então, concluir que, não havendo neste contrato de associação em participação o exercício em comum de uma atividade económica, nem tão-pouco existindo um património comum aos contraentes, não pode esta figura ser reconduzida a um contrato de sociedade[137].

## 2. O lucro nas Sociedades Comerciais

Como vimos, o escopo lucrativo é inerente à própria noção de sociedade, seja ela civil ou mercantil. Na verdade pode dizer-se que, nos termos do Código Civil português, o lucro é o principal elemento qualificador do contrato na medida em que todos os outros elementos são instrumentais

---

[136] Cf. Raúl Ventura, *Associação em Participação – Anteprojecto*, p. 88. Em sentido contrário, defendendo que estamos perante um contrato comutativo, cf. Pinto Furtado, *Curso de Direito das sociedades*, p. 89 e 90. Sobre os contratos de natureza associativa cf. nosso *Contrato de consórcio*, p. 159 e ss.

[137] Neste sentido, cf. Coutinho de Abreu, *Curso de Direito Comercial*, II, p. 38 e 39; Pinto Furtado, *Curso de Direito das Sociedades*, p. 88 e 89; Pupo Correia, *Direito Comercial*, p. 194 e Brito Correia, *Direito Comercial*, p. 21.

APURAMENTO E APLICAÇÃO DE RESULTADOS

desse fim último da sociedade, em função do qual se orientam[138]. Porém, como é compreensível, se o lucro é um elemento essencial na noção de sociedade, nas sociedades comerciais ainda mais relevante é tal finalidade, pois toda a atividade comercial, por definição, visa o lucro, o incremento patrimonial. O fim lucrativo é um elemento essencial e central nas sociedades comerciais, pois, desde logo, tal fim constituiu o limite da capacidade de gozo destas sociedades, às quais é reconhecida personalidade jurídica[139].

Por outro lado, nas sociedades comerciais o legislador foi mais longe na consagração do direito dos sócios ao lucro, que é objecto de particular regulamentação no CSC.

Acresce que os sócios, ao constituírem a sociedade, vão dar origem a uma estrutura organizatória que, por vontade dos seus contraentes, se orienta para a obtenção de lucros, de forma a poder reparti-los pelos sócios. Todavia, o objectivo de alcançar o lucro não pode ser visto apenas na perspetiva de curto prazo, de mera maximização do lucro em cada exercício. Antes, deverá ficar dependente a orientação estratégica da sociedade, determinada pelos sócios e pela administração, que não pode esquecer os interesses de longo prazo, da própria sociedade e dos sócios, como refere o artigo 64º, nº 1, b), do CSC[140], como já vimos.

Ora, nas sociedades comerciais, o direito dos sócios aos lucros pode, por sua vez, ser desdobrado em diferentes direitos. São estas questões que a seguir se passa a analisar.

## 2.1. O fim lucrativo como limite da capacidade

As sociedades comerciais gozam de personalidade jurídica e existem enquanto tais a partir da data do registo definitivo do seu ato constitutivo, nos termos do artigo 5º do CSC. Ora, é inerente à personalidade jurídica a capacidade de gozo, isto é, a "medida dos direitos ou vinculações de que a pessoa coletiva pode ser titular ou estar adstrita", nas palavras

---

[138] Cf. Filipe Cassiano dos Santos, *Estrutura Associativa e a Participação Societária Capitalística*, p. 241.

[139] Cf. artº 5º do CSC.

[140] Cf. António Pereira de Almeida, *Sociedades Comerciais e Valores Mobiliários*, p. 17. De resto, nos termos do art. 64º, os gerentes e administradores devem não só atender aos interesses da sociedade e dos sócios, mas também devem ponderar *"os interesses dos outros sujeitos relevantes para a sustentabilidade da sociedade, tais como os seus trabalhadores, clientes e credores"*.

de Carvalho Fernandes[141]. Não quis, porém, o legislador atribuir capacidade ilimitada às sociedades comerciais (e às pessoas coletivas em geral), tendo antes atribuído uma capacidade na estrita medida dos fins prosseguidos por aquelas, atenta a natureza instrumental da personalidade coletiva.

Assim, ao invés do que sucede com as pessoas humanas, a quem a lei reconhece personalidade jurídica e capacidade de gozo desde o nascimento completo e com vida (artigo 66º do Código Civil) como expressão da dignidade humana, a atribuição de personalidade jurídica às pessoas coletivas (e portanto também às sociedades comerciais) é instrumental, visando que estas consigam atingir os fins a que se propõem.[142] Daí que a capacidade de gozo inerente à personalidade jurídica termine onde cessa o fim da entidade que a detém.

Por entender que tais fins são merecedores de tutela é que o Direito atribui personalidade jurídica a determinadas organizações. Assim se justifica que tenham capacidade de gozo em função dos direitos e das obrigações que são necessários ou convenientes à prossecução dos seus fins. Nisto consiste o princípio da especialidade do fim, que o legislador português consagrou em termos semelhantes no artigo 160º do Código Civil (para as pessoas coletivas em geral) e no artigoº 6º, nºs 1 e 2, do Código das Sociedades Comerciais (para as sociedades comerciais)[143].

No caso das sociedades comerciais, a sua capacidade de gozo está ao serviço do seu fim lucrativo, pois esta compreende todos "os direitos e as obrigações necessárias ou convenientes à prossecução dos seus fins" – cf. artigo 6º, nº 1, do CSC – com exceção daqueles que são vedados por lei ou inseparáveis da personalidade singular. A capacidade de gozo das sociedades comerciais abrange, pois, em primeiro lugar, todos os direitos e obrigações necessários para atingir o seu fim, mas é depois alargado a todos os

---

[141] In *Teoria Geral do Direito Civil*, Vol. I, p. 487.

[142] Na verdade, até ao século XIX, na Europa vigorou maioritariamente o sistema de concessão casuística da personalidade jurídica às pessoas coletivas, atribuindo-a em função da sua finalidade ser ou não julgada conveniente – cf. Menezes Cordeiro, *Código das Sociedades Comerciais Anotado*, p. 90.

[143] Estas normas estão, de resto, em sintonia com a Constituição da República Portuguesa que no seu art. 12º, nº 2, na parte referente aos direitos e deveres fundamentais, estabelece que as "*pessoas coletivas gozam dos direitos e estão sujeitas aos deveres compatíveis com a sua natureza*".

que não sendo estritamente necessários são todavia convenientes ou úteis para alcançar tal fim.

O fim de que aqui se fala é o escopo lucrativo[144]. Parece claro que o legislador se refere ao fim último do contrato e não ao seu fim imediato ou ao objeto, o que se pode deduzir por confronto com o artigo 160º do mesmo código, onde o legislador para aludir ao objeto usa a palavra «fins». De resto, os números imediatamente seguintes do mesmo artigo 6º tratam daquilo que pode de forma evidente contrariar tal fim: a concessão de liberalidades.

Desta forma, é vedado à sociedade que pratique atos de mera liberalidade, de puro altruísmo, os quais são de todo contrários ao seu fim egoístico. Importa, contudo, sublinhar que para qualificar um ato como de liberalidade não basta o facto de não existir uma contrapartida direta da atribuição efetuada. Na verdade, doações há que não têm esse carácter de liberalidade e de altruísmo, antes estão ao serviço do fim lucrativo da sociedade, como é o caso dos brindes, dos bónus e todos as ofertas que se inserem na estratégia de marketing e consistem em atos de publicidade ou promoção de produtos. No mesmo sentido, devem ainda referir-se as gratificações atribuídas aos trabalhadores em função dos lucros apurados. Todos estes atos, apesar de constituírem um desvalor para a sociedade, são aceites como compatíveis com o fim lucrativo[145].

O mesmo se deve entender no que respeita ao mecenato cultural ou humanitário, atentas as exigências que à sociedade comercial se colocam e que se inserem na questão da responsabilidade social das empresas, pois estas não podem ser entendidas como alheadas do tecido social em que vivem e do qual dependem.

---

[144] Não há dúvidas de que o legislador se refere ao fim último do contrato (obtenção de lucros a fim de os repartir pelos sócios) e não ao seu fim imediato ou ao objeto. Neste sentido, cf. Coutinho de Abreu, *Curso de Direito Comercial*, II, p. 184; Osório de Castro, *Da prestação de garantias por sociedades a dívidas de outras entidades*, p. 578 e ss; Paulo de Tarso Domingues, *A vinculação das sociedades por quotas no Código das Sociedades Comerciais*, p. 285. Em sentido contrário, cf. Pedro de Albuquerque, *Da prestação de garantias por sociedades comerciais a dívidas de outras entidades*, p. 100 e ss.

[145] Neste sentido cf. Coutinho de Abreu, *Curso de Direito Comercial*, II, p. 194, e Paulo de Tarso Domingues, *A vinculação das sociedades por quotas no Código das Sociedades Comerciais*, p. 286. Importa referir que, de acordo com estes Autores, caso a liberalidade vise potenciar o lucro social, nenhum problema se coloca, pois está então abrangido pelo nº 1 do art. 6º, do CSC.

A própria lei, no artigo 6º, nº 2, do CSC, considera que não são contrárias ao fim societário as liberalidades que sejam consideradas usuais, de acordo com as circunstâncias da época e as condições da própria sociedade.

Atendendo à natureza da norma, pelo seu carácter imperativo, deve entender-se que a prática de atos contrários ao fim – e portanto, sem que a sociedade tenha capacidade de gozo para tal – é geradora de nulidade dos atos praticados. Isto é, os atos que não sejam necessários, nem sequer convenientes, para a prossecução do fim lucrativo, são nulos por violação de preceito imperativo, nos termos do artigo 294º do Código Civil.[146]

## 2.2. O direito dos sócios ao lucro

### 2.2.1. O direito abstrato ao lucro

Tradicionalmente denomina-se como direito geral ou abstrato ao lucro, o direito que qualquer sócio tem e que se pode sintetizar em dois aspetos: o direito de exigir que o escopo societário seja a obtenção de lucros e, por outro lado, o direito de participar na distribuição dos lucros que a sociedade venha a registar.

Trata-se de um direito fundamental dos sócios e que é inderrogável e irrenunciável[147], constituindo a causa do próprio contrato. Daí que não seja admissível uma sociedade em que os sócios renunciassem à obtenção de lucros ou à sua distribuição, ou em que a assembleia geral decidisse deixar de prosseguir o fim lucrativo.

Este direito não é um direito dos sócios de cariz privado, mas sim um direito social[148], isto é, um direito cuja concretização está dependente do

---

[146] Cf. Coutinho de Abreu, *Curso de Direito Comercial*, II, p. 187; Paulo de Tarso Domingues, *A vinculação das sociedades por quotas no Código das Sociedades Comerciais*, p. 285; Menezes Cordeiro, *Código das Sociedades Comerciais Anotado*, p. 91; Alexandre Soveral Martins, in *Código das Sociedades Comerciais em Comentário*, p. 111; António Pereira de Almeida, *Sociedades Comerciais e Valores Mobiliários*, p. 42.

[147] Cf. Ferrer Correia, *Lições de Direito Comercial*, II, p. 351; Cassiano dos Santos, *O direito aos lucros no Código das Sociedades Comerciais*, p. 188; António Caeiro / Nogueira Serens, *Direito aos lucros e direito ao dividendo anual*, p. 372; Paulo Olavo Cunha, *Breve nota sobre os direitos dos sócios*, p. 235 e Pereira da Almeida, *Sociedades Comerciais*, p. 159.

[148] O direito dos sócios ao lucro integra-se no conjunto de direitos e deveres que a condição de sócio integra, numa relação jurídica complexa e que constitui a participação social. Nas palavras de Ferrer Correia, o direito do sócios é "um feixe de direitos vários, de vária natureza e

## APURAMENTO E APLICAÇÃO DE RESULTADOS

desenvolvimento da atividade social. Não é, desta forma, um direito a uma prestação concreta, mas antes um direito de exigir que a sociedade se organize de determinado modo[149].

Na verdade, este direito dos sócios não lhes permite exigir à sociedade, em determinado momento, uma determinada quantia a título de lucros. É que este direito aos lucros – que por não ser concretizado se diz um direito abstrato aos lucros – depende não só da existência de lucros mas também da aprovação do balanço que os revele e de uma deliberação de distribuição de determinada quantia a título de lucros[150]. Tal direito só nasce com a deliberação social que determine a repartição de lucros pelos sócios, que veremos a seguir[151]. Deste modo, o direito abstrato ao lucro traduz uma expectativa que poderá ou não concretizar-se, atenta a natureza aleatória do contrato de sociedade[152].

A essencialidade deste direito dos sócios aos lucros está bem patente no facto de ser o primeiro direito constante da enumeração dos direitos dos sócios constante do artigo 21º do CSC, que na sua alínea a) consagra o direito de todo ao sócio a "quinhoar nos lucros"[153]. No mesmo sentido concorre o disposto no nº 3 do artigo 22º do CSC que fere de nulidade a *"cláusula que exclui um sócio da comunhão nos lucros"*. Por isso se diz, como se referiu, que se trata de um direito inderrogável e irrenunciável.

De resto, se a exclusão fosse aplicável a todos os sócios, de tal sorte que por meio de cláusula contratual se afastasse o direito à distribuição de

---

conteúdo" – Cf. *Lições de Direito Comercial*, II, p. 398. No mesmo sentido Lobo Xavier, *Anulação de Deliberação Social e Deliberações Conexas*, p. 177 e Pupo Correia, *Direito Comercial*, p. 217. Por sua vez, os direitos dos sócios podem dividir-se em duas grandes categorias: os direitos patrimoniais (*maxime* o direito ao lucro) e direitos administrativos (ex.: direito de voto, direito à informação, direito de ser designado para os órgãos sociais).

[149] Cf. Cassiano dos Santos, *O direito aos lucros no Código das Sociedades Comerciais*, p. 187.

[150] Cf. António Pereira de Almeida, *Sociedades Comerciais e Valores Mobiliários*, p. 160.

[151] Como veremos melhor à frente, Autores há que não concordam com esta afirmação, sustentando, pelo contrário, que o direito ao lucro do exercício nasce com a deliberação de aprovação do balanço, cf. Cassiano dos Santos, *A posição do accionista face aos lucros de balanço*, p. 96 e Manuel António Pita, *Direito aos Lucros*, p. 134.

[152] Cf. António Meneses Cordeiro, *Código das Sociedades Comerciais Anotado*, p. 136.

[153] O legislador português tem larga tradição de explicitar os direitos e obrigações dos sócios, o que sucede desde o Código de Ferreira Borges, no art. CXV (640) e ss e nos art. 118º e 119º do Código Comercial (disposições hoje revogadas) – cf. Pedro Pais de Vasconcelos, *A Participação Social nas Sociedades Comerciais*, p. 370.

O LUCRO COMO ELEMENTO CARACTERIZADOR DAS SOCIEDADES COMERCIAIS

lucros pelos sócios, mais do que a nulidade de tal norma, estaria em causa a própria qualificação do contrato como um contrato de sociedade, pois deixaria de existir o tal escopo lucrativo, como está consagrado no artigo 980º do Código Civil[154].

Este direito do sócio à sua parte nos lucros – que no CSC está vertido no artigo 21º, nº 1, a) – concretiza-se na sua quota de liquidação bem como na sua participação na repartição do lucro periódico. No entanto, isto não significa que cada um dos sócios tenha direito a um lucro determinado, mas sim que tem o direito de exigir que a sociedade se oriente no sentido de obter um incremento do seu património e o de quinhoar nos lucros que forem distribuídos, como se disse[155].

Por outro lado, sempre se poderá dizer que este direito ao lucro impe-dirá deliberações que destinassem a totalidade dos lucros a fins extra--sociais, isto é, que designadamente os atribuíssem a terceiros[156]. O que coloca também em causa a possibilidade de os gerentes e administra-dores, ou os sócios em assembleia geral, por maioria, destinarem todo ou parte do lucro para outros fins de interesse social,[157] como veremos à frente[158].

Do mesmo modo, em Espanha, o artigo 93. da *Ley de Sociedades de Capital*, referente aos direitos dos sócios, estabelece também que os sócios têm o direito de «*participar en el reparto de las ganancias sociales y en el patrimonio resultante de la liquidación*» – cf. alínea a).

Este direito dos sócios aos lucros é inerente à própria noção de socie-dade, como já vimos, e é a contrapartida para o sócio da entrada realizada (ou do valor pago pelas participações sociais adquiridas), bem como das restantes obrigações a que o contrato o vinculou. Por outro lado, constitui também um prémio pelo risco assumido pelos sócios, já que nenhuma garantia têm de que não perderão o valor investido na sociedade, em caso de insolvência (ou de liquidação sem ativo).

---

[154] Cf. Cassiano dos Santos, *O direito aos lucros no Código das Sociedades Comerciais*, p. 188.

[155] Neste sentido, cf. Cassiano dos Santos, *O direito aos lucros no Código das Sociedades Comerciais*, p. 192.

[156] Cf. Cassiano dos Santos, *A posição do accionista face aos lucros de balanço*, p. 21.

[157] Cf. Francisco Vicent Chuliá, *Introducción al Derecho Mercantil*, p. 230, que refere, a propósito, a doutrina norte-americana dos "*charities*".

[158] Ver *infra* ponto 1.4. do Capítulo IV.

APURAMENTO E APLICAÇÃO DE RESULTADOS

## 2.2.2. O direito ao lucro final ou de liquidação

Sendo o lucro a diferença positiva verificada entre o património inicial colocado à disposição da empresa social e o património líquido final, verdadeiramente só no momento da liquidação da sociedade se pode verificar se a sociedade gerou ou não lucros e em que medida.

De facto, o lucro apurado em determinado momento é sempre precário e transitório, podendo ser consumido por prejuízos futuros. Daí que o verdadeiro lucro seja o lucro final ou de liquidação. A ele, os sócios têm inequivocamente direito. Isto é, uma vez satisfeito o passivo social, os sócios para além de receberem de volta as entradas realizadas, têm também direito a receber o que sobra do ativo restante, na proporção em que participam no capital social. Isto mesmo está consagrado no artigo 156º do CSC[159].

O lucro final será, assim, o ativo restante, após reembolso das entradas de capital efetivamente realizadas. Mais concretamente, pode dizer-se que obtido o ativo restante, que corresponde ao valor remanescente após ter sido pago ou acautelado todo o passivo[160], será este ativo repartido pelos sócios, na proporção da sua participação nos lucros. Pois, verdadeiramente, os sócios não têm direito ao reembolso das entradas, mas sim à repartição

---

[159] Em bom rigor, a existência de lucro final pode não ser a mera diferença entre o ativo líquido final com o valor do património inicial, de que os sócios dotaram a sociedade, acrescido das posteriores entregas (em aumentos de capital, por exemplo) eventualmente realizadas. Pelo menos na ótica da rendibilidade do investimento realizado pelos sócios há que levar em linha de conta a desvalorização monetária entretanto ocorrida, sob pena de considerar lucros meras variações nominais. De resto, é essa comparação entre valores corrigidos da depreciação monetária que é relevante, por exemplo, para efeitos fiscais. Assim, o reembolso das entradas deve ser efetuado em termos reais, considerando a desvalorização monetária que possa ter ocorrido entre o momento em que as mesmas foram realizadas (em dinheiro ou em espécie) e a data da liquidação, sob pena de não se tratar de uma real restituição das entradas. Neste reembolso não são consideradas as entradas em indústria.
Refira-se que, quando o nº 4 do art. 156º do CSC, determina que o saldo existente, após pagamento aos credores e do reembolso integral das entradas efetivamente realizadas, deve ser repartido *"na proporção aplicável à distribuição de lucros"* está a reforçar uma ideia que de qualquer modo resultaria sempre do que está previsto no art. 22º do mesmo Código. A redação deste nº 4 do art. 156º é que não é feliz, pois sugere que o resultado final não seria, no fim de contas, lucro.

[160] Cf. Art. 154º do CSC. Para além do pagamento do passivo, podem também ser retiradas da partilha as importâncias relativas aos encargos de liquidação, estimados pelos liquidatários, como prevê o nº 5, do art. 156º do CSC.

O LUCRO COMO ELEMENTO CARACTERIZADOR DAS SOCIEDADES COMERCIAIS

entre si do ativo restante[161]. Sucede que, apenas o valor recebido que exceda o valor das entradas realizadas, se pode afirmar que é lucro. E em rigor, para o cálculo desse lucro final deve-se proceder à atualização monetária do valor das entradas efetuadas.

Esta regra da partilha do lucro final entre os sócios deve entender-se que tem carácter imperativo. Isto é, o pacto social não pode dispor que os lucros finais revertam a favor de uma causa que não seja a repartição pelos sócios, pois tal opção contrariaria o fim (lucrativo) societário[162]. Coisa diferente será os sócios deliberarem, por unanimidade, destinar os lucros apurados a determinada causa, pois nesse caso tudo se tratará como se eles, tendo recebido o lucro, decidam atribuí-lo a terceiros.

Acresce que, enquanto a determinação do lucro periódico está dependente dos critérios contabilísticos, no qual pontifica o princípio da prudência que tende a diminuir o montante dos lucros contabilísticos anuais, no momento da liquidação, tais critérios deixam de ter aplicação. Pelo que, só nesse momento se poderá falar do verdadeiro lucro da atividade social.

Há ainda que acrescentar que, por regra, os elementos do ativo constam do balanço pelo seu valor histórico de aquisição, razão pela qual, em virtude da erosão monetária, se encontram subavaliados. Ora, o valor da quota de liquidação do sócio supera tudo isso e tende a efetuar-se pelo valor real[163].

Cabe aos liquidatários realizar todas as operações de liquidação da sociedade, ultimando os negócios em curso e realizando a cobrança dos créditos e o pagamento das dívidas. A liquidação da sociedade requer a elaboração e apresentação dos documentos de prestação de contas, reportados à data da dissolução, que devem ser entregues pelos gerentes e administradores aos liquidatários em conjunto com todos os livros, documentos e haveres da sociedade.

Importa sublinhar que a determinação do lucro final não depende nem dos valores inscritos no balanço, nem da decisão da assembleia geral. Só no

---

[161] Cf. Raúl Ventura, *Dissolução e liquidação de sociedades*, p. 401.
[162] Neste sentido, cf. Fátima Gomes, *O Direito aos Lucros e o Dever de Participar nas Perdas nas Sociedades Anónimas*, p. 134.
[163] Cf. José Maria Garcia-Moreno Gonzalo, *La posición del socio minoritario frente a la distribución de beneficios*, p. 992.

final das operações de liquidação se saberá qual o valor certo do lucro final, pelo que até lá as contas sociais têm um carácter meramente provisório[164].

Uma vez pagas todas as dívidas e reembolsadas as entradas, é efetuada a partilha do ativo restante, de acordo com as regras de participação na distribuição de lucros, exceto se o contrato tiver previsto regra diferente para a repartição do ativo restante em sede de liquidação[165]. Com o encerramento da liquidação, a sociedade extingue-se.

Na prática, no entanto, foi-se institucionalizando a distribuição periódica de lucros, pelo que este lucro final tem reduzida aplicação prática. De facto, não é razoável que os sócios tenham que esperar pela liquidação da sociedade para só então poderem beneficiar dos lucros gerados. Até porque boa parte das sociedades são constituídas por tempo indeterminado e a duração de muitas delas ultrapassa o tempo de vida dos sócios[166]. Por outro lado, seria um contrassenso cessar uma atividade que se revela lucrativa apenas com o propósito de repartir lucros.

Contudo, nada impede que os sócios estipulem no contrato de sociedade que a distribuição de lucros será efetuada a final, com a liquidação, ou que apenas se fará a distribuição de lucros após um certo número de anos. A primeira hipótese será mais natural quando a sociedade é constituída por período de tempo limitado. Certo é que, por razões de natureza fiscal, é sempre necessário o apuramento do lucro anual[167].

### 2.2.3. O direito à distribuição periódica do lucro
### 2.2.3.1. Introdução

Desde cedo, como se disse, se foi institucionalizando a prática de distribuição periódica de lucros, a que não será alheio o facto de, por regra, as sociedades se constituírem por tempo indeterminado. Prática essa que é reconhecida e consagrada legalmente. Assim, o próprio regime da sociedade civil prescreve, no artigo 991º do CC, a distribuição periódica dos lucros apurados em cada exercício. Periodicidade que é anual, associada à obrigação que a administração tem de, em cada ano, apresentar e prestar contas.

---

[164] Cf. Jean Lacombe, *Les Réserves dans les Sociétés par Actions*, p. 31 e 32.

[165] Cf. Fátima Gomes, *O Direito aos Lucros e o Dever de Participar nas Perdas nas Sociedades Anónimas*, p. 142.

[166] Cf. Ferrer Correia, *Lições de Direito Comercial*, II, p. 237.

[167] Neste sentido, Pedro Pais de Vasconcelos, *A Participação Social nas Sociedades Comerciais*, p. 84 e 107.

O mesmo se estabelece para as sociedades comerciais nos artigos 217º, nº 1 e artigo 294º, nº 1, ambos do CSC. Estas normas, que não tinham até há pouco qualquer paralelo nas legislações mais próximas, reforçam de forma acentuada os direitos dos sócios face à sociedade[168]. A ideia é que os sócios possam repartir entre si anualmente os lucros que a sociedade vai gerando em cada exercício e em vista dos quais eles constituíram a sociedade. Esta distribuição anual de lucros é relevante, fundamentalmente, para os sócios minoritários[169]. Efetivamente, estes sócios, por regra, encontram-se afastados da administração, o que os impede de receber remunerações ou gratificações que tenham em conta os resultados, e não possuem uma perspetiva de investimento a longo prazo na sociedade. Por outro lado, nas sociedades abertas à subscrição pública, a distribuição periódica de lucros aproxima, em termos de rendibilidade, o investimento em ações do investimento em produtos financeiros os quais, por norma, pagam juros periodicamente.

Desta forma, anualmente, uma vez apurada a situação patrimonial e contabilística da sociedade pela apresentação e aprovação do balanço e contas do exercício findo, os sócios podem decidir repartir entre si o lucro apurado durante o exercício em causa.

Trata-se da distribuição de lucros o provisórios e conjunturais, pois são apenas referentes à atividade social desenvolvida no curto período de um ano. Razão pela qual a sua distribuição deve ser sujeita a especiais cautelas. Daí a imposição legal da constituição de reservas, obstando à distribuição da totalidade do lucro apurado. Por essa via se visa acautelar a situação patrimonial da sociedade para a hipótese de futuros prejuízos. Não é, pois, possível, por regra, a distribuição da totalidade dos lucros apurados em cada exercício, nos termos que aprofundaremos mais à frente.

Como já vimos, o direito dos sócios aos lucros é inerente ao próprio conceito de sociedade[170]. Na verdade, todos os sócios, qualquer que seja o tipo de sociedade de que se trate, têm o direito de comungar, na totalidade ou em parte, nos incrementos patrimoniais que a sociedade registe.

---

[168] Cf. Filipe Cassiano dos Santos, *Estrutura Associativa e a Participação Societária Capitalística*, p. 465.

[169] Cf. Osório de Castro / Andrade e Castro, *A distribuição de lucros a trabalhadores de uma sociedade anónima, por deliberação da assembleia geral*, p. 60.

[170] Cf. António Caeiro / Nogueira Serens, *Direitos aos lucros e direito ao dividendo anual*, p. 372, nota 1.

APURAMENTO E APLICAÇÃO DE RESULTADOS

Direito esse que tem por objeto quer o lucro final ou de liquidação, quer o lucro periódico. Este direito aos lucros não pode ser suprimido, sob pena de se colocar em causa o próprio fim contratual da sociedade[171]. Na verdade, este direito é a tradução, na esfera do sócio, do fim lucrativo do contrato de sociedade, como vimos. De facto, a sociedade visa o lucro e este é destinado a ser entregue aos sócios, o que o nosso CSC consagra no seu artigo 21º, nº 1, a), como se disse.

### 2.2.3.2. No Código das Sociedades Comerciais
No Direito societário português, a lei consagra este direito à distribuição periódica de lucros como um direito mínimo à distribuição de metade do lucro distribuível[172].

---

[171] Cf. Cassiano dos Santos, *A posição do accionista face aos lucros de balanço*, p. 19.

[172] Não era exatamente assim que as coisas se passavam antes da entrada em vigor do atual CSC. Na verdade, na véspera da entrada em vigor do CSC, o regime das sociedades anónimas (bem como as sociedades em nome coletivo e sociedades em comandita) estava previsto no Código Comercial, de 1888. Nos termos do art. 119º, nº 1, do Código Comercial, todo o sócio tem direito a *"haver parte do dividendo nos lucros, nos termos estabelecidos no nº 2 do artigo antecedente"* [o nº 2 do artigo antecedente, por seu lado, estabelecia que todo o sócio era obrigado a *"quinhoar nas perdas, na proporção convencionada, e, na falta de convenção, na da sua entrada"*]. Por sua vez, as sociedades por quotas regiam-se pela Lei das Sociedades por Quotas, de 11 de abril de 1901, que no seu artigo 20º [o qual teve por fonte o § 29º da Lei alemã das sociedades de responsabilidade limitada, de 1892 – cf. Vaz Serra, Anotação ao Acórdão do STJ, de 21 de junho de 1979, nº 10] determinava que *«os sócios têm direito, salvo estipulação em contrário na escritura social, aos lucros líquidos que resultem do balanço anual, deduzida a percentagem destinada à formação do fundo de reserva»*. O parágrafo único acrescentava que a *"divisão dos lucros far-se-á, salvo estipulação em contrário da escritura social, em proporção das quotas"*. Neste contexto, a jurisprudência orientava-se maioritariamente no sentido de que *"só com a anuência de todos os sócios pode deixar de se atribuir a estes, na proporção das quotas, os lucros líquidos resultantes do balanço anual, depois de deduzida a percentagem destinada ao fundo de reserva legal"* – cf. Acórdão do STJ, de 23 de julho de 1981. No mesmo sentido, podem ver-se os acórdãos do STJ de 5 de fevereiro de 1963 e de 21 de junho de 1979. Havia, contudo, vozes dissonantes, na doutrina e na jurisprudência. No primeiro caso, temos a posição de Ferrer Correia, *Lições de Direito Comercial*, II, p. 240 e ss. Para este autor, «a maioria tem poderes para reduzir a percentagem estatutária dos benefícios a distribuir pelos associados» ou para alterar essa regra – cf. *idem ibidem*, p. 251. Do mesmo modo, cf. Vaz Serra, na Anotação ao Acórdão do STJ, de 21 de junho de 1979, nº 11, onde se lê que *"Nesta matéria, há que coordenar o direito dos sócios aos lucros líquidos anuais revelados no balanço com o interesse social"*. Na jurisprudência veja-se o acórdão do STJ de 24 de novembro de 1978 (Pinto Furtado) no qual se defende uma ampla margem de discricionariedade "na distribuição anual de dividendos e a susceptibilidade de recusá-la, sempre que o entenda conveniente" e o acórdão do TRC, de 30 de novembro de 1982 (Manuel Oliveira Matos).

O LUCRO COMO ELEMENTO CARACTERIZADOR DAS SOCIEDADES COMERCIAIS

Trata-se do direito ao lucro consagrado no nº 1 do artigo 217º e no nº 1 do 294º, ambos do CSC[173], para as sociedades por quotas e anónimas, respetivamente.[174]

[173] A redação atual destas normas foi introduzida pelo DL nº 280/87, de 8 de julho, ficando assim as sociedades anónimas e por quotas com um regime uniformizado. Não era assim na primitiva versão destes dois preceitos, cuja redação inicial de ambas as normas era a seguinte:

Artigo 217º
**(Direito aos lucros do exercício)**
1 – Os sócios têm direito a que lhes sejam atribuídos os lucros de cada exercício, tal como resultam das contas aprovadas, exceptuada a parte destinada à reserva legal e, nos termos do número seguinte, a outras reservas.
2 – Sem prejuízo de disposições contratuais diversas, os sócios podem deliberar que seja destinada a reservas uma parte não excedente a metade do lucro do exercício que, nos termos desta lei, lhes seja distribuível.
3 – O crédito do sócio à sua parte dos lucros vence-se decorridos 30 dias sobre a deliberação de atribuição de lucros, salvo deferimento consentido pelo sócio; os sócios, contudo, podem deliberar, com fundamento em situação excepcional da sociedade, a extensão daquele prazo até mais 60 dias.
4 – Se, pelo contrato de sociedade, os gerentes ou fiscais tiverem direito a uma participação nos lucros, esta só pode ser paga depois de postos a pagamento os lucros dos sócios.

Art. 294º
**(Lucro obrigatoriamente distribuído)**
1 – Salvo diferente cláusula contratual ou deliberação unânime dos accionistas, não pode deixar de ser distribuída aos accionistas metade do lucro do exercício que nos termos da lei, lhes seja distribuível.
2 – O crédito do accionista à sua parte nos lucros vence-se 30 dias sobre a deliberação de atribuição de lucros, sem prejuízo de disposições legais que proíbam o pagamento antes de observadas certas formalidades; pode ser deliberado, com fundamento em situação excepcional da sociedade, a extensão daquele prazo até mais 60 dias, se as acções não estiverem cotadas em bolsa.
3 – Se, pelo contrato de sociedade, os membros dos respectivos órgãos tiverem direito a uma participação nos lucros, esta só pode ser paga depois de postos a pagamento os lucros dos accionistas.

Pode verificar-se que o diploma de 1987 uniformizou o regime aplicável às sociedades por quotas e anónimas, estendendo àquelas o regime já previsto para estas, com algumas alterações. De acordo com a primeira versão dos nºs 1 e 2 do art. 217º os sócios poderiam, por maioria simples, destinar a reservas metade do lucro distribuível. Já nas sociedades anónimas tal só era permitido em caso de deliberação unânime. Em ambos os casos eram normas supletivas, que o contrato podia derrogar. A anterior Lei das Sociedades por Quotas, de 1901, estipulava a este propósito que *"Os sócios têm direito, salvo estipulação em contrário na escritura social, aos lucros líquidos que resultem do balanço, deduzida a percentagem destinada à formação de fundo de reserva"*, como vimos.
[174] Para as sociedades civis prescreve o art. 991º do Código Civil que *"Se os contraentes nada tiverem declarado sobre o destino dos lucros de cada exercício, os sócios têm direito a que estes lhes sejam*

## APURAMENTO E APLICAÇÃO DE RESULTADOS

Determinam estas normas, exatamente nos mesmos termos[175], que «*Salvo diferente cláusula contratual ou deliberação tomada por maioria de três quartos dos votos correspondentes ao capital social em assembleia geral para o efeito convocada, não pode deixar de ser distribuído aos sócios [acionistas] metade do lucro do exercício que, nos termos da lei, seja distribuível*»[176].

O legislador português toma assim partido numa questão controvertida que é a de resolver o conflito de interesses que a deliberação sobre a aplicação dos resultados positivos encerra. De facto, por norma, é do interesse dos sócios que a sociedade proceda à máxima distribuição de lucros, quando o interesse da própria sociedade será o de reter todo o lucro apurado, a fim de evitar o recurso ao financiamento com capitais alheios, reforçando os capitais próprios. Ora, na ausência de qualquer norma, caberia aos sócios, por maioria, definir em cada exercício o interesse prevalecente ou a melhor forma de conciliar os interesses dos sócios e da sociedade[177].

De facto, é sabido que a este propósito, não raras vezes, se cria um conflito de interesses entre, por um lado, os sócios empresários e, por outro, os sócios investidores. Os primeiros, mais próximos da sociedade e tendo uma perspetiva de investimento a longo prazo tendem a privilegiar a retenção dos lucros na sociedade, aumentando a capacidade de autofinanciamento. Os sócios investidores, pelo contrário, adotando tipicamente uma estratégia de curto prazo, em que procuram a máxima rentabilização do investimento efetuado, por regra, preferem uma política generosa de distribuição de lucros.

Na falta de norma especial, os sócios sempre teriam, como vimos, direito a quinhoar nos lucros, fossem periódicos, fossem finais. Certo é que caberia em cada ano à assembleia geral decidir da distribuição ou não dos lucros apurados e do montante a distribuir. Pode dizer-se que, nesta

---

*atribuídos nos termos fixados no artigo imediato, depois de deduzidas as quantias afectadas, por deliberação da maioria, à prossecução dos fins sociais.*" Como se constata, nestas sociedades a liberdade de destinação dos lucros de cada exercício é bem mais ampla do que nas sociedades comerciais, ficando na completa dependência da vontade da maioria, no silêncio do contrato.

[175] A única diferença entre ambas é que o art. 217º se refere aos "sócios" e o art. 294º aos "acionistas".

[176] Este regime dos art. 217º e 294º é aplicável às sociedades em nome coletivo (*ex vi* art. 189º, nº 1) e às sociedades em comandita (*ex vi* art. 474º e 478º), todos do CSC.

[177] Cf. António Caeiro / Nogueira Serens, *Direito aos lucros e direito ao dividendo anual*, p. 375.

situação, seria ilegal a prática reiterada de não distribuição dos lucros, mas não a deliberação que determinasse fundamentalmente, em determinado exercício, não os distribuir.

Todavia, o CSC não deixa ao livre arbítrio dos sócios a resolução desta questão de distribuir ou não os lucros do exercício e qual o seu montante. Pelo contrário, impõe uma solução "salomónica"[178]: metade do lucro que possa ser distribuído deve ser efetivamente distribuído, ficando a outra metade na livre disponibilidade dos sócios.

Estabelece-se, pois, desta forma um mínimo quanto à distribuição aos sócios dos lucros apurados e que sejam distribuíveis. Nestes termos, pelo menos metade do lucro distribuível deve ser distribuído. Deste modo, a lei limita o poder deliberativo dos sócios, uma vez que lhes impõe este mínimo que eles terão de respeitar na deliberação de aplicação de resultados a que procedam. Assim, cabendo aos sócios deliberar sobre a aplicação de resultados, apenas podem decidir livremente se distribuem entre si metade ou mais de metade, até à totalidade do lucro distribuível.

Esta regra que impõe a distribuição de pelo menos metade do lucro distribuível só pode ser afastada em duas situações:

A) Com carácter duradouro, quando existir uma cláusula do pacto social que afaste aquela regra da distribuição de metade do lucro (permitindo, por exemplo, que a assembleia delibere livremente por maioria simples, qual o lucro que entende distribuir)[179];

B) Pontualmente, em cada exercício, se houver uma deliberação tomada por três quartos dos votos correspondentes ao capital social[180],

---

[178] Como refere expressivamente Raúl Ventura, *Comentário ao Código das Sociedades Comerciais – Sociedades por Quotas*, I, p. 330.

[179] Sobre as diferentes cláusulas possíveis cf. Cassiano dos Santos, *A posição do accionista face aos lucros de balanço*, p. 124 e ss; Manuel António Pita, *Direito aos lucros*, p. 147 e ss. Na jurisprudência, refira-se o acórdão do STJ, de 7 de janeiro de 1993, *in* Col. Jur., I, p. 5 e o acórdão da Relação de Coimbra, de 26 de setembro de 2000, *in* Col. Jur., IV, p. 24. Este último considerou lícita a seguinte cláusula estatutária: «Os lucros líquidos apurados anualmente, depois de deduzida a percentagem obrigatória para o fundo de reserva legal e quaisquer importâncias que a Assembleia destine a outros fundos ou a fins especiais, constituem os dividendos cuja distribuição é feita de modo a que a cada ação de categoria especial caiba o quíntuplo do que cabe a cada ação de categoria inferior».

[180] Registe-se que a lei é mais exigente nos requisitos impostos a esta deliberação derrogatória do que sucede com a própria deliberação de alteração do pacto social. Daí que se possa

em assembleia para o efeito convocada[181]. Trata-se, pois, de uma deliberação derrogatória da regra legalmente estabelecida.[182]

As normas constantes dos artigos 217º, nº 1, e 294º, nº 1, do CSC, são normas supletivas, isto é, que admitem a derrogação por via de cláusula estatutária, pois se prevê que este regime se aplicará "Salvo diferente cláusula contratual". Suscita, então, a doutrina a questão de saber que "diferente cláusula contratual" será admissível que os sócios introduzam no pacto social[183].

Diferente cláusula contratual poderá ser, desde logo, a que estabeleça a obrigatoriedade de distribuição de percentagem mais elevada do lucro distribuível do que os 50% da lei, impondo, por exemplo, a distribuição de 75% do lucro do exercício distribuível, ou, inclusive, impondo a distribuição da totalidade do referido lucro, com a admissão ou não da derrogação dessa mesma regra por maioria qualificada de dois terços do capital social.

Para PAULO OLAVO CUNHA este é o único tipo de cláusula contratual admissível face ao disposto nos artigos 217º e 294º do CSC, não obstante reconheça que não é essa a prática da vida societária em Portugal[184]. Ou seja, para este autor, a lei consente apenas que a diferente cláusula contratual seja mais generosa na distribuição dos lucros do que a norma supletiva do

---

sustentar que, para alterar o pacto no sentido de derrogar esta disposição, é necessária a maioria que o art. 294º exige. Neste sentido, cf. Cassiano dos Santos, *O direito aos lucros no Código das Sociedades Comerciais*, p. 198.

[181] Cf. o acórdão da Relação do Porto, de 23 de maio de 2000, disponível em <http://www.dgsi. pt/jtrp>, que considerou anulável a deliberação tomada por ¾ dos votos correspondentes ao capital social, tomada para distribuir menos de ½ do lucro do exercício, «quando a assembleia foi convocada mencionando, apenas, que se iria..."deliberar sobre a proposta de aplicação de resultados"».

[182] Para o cômputo do capital social necessário à aprovação desta deliberação não contam os sócios que estejam, por qualquer motivo, impedidos de votar, em geral (como no caso de ações próprias), quer na situação concreta (como quando há conflito de interesses), nem funcionam as limitações de voto permitidas pelo art. 384º, nº 2, b) (cláusulas estatutárias de blindagem), salvo diferente cláusula contratual (art. 386º, nº 5, do CSC) – cf. António Menezes Cordeiro, *SA: Assembleia Geral e Deliberações Sociais*, p. 119 e *Código das Sociedades Comerciais Anotado*, p. 952. A mesma regra deverá ser aplicada às sociedades por quotas (e por remissão às sociedades em nome coletivo e em comandita) – cf. Armando Triunfante, *A Tutela das Minorias nas Sociedades Anónimas*, p. 475.

[183] Cf. a este propósito Evaristo Mendes, *Lucros do exercício*, p. 257 e ss.

[184] Cf. Paulo Olavo Cunha, *Direito das Sociedades Comerciais*, p. 135 e 266 a 270.

próprio CSC já é. Assim, pela via estatutária apenas fica aberta aos sócios a possibilidade de estabelecerem um mínimo superior à obrigatoriedade de distribuição de metade do lucro que a lei prevê, e não o inverso.

Este Autor entende, contudo, que a "diferente cláusula contratual" não poderá exigir maiorias mais elevadas para a adoção da deliberação de não distribuição de metade do lucro distribuível do que os três quartos de votos correspondentes ao capital social previstos na lei. De outro modo, no seu entender, ficaria em causa o interesse social[185].

Do outro lado temos os que defendem a admissibilidade das cláusulas que colocam nas mãos dos sócios a decisão sobre a percentagem de lucros a distribuir em cada exercício, em assembleia geral, deliberando por maioria simples, como é regra nas sociedades comerciais. No sentido da admissibilidade desta cláusula se pronunciaram, nomeadamente, MENEZES CORDEIRO[186], JOÃO LABAREDA[187], ANTÓNIO PEREIRA DE ALMEIDA[188], ARMANDO TRIUNFANTE[189] e EVARISTO MENDES[190].

No mesmo sentido entendemos o ensino de FERRER CORREIA, quando defende, embora em contexto anterior ao CSC, que a distribuição periódica de lucros não é um elemento essencial do contrato de sociedade, razão pela qual admite que a assembleia possa deliberar não distribuir lucros, o que pode ser exigido pelo interesse social[191]. Até porque, defende o mesmo Autor, a deliberação que a maioria tomar atinge todos os sócios, sendo certo que se existir interesse malévolo dos sócios maioritários, sempre os outros poderão recorrer ao princípio do abuso de direito[192].

Na prática societária em Portugal, com muita frequência é adotada pelos sócios uma cláusula que lhes permite, em cada exercício, decidir por maioria simples da aplicação do resultado do modo que entendam mais adequado. Contudo, na doutrina, como se referiu, autores há que

---

[185] Cf. Paulo Olavo Cunha, *Direito das Sociedades Comerciais*, p. 269.

[186] Menezes Cordeiro, *Código das Sociedades Comerciais Anotado*, p. 762.

[187] João Labareda, *Das Acções das Sociedades Anónimas*, p. 146 e 147.

[188] António Pereira de Almeida, *Sociedades Comerciais e Valores Mobiliários*, p. 163 e 164.

[189] Armando Triunfante, *A Tutela das Minorias nas Sociedades Anónimas*, p. 477.

[190] Evaristo Mendes, *Lucros de exercício*, p. 359.

[191] Cf. Ferrer Correia, *Lições de Direito Comercial*, II, p. 241 e ss.

[192] Cf. Ferrer Correia, *Lições de Direito Comercial*, II, p. 246. A regra da proporção em que os sócios quinhoam nos lucros é que só pode ser alterada por unanimidade, isto é, carece do consentimento do sócio que vê diminuída a sua participação.

APURAMENTO E APLICAÇÃO DE RESULTADOS

sustentam ser inadmissível tal cláusula estatutária, uma vez que entendem que a mesma coloca em crise o direito dos sócios ao lucro do exercício[193].

Temos dificuldade em aceitar a posição dos que, como PAULO OLAVO CUNHA e MANUEL ANTÓNIO PITA, procedem a uma interpretação restritiva dos preceitos em análise (artigo 217º, nº 1 e 294º, nº 1). Na verdade, perante normas inequivocamente supletivas, que expressamente admitem derrogação estatutária (para além da pontual derrogação por deliberação especial), não parece razoável pensar que a lei apenas consente que os sócios possam alterar a regra no sentido de reforçar a obrigatoriedade de distribuição de lucros.

Deve, assim, entender-se – na senda da doutrina e da jurisprudência[194] maioritárias e em consonância com a prática societária – ser admissível face

---

[193] Neste sentido, Manuel António Pita, *Direito aos lucros*, p. 145 e ss (em especial p. 150), Paulo Olavo Cunha, *Direito das Sociedades Comerciais*, p. 135 e 266 a 270. Também o acórdão da Relação de Coimbra, de 6 de março de 1990, in Col. Jur., XV, tomo II, p. 45.

[194] Cf. Acórdão do Tribunal da Relação de Coimbra, de 26 de setembro de 2000 (Cardoso Albuquerque) *in* CJ, IV, p. 24 e ss, que considerou válida uma deliberação de afetação integral do lucro do exercício a reservas legais, reservas livres e resultados transitados, aprovada por 73,6% dos votos, uma vez que do pacto social constava uma cláusula nos seguintes termos: «*Os lucros líquidos apurados anualmente depois de deduzida a percentagem obrigatória para o fundo de reserva legal e quaisquer importâncias que a assembleia destine a outros fundos ou fins especiais, constituem dividendos cuja distribuição é feita de modo a que a cada acção de categoria especial caiba o quíntuplo do que cabe a cada acção de categoria ordinária*». Por sua vez, o Acórdão do STJ, de 18 de maio de 2004 (Lopes Pinto), disponível em <www.dgsi.pt/jstj.nsf> julgou válida a deliberação que por 61,89% destinou a totalidade dos lucros apurados no exercício a reservas livres, resultados transitados e gratificações de balanço, atento o teor de norma do pacto social que dispunha que «*na deliberação sobre a aplicação de lucros anuais, a assembleia geral não está sujeita a outras limitações que não sejam as emergentes das disposições legais imperativas, podendo aplicar lucros, no todo ou em parte, à constituição e reforço de reservas ou à prossecução de quaisquer interesses da sociedade*». Na mesma esteira, cite-se o Acórdão do STJ de 12 de outubro de 2010 (Urbano Dias), disponível em www.dgsi.pt/jstj, que julgou lícita a deliberação de afetação da totalidade do resultado distribuível a reservas livres «*nada obstando à previsão da possibilidade de não haver qualquer distribuição no final do exercício*». No caso em apreço, a cláusula ao abrigo da qual a deliberação foi considerada legal estipulava o seguinte: «*A constituição de provisões ou reservas que excedam os limites estabelecidos na Lei só poderão ser constituídas quando em primeira convocatória obtiver a aprovação da maioria absoluta do capital social. Quando a assembleia-geral se realizar em segunda convocatória ou em data desde logo marcada na primeira convocatória, as deliberações sobre esta matéria poderão fazer-se por maioria simples*». No mesmo sentido, foi proferido o Acórdão do TRC, de 21 de dezembro de 2010, disponível em www.dgsi.pt/jstj, muito bem fundamentado, que decidiu que era válida a «*deliberação tomada em assembleia geral de sociedade anónima, por maioria simples do capital social da sociedade, no sentido de não serem distribuídos dividendos, deliberação fundada em cláusula do contrato social que comete à assembleia*

aos referidos preceitos que os sócios remetam para a deliberação anual a decisão quanto aos lucros a distribuir, sem que estejam previamente condicionados pela lei a decidir de determinado modo.

Até porque as circunstâncias de cada exercício podem exigir diferentes soluções, o que uma regra cega e única não permite acomodar. Daí a prudência da lei ao não impor uma distribuição de lucros superior a metade do lucro distribuível.

De resto, a interpretação mais próxima da letra destas normas aponta também para o entendimento de que o legislador estabeleceu uma regra de um mínimo de lucro a distribuir, mas deixou a porta aberta para que tal regra pudesse ser derrogada pelo próprio contrato de sociedade ou por deliberação de três quartos dos votos correspondentes ao capital social. Se assim não se entendesse, também se poderia sustentar que a maioria de três quartos dos votos seria apenas para distribuir mais de metade do lucro distribuível, o que ninguém defende, nem seria razoável.

Entendemos, desta forma, que a regra legal (dos artigos 217º, nº 1 e 294º, nº 1) pode ser estatutariamente derrogada por cláusula que permita que, por exemplo, a assembleia geral decida do montante do lucro a repartir, por maioria simples. Não serão porém admissíveis cláusulas no pacto social que atribuam a outro órgão social a competência para tomar tal decisão.

Também não se poderá aceitar que os sócios introduzam cláusula estatutária que imponha a distribuição anual da totalidade do lucro distribuível, pois tal norma poria em causa o carácter imperativo dos artigos 246º, nº 1, e) e 376º, nº 1, b), que reservam à assembleia geral a competência para decidir sobre a aplicação do resultado[195]. Nesse caso, na matéria de repartição de resultados nenhuma margem de decisão restaria à assembleia dos sócios.

Estando aceite que se pode afastar o regime supletivo dos artigo 217º, nº 1 e 294º, nº 1, do CSC, por meio de cláusula estatutária, outra questão se coloca, não prevista expressamente no Código: será possível alterar o pacto social no sentido de introduzir cláusula derrogatória do direito consagrado nas referidas normas?

---

*geral a decisão sobre o destino dos lucros de exercício após dedução de previsões e reservas, nos termos da lei e que permite que a totalidade dos lucros de exercício seja levada a reservas.»*
[195] Neste sentido, António Pereira de Almeida, *Sociedades Comerciais e Valores Mobiliários*, p. 163. Pela mesma razão, não é admissível uma disposição contratual que imponha que a totalidade do lucro do exercício se destine a reservas não passíveis de distribuição aos sócios no futuro, pois tal cláusula seria nula por afastar um direito inderrogável dos sócios.

Na verdade, na ausência de cláusula contratual, a lei só permite a derrogação do regime dos referidos artigo 217º, nº 1 e 294º, nº 1 por meio de deliberação tomada por três quartos dos votos correspondentes ao capital social, em assembleia para o efeito convocada. Ora, esta maioria aqui prevista é mais elevada do que a necessária para proceder a alterações do pacto social nas sociedades anónimas.

De facto, nos termos do artigo 265º, nº 1, do CSC, as alterações ao contrato de sociedade nas sociedades por quotas exigem a mesma maioria de três quartos dos votos correspondentes ao capital social, enquanto no caso das sociedades anónimas a alteração do pacto exige a aprovação por dois terços dos votos emitidos (e não correspondentes ao capital social), sendo o quórum constitutivo da assembleia, em primeira convocação, de apenas um terço do capital social.

Acresce que, se em segunda convocação, estiverem presentes acionistas que representem mais de metade do capital social, a assembleia geral pode deliberar alterações aos estatutos por maioria simples (artigo 368º, nº 4, do CSC). Razão pela qual, faz sentido que para alterar a regra do artigo 294º seja requerida a mesma maioria de três quartos dos votos correspondentes ao capital social necessária para a derrogação da mesma regra por deliberação social.

Por último, importa referir que o regime previsto nos números 1 dos artigos 217º e 294º não permite dispensar a necessária deliberação de aplicação de resultados (no caso, de distribuição de lucros), sem a qual não nasce o direito dos sócios ao lucro (concreto) deliberado, como melhor se verá mais à frente[196].

Posição diferente sustenta CASSIANO DOS SANTOS[197], para quem a distribuição de metade do lucro distribuível opera não em função da deliberação normal dos sócios mas sim em virtude da ausência de uma deliberação com a maioria de três quartos dos votos correspondentes ao capital social. Não fica para tal decisão outro efeito que o meramente declaratório. Razão pela qual este Autor afirma que, antes ainda da deliberação distributiva, o sócio é já titular de um direito ao lucro: o direito a que metade do lucro que for distribuível lhe seja efetivamente distribuído.

---

[196] Cf. *infra* ponto 2.1. do Capítulo IV.
[197] Cf. Cassiano dos Santos, *A posição do accionista face aos lucros de balanço*, p. 96.

O LUCRO COMO ELEMENTO CARACTERIZADOR DAS SOCIEDADES COMERCIAIS

Nesta sua obra, CASSIANO SANTOS vai mesmo mais longe e admite, face ao disposto nos artigos 217º e 294º do CSC, que se possa mesmo prescindir de deliberação. Isto é, o direito do sócio à sua parte em metade do lucro distribuível nem sequer depende de deliberação distributiva, pois a lei impõe tal distribuição[198]. Daí que conclua que, no direito português, o acionista possui um verdadeiro direito ao dividendo, direito que é anterior e independente da deliberação sobre a aplicação do resultado. Na verdade, este direito do acionista apenas depende de uma dupla condição: que exista um lucro revelado no balanço aprovado e que inexista deliberação especial derrogatória (ou cláusula contratual em contrário).

Como teremos oportunidade de referir melhor mais à frente, entendemos que, apurado o resultado, compete aos sócios decidir, livremente, o destino que lhe querem dar, com a circunstância de que, querendo distribuir menos de metade do lucro distribuível, tal deliberação exige uma maioria de aprovação correspondente a, pelo menos, três quartos dos votos correspondentes ao capital social, decisão tomada em assembleia especialmente convocada para o efeito.

Quanto às consequências jurídicas de uma deliberação tomada sem a maioria exigível, a doutrina e a jurisprudência não têm posições unânimes, dividindo-se entre a nulidade ou a anulabilidade de tal decisão. É prevalecente, contudo, o entendimento dos que sustentam a tese da anulabilidade da deliberação social que, na ausência de qualquer cláusula do pacto e sem maioria de 75% dos votos correspondentes ao capital social, decida não distribuir pelo menos metade do lucro distribuível, como é determinado pelos artigo 217º e 294º do CSC.

É esta a posição defendida por COUTINHO DE ABREU[199], MENEZES CORDEIRO[200] e também pela maioria da jurisprudência[201]. De resto, nos termos do artigo 58º do CSC são anuláveis as deliberações ilegais que não

---

[198] Cf. Cassiano dos Santos, *A posição do accionista face aos lucros de balanço*, p. 100.

[199] Cf. *Curso de Direito Comercial*, II, p. 499 e *Diálogos com a jurisprudência* I, p. 34. Este Autor sublinha contudo – e a nosso ver bem – que uma deliberação de não distribuição de metade do lucro distribuível respeitadora do disposto no art. 217º do CSC pode, no caso concreto, ser abusiva, e por essa razão anulável.

[200] Cf. *Código das Sociedades Comerciais Anotado*, p. 569.

[201] Cf. Acórdão do TRC, de 6 de março de 1990, *in* CJ, 1990, II, p. 45; Acórdão do TRC, de 20 de outubro de 1992 (Correia de Sousa), *in* www.dgsi.pt, Acórdão do STJ, de 6 de julho de 1993 (Miguel Montenegro), disponível em www.dgsi.pt; Acórdão do TRC, de 16 de maio de 1995 (Pereira da Graça), in CJ, 1995, III, p. 28; Acórdão do STJ, de 28 de maio de 1996 (Costa

sejam nulas. Por seu lado, Cassiano Santos[202] perfilha a tese da nulidade de tais deliberações, com fundamento no facto de se estar perante uma interferência da assembleia na esfera dos sócios, cabendo na previsão do artigo 56º, nº 1, c), do CSC. Tal consequência é assim coerente com o seu entendimento de que o sócio é titular de um direito ao lucro do exercício distribuível, ainda que condicionado à não existência de uma deliberação nos termos dos artigos 217º ou 294º.

Ora, todos aqueles que, como nós, não partilham dessa tese, não podem também concordar com a consequência de nulidade da deliberação em causa que dela decorre. De resto, a nulidade conduziria a que não só qualquer interessado pudesse atacar a deliberação, como a colocaria indefinidamente sob ameaça de declaração de nulidade, sem dependência de qualquer prazo.

### 2.2.3.3. Na *Ley de Sociedades de Capital*

Em Espanha a recente alteração da *Ley de Sociedades de Capital* (*LSC*), operada pela Ley 25/2011, de 1 de agosto[203], veio modificar o regime do direito dos sócios aos lucros nas sociedades de capital (embora tal regime não seja aplicável às sociedades cotadas).

A lei de agosto de 2011 introduziu na *LSC* um novo artigo 348 bis, que no seu número 1 estabelece o seguinte:

> *"A partir del quinto ejercicio a contar desde la inscripción en el Registro Mercantil de la sociedad, el socio que hubiera votado a favor de la distribución de los beneficios sociales tendrá derecho de separación en el caso de que la junta general no acordara la distribución como dividendo de, al menos, un tercio de los beneficios propios de la explotación del objeto social obtenidos durante el ejercicio anterior, que sean legalmente repartibles".*

Surge assim uma nova causa de exoneração dos sócios, que acresce às previstas no artigo 346. da mesma *LSC*.

---

Marques), disponível em www.dgsi.pt e o Acórdão do TRC, de 13 de outubro de 1998 (Távora Vitor), in CJ, 1998, IV, p. 31.

[202] Cf. *A posição do accionista face aos lucros de balanço*, p. 121.

[203] A Ley 25/2011 transpõe para o ordenamento jurídico espanhol a Diretiva 2007/36/CE, do Parlamento Europeu e do Conselho, de 11 de julho, sobre «*el exercício de determinados direitos dos acionistas das sociedades cotadas*».

O LUCRO COMO ELEMENTO CARACTERIZADOR DAS SOCIEDADES COMERCIAIS

De facto, à partida, em Espanha, a assembleia geral é livre para decidir da aplicação do resultado distribuível, razão pela qual o direito dos sócios ao lucro não é absoluto, dependendo de deliberação social[204]. É certo que a doutrina e a jurisprudência entendiam maioritariamente que a assembleia não podia deixar de distribuir lucros sem justificação objetiva. Isto é, caso não existisse fundamento válido para a retenção dos lucros na sociedade, sempre poderiam os sócios derrotados pedir a anulação da deliberação social, com fundamento em abuso de direito. Para tal teriam que demonstrar que a não distribuição de lucros tinha outros fins que não o reforço justificado dos capitais próprios da sociedade, o que não constituía certamente tarefa fácil para o sócio minoritário.

Importava, pois, analisar a situação concreta da sociedade e as suas contas, bem como as perspetivas futuras, para poder determinar se a retenção dos resultados positivos obtidos constituía ou não uma deliberação abusiva por parte da maioria, destinada a prejudicar – e, eventualmente levar à saída – dos sócios minoritários. Certo é que, reconhecendo um direito abstrato dos sócios ao lucro, não era contudo previsto um direito à distribuição periódica de lucros. Daí que fosse admissível a não distribuição de dividendos, desde que tal não constituísse prática sistemática e injustificada[205].

Com a introdução do novo artigo 348. bis, opera-se uma alteração profunda do direito dos sócios aos lucros, em Espanha. Na verdade, de acordo com esta norma, a partir do quinto exercício, caso a assembleia geral decida não distribuir pelo menos um terço do lucro distribuível[206], o sócio que tenha votado (vencido) a favor da distribuição, pode pedir a sua exoneração da sociedade, tendo direito a que a sociedade lhe pague o valor (razoável) da sua quota. Este direito de exoneração é livre, pois, encontrando-se verificados os seus pressupostos, não está sujeito a quaisquer condições. Isto é, indiretamente, esta nova norma estabelece um direito mínimo dos sócios à distribuição de pelos menos um terço do lucro distribuível, reforçando significativamente os direitos dos sócios minoritá-

---

[204] Cf. José Maria Garcia-Moreno Gonzalo, *La posición del socio minoritario frente a la distribución de beneficios*, p. 967.

[205] Cf. Nerea Iraculis Arregui, *La separación del socio sin necesidad de justificación: por no reparto de dividendos o por la propia voluntad del socio*, p. 243.

[206] A lei espanhola não foi tão longe quanto a norma portuguesa que praticamente impõe a distribuição de metade do lucro distribuível.

rios face aos maioritários, independentemente da fração de capital detida pelos primeiros[207].

Acresce que esta norma não será derrogável, quer nem cláusula do pacto social, nem por deliberação social[208], ao contrário do que sucede no Código das Sociedades Comerciais português[209]. Este direito de exoneração é independente da percentagem do capital detida pelo sócio – basta ser sócio – mas não é aplicável aos sócios das sociedades cotadas (artigo 348 bis, nº 3), uma vez que para estes a saída da sociedade é sempre possível, na medida em que as ações são transacionadas em bolsa.

Todavia, apenas podem exercer este direito de exoneração os sócios que tenham votado a favor da distribuição de dividendos (ou contra a destinação dos lucros distribuíveis para reservas, se for essa a proposta de deliberação)[210]. Este direito, dado o seu carácter patrimonial, é transferível, pelo que, se após o exercício do direito de voto, a participação social

---

[207] O que não sucede com a norma correspondente do direito societário português. De facto, em Portugal o direito dos sócios a metade do lucro distribuível cede mediante deliberação aprovada por três quartos do capital social.

[208] No sentido de que o direito de exoneração, como direito de proteção das minorias, é um direito imperativo e inderrogável, cf. Nerea Iraculis Arregui, *La separación del socio sin necesidad de justificación: por no reparto de dividendos o por la propia voluntad del socio*, p. 233 e Arturo García Sanz, *Derecho de separación en caso de falta de distribución de dividendos*, p. 65 e 66. Refere este último Autor que na doutrina tem sido pacificamente aceite que as causas de exoneração dos sócios não são derrogáveis, nem admitem que o seu exercício seja sujeito a condições mais gravosas para os sócios minoritários. Já pelo contrário, uma norma estatutária de reforço dos direitos da minoria seria aceitável – *idem ibidem*.

[209] Também a proposta de Código das Sociedades Mercantis espanhol previa uma norma semelhante ao art. 348 bis, mas que podia ser afastada por preceito previsto no pacto social. Os art. 217º e 294º do CSC preveem expressamente a sua derrogação por via de norma do pacto social. O que se discute, como vimos, é se uma norma derrogatória pode ser introduzida no pacto, por alteração deste determinada pela maioria prevista para a alteração dos estatutos.

[210] Certo é que os sócios ausentes da assembleia, ou os que se tenham abstido, ou aqueles que não têm voto, não terão direito de exoneração. Parece que a lei não exige que o voto a favor da distribuição conste expressamente da ata, mas o sócio em causa terá todo o interesse, para mais fácil prova, que da ata conste o seu sentido de voto. Terão igualmente legitimidade para exercer o direito de exoneração aqueles que foram ilegitimamente privados do direito de voto – cf. Arturo García Sanz, *Derecho de separación en caso de falta de distribución de dividendos*, p. 67. Além dos já referidos, não poderão exercer o direito de exoneração nem os usufrutuários, nem os credores penhoratícios, pois não têm poderes de disposição sobre a participação social, ainda que possam ter direito de voto – *idem ibidem*.

é transmitida, deverá o sucessor poder exonerar-se da sociedade, como o poderia ter feito o transmitente[211].

O direito de exoneração deve ser exercido no prazo de um mês, contado desde o termo da assembleia que deliberou a não distribuição de dividendos, nos termos do número 2 do artigo 348. bis. O sócio que pretenda exonerar-se tem direito ao valor da sua participação que, na falta de acordo com a sociedade, deve ser determinado por um revisor oficial de contas (*auditor de cuentas*) nomeado pelo conservador do registo comercial da localidade da sede da sociedade (artigo 353. da *LSC*). Se forem vários os sócios que pretendam exercer este direito de exoneração, a viabilidade da própria sociedade pode ficar em causa, pois esta terá que adquirir tais participações sociais ou amortizá-las, pagando a contrapartida aos sócios que se separarem da sociedade[212].

### 2.2.3.4. Confronto dos dois regimes

É inquestionável que, com a alteração decorrente da introdução do artigo 348. bis na *LSC,* o regime espanhol do direito ao lucro se aproximou do português no estabelecimento de um direito concreto dos sócios ao lucro. A *Ley* 25/2011, de 1 de agosto, opera assim uma alteração significativa do regime espanhol do direito ao lucro até aí vigente, como vimos.

O âmbito de aplicação deste novo artigo é semelhante ao da lei portuguesa. Diferem, porém, quanto à aplicação às sociedades anónimas cotadas deste regime do direito mínimo ao lucro, que é afastada na *LSC*, o que bem se pode compreender. De facto, nas sociedades cotadas, perante a violação do direito ao lucro mínimo, é na prática sempre possível que o sócio insatisfeito venda as suas ações no mercado, o que conduz a um resultado prático semelhante à exoneração, com a vantagem de ser mais fácil e rápido.

Se no CSC o direito mínimo dos sócios ao lucro é correspondente a metade do valor do lucro distribuível, em Espanha esse direito respeita a um terço deste. Neste ponto é interessante que o legislador se refira no artigo 348. bis não apenas ao lucro distribuível, mas também aos lucros provenientes da "exploração do objeto social". Isto é, o valor a ter em

---

[211]  Cf. Arturo García Sanz, *Derecho de separación en caso de falta de distribución de dividendos*, p. 68. Este princípio deve aplicar-se à transmissão entre vivos ou por morte.

[212]  Em Itália, o Código Civil prevê que a exoneração dos sócios não é possível se a sociedade revoga a deliberação ou decide a sua dissolução – art. 2437-bis, III. Neste sentido, Arturo García Sanz, *Derecho de separación en caso de falta de distribución de dividendos*, p. 71.

conta não inclui os ganhos decorrentes de operações não compreendidas no objeto social, pelo que se trata de um lucro do exercício (distribuível) corrigido, o que não sucede em Portugal, nestes termos.

Importa ainda destacar três outras diferenças que afastam o regime da *LSC* do regime do CSC. Em primeiro lugar, a fração do lucro do exercício a distribuir, que é muito menor no caso espanhol – um terço contra metade. Solução esta que se afigura mais prudente, pois a distribuição de metade do lucro distribuível, imposta pelo CSC, pode ser, e em muitos casos é, excessiva, atentas as necessidade de autofinanciamento que podem ocorrer.

Outra diferença é o carácter inderrogável reconhecido à solução da LSC, enquanto no CSC a obrigatoriedade de distribuição de metade do lucro distribuível cede perante ou norma estatutária contrária, ou deliberação tomada por três quartos dos votos correspondentes ao capital social, em assembleia geral especialmente convocada para esse efeito. O que significa, por exemplo, que um sócio com, uma participação social de 10%, insatisfeito com a não distribuição de metade do lucro distribuível, votada por mais de 75% dos votos correspondentes ao capital social, apenas gozará de eventual proteção recorrendo ao instituto do abuso de direito, se no caso for aplicável. Ora, no caso espanhol, o mesmo sócio, terá sempre direito à distribuição de um terço do lucro distribuível, ainda que tenha votado sozinho a favor da distribuição de resultados. Daí que se possa dizer que no caso da LSC estamos de facto perante uma norma de proteção efetiva das minorias, ou melhor, de todos os sócios minoritários, o que não se pode afirmar, nos mesmos termos, do regime societário português, como vimos.

Por último, a maior diferença entre os dois regimes prende-se com as consequências da deliberação social que não respeite o referido direito mínimo. No caso português, caso a assembleia geral delibere não distribuir pelo menos metade do lucro distribuível, sem a maioria necessária e na ausência de cláusula em contrário do pacto social, estaremos face a uma deliberação inválida. Face a ela, outra solução não resta aos sócios lesados que o recurso às vias judiciais, tendentes a obter a anulação da deliberação. Já no caso espanhol, a consequência automática de uma deliberação que decida não distribuir pelo menos um terço dos lucros do exercício distribuíveis, é o direito de exoneração dos sócios que tenham votado no sentido da distribuição.

Isto é, a assembleia é sempre livre para deliberar como lhe aprouver quanto ao destino a dar ao lucro do exercício, mas os sócios inconformados com a não distribuição de pelo menos um terço dos resultados do exercício, podem excluir-se da sociedade, pedindo a exoneração. Isto é, podem lançar uma verdadeira "bomba atómica" societária, cujas consequências podem ser muito graves para a sociedade.

Deste modo, a distribuição de pelo menos um terço dos lucros do exercício é praticamente obrigatória, pois caso optem por não distribuir tais resultados, face à existência de votos contrários, os titulares dessas participações podem de imediato pedir a sua exoneração da sociedade, com todas as consequências daí decorrentes, designadamente o pagamento de uma contrapartida razoável a tais sócios.

É, na verdade, uma solução que atribui um poder maior ao sócios minoritários – ou melhor, a todos e a cada um dos sócios minoritários, sendo certo que tal poder é extremo, pois o seu exercício coloca-os fora da sociedade. Para a sociedade tal solução pode colocar graves problemas de solvabilidade, se forem muitos e relevantes os sócios a pedir a sua exoneração, com a necessidade de pagamento das respetivas contrapartidas.

### 2.2.4. O direito ao lucro deliberado

Só com a deliberação social que aprova a distribuição de lucros é que nasce, na titularidade de cada um dos sócios, um direito de crédito em relação à sociedade: é o direito de exigir a entrega da percentagem que ao sócio cabe nos lucros que a sociedade deliberou distribuir.

Trata-se de um direito que, a partir da data do vencimento[213], é judicialmente exigível perante a sociedade[214] e que é transferível, pois pode ser cindido em relação à qualidade de sócio do seu titular inicial[215]. É já um direito extracorporativo, pois no seu exercício o sócio aparece não na veste de sócio mas de terceiro, podendo até já nem ser sócio, uma vez que o direito se autonomizou em relação à participação social[216]. Diz-se

---

[213] O vencimento ocorre decorridos trinta dias após a deliberação que aprove a distribuição de lucros, podendo ser decidida a extensão daquele prazo até mais sessenta dias, com fundamento na situação excecional da sociedade, ou prorrogado com o consentimento do sócio em causa, tudo nos termos dos artigos 217º, nº 2 e 294º, nº 2, ambos do CSC.

[214] Tem sido entendido que a ata da reunião da assembleia dos sócios que aprovou a deliberação de distribuição de resultados é título executivo para o sócio credor executar a sociedade devedora – cf. Paulo de Tarso Domingues, Art. 294º, in *Código das Sociedades em Comentário*, V, p. 265.

[215] Cf. Cassiano dos Santos, *A posição do accionista face aos lucros de balanço*, p. 25.

[216] Cf. Ferrer Correia, *Lições de Direito Comercial*, II, p. 348 e Rafael Illescas Ortiz, *Derecho del socio al dividendo*, p. 99 e ss. Cf. ainda o Acórdão do STJ, de 19 de abril de 1968, *in* BMJ, 176º,

então que estamos perante o direito concreto ao lucro, quando este tem por objeto um lucro já deliberado – é o direito ao dividendo deliberado.

O direito dos sócios ao lucro deliberado é inderrogável, pois a assembleia que aprovou a distribuição de lucros não pode revogar o direito dos sócios ao lucro deliberado através de nova deliberação. Poderá é a deliberação de aplicação de resultados ser anulada judicialmente, e a partir do momento em que a sociedade for citada no âmbito do processo de impugnação da deliberação, não deverão os gerentes e administradores executar a deliberação impugnada, nos termos do artigo 31º, nº 4, do CSC[217].

Acresce que, independentemente de impugnação judicial, a deliberação de distribuição de lucros não poderá ser executada pelos gerentes e administradores se tiverem fundadas razões para crer que a deliberação é ilícita ou que se fundou em contas viciadas, como decorre do disposto no artigo 31º, nº 2, do CSC[218]. Ocorrerá nessa hipótese uma suspensão do pagamento dos lucros e da exigibilidade do crédito e não uma revogação da deliberação. Esta passará a ser executável quando a sociedade estiver em condições para efetuar tal pagamento.

Por outro lado, a lei prevê também que os lucros deliberados não sejam pagos aos sócios que se encontrem em situação de mora relativamente à sua obrigação de entrada. Neste caso, o crédito do sócio referente aos lucros deliberados deverá ser usado para efetuar compensação com a sua dívida de entrada, nos termos do artigo 27º, nº 4, do CSC.

### 2.3. As formas indiretas de participação nos lucros

A distribuição de lucros é uma forma de participação dos sócios nos ganhos da sociedade. Porém, não é a única forma pela qual os sócios podem receber os lucros que a sociedade tenha registado. Há vias indiretas pelas quais os

---

p. 199 e ss, em que se pode ler que estes direitos [aos lucros deliberados] são «direitos que, desprendidos da matriz social, radicam-se no titular; não podem ser atingidos contra a vontade do sócio», razão pela qual a «deliberação que negue, condicione ou adie o pagamento de uma dívida da sociedade ao sócio é ineficaz; a sociedade, acionada para entregar a quantia devida, não pode negar-se a fazê-lo alegando que decidiu recusar o pagamento e a deliberação [que recusou o pagamento] não foi impugnada».

[217] António Pereira de Almeida, *Sociedades Comerciais e Valores Mobiliários*, p. 163.

[218] Acresce que a execução da distribuição ilícita de lucros é considerada uma conduta penalmente punida com pena de multa, nos termos do art. 514º, nº 3, do CSC.

sócios podem acabar por ter participação nos lucros, mesmo quando estes não são repartidos.

Assim, desde logo, o facto de a sociedade registar lucros que não distribui aumenta o valor da participação do sócio. Na verdade, sendo titular de uma fração da sociedade, o aumento do valor do património desta, por via da retenção dos lucros, irá aumentar o valor da quota ou das ações do sócio[219].

Tratando-se de sociedades cotadas em mercado de valores, a retenção dos lucros contribui para uma valorização das ações, quer pelo aumento do valor real da participação que cada uma representa, quer pelos benefícios que a decisão de reforço dos capitais próprios da sociedade poderá trazer no futuro à sociedade, o que é, geralmente, valorizado pelos mercados.

Assim, em teoria, distribuir ou não dividendos será indiferente para uma sociedade cotada, desde que se não se entre em linha de conta com o enquadramento fiscal, fator que pode alterar os termos da questão. Por outro lado, os defensores desta tese partem do pressuposto de que existe um mercado perfeito, que reconhece e valoriza o facto de a sociedade não distribuir resultados, valorizando os títulos[220].

Importa também ter presente a denominada teoria dos sinais, segundo a qual o mercado espera de uma empresa rentável que proceda à distribuição de resultados. Essa distribuição é um sinal dado ao mercado, sinal de vitalidade e de confiança no futuro. Assim, mesmo face a um exercício com resultados menos positivos, a opção de distribuir dividendos pode constituir um forte sinal para o mercado quanto ao modo como a sociedade encara o seu futuro[221].

É igualmente interessante a perspetiva da teoria da agência, que tende a entender a distribuição de dividendos como uma medida que confere poder aos sócios, em detrimento da retenção dos resultados, que favorece a administração. Na verdade, sendo distribuídos dividendos, cabe à administração fundamentar bem os investimentos que pretende efetuar,

---

[219] Cf. José Maria Garcia-Moreno Gonzalo, *La posición del socio minoritario frente a la distribución de beneficios*, p. 983.

[220] Cf. Amel Amer-Yahia, *Le Régime Juridique des Dividendes*, p. 23 e ss e os Autores aí citados.

[221] Teorema da irrelevância dos dividendos de Franco Modigliani e Merton Miller, de 1961, segundo o qual o valor de uma empresa não é afetado pela política de dividendos, admitindo que se vive num mundo sem impostos ou custos de transação e onde existe perfeita informação. Cf. Amel Amer-Yahia, *Le Régime Juridique des Dividendes*, p. 24.

nomeadamente em termos de rendibilidade futura, para que os sócios se disponham a efetuar novas entradas em aumentos de capital[222].

Outra forma de participação indireta nos lucros é a que resulta de aumentos de capital social gratuitos ou por incorporação de reservas. Neste caso, sendo atribuídas novas ações em proporção das já detidas, ou sendo aumentado o valor nominal das existentes, certo é que o sócio verá a compensação das reservas constituídas, eventualmente com sacrifício na distribuição de lucros periódicos. É outra forma de entregar aos sócios os lucros apurados pela sociedade. Não recebendo os lucros em dinheiro, mas em títulos, o que até pode ser fiscalmente mais vantajoso.

Por outro lado, um excesso de valor do património líquido face ao capital social é uma situação que, num futuro aumento de capital social por novas entradas, irá permitir que exista um prémio de emissão. Ora tais prémios representam um acréscimo patrimonial para a sociedade, que se reflete positivamente na participação de cada sócio, que vê assim aumentado o valor real das suas ações sem que para tal tenha desembolsado quaisquer quantias[223].

Acresce que, mesmo não tendo havido distribuição de lucros, o sócio acaba por recebê-los no momento em que aliena as ações, cujo valor de mercado deve incorporar já esse facto. Isto acontecerá, quer se trate de ações que já possuía, quer de ações que lhe foram atribuídas num aumento de capital social por incorporação de reservas. Com a diferença de que, neste caso, todo o valor que por elas receba representa o lucro acumulado na sociedade.

Todavia, estas considerações pressupõem que estamos perante participações sociais com razoável liquidez e que o mercado reconhece e valoriza o aumento do valor patrimonial da sociedade, dispondo-se a oferecer pelas ações um valor que incorpore tal valorização, o que não acontece necessariamente em todas as sociedades, nem em todas as situações e mercados. Tal tende a suceder, em princípio, nas sociedades anónimas, nas quais por regra a transmissão das ações é livre e, entre estas, naquelas cujas ações se encontram colocadas em negociação em mercados de valores com elevados níveis de informação e liquidez.

---

[222] Cf. Amel Amer-Yahia, *Le Régime Juridique des Dividendes*, p. 25.
[223] Cf. José Maria Garcia-Moreno Gonzalo, *La posición del socio minoritario frente a la distribución de beneficios*, p. 984.

Refira-se, ainda, que em caso extremo, o sócio terá sempre a sua participação nos lucros obtidos pela sociedade no momento da liquidação desta.

Por sua vez, nas sociedades de menor dimensão, ou nas que tendo poucos sócios e nas quais estes sejam também os gerentes ou administradores, sucede com frequência que estes optam por receber os lucros em forma de remuneração pela atividade exercida na sociedade ou por meio de outras vantagens indiretas (suporte de custos pela sociedade, seguros, outras regalias que, na prática, poderão constituir verdadeiras participações nos lucros). Tudo dependerá do enquadramento fiscal de cada uma das opções.

Nas grandes sociedades, por norma sociedades anónimas, a situação é por regra diferente. Estas sao as sociedades em que, em princípio, mais do que qualquer outra finalidade, os sócios visam a obtenção do máximo lucro. Até porque, na maior parte dos casos, os sócios não beneficiam de quaisquer outras vantagens da sua participação social, uma vez que estas sociedades se caracterizam por uma separação entre os detentores do capital e os gestores.

Tanto assim é, que se chega ao ponto de admitir sócios que não possuem direito de voto, mas que são recompensados por um privilégio no que toca à participação nos lucros[224].

---

[224] Ver *infra* ponto 2.2.2. do Capítulo III.

# Capítulo II
# O Apuramento de Resultados

## 1. O apuramento anual da situação social – obrigação de dar balanço e de prestar contas anualmente

### 1.1. A razão de ser

Uma gestão racional e ordenada da empresa exige aquilo que hoje a lei impõe: que periodicamente todo o comerciante proceda a um apuramento da sua situação patrimonial e financeira. Para tanto, é necessário que cada comerciante efetue o registo das suas operações relevantes, o que é feito pela contabilidade[225]. De facto, é a existência de registos contabilísticos

---

[225] A contabilidade faz parte da escrita que todo o comerciante é obrigado a possuir, mas a escrita não é sinónimo de contabilidade. Na verdade, embora a contabilidade seja uma parte muito importante da escrita, esta vai para além da contabilidade. Basta pensar na obrigação de as sociedades possuírem livros de atas (art. 31º, nº 1, do Cód. Com.), entre outras. Registe-se, todavia, que a obrigação de todo o comerciante possuir um registo cronológico e sucessivo da correspondência expedida, que constava do art. 36º do Cód. Com., foi eliminada com a reforma introduzida pelo DL nº 76-A/2006, de 29 de março. Esta reforma, que entrou em vigor a 30 de junho de 2006, entre outras relevantes alterações, determinou a eliminação da «obriga-toriedade de existência de livros de escrituração mercantil nas empresas», como se pode ler no seu preâmbulo. Os livros de inventário, balanço, diário, razão e copiador deixaram, assim, de ser obrigatórios. Apenas se mantém a obrigatoriedade de as sociedades possuírem livro de atas.

Para uma síntese da evolução histórica da obrigação de escrita em Portugal, anterior a esta reforma de 2006, cf. Menezes Cordeiro, *Manual de Direito Comercial*, I, p. 299 e ss e, do mesmo Autor, *Introdução ao Direito da Prestação de Contas*, p. 41 e ss.

que permite que, periodicamente, se proceda a um balanço da atividade desenvolvida[226].

Determina a lei[227] que todo o comerciante «é obrigado a dar balanço anual ao seu ativo e passivo nos três primeiros meses do ano imediato», pelo que todas as sociedades comerciais, como comerciantes natos que são (artigo 13º, nº 2º, do Cód. Com.), estão sujeitas a esta obrigação que, de resto, para elas está especialmente prevista nos artigos 65º e seguintes do CSC[228]. Trata-se, pois, antes de mais, de uma obrigação imposta pela racionalidade da gestão[229].

Nas sociedades comerciais este apuramento anual da situação económico-patrimonial-financeira é também necessário para que aos sócios sejam prestadas contas da atividade social desenvolvida e dos seus resultados[230]. Na verdade, impõe-se que a administração informe os sócios da situação da sociedade, com uma regularidade que permita o acompanhamento e fiscalização efetivos da atividade daqueles órgãos, o que se pode integrar no direito geral dos sócios à informação[231].

Este dever de informação aos sócios é também essencial para aferir da suscetibilidade de distribuição de lucros por parte da sociedade, como veremos mais à frente. Mas não só. É um direito instrumental para o exercício de outros, designadamente, o direito de voto, ou o direito de impugnação das deliberações sociais, bem como o direito de responsabilizar os membros dos órgãos de gestão e de fiscalização das sociedades por incumprimento dos seus deveres. Verdadeiramente, sem informação, tais direitos dificilmente poderão ser exercidos[232].

---

[226] Ou, nas palavras de Pinto Furtado, seja efetuado o «acertamento anual da situação da sociedade», cf. *Curso de Direito das Sociedades*, 477 e ss.

[227] O artigo 62º do Cód. Com., na redação que lhe foi dada pelo DL nº 76-A/2006, de 29 de março.

[228] Para além destas regras constantes da parte geral, a propósito de cada tipo de sociedade, são também estabelecidas regras quanto à prestação de contas: art. 189º, nº 3 (SENC), art. 246º, nº 1, e) e art. 263º (SQ), art. 376º, nº 1. a) e art. 451º a 453º (SA).

[229] O exercício do comércio é indissociável da necessidade de ter contas organizadas, que permitam ao comerciante ter a informação indispensável para poder tomar decisões. É o espelho do comerciante ou a sua bússola – cf. Menezes Cordeiro, *Introdução ao Direito da Prestação de Contas*, p. 103.

[230] Esta obrigação de prestação de contas é uma das obrigações especiais dos comerciantes, como resulta do art. 18º, nº 4 do Cód. Com.

[231] Cf. art. 21º, nº 1, c) do CSC.

[232] O que não quer dizer que não existam mecanismos para compelir os gerentes e administradores a prestar informações verdadeiras, completas e elucidativas, como veremos à frente.

O APURAMENTO DE RESULTADOS

A informação que resulta do apuramento anual da situação da sociedade é igualmente importante para os credores da sociedade. De facto, nas sociedades anónimas e nas sociedades por quotas, por regra, apenas o património social responde, perante os credores, pelas suas dívidas[233].

Compreende-se, pois, que a informação sobre a situação patrimonial da sociedade seja um elemento relevante de informação para os credores. E quanto mais confortável for a posição dos credores, mais facilmente a sociedade acede ao crédito ou em melhores condições o poderá fazer. Atentos estes interesses, a lei impõe, para estes tipos de sociedade, a obrigação de dar publicidade às contas, nomeadamente através do seu depósito na Conservatória do Registo Comercial[234].

Acresce que hoje, nos termos dos artigo 35º e 171º, nº 2, do CSC, caso o capital próprio, tal como consta das contas aprovadas, seja inferior a metade

---

[233] É o património das sociedades por quotas e anónimas que responde pelas suas dívidas, como corolário da sua personalidade jurídica. Conjugada com o princípio de que a sociedade também não responde pelas dívidas dos seus sócios, alcançamos a autonomia patrimonial vigente nestas sociedades. Todavia, a regra segundo a qual pelas dívidas da sociedade responde apenas o seu património comporta exceções. Desde logo, o regime contratual excecional de responsabilidade por dívidas sociais até determinado montante que os sócios das sociedades por quotas podem adotar, nos termos do art. 198º do CSC. É certo que se trata sempre de uma responsabilidade limitada a determinado valor (mas que pode ser muito elevado, pois não existe limite para esse valor – apenas se impõe que ele seja determinado), mas com a particularidade de poder ser uma responsabilidade solidária com a sociedade, como a referida norma admite, o que neste aspeto é ainda mais gravoso para os sócios que o regime das sociedades em nome coletivo, nas quais a responsabilidade pessoal e ilimitada dos sócios é sempre subsidiária (cf. art. 175º, nº 1, do CSC). Uma segunda exceção ao regime da autonomia patrimonial consta do art. 84º, nº 1, do mesmo código, quando aí se estabelece que o sócio único de qualquer sociedade responde ilimitadamente pelas dívidas da sociedade, contraídas no período posterior à concentração das participações sociais, sempre que a sociedade seja declarada falida (ou insolvente, como agora se diz na sequência da entrada em vigor do Código da Insolvência e da Recuperação de Empresas, introduzido pelo DL nº 53/2004, de 18 de março) e se prove que não foi respeitada a separação de patrimónios. Não é, pois, suficiente para afastar o regime de limitação de responsabilidade dos sócios a mera perda da pluralidade social: é ainda necessário que a sociedade seja declarada insolvente e que se prove o abuso da personalidade jurídica da sociedade por parte do sócio único. Refira-se ainda que esta responsabilidade respeita apenas às sociedades que se tornaram unipessoais ("reduzida a um sócio único") e não às que são originariamente unipessoais. Por último, a lei prevê um outro caso de responsabilidade do sócio pelas dívidas da sociedade quando o sócio é uma sociedade totalmente dominante ou diretora. Nestes casos, o sócio-sociedade responde pelas dívidas da sociedade dominada ou subordinada face a terceiros (cf. art. 501º e 491º, do CSC).

[234] Cf. art. 70º, do CSC e art. 3º, nº 1, n), art. 15º, nº 3 e art. 42º, do CRC.

do capital social torna-se obrigatório mencionar nos atos externos (nomeadamente em contratos, correspondência, publicações, anúncios) o valor do capital próprio, publicitando-se desta forma a perda grave do capital social, a fim de permitir acautelar os interesses de terceiros[235].

Por outro lado, para as sociedades anónimas cujas ações se encontram cotadas em mercados de valor, há ainda outras obrigações de publicitação das suas contas decorrentes do disposto no CVM. Refira-se, desde logo, a obrigação de publicação trimestral e semestral de informação relativa à atividade, pois o bom funcionamento do mercado não se pode limitar à informação anual.[236]

Pode, assim, dizer-se citando RIPERT e ROBLOT, que pelas contas os sócios podem apreciar o valor das suas participações sociais e os credores a solvabilidade da sociedade[237].

Importa ainda salientar o interesse público na prestação da informação social, desde logo para efeitos fiscais[238]. De facto, existindo impostos sobre

---

[235] A obrigação de publicitar a situação de perda de metade do capital social resulta da alteração do artigo 171º do CSC, que regula as menções obrigatórias nos atos externos, efetuada pelo DL nº 19/2005, de 18 de janeiro. À enumeração já constante dos números 1 e 2 da referida norma foi aditada a obrigação de as sociedades por quotas, anónimas e em comandita por ações «indicarem o montante do capital próprio segundo o último balanço aprovado, sempre que este for igual ou inferior a metade do capital social». Desta obrigação foram excluídas as sucursais de sociedades com sede no estrangeiro, às quais apenas se aplica a exigência do nº 1 do art. 171º – cf. nº 3 do mesmo preceito. Tal informação deve constar claramente em toda a sua atividade externa, nomeadamente, em todos os contratos, correspondência, publicações, anúncios e sítios na Internet e só existe depois de ter sido aprovado o balanço que a revele e não quando esta apenas resulte de contas intercalares ou quando haja fundadas razões para admitir que ela se verifica. O objetivo da lei com esta imposição de publicidade foi o de salvaguardar os interesses de terceiros que contratem com a sociedade e que poderiam ser induzidos em erro pelo facto de a mesma ostentar um valor de capital social já sem correspondência com a sua efetiva situação patrimonial. Caso não cumpra esta obrigação de indicação do valor do capital próprio em todos os atos externos, a sociedade sujeita-se a uma coima, que pode ir de 250 EUR a 1 500 EUR, nos termos do nº 2 do art. 528º do CSC. E os gerentes ou administradores que não deem cumprimento a esta formalidade podem vir a ser responsabilizados pelos credores, caso estes consigam demonstrar um nexo de causalidade entre essa omissão e a concessão de crédito que de outro modo não teria existido. A obrigatoriedade de publicitação da perda grave cessa com o reequilíbrio das contas, comprovado por um balanço regularmente aprovado. Cf. Paulo de Tarso Domingues, *Código das Sociedades Comerciais em Comentário*, Vol. I, p. 525 e ss e Paulo Vasconcelos, *A perda grave do capital social*, p. 24.

[236] Cf. art. 7º, 245º, 245º-A, 246º e 246.-A, do CVM e o Regulamento nº 5/2008 da CMVM.

[237] Cf. G. Ripert / R. Roblot, *Traité de Droit Commercial*, tomo 1, Vol. 2, p. 585.

[238] Cf. art. 98º, nº 1, do Código do Imposto sobre as Pessoas Coletivas.

O APURAMENTO DE RESULTADOS

os lucros apurados, se não fosse por outras razões, sempre seria necessário proceder ao apuramento dos resultados do exercício para efeitos de cumprimento das obrigações fiscais que sobre as sociedades recaem.

A estes interesses acrescem as necessidades de supervisão em diversos sectores da atividade económica, como a banca e os seguros, e cuja importância tem vindo a ser realçada nos últimos anos.

## 1.2. O conteúdo da obrigação de prestação de contas

O apuramento periódico da situação patrimonial e financeira da sociedade, e a consequente determinação do resultado do exercício, é um processo no qual, de uma forma ou outra, todos os órgãos da sociedade participam. De facto, se a sua elaboração e preparação compete à gerência ou administração da sociedade, certo é que uma vez elaboradas carecem de parecer dos órgãos de fiscalização e a sua aprovação final é uma responsabilidade dos sócios, como iremos ver, razão pela qual são submetidos à apreciação destes pela administração.

Assim, a apreciação anual da situação da sociedade implica, antes de mais, que os gerentes e administradores elaborem e submetam à apreciação dos sócios, depois de obtido o parecer dos órgãos de fiscalização, nos três primeiros meses de cada ano, os seguintes documentos relativos a cada exercício anual[239]:

– relatório de gestão;
– contas do exercício;
– demais documentos de prestação de contas previstos na lei.

Estes documentos formam um todo, que deve ser coerente e ordenado.

A este dever de prestar contas que recai sobre os gerentes e administradores, corresponde o direito dos sócios à informação, nele se incluindo o direito de consultar os documentos de prestação de contas.

O "relatório de gestão" é o documento no qual a administração expõe de forma fiel e clara a «evolução dos negócios, do desempenho e da posição

---

[239] Como determina o art. 65º, nº 1, do CSC. Todo este artigo do CSC foi alterado pelo DL nº 35/ /2005, de 17 de fevereiro. O prazo é de cinco meses a contar da data do encerramento de cada exercício, caso se trate de sociedade que deva apresentar contas consolidadas ou que aplique o método da equivalência patrimonial – cf. nº 5, *in fine*, do art. 65º do CSC.

da sociedade, bem como uma descrição dos principais riscos e incertezas com que a mesma se defronta»[240]. Deve indicar[241], de modo especial, a evolução da gestão nos diferentes sectores de atividade da sociedade, os factos relevantes ocorridos após o termo do exercício (e que, portanto, não figuram nas contas), a evolução previsível da sociedade, o número e valor das quotas e ações próprias adquiridas ou alienadas no exercício, as autorizações concedidas a negócios entre a sociedade e administradores, uma proposta de aplicação de resultados, a existência de sucursais da sociedade, bem como os objetivos e políticas da sociedade em matéria de gestão de riscos financeiros.

O conteúdo do relatório de gestão tem vindo a ser cada vez mais alargado, fruto das sucessivas alterações a que o artigo 66º do CSC foi sujeito desde 1986. Os últimos acrescentos, decorrentes das alterações introduzidas pelos DL nº 88/2004, de 20 de abril e DL 35/2005, de 17 de fevereiro, impuseram que sejam indicados os objetivos e as políticas da sociedade em matéria de riscos financeiros bem como, na medida em que seja necessário à compreensão da evolução dos negócios, do desempenho ou da posição da sociedade, que sejam efetuadas referências ao desempenho não financeiro, incluindo informações sobre questões ambientais e relativas aos trabalhadores. Tudo isto, como é evidente, deve ser proporcional à dimensão e à complexidade da atividade societária (artigo 66º, nº 2, *in fine*), sob pena de ser totalmente impraticável para as micro, pequenas e médias empresas[242].

Mais à frente deter-nos-emos na análise das regras a que a aplicação de resultados está sujeita. Contudo, importa desde já, destacar que uma das componentes essenciais do relatório de gestão é a formulação de uma proposta de aplicação de resultados, a qual deve constar de um capítulo

---

[240] Cf. art. 66º, nº 1, do CSC.

[241] Cf. art. 66º, nº 5, do CSC.

[242] Importa referir que, em virtude da publicação do recentíssimo DL nº 98/2015, de 2 de junho, as microentidades ficam dispensadas da obrigação de elaborar o relatório de gestão, a partir do exercício que se inicia em 1 de janeiro de 2016, se procederem à divulgação, no final do balanço, das informações referentes às quota ou ações próprias, como resulta da novo nº 6 artigo 66º do CSC. E nos termos do art. 9º, nº 1, do DL nº 158/2009, de 13 de junho, na redação que lhe foi dada por aquele DL nº 98/2015, micoentidades são aquelas que, à data do balanço, não ultrapassem dois dos três seguinte limites: total do balanço 350 000 EUR; volume de negócios liquido 700 000 EUR e número médio de empregados durante o período 10.

## O APURAMENTO DE RESULTADOS

autónomo e ser adequadamente fundamentada pelos gerentes e administradores.

Por "contas do exercício" deve entender-se o conjunto dos documentos contabilísticos exigidos pelas normas aplicáveis, que atualmente são o Código Comercial e o Sistema de Normalização Contabilístico (SNC)[243], o qual transpôs para Portugal as bases subjacentes às NIC [244].

---

[243] O Sistema de Normalização Contabilístico (SNC), foi aprovado pelo DL nº 158/2009, de 13 de julho, sendo composto por uma "Estrutura Conceptual" (Aviso nº 15652/2009, de 7 de setembro), modelos de "Demonstrações Financeiras" (Portaria nº 986/2009, de 7 de setembro), "Código de Contas" (Portaria nº 1011/2009, de 9 de setembro), vinte e oito "Normas Contabilísticas e de Relato Financeiro" (Aviso nº 15655/2009, de 7 de setembro) e "Normas Interpretativas" (Aviso nº 15653/2009, de 7 de setembro). O SNC veio revogar e substituir o Plano Oficial de Contabilidade (POC), normativo contabilístico que havia sido aprovado pelo DL nº 410/89, de 21 de novembro, que assim efetuou a transposição da Quarta Diretiva sobre sociedades, de julho de 1978. O POC foi alterado pelos DL nº 238/91, de 2 de julho, DL nº 127/95, de 1 junho, DL nº 44/99, de 12 de fevereiro, DL nº 79/2003, de 23 de abril e pelo DL nº 35/2005, de 17 de fevereiro. O POC anterior (e que foi o primeiro instrumento de normalização contabilística em Portugal) havia entrado em vigor em 1977. O POC veio responder a uma necessidade de normalização que permitisse uma fácil comparação entre as contas das diferentes entidades a ele sujeitas.

[244] As NIC (Normas Internacionais de Contabilidade) constituem a adoção europeia das normas constantes das IAS/IFRS, emitidas pelo IASC (*International Accounting Standards Commitee*) e pelo seu IASB (*International Accounting Standards Board*), através do Regulamento nº 1606/2002, de 19 de julho e do Regulamento nº 1725/2003, de 21 de setembro. A União Europeia, ciente da necessidade de adotar regras contabilísticas comuns a todos os Estados--Membros como condição para a mais fácil comparabilidade dos balanços financeiros da empresas europeias, prescindiu de estabelecer normas contabilísticas próprias, tendo assim adotado as normas contabilísticas internacionais, de forte influência anglo-saxónica. Na sequência destes regulamentos foi publicada a Diretiva nº 2003/51/CE, do Parlamento Europeu e do Conselho, de 18 de junho, que seria transposta para o ordenamento jurídico português pelo DL nº 35/2005, de 17 de fevereiro, que determinou a adopção das NIC pelas sociedades cujos valores mobiliários estejam admitidos à negociação em mercado regulamentado. As restantes sociedades puderam passar a reger-se pelas NIC desde que sujeitas à certificação legal de contas, sendo essa opção integral e definitiva. Todavia, para efeitos fiscais continuou aplicável o POC, pelo que as sociedades que optaram pelas NIC continuaram a ter que efetuar uma contabilidade paralela de acordo com o POC para efeitos fiscais. A partir de 1 de janeiro de 2010 o SNC passou a ser obrigatório para as sociedades comerciais, empresas individuais, EIRL, empresas públicas, cooperativas, ACE e AEIE, de acordo com o determinado pelo referido DL nº 158/2009, de 13 de julho, que, nas palavras de Ana Maria Rodrigues e Rui Pereira Dias, efetuou *«uma verdadeira revolução na contabilidade e no direito contabilístico em Portugal»* – Cf. *Código das Sociedades Comerciais em Comentário*, Vol. I, p. 762. De facto, passou-se de um sistema de três décadas muito influenciado pela tradição francesa para um sistema de origem anglo-

Nos termos do artigo 29º do referido Código, «[t]odo o comerciante é obrigado a ter escrituração mercantil efectuada de acordo com a lei»[245]. Atualmente, face à reforma legislativa operada pelo DL nº 76-A/2006, de 29 de março, destinada à simplificação da vida das empresas, o único livro obrigatório é o livro de atas, que pode ser constituído por folhas soltas, numeradas sequencialmente e rubricadas pela administração (ou pelos membros dos órgãos a que se destina ou, quando existam, pelo secretário da sociedade ou pelo presidente da mesa da assembleia geral).

Até à entrada em vigor desta reforma[246], o artigo 31º do Código Comercial especificava os livros indispensáveis a qualquer comerciante, e que eram: o livro de inventário e balanços, o diário, o razão e o copiador.[247] Importa, contudo, referir que a estes livros acresciam outros, impostos por diversa legislação, nomeadamente de natureza fiscal.

No termo desta reforma jus-contabilística, o Código Comercial deixou de ter real importância no estabelecimento das regras de organização da escrita societária, que agora apenas radica no SNC e em diversas Portarias e Avisos[248]. Pode, pois, dizer-se que em Portugal se está face a uma acentuada

---

-saxónica, mais preocupado com os interesses dos investidores que dos credores e do Estado, como era o caso do revogado POC.

[245] Redação introduzida pelo DL nº 76-A/2006, de 29 de março. O texto então revogado determinava que «[t]odo o comerciante é obrigado a ter livros que deem a conhecer, fácil, clara e precisamente, as suas operações e fortuna».

[246] O DL nº 76-A/2006, de 29 de março entrou em vigor no dia 30 de junho de 2006, nos termos do nº 1, do art. 64º deste diploma.

[247] A estes livro já então acrescia o livro de atas para as sociedades. A obrigatoriedade de ter livros de contabilidade já remontava ao primeiro Código Comercial português, de 1833, de Ferreira Borges (art. 218º). Posteriormente, o Código Comercial de 1888, de Veiga Beirão, ainda em vigor, impôs a adoção dos quatro referidos livros, o que se manteve até 2006. O modelo inspirador destes códigos foi o *Code de Commerce* francês, de 1807, que no título II do livro I previa a existência dos livros de comércio (diário, copiador, inventário) – cf. Menezes Cordeiro, *Introdução ao Direito da Prestação de Contas*, p. 21 e ss.

[248] Importa sublinhar que, nos termos do ponto 1.4 do SNC, subsidiariamente, aplicar-se-ão as NIC adotadas pela União Europeia pelo Regulamento nº 1606/2002, do Parlamento e do Conselho, de 19 de julho, e caso estas ainda não permitam resolver uma qualquer questão, recorrer-se-á às normas internacionais de relato financeiro (IAS/IFRS) mesmo que não aprovadas pela União Europeia. De resto, a inobservância deste regime de integração de lacunas é punido com uma contraordenação, nos termos do art. 14º, nº 1, do DL 158/2009 – cf. Suzana Fernandes da Costa, *Novos rumos do direito contabilístico: confronto entre a reforma espanhola e o SNC português*, p. 299.

O APURAMENTO DE RESULTADOS

"deslegalização do direito do balanço"[249], o que não sucede em Espanha, onde a idêntica reforma se fez no âmbito do próprio direito comercial, nomeadamente, no Código de Comércio e na *LSC*[250].

De acordo com o SNC[251], as demonstrações financeiras integram os seguintes elementos: balanço, demonstração de resultados por natureza, demonstração de resultados por funções, demonstração de fluxos de caixa, demonstração das alterações no capital próprio e anexo[252].

Estas demonstrações financeiras devem ser elaboradas segundo a estrutura e o conteúdo definido nas normas do SNC[253], apresentando os dados de forma a proporcionar informação relevante, fiável, comparável e compreensível.

O "balanço" é um documento contabilístico constituído por um quadro alfanumérico que contém informação reportada a uma data concreta. Revela os recursos que a sociedade possui e a forma como estão a ser financiados, quer pelos sócios, quer por terceiros[254].

---

[249] Não se ignora, é certo, que o SNC é dotado de força jurídica, atenta a sua fonte. Todavia, trata-se de um complexo de normas dominadas por conceitos e regras contabilísticas, muito técnicas e casuísticas – cf. Tomás Cantista Tavares, *A interpretação jurídica da lei contabilística*, p. 287 e ss. Nesse sentido se fala em "deslegalização".

[250] Em Espanha, o direito contabilístico consta hoje, essencialmente, do Código de Comércio, que se assume como principal fonte das regras contabilísticas (cf. art. 25 e ss), da Ley de Socie-dades de Capital que regula especificamente as matérias relacionadas com a elaboração, verifi-cação, aprovação, depósito e publicação das contas (cf. art. 253 e ss), o Real Decreto 1514/2007, de 16 de Noviembre, que aprovou o "Plan General de Contabilidad", o Real Decreto 1515/2007, de 16 de Noviembre, que aprovou o "Plan General de Contabilidad de Pequeñas y Medianas Empresas" e os critérios contabilísticos para Microempresas – Cf. Suzana Fernandes da Costa, *Novos rumos do direito contabilístico: confronto entre a reforma espanhola e o SNC português*, p. 292.

[251] O SNC estabelece o regime contabilístico geral. Mas existem vários sistemas contabilísticos sectoriais, designadamente, para o sector público administrativo, para o sector financeiro e para o sector segurador. Cf. Ana Maria Rodrigues e Rui Pereira Dias, *Código das Sociedades Comerciais em Comentário*, Vol. I, p. 764.

[252] Cf. art. 11º do DL nº 158/2009, de 13 de julho. No POC as demonstrações financeiras eram compostas por apenas três peças, que tinham que acompanhar o relatório de gestão: o balanço, a demonstração de resultados e o anexo ao balanço e à demonstração de resultados. Embora não fosse obrigatório, com frequência as sociedades comerciais apresentavam mais dois docu-mentos: a demonstração de resultados por funções e o mapa de origem e aplicação de fundos – cf. Gonçalves da Silva / Esteves Pereira, *Contabilidade das sociedades*, p. 286

[253] A estrutura e conteúdo das demonstrações financeiras constam das NCRF 1 e 2.

[254] Cf. Pinto Furtado, *Curso de Direito das Sociedades*, p. 486 e Helena Oliveira, Benjamim Sousa, Alfredo Teixeira, *A apresentação das demonstrações financeiras de acordo com o SNC*, p. 48 e ss. Refira-se

De facto, o balanço de uma sociedade comercial fornece o saldo do ativo (recursos controlados pela sociedade) e do passivo (as suas obrigações), ou seja, como estabelece o artigo 62º do Cód. Com., regista o «balanço anual ao seu ativo e passivo», reportado a determinado momento da vida social. É a expressão da relação que se verifica entre o ativo, o passivo e a situação líquida[255]. Assim, o balanço informa-nos quais os ativos e passivos de uma sociedade, num determinado momento, bem como do seu capital próprio, apresentando os ativos e os passivos separados em correntes e não correntes[256]. Ficamos, pois, a saber o que a sociedade tem (ativo) e o que a sociedade deve (passivo) e, pelo confronto entre estes dois elementos, resulta o capital próprio, isto é, os recursos estáveis com que a sociedade conta.

A análise do balanço é susceptível de fornecer informação relevante tanto para os sócios poderem avaliar as suas participações societárias, como para os credores poderem aferir da solvabilidade da sociedade[257]. Tratando-se de uma sociedade cotada em mercado regulamentado, o balanço é ainda um instrumento útil como elemento de informação para a decisão dos interessados em investir ou em desinvestir[258].

Por seu lado, a "demonstração dos resultados por natureza" é um quadro alfanumérico que informa quanto aos gastos e aos rendimentos que a sociedade registou ao longo do exercício, isto é, no período de tempo que medeia entre dois balanços. Explica, pois, como se chegou ao resultado

que as sociedades que não ultrapassem dois dos três limites constantes do art. 9º do DL nº 158/2009, podem optar por apresentar um modelo de balanço mais reduzido, como sucedia já âmbito do POC, em que as sociedades que não ultrapassassem dois dos três limites referidos no art. 262º do CSC apenas estavam obrigadas a apresentar um balanço simplificado – art. 3º, nº 1, do DL nº 410/89, de 21 de novembro. O critério para a apresentação deste balanço reduzido deixou de ser o indicador do art. 262º do CSC para passar a ser definido pelas regras legais contabilísticas.

[255] Cf. Gonçalves da Silva, *O balanço e a demonstração de resultados*, p. 103.

[256] O principal critério de distinção entre, ativos ou passivos, correntes e não correntes prende--se com o prazo de detenção dos ativos e o de liquidação dos passivos: até 12 meses, considera--se corrente; para além dos 12 meses, será não corrente – cf. Helena Oliveira, Benjamim Sousa, Alfredo Teixeira, *A apresentação das demonstrações financeiras de acordo com o SNC*, p. 48.

[257] Existem inúmeras referências no CSC ao balanço. Designadamente nos artigos 31º, nº 4; 32º, nº 3; 35º, nº 2; 91º, nº 2; 93º, nºs 1 e 2; 98º, nº 1, d) e e); 131º, nº 1, b); 132º, nº 1, a) e nº 2; 134º, a); 237º, nº 3; 262º, nº 2, a); 296º, a); 297º, nº 1, b); 348º, nº 2; 349º, nº 1; 420º, nº 1, e); 508º-C, nº 2, d) e 538º, nº 1.

[258] Cf. António Pereira de Almeida, *Sociedades Comerciais, Valores Mobiliários e Mercados*, p. 73.

final, uma vez que evidencia a comparação entre os ditos gastos (custos e perdas) e rendimentos (proveitos e ganhos). É, pois, o documento contabilístico que apresenta os custos e proveitos registados durante o exercício. Enquanto o balanço nos apresenta a situação patrimonial em determinada data, de forma estática, a demonstração dos resultados mostra o volume das operações realizadas e o montante dos custos suportados, numa perspetiva dinâmica[259]. Anteriormente no POC a demonstração de resultados podia ser efetuada de duas formas: ou por natureza, ou por funções. Agora, com o SNC torna-se necessária a apresentação de ambas. Assim, a "demostração dos resultados por natureza" apresenta os gastos e os rendimentos de acordo com a sua natureza. Deste modo, por exemplo, são apresentados os gastos com as mercadorias, o pessoal, as vendas, as prestações de serviços, entre outros.

Em termos de apresentação, a alteração introduzida pelo SNC é significativa, pois determina que a demonstração dos resultados por natureza seja vertical, sem separar gastos e rendimentos. Isto é, enquanto o POC apresentava, horizontalmente, de um lado os custos e do outro os proveitos, atualmente gastos e rendimentos são apresentados em sequência vertical, somando e subtraindo até se chegar ao resultado final[260].

Para além da demonstração dos resultados por natureza, o SNC impõe a elaboração de uma "demostração de resultados por funções". Nesta demonstração os gastos e os rendimentos são apresentados de acordo com as funções a que respeitam, nomeadamente, gastos de produção, gastos de distribuição, gastos administrativos, vendas, prestação de serviços, rendimentos de capital, por exemplo[261].

---

[259] Cf. Gonçalves da Silva, *O balanço e a demonstração de resultados*, p. 288 e ss e Ana Maria Rodrigues e Rui Pereira Dias, *Código das Sociedades Comerciais em Comentário*, Vol. I, p. 772.

[260] O novo modelo de apresentação, se por um lado tem o inconveniente de não agregar separadamente gastos e rendimentos, tem, por outro lado, a vantagem de evidenciar alguns dados que são de especial interesse para os investidores, como é o caso do EBITDA (*earnings before interest, taxes, depreciation and amortization*) e do EBIT (*earnings before interest, and taxes*). O valor destes indicadores surge em duas linhas próprias da demonstração dos resultados por natureza e evidenciam os resultados operacionais do exercício, constituindo um elemento muito útil para avaliar o desempenho operacional da sociedade. Cf. Ana Maria Rodrigues e Rui Pereira Dias, *Código das Sociedades Comerciais em Comentário*, p. 773.

[261] As demonstrações de resultados podem também ser simplificadas, nos mesmos casos em que o balanço o pode ser.

APURAMENTO E APLICAÇÃO DE RESULTADOS

Por seu lado, a "demonstração dos fluxos de caixa"[262] dá a conhecer as variações que ocorreram na estrutura financeira durante o exercício, evidenciando a origem dos fundos e o seu destino. Deve classificar as entradas e saídas por atividades operacionais, de investimento e de financiamento. Por ela ficamos a saber o montante dos valores recebidos pela sociedade no decurso do exercício bem como as quantias despendidas no mesmo período. É um documento importante, pois faculta informação que permite avaliar a capacidade da sociedade para gerar fluxos de caixa e solver os seus compromissos no futuro.

De acordo com o SNC é também necessário elaborar e apresentar a "demonstração das alterações no capital próprio", informação que nos termos do POC não era exigida. Através desta demonstração é disponibilizada informação sobre os aumentos e/ou diminuições no capital próprio durante o período em análise. Revela também o agora denominado "resultado extensivo" e que corresponde, na prática, ao incremento do capital próprio, entendido este como a soma do resultado liquido do período, com as variações patrimoniais positivas e negativas que não resultem de contribuições dos sócios ou distribuições aos sócios.[263]

Por último, temos o "anexo". Nele devem constar todas as informações contabilísticas relevantes que não estejam contidas em qualquer uma das restantes peças contabilísticas. Destina-se, pois, a conter as informações complementares que desenvolvem, comentam, explicam ou fundamentam os elementos do balanço e das demonstrações apresentadas.[264]

Pode também ser simplificado, nas mesmas circunstâncias em que o podem ser o balanço e as demonstrações de resultados, mediante a elaboração de um anexo de acordo com um modelo reduzido. Este anexo está hoje expressamente previsto no artigo 66º-A do CSC.

A informação que deve constar do anexo está indicada na Portaria nº 986/2009, de 7 de Setembro, desde que se trate de informação relevante

---

[262] Esta demonstração não é obrigatória para as pequenas empresas que aplicarão a Norma Contabilística e de Relato Financeiro para Pequenas Entidades – cf. art. 8º do DL 158/2009, de 13 de julho, que aprovou o SNC.

[263] Cf. Helena Oliveira, Benjamim Sousa, Alfredo Teixeira, *A apresentação das demonstrações financeiras de acordo com o SNC*, p. 50.

[264] Por essa razão, o balanço e as demonstrações de resultados devem ter uma coluna própria para indicação do número da nota do anexo em que está contida a informação referente a esse item e que permita a sua melhor compreensão.

O APURAMENTO DE RESULTADOS

para a compreensão das demonstrações financeiras. O artigo 66º-A, nº 1, a), do CSC, obriga a incluir no mesmo anexo informação sobre a *"natureza e o objectivo comercial das operações não incluídas no balanço e respectivo impacte financeiro, quando os riscos ou benefícios resultantes de tais operações sejam relevantes"*. Esta obrigação informativa está, também, condicionada à observação desta circunstância: que a *"divulgação de tais riscos ou benefícios seja necessária para efeitos de avaliação da situação financeira da sociedade"*.

Registe-se que, de acordo com a NCRF 1 (§ 47), do SNC, todos os pressupostos relativos ao futuro devem ser divulgados no anexo, assim como todos os fatores de incerteza e os que possam vir a provocar no futuro ajustamentos nas quantias escrituradas.

Refira-se, ainda a propósito deste anexo, que o mesmo deve conter informação sobre todos os honorários pagos pela sociedade relativos à revisão legal de contas, e a outros serviços de garantia de fiabilidade, e de consultadoria fiscal, incluindo serviços que não sejam de revisão ou auditoria[265].

É a partir do conjunto destes documentos que os sócios se poderão inteirar da situação económico-financeira da sociedade, ficando habilitados a decidir em conformidade. Daí que se exija que a informação prestada seja clara, completa e verdadeira[266].

Uma vez elaborados os documentos de prestação de contas referidos, deve a gerência ou a administração proceder à deliberação sobre as mesmas, aprovando-as (ou não). Efetivamente, a elaboração material dos documentos de prestação de contas deve ser aprovada pelos órgãos de gestão, expressa ou tacitamente. De facto, uma vez que tais documentos devem ser assinados por todos os membros da administração[267], na ausência de

---

[265] Cf. art. 66º-A, nº 1, a), do CSC. Importa sublinhar que nos termos dos nºs 2 e 3 deste mesmo artigo, as sociedades que não estejam sujeitas às NIC adotadas pela União Europeia, ficam sujeitas à obrigação de divulgar informação sobre as operações realizadas com partes relacionadas. E de acordo com a NCRF 5, do SNC, são partes relacionadas aquelas com as quais a sociedade tenha, direta ou indiretamente, controlo, influência significativa ou controlo conjunto. Para mais desenvolvimentos, veja-se Ana Maria Rodrigues e Rui Pereira Dias, *Código das Sociedades Comerciais em Comentário*, p. 797 e ss.

[266] De resto, é função da escrita mercantil, na qual se incluem estes documentos de prestação de contas, «dar a conhecer, fácil, clara e precisamente», as operações comerciais e fortuna dos comerciantes, como expressivamente se dizia no art. 29º do Cód. Com., agora alterado.

[267] Cf. art. 65º, nº 3, do CSC.

APURAMENTO E APLICAÇÃO DE RESULTADOS

deliberação formal, a assinatura de todos os gerentes e administradores não pode deixar de ter o significado da sua aprovação.[268]

São estes documentos, nomeadamente o balanço, que revelam o resultado do exercício ou seja, na terminologia do SNC, o resultado do período. Isto é, o resultado positivo ou negativo apurado pela sociedade num determinado exercício é o que for revelado pelo balanço. Pelo que, só após a sua aprovação se pode falar com propriedade em "resultado do exercício". Antes disso, haverá tão-só expectativas ou previsões.

Desta forma, a aprovação das contas é um pressuposto necessário para que se possa proceder à deliberação de aplicação de resultados. E embora se trate de deliberações intimamente relacionadas, dúvidas não há de que se trata de dois atos[269], cujo conteúdo e natureza são diversos.

### 1.3. O apuramento de acordo com as regras contabilísticas aplicáveis

O apuramento do resultado do exercício efetua-se de acordo com as regras próprias da contabilidade. Cabe à contabilidade o «conhecimento da situação patrimonial, em geral» e o «apuramento dos resultados alcançados nas diversas atividades e, mais particularmente, o cálculo dos custos das mercadorias compradas ou dos produtos fabricados e dos proveitos obtidos na venda de produtos ou na prestação de serviços»[270].

Todavia, o facto de o apuramento dos resultados ser uma operação contabilística não significa que fique apenas restrito às regras técnicas desta. Na verdade, o legislador é também chamado a intervir, estabelecendo algumas normas a que a atividade contabilística se há de subordinar, as quais afetam a determinação dos resultados, estabelecendo critérios e impondo orientações e princípios que hão de ser tidos como pressupostos da atividade contabilística. Fora dessas imposições legais a contabilidade fica entregue às suas próprias regras.

---

[268] No sentido de que existe um dever formal de deliberação sobre os documentos de prestação de contas cf. Ricardo Nascimento Ferreira, *As deliberações dos sócios relativas à prestação de contas*, p. 198 e 199. Cremos, contudo, que a submissão destes documentos aos sócios, devidamente assinados pelos gerentes ou administradores não pode deixar de constituir uma declaração tácita da sua aprovação.

[269] Cf. Lobo Xavier, *Anulação de deliberação social e deliberações conexas*, p. 491, nota 159 e António Caeiro / Nogueira Serens, *Direito aos lucros e direito ao dividendo anual*, p. 372, nota 1.

[270] Rogério Fernandes Ferreira, *Contabilidade para não contabilistas*, p. 11 e 12.

O APURAMENTO DE RESULTADOS

Em Portugal, o regime contabilístico a que as sociedades comerciais estão sujeitas está fundamentalmente contido nas normas do SNC e apenas de forma residual, no Código Comercial e no Código das Sociedades Comerciais. Diferente é a situação na generalidade dos sistemas jurídicos que nos são próximos, os quais tendem a estabelecer as regras contabilísticas nos próprios códigos mercantis. É o que sucede em Espanha, onde o Código de Comércio e a *LSC* contêm o núcleo essencial das regras contabilísticas aplicáveis[271], como se disse.

O mesmo se verifica em Itália[272], em França[273] e na Alemanha[274], em que as principais regras da contabilidade se encontram previstas nos códigos que regem as sociedades comerciais.

De todo o modo, o princípio que preside à escrituração mercantil em Portugal é o da liberdade na organização e elaboração da contabilidade. Nos termos do artigo 30º do Cód. Com. o «comerciante pode escolher o modo de organização da escrituração mercantil, bem como o seu suporte físico, sem prejuízo do disposto no artigo seguinte»[275]. De resto, o próprio POC admitia que as suas regras e princípios fossem derrogados, devendo o anexo ao balanço e à demonstração de resultados indicar e justificar as «disposições do POC que, em casos excepcionais, tenham sido derrogadas e dos respectivos efeitos nas demonstrações financeiras»[276]. Hoje, no âmbito do SNC, esta orientação é ainda mais acentuada, como veremos a seguir.

O Direito, seja o Direito comercial, o Direito do balanço ou o Direito contabilístico, não pode deixar de regular as normas contabilísticas aplicáveis às sociedades comerciais, sob pena de deslegalização das regras de apuramento dos resultados, que passariam a reger-se basicamente por

---

[271] Cf. arts. 25 e ss do Código de Comercio e os arts. 253 e ss da *LSC*.

[272] Cf. art. 2423 e ss do *Codice Civile*, referente às sociedades anónimas (*società per azioni*).

[273] Em França, o *Code de Commerce*, nos art. L 123-12 e ss (da Secção II, do Capítulo III, do Título II, do Livro I) contém as principais regras de organização da contabilidade a que todos os comerciantes estão sujeitos. Por sua vez, nos art. L 232-1 e ss (do Capítulo II, do Título III, do Livro II) estão vertidas as normas contabilísticas aplicáveis às sociedades comerciais.

[274] Cf. art. 152., 158. e 159 da AktG.

[275] Redação que resulta da recente reforma introduzida pelo DL nº 76-A/2006, de 29 de março. Na redação anterior desta norma estipulava-se que o «número e espécies de livros de qualquer comerciante e a forma da sua arrumação ficam inteiramente ao arbítrio dele, contanto que não deixe de ter os livros que a lei especifica como indispensáveis».

[276] Cf. Ponto 1 do Anexo ao balanço e à demonstração de resultados, no âmbito do revogado POC.

normas regulamentares e técnicas. Daí a crítica justa que alguns autores fazem ao regime instituído pelo SNC[277], situação que se agrava se atentarmos na filosofia que lhe está subjacente. De facto, este sistema, mais do que visar a elaboração de informação relevante para os sócios, para o Estado e para os credores, orienta-se preferencialmente numa perspectiva de produção de informação relevante para os investidores[278].

Por outro lado, enquanto o POC assentava em normas, o SNC funda-se em princípios, o que, independentemente das vantagens que possa conter, introduz um grau muito mais elevado de incerteza na sua aplicação.

É certo que o artigo 65º, nº 2, *in fine*, do CSC, consagra a regra da imperatividade das normas sobre a elaboração dos documentos de prestação de contas, quando se afirma que o contrato de sociedade pode completar, mas não derrogar, disposições legais referentes à elaboração do relatório de gestão, das contas do exercício e dos demais documentos de prestação de contas.

Nestes termos, o contrato de sociedade não pode derrogar as disposições legais sobre a elaboração do relatório de gestão, das contas do exercício

---

[277] Cf. Suzana Fernandes da Costa, *Novos rumos do direito contabilístico: confronto entre a reforma espanhola e o SNC português*, p. 300 e ss.

[278] Veja-se, a este propósito, o que está consagrado no § 9 da Estrutura Conceptual do SNC, publicada pelo Aviso nº 15652/2009, de 7 de setembro, no qual se refere que «*Nos utentes das demonstrações financeiras incluem-se investidores atuais e potenciais, empregados, mutuantes, fornecedores e outros credores comerciais, clientes, Governo e seus departamentos e o público.*» De seguida, ao descrever as necessidades de cada um destes grupos, apresenta em primeiro lugar os investidores, indicando que «*Os fornecedores de capital de risco e os seus consultores estão ligados ao risco inerente aos, e ao retorno proporcionados pelos, seus investimentos. Necessitam de informação para os ajudar a determinar se devem comprar, deter ou vender. Os acionistas estão também interessados em informação que lhes facilite determinar a capacidade da entidade pagar dividendos.*» Como referem Ana Maria Rodrigues e Rui Pereira Dias, «*no SNC, o utente privilegiado é, claramente, o investidor, ainda que explicitamente o legislador não tivesse optado por eleger nenhum utilizador como preferencial*». E acrescenta, «*o atual paradigma contabilístico, pressionado pelas necessidades de informação dos investidores e pelas exigências dos mercados de capitais, tende para modelos de mensuração / valorização dos elementos do balanço (ativos, passivos e capital próprio) baseados em* valores atuais, *procurando aproximar os valores escriturados nas DF dos seus* valores de mercado *(veja-se a aplicação do modelo do* justo valor; *o modelo de* revalorizações; *as* imparidades; *o conceito de* valor presente; *entre outros).*» – cf. *Código das Sociedades Comerciais em Comentário*, Vol. I, p. 771. Verifica-se, deste modo, uma aproximação ao modelo anglo-saxónico, marcado pelo maior relevo dado aos interesses dos titulares das participações sociais (atuais ou futuros). Já o modelo continental, de origem francesa e alemã, sempre privilegiou mais a perspetiva da proteção dos credores – cf. Menezes Cordeiro, *Introdução ao Direito da Prestação de Contas*, p. 27 e ss.

O APURAMENTO DE RESULTADOS

e dos demais documentos de prestação de contas. Assim, qualquer cláusula do pacto que alterasse as regras contabilísticas seria nula por violação de preceitos legais imperativos, nos termos do artigo 56º, nº 1, d), do CSC[279]. O mesmo sucederia com deliberação social que o pretendesse fazer.

Importa, todavia, salientar um dado que é particularmente relevante no SNC vigente: as próprias normas contabilísticas admitem que a sociedade comercial delas se desvie, se tal afastamento for justificado no facto de que a sua aplicação literal conduziria a um relato financeiro desvirtuado. É a ideia do *"comply or explain"* que o SNC reforça, não obstante a incerteza que a mesma necessariamente introduz, mas que se justifica pela prevalência que é dada ao princípio da fiabilidade[280].

Para a própria sociedade, para os credores e para o Estado, a clara definição das regras de apuramento da situação patrimonial das sociedades é um elemento essencial da prestação de contas, sem o qual esta perde boa parte do seu sentido[281]. Por outro lado, tais regras devem permitir que a contabilidade exprima uma imagem verdadeira e apropriada da sociedade[282].

Este é, pois, o fim último da informação contabilística, que se deverá projetar em todos os documentos de prestação de contas[283].

---

[279] Pode certamente discutir-se qual a sanção para a norma do pacto social que viola regras contabilísticas constantes de meros avisos ou de normas emanadas das autoridades de normalização contabilística. Atento o espírito da lei de evitar que os sócios possam desvirtuar o regime contabilístico vigente, tendemos a interpretar em sentido amplo a norma, incluindo todas as regras contabilísticas aplicáveis, vertidas ou não formalmente em normas legais.

[280] Cf. Ana Maria Rodrigues e Rui Pereira Dias, *Código das Sociedades Comerciais em Comentário*, p. 780.

[281] Como constava do primeiro parágrafo dos Considerandos da Quarta Diretiva (Diretiva nº 78/660/CEE, de 25 de julho de 1978, publicada no JO nº L 222/11, de 14 de agosto de 1978, entretanto revogada), a *«estrutura e conteúdo das contas anuais e do relatório de gestão, os métodos de avaliação, assim como a publicidade destes documentos (...) reveste-se de uma importância particular quanto à proteção dos acionistas e de terceiros»*.

[282] Tal como consta do ponto 1.2, do POC. Tal corresponde ao que na literatura anglo-saxónica se denomina «true and fair view». Cf. Gondra-Romero, *Significado y función del principio de «Imagen Fiel» («True and fair view») en el sistema del nuevo Derecho de Balances*, p. 573 e ss.

[283] Questão diversa é a da legalidade dos atos que a contabilidade regista. Se determinado negócio foi prejudicial para a sociedade não é a sua contabilização que é atacável, mas sim a própria operação, com responsabilização dos seus autores. Cf., neste sentido, o acórdão do STJ, de 27 de maio de 2003, *in* Col. Jur., 2003, II, p. 69, e o acórdão da Relação do Porto, de 17 de junho de 1997, *in* Col. Jur., 1997, III, p. 220. Neste último aresto foi decidido que não era nula a deliberação que aprovou o balanço e contas não obstante estas incluírem despesas «improdu-

APURAMENTO E APLICAÇÃO DE RESULTADOS

## 2. O processo de apuramento dos resultados do exercício
### 2.1. A apresentação das contas
#### 2.1.1. A competência

A competência para a elaboração e apresentação das contas do exercício é da administração, isto é, dos gerentes e administradores, uma vez que a lei impõe que o órgão executivo preste regularmente contas aos sócios, relatando a gestão e apresentado as contas (artigo 65º do CSC), como já se referiu.

Nas sociedades anónimas, essa competência é expressamente atribuída aos administradores pelo artigo 406º, d), do CSC, norma que é também aplicável aos administradores executivos, no âmbito da estrutura de governo de matriz germânica prevista na alínea c) do nº 1 do artigo 278º, *ex vi* artigo 431º, nº 3, todos do CSC. Deste modo, qualquer que seja a estrutura de organização que uma sociedade anónima adote, compete à administração elaborar e aprovar o relatório de gestão e as contas do exercício.

É sabido que o conselho de administração pode criar uma comissão executiva para a gestão corrente da sociedade, na qual podem ser delegadas algumas competências, como prevê o artigo 407º, nº 3, do CSC. Todavia, matérias há que não podem ser objeto de delegação pelo conselho, nelas se incluindo as que respeitam à elaboração e aprovação do relatório de gestão e das contas do exercício[284].

Refira-se a este propósito que quanto ao modelo de governo das sociedades anónimas introduzido pela reforma do direito societário de 2006[285], usualmente denominado de modelo anglo-saxónico, se pode suscitar o problema da competência para a aprovação do relatório e das contas. Na verdade, neste modelo de organização, o conselho de administração compreende uma comissão de auditoria no seu seio. Ora, é possível que os membros do conselho que não integrem a dita comissão constituam uma comissão executiva, como a lei expressamente admite, ao prever a participação, em certos casos, dos membros da comissão de auditoria nas reuniões da «comissão executiva».

---

tivas, sumptuárias e sem relação aceitável com os interesses sociais», mas que se encontravam «devidamente documentadas no balanço e contas aprovadas».

[284] Cf. o disposto no art. 407º, nº 4, do CSC.

[285] Cf. art. 278º, nº 1, b), do CSC, na redação que lhe foi dada pelo DL nº 76-A/2006, de 29 de março.

O APURAMENTO DE RESULTADOS

Na verdade, determina agora a lei[286] que se existir uma comissão executiva, os membros da comissão de auditoria têm o dever de participar «nas reuniões da comissão executiva onde se apreciem as contas do exercício». Todavia, trata-se de uma matéria que não pode ser da competência da comissão executiva, pois não pode ser objeto de delegação, como vimos.

Acresce que, caso exista, a comissão executiva só poderá deliberar sobre as contas se nela estiverem presentes todos os administradores, ou seja, incluindo aqueles que não sejam administradores executivos, pois a todos cabe aprovar as contas, a fim de as submeter à apreciação dos sócios. Trata-se de uma matéria que é da competência do próprio conselho e por todos os administradores deve ser apreciada. De resto, o relatório e as contas devem ser assinados por todos os membros da administração, como impõe o artigo 65º, nº 3, do CSC.

Nas sociedades por quotas, compete aos gerentes a elaboração e apresentação aos sócios das contas (cf. artigos 252º, nº 1, 259º e 263º, nº 1, todos do CSC), no exercício das suas funções de administração da sociedade e no cumprimento do seu dever de prestar contas aos sócios (artigo 65º, nº 1, do CSC).

Compete, pois, à administração da sociedade a preparação e elaboração do relatório e das contas do período. Estabelece-se, assim, uma repartição de competências entre os administradores, por um lado, e o coletivo dos sócios, por outro: dos primeiros é a responsabilidade pela prestação de contas; aos segundos cabe aprová-las, se for o caso.

Sendo a prestação de contas uma obrigação que recai sobre os gerentes e administradores é, por outro lado, um direito dos sócios. Direito este que, integrando-se no direito geral do sócios à informação, tem um objeto próprio bem identificado, pelo que se pode destacar daquele direito geral à informação[287].

Esta prestação de contas exige que os gerentes e administradores elaborem e submetam à apreciação dos sócios todos os documentos a que já nos referimos: o relatório de gestão, o balanço, as demonstrações de resul-

---

[286] Cf. art. 423º-G, nº 1, c), do CSC.

[287] Neste sentido, cf. Ana Maria Rodrigues / Rui Pereira Dias, *Código das Sociedades Comerciais em Comentário*, Vol. I, p. 778 e os acórdãos do STJ, de 15 de março de 1994 e do TRE, de 7 de julho de 1993. Daí que se compreenda que qualquer sócio, caso as contas não lhes sejam prestadas, possa requerer ao tribunal que se proceda a inquérito (art. 67º, nº 1, do CSC), como se verá adiante.

tados (por natureza e por funções), a demonstração dos fluxos de caixa, a demonstração das alterações do capital próprio e o anexo.

Se os últimos são documentos da responsabilidade dos administradores mas elaborados pela contabilidade, já o relatório de gestão é por excelência o documento no qual os administradores prestam aos sócios contas da atividade desenvolvida no exercício a que respeita[288].

No caso das sociedades anónimas, o relatório de gestão deve ser acompanhado por dois anexos. Um, para comunicar o número de ações e de obrigações da sociedade (ou de sociedades com as quais esta esteja em relação de domínio ou de grupo) detidas, adquiridas e alienadas pelos membros dos órgãos de administração e fiscalização, nos termos do artigo 447º, nº 5, do CSC. Outro, para comunicar a lista dos acionistas que sejam titulares de, pelo menos, 10%, um terço ou metade do capital social, bem como dos acionistas que tenham deixado de ser titulares das referidas frações do capital social, tudo nos termos do disposto no artigo 448º, nº 4, do mesmo CSC. Isto, é, em anexo ao relatório de gestão devem ser indicadas todas as participações qualificadas e suas alterações.

Importa ainda salientar que tratando-se de sociedade anónima emitente de ações admitidas à negociação em mercado regulamentado em Portugal – sociedades cotadas – o relatório de gestão deve também incluir um capítulo detalhado sobre a estrutura e prática de governo societário, como determina o nº 1 do artigo 245º-A, do CVM[289-290].

As contas devem ser elaboradas pela administração de forma a que possam proporcionar informação útil para os seus destinatários, permitindo-lhes a tomada de decisões. Nos termos do § 17 da Estrutura Conceptual do SNC, a informação prestada deve ser a necessária e suficiente para permitir uma avaliação da sociedade em causa.[291]

---

[288] Cf. Garrigues / Uria, *Comentario a la ley de sociedades anonimas*, II, p. 379.

[289] O conteúdo mínimo do relatório anual sobre o governo da sociedade está pormenorizadamente descrito ao longo das 16 alíneas do nº 1 do referido art. 245º-A do CVM.

[290] Acresce que, por imposição de normas comunitárias – cf. a Diretiva 2003/6/CE, do Parlamento Europeu e do Conselho, de 28 de janeiro e a Diretiva 2004/72/CE, da Comissão, de 29 de abril – os dirigentes das mesmas sociedades estão obrigados a comunicar ao organismo de supervisão do mercado (CMVM) as transmissões de ações e instrumentos financeiros com estas relacionados, no prazo de cinco dias.

[291] Nos termos desta Estrutura Conceptual, a informação deve ser a necessária e suficiente para avaliar o desempenho da sociedade e a sua rendibilidade, bem como para avaliar a variabilidade do seu desempenho no futuro.

O APURAMENTO DE RESULTADOS

Para tal devem ser observados os pressupostos do regime do acréscimo e da continuidade subjacentes à preparação das demonstrações financeiras. A informação apresentada deverá possuir as características qualitativas da compreensibilidade, relevância[292], fiabilidade[293] e comparabilidade[294]. Por sua vez, a relevância e a fiabilidade impõem que a informação constante das demonstrações financeiras atenda aos requisitos da materialidade, da representação fidedigna, do primado da substância sobre a forma, da neutralidade e da plenitude[295].

Deste modo, a atuação da administração da sociedade deve ser orientada pelos princípios contabilísticos previstos legalmente, tanto para a elaboração do balanço, como para a valoração dos bens do ativo e do passivo. Importa que os resultados revelados pelas contas sejam reais, a fim de evitar a distribuição de lucros fictícios[296] e a indução dos destinatários da informação em erro.

Uma vez elaborados estes documentos de prestação de contas, deve a gerência ou a administração deliberar submetê-los à apreciação dos sócios. Apesar de tal não constar de forma explícita do artigo 65º do CSC, parece-nos evidente que deve haver uma deliberação da gerência ou da administração que aprove (expressa ou tacitamente) tais documentos e os submeta aos sócios[297]. De todo o modo, cremos que esta deliberação não

---

[292] No âmbito do POC, a relevância era entendida como «*a qualidade que a informação tem de influenciar as decisões dos seus utentes, ao ajudá-los a avaliar os acontecimentos passados, presentes e futuros ou a confirmar ou corrigir as suas avaliações*».

[293] A fiabilidade impõe que a informação prestada seja verídica. Nos termos do IAS 1, a informação prestada deve: a) representar fidedignamente os resultados e a posição financeira da empresa; b) refletir a substância económica de escritos e transações e não meramente a forma legal; c) deve ser neutra, isto é, isenta de preconceitos; d) deve ser prudente e completa em todos os aspetos materiais – cf. Menezes Cordeiro, *Introdução ao Direito da Prestação de Contas*, p. 87 e ss.

[294] A comparabilidade é essencial quer para avaliar o desempenho societário ao longo do tempo, o que exige que os exercícios sejam comparáveis, quer para possibilitar a comparação das diferentes sociedades entre si – cf. Menezes Cordeiro, *Introdução ao Direito da Prestação de Contas*, p. 89 e ss.

[295] Cf. Ana Maria Rodrigues / Rui Pereira Dias, *Código das Sociedades Comerciais em Comentário*, Vol. I, p. 770.

[296] Cf. Sanchez Calero, *La determinación y la distribución del beneficio neto en la sociedad anonima*, p. 50.

[297] Para as sociedades anónimas, o art. 406º na sua alínea d) refere expressamente que compete ao conselho de administração deliberar sobre "Relatórios e contas anuais". Em sentido contrário, sustentando que a aprovação do relatório e contas são resultantes das vontades individuais dos

# APURAMENTO E APLICAÇÃO DE RESULTADOS

é impugnável autonomamente, pois trata-se apenas de uma deliberação interna, preparatória da deliberação dos sócios (esta sim, impugnável, como veremos à frente)[298].

Estes documentos devem ser assinados por todos os gerentes e administradores que estiverem em funções ao tempo da sua apresentação, ainda que não tivessem tido responsabilidades no exercício em questão. Ou seja, a obrigação de prestar contas recai em primeira mão sobre aqueles que no momento de as prestar ocupam esses lugares de administração. Por outro lado, os membros anteriores que exerceram os mandatos referentes aos período em causa, devem prestar todas as informações que para esse efeito lhes forem solicitadas e relativas aos períodos em que exerceram esses cargos[299].

Se qualquer um dos membros da administração obrigado a elaborar e assinar os documentos de prestação de contas se recusar a fazê-lo, tal recusa deve ser justificada no documento respetivo e explicada pelo próprio, pessoalmente, perante o órgão competente para o aprovar, ainda que já

---

gerentes e administradores e não do órgão coletivo que estes integram, cf. José Carlos Soares Machado, *A recusa de assinatura do relatório anual*, p. 937 e ss. É certo que não deixa de ser significativo que no art. 65º do CSC se atribua aos "membros da administração" o dever de elaborar e submeter aos órgãos competentes o relatório de gestão e as contas – e não à administração ou gerência em si mesma. Daí que alguns Autores defendam que se trata de um dever que é pessoalmente imputado aos gerentes e administradores. Nestes termos, a assinatura de tais documentos – como a lei impõe (cf. art. 65º, nº 3, do CSC) – exprime a vontade individual de cada administrador e não a manifestação de vontade de um órgão colegial. Neste sentido, cf. José Carlos Soares Machado, *A recusa de assinatura do relatório anual*, p. 937 e ss e Miguel Pupo Correia, *Direito Comercial*, p. 268. Em sentido contrário, entendendo haver necessidade de uma decisão de aprovação do relatório e das contas pelo órgão colegial (gerência ou administração), cf. Ricardo do Nascimento Ferreira, *As deliberações dos sócios relativas à prestação de contas*, p. 219 e 220. De todo o modo, este autor não admite a impugnabilidade autónoma de tal decisão, uma vez que versa apenas sobre "meros projetos ou propostas com eficácia meramente interna" e, portanto, insuscetíveis de interferirem com direitos dos sócios ou de terceiros. Certo é que, independentemente de haver ou não uma deliberação (expressa) do órgão de gestão, cada gerente e administrador deve assinar as contas, devendo a recusa de assinatura ser justificada no documento em causa e explicada perante o órgão competente para a sua aprovação (cf. art. 65º, nº 3, do CSC). Registe-se ainda que a não apresentação do relatório de gestão e das contas do exercício faz incorrer o gerente ou administrador que não os submeta aos sócios em responsabilidade contra-ordenacional (art. 528º, nº 1, do CSC), como veremos a seguir.

[298] Neste sentido, cf. Ricardo do Nascimento Ferreira, "As deliberações dos sócios relativas à prestação de contas", p. 219 e 220.

[299] Cf. art. 65º, nº 4, do CSC.

O APURAMENTO DE RESULTADOS

tenham cessado as suas funções, como determina o nº 3 do artigo 65º do CSC. Na verdade, a recusa de assinatura constitui uma inequívoca manifestação de discordância relativamente ao conteúdos dos documentos em causa.[300]

Por último, não pode deixar de se referir que o artigo 528º, nº 1, do CSC, estabelece uma sanção contraordenacional para o «*gerente ou administrador de sociedade que não submeter, ou por facto próprio impedir outrem de submeter, aos órgãos competentes da sociedade até ao fim do prazo previsto no nº 1 do artigo 376º, o relatório de gestão, as contas do exercício e demais documentos de prestação de contas previstos na lei, e cuja apresentação lhe esteja cometida por lei ou pelo contrato social, ou por outro título, bem como viole o disposto no artigo 65º-A*", cuja sanção corresponde a uma coima de 50 EUR a 1 500 EUR.

### 2.1.2. O prazo

O prazo para os gerentes e administradores apresentarem ao órgão competente o relatório e os demais documentos de prestação de contas é de três meses a contar da data do encerramento do exercício[301].

No entanto, o prazo é maior (cinco meses, também a contar do termo do exercício) no caso de se tratar de sociedades que devam apresentar contas consolidadas[302] ou tenham optado pelo método da equivalência patrimonial[303] (artigo 65º, nº 5 e artigo 508º-A, nº 2, do CSC). No primeiro caso o alargamento do prazo deve-se à necessidade de aguardar pelas contas individuais das sociedades que se situem no perímetro da consolidação. No caso da opção pelo método da equivalência patrimonial, como os resul-

---

[300] Atento o regime previsto no art. 65º do CSC, não faz sentido que o gerente ou administrador discordante, tendo votado contra tais documentos, de seguida os assine e remeta aos sócios. A recusa de assinatura é o meio previsto pelo legislador para a manifestação da discordância (e a assinatura a manifestação da sua concordância). Neste sentido, José Carlos Soares Machado, *A recusa de assinatura do relatório anual nas sociedades anónima*s, p. 641. Aparentemente em sentido contrário, Ricardo do Nascimento Ferreira, *As deliberações dos sócios relativas à prestação de contas*, p. 200.

[301] Cf. art. 65º, nº 5, do CSC.

[302] A consolidação de contas foi introduzida entre nós pelo DL nº 238/91, de 2 de julho, que efetuou a transposição para o ordenamento jurídico português do regime estabelecido pela Sétima Diretiva sobre sociedades (Diretiva nº 83/349/CEE, de 13 de julho de 1983, entretanto revogada e substituída pela Diretiva 2013/34/UE). Sobre consolidação de contas, cf. Engrácia Antunes, *Os grupos de sociedades*, p. 193 e ss.

[303] Sobre o método da equivalência patrimonial ver *infra* ponto 4.1.2.2.2. do Capítulo II.

tados das participadas contam para a mensuração dos investimentos financeiros do investidor, é necessário esperar pelo encerramento das contas das participadas para ser possível fechar as contas da sociedade participante.

Todavia, na prática, estes prazos serão mais curtos, pois no prazo de três ou cinco meses não só a administração tem que apresentar as contas como também estas têm que ser apreciadas pelos órgãos próprios. De facto, em princípio, no final do primeiro trimestre do ano seguinte àquele a que as contas respeitam, devem estas estar já aprovadas. Isto, caso o exercício coincida com o ano civil, como é a regra. Mas pode não ser necessariamente assim, como veremos. Certo é que o prazo de apresentação das contas se inicia no momento em que o período do exercício termina.

Nas sociedades por quotas, o relatório de gestão e as contas do exercício devem estar disponíveis para os sócios, desde o momento da convocatória da assembleia destinada a apreciá-los, na sede da sociedade e durante as horas de expediente, devendo os sócios disso mesmo ser avisados na convocatória, tudo como é determinado pelo artigo 263º, nº 1, do CSC. Assim sendo, como a convocatória tem que ser expedida com pelo menos quinze dias de antecedência relativamente à data da reunião (artigo 248º, nº 3), é também essa a antecedência com que estes documentos têm que estar prontos e disponíveis para consulta dos sócios. Esta consulta pode ser efetuada pessoalmente pelo sócio, que se pode fazer acompanhar por revisor oficial de contas ou por outro perito.[304]

Tratando-se de uma sociedade anónima, a mesma exigência se coloca. Nos termos do artigo 289º, nº 1, d), do CSC, quando se trate de uma assembleia geral para apreciar e aprovar as contas, durante os quinze dias anteriores devem ser facultados aos sócios à consulta, na sede da sociedade, o relatório de gestão, as contas do exercício e demais documentos de prestação de contas.

A estes documentos junta-se a certificação legal de contas e o parecer ou do conselho fiscal, ou da comissão de auditoria, ou do conselho geral e de supervisão, ou da comissão para matérias financeiras, conforme o caso de que se trate. Para além destes documentos é também necessário facultar aos sócios o relatório anual do órgão de fiscalização correspondente ao modelo de sociedade anónima adotado.

---

[304] Como decorre do disposto no art. 214º, nº 4, do CSC. Esta norma remete para o art. 576º do Código Civil que refere a possibilidade de extração de cópias ou fotografias dos documentos.

O APURAMENTO DE RESULTADOS

A fim de que tais órgãos se possam pronunciar sobre o relatório de gestão as contas do exercício, é necessário que a administração os apresente aos órgãos de fiscalização, incluindo ao revisor oficial de contas, com trinta dias de antecedência sobre a data designada para a assembleia geral.[305]

No que respeita aos exercícios, é certo que, em princípio, estes têm obrigatoriamente duração anual. Só assim não será, como não pode deixar de ser, no primeiro exercício e no último, quando o seu início e fim, respetivamente, não coincidam com o início e o fim do ano civil. Por regra, o final do exercício corresponde ao final do ano civil, por interpretação *a contrario* do disposto no artigo 9º, nº 1, alínea i), do CSC[306]. Assim, mesmo que apenas tenham decorrido muito poucos dias, o exercício termina em 31 de dezembro de cada ano, ou no último dia do exercício em que a sociedade se extinga.

Importa referir que, por regra, os exercícios anuais coincidirão com o ano civil. Mas tal não tem que ser necessariamente assim, podendo os sócios adoptar para a sociedade um exercício não coincidente com o ano civil, caso em que tal opção tem que constar do contrato de sociedade, indicando a data do encerramento do exercício [307]. Mas o período adotado para o exercício deve terminar sempre no último dia de um mês do calendário[308]. Aceita-se, pois, que o exercício anual possa não corresponder com o ano civil, como o CSC estabelece no referido artigo 9º, nº 1, alínea i).

Esta opção por um exercício não coincidente com o ano civil pode dever-se a diversos factores, como sejam o carácter sazonal da atividade ou a integração em grupos estrangeiros que tenham um exercício não correspondente ao ano civil que começa em 1 de janeiro e termina em 31 de dezembro[309].

Caso o exercício anual não corresponda ao ano civil, no ano em que a sociedade adote tal exercício, o mesmo não terá a duração de dozes meses,

---

[305] Cf. art. 451º e 453º do CSC.

[306] Neste sentido, Paulo Olavo Cunha, *Direito das Sociedades Comerciais*, p. 127.

[307] Cf. art. 9º, nº 1, i), do CSC.

[308] Importa ainda referir que o IRC é devido por cada exercício económico, coincidindo este com o ano civil. Só se admite exceção a esta regra para as sociedades que não tenham sede nem direção efetiva em Portugal, que deverão manter o período adotado nos cinco exercícios imediatos. O ministro das Finanças poderá, contudo, estender esta prerrogativa a outras sociedades, quando o interesse económico o justifique.

[309] Neste sentido, cf. Paulo Olavo Cunha, *Direito das Sociedades Comerciais*, p. 126.

podendo ser mais prolongado ou mais curto. É o que prevê o artigo 65º-A do CSC[310].

Em todo o caso, o primeiro exercício, ou aquele em que se faz a passagem de um regime para outro, não pode ter uma duração inferior a seis meses, nem superior a dezoito, numa solução que contrasta com a aplicável ao primeiro exercício de uma sociedade sujeita ao regime geral, que pode ter um primeiro exercício muito inferior a seis meses[311].

### 2.1.3. As consequências do incumprimento do prazo

O incumprimento do prazo de apresentação das contas não torna inválida a deliberação que as aprove. De facto, não estamos perante um prazo peremptório, devendo antes entender-se que se trata de um prazo de urgência, isto é, que é exigido por uma gestão ordenada. Porém, este incumprimento pode ser gerador de responsabilidade para aqueles a quem compete a sua elaboração e apresentação[312].

Assim, a não apresentação tempestiva das contas e demais documentos de prestação de contas é suscetível de fazer incorrer os membros dos órgãos de administração em responsabilidade civil perante a sociedade, por omissão praticada com preterição dos seus deveres legais, nos termos do artigo 72º do CSC. Importa é que se prove um nexo de causalidade entre tal omissão e os danos causados à sociedade. O mesmo se pode verificar em relação aos sócios quando, a inobservância dos prazos legais de prestação de contas lhes tenha causado prejuízos (cf. artigo 79º do CSC).

---

[310] Esta norma remete para o art. 7º do Código do Imposto sobre o Rendimento das pessoas coletivas (IRC). Em rigor essa remissão tem que ser hoje entendida como efetuada para o artigo 8º, após a revisão desse código. Nos termos do nº 2 deste artigo 8º, «*As pessoas colectivas com sede ou direção efetiva em território português que, nos termos da legislação aplicável, estejam obrigadas à consolidação de contas, bem como as pessoas colectivas ou outras entidades sujeitas a IRC que não tenham sede nem direção efetiva neste território e nele disponham de estabelecimento estável, podem adoptar um período anual de imposto diferente do estabelecido no número anterior, o qual deve ser mantido durante, pelo menos, os cinco períodos de tributação imediatos*». Para as restantes pessoas coletivas, esta faculdade depende de autorização do Ministro das Finanças, quando razões de interesse económico o justifiquem – cf. art. 8º, nº 3, do CIRC. Importante é ainda a regra contida no nº 1 do mesmo artigo que estabelece que o exercício económico coincide com o ano civil, salvas as exceções previstas na lei.

[311] Para uma análise crítica a este regime ver Paulo Olavo Cunha, *Direito das Sociedades Comerciais*, p. 128.

[312] Cf. Garrigues / Uria, *Comentario a la ley de sociedades anonimas*, II, p. 381.

E uma vez que a prestação de contas visa ainda a proteção de credores, caso a não apresentação tempestiva das mesmas possa ter sido causa da insuficiência do património para a satisfação dos credores, também estes podem responsabilizar civilmente os gerentes e administradores, ao abrigo do disposto no artigo 78º do CSC.

Constituindo a prestação de contas um dever que recai sobre os gerentes e administradores, a sua injustificada não apresentação no prazo legalmente estabelecido constitui justa causa para a sua destituição[313].

Por outro lado, caso a administração não apresente tempestivamente as contas a que está obrigada, os sócios podem recorrer aos tribunais para obter a sua apresentação. De facto, a partir do momento em que se completem dois meses após o termo do prazo para a sua apresentação sem que a administração o tenha feito, qualquer sócio pode requerer «que se proceda a inquérito», nos termos do artigo 67º, nº 1, do CSC.

Não se trata, porém, de realizar um verdadeiro inquérito judicial, como sucede nos casos previstos nos artigo 216º e 292º do CSC. Trata-se, outrossim, de obter por via judicial a apresentação aos sócios do relatório de gestão, das contas do exercício e demais documentos de prestação de contas, como se verá.

Assim, perante a falta de apresentação, no referido prazo, destes documentos de prestação de contas por parte da administração, e independentemente do facto causador de tal falta, pode qualquer sócio, seja qual for a fração de capital de que seja titular, desencadear o mecanismo previsto neste artigo 67º do CSC[314], em ação intentada contra a sociedade e contra os titulares dos órgãos sociais em causa (gerentes e administradores)[315].

---

[313] Cf. art. 257º, nº 3 e 403º, nº 4, ambos do CSC.

[314] Cf. Acórdão do STJ, de 15 de março de 1994 (Ramiro Vidigal), Acórdão do STJ, de 28 de março de 1995 (Adriano Cardigos) e Acórdão do TRC, de 8 de fevereiro de 2000 (António Geraldes).

[315] Como decorre do disposto no art. 1479º do CPC, que estabelece o seguinte:

*«1 – O interessado que pretenda a realização de inquérito judicial à sociedade, nos casos em que a lei o permita, alegará os fundamentos do pedido de inquérito, indicará os pontos de facto que interesse averiguar e requererá as providências que repute convenientes.*

*2 – São citados para contestar a sociedade e os titulares de órgãos sociais a quem sejam imputadas irregularidades no exercício das suas funções.*

*3 – Quando o inquérito tiver como fundamento a não apresentação pontual do relatório de gestão, contas do exercício e demais documentos de prestação de contas, seguir-se-ão os termos previstos no artigo 67º do Código das Sociedades Comerciais.»*

Iniciado o processo, o juiz ouve os gerentes ou administradores, indagando da razão de ser do alegado atraso[316]. Ouvidos estes, caso o tribunal entenda que as razões invocadas são atendíveis, havendo, pois, justificação para o atraso verificado, será concedido prazo adequado, razoável, para que a administração dê cumprimento ao seu dever de prestar contas. Nestas duas decisões (julgar justificado o atraso e conceder prazo adequado) o tribunal tem uma margem de discricionariedade elevada, pois a lei não estabelece qualquer parâmetro de ponderação destas decisões.

Se, ao invés, o Tribunal considerar improcedentes as razões invocadas para o atraso na apresentação das contas e demais documentos de prestação de contas (ou caso não sejam prestadas quaisquer justificações para o incumprimento do prazo) encarregará um gerente ou administrador de, no prazo que lhe for fixado, elaborar e apresentar os documentos em falta.

Entendemos que quando o nº 3 manda seguir os termos previstos no art. 67º do CSC não está a afastar o disposto no nº 2, que não se refere aos termos do processo mas às partes do mesmo. Uma vez que, por norma, a ação corre contra a sociedade, não faria sentido que os principais visados (os gerentes e os administradores) nela não interviessem. Assim, cremos que a ação deverá ser proposta contra a sociedade e contra os seus gerentes ou administradores, sob pena de ilegitimidade. No sentido de que a ação tem que ser sempre movida (também) contra a sociedade cf. Acórdão do TRE, de 25 de junho de 1992 (Raúl Mateus). Registe-se, porém, que no Acórdão do STJ, de 28 de março de 1995 (Adriano Cardigos), se aprecia uma ação que foi movida apenas contra o gerente a quem foi pedido que prestasse contas, e não contra a sociedade, sem que aquele ou o Tribunal tivessem colocado qualquer objecção processual a tal situação. No acórdão do TRE, de 6 de abril de 1995 (Manuel Pereira), considerou-se, expressamente, que a ação do art. 67º deveria ser intentada contra os gerentes ou administradores, «por ser manifesto que têm interesse direto em contradizer». O tribunal fundamenta a sua posição no facto de se tratar de um dever pessoalmente imputado aos gerentes e administradores, que a lei manda ouvir (art. 67º, nº 2, do CSC), posição com a qual não podemos deixar de concordar. Defendendo que o "inquérito é requerido contra a sociedade", ver Ana Maria Rodrigues / Rui Pereira Dias, *Código das Sociedades Comerciais em Comentário*, Vol. I, p. 802 e Menezes Cordeiro, *Código das Sociedades Comerciais Anotado*, p. 254.

Noutra vertente, relativa ao prazo para propositura da ação, veja-se o acórdão do TRE, de 28 de janeiro de 1993, em que se considerou que nenhuma disposição legal estabelece prazo de prescrição ou caducidade para exercer o direito de pedir inquérito judicial, no caso das contas não terem sido apresentadas. Cremos que esta é, de facto, a solução mais razoável, atentos os interesses em jogo.

[316] Para que se preencha o pressuposto que permite requerer este inquérito basta, a nosso ver, que falte qualquer uma das peças que integra o dever de prestar contas, pois esta obrigação só fica cumprida com a apresentação de todos os elementos legalmente previstos. Também neste sentido ver a referência de Menezes Cordeiro, *Código das Sociedades Comerciais Anotado*, p. 254.

O APURAMENTO DE RESULTADOS

Registe-se que se trata de designar um dos gerentes ou administradores da sociedade para esse efeito circunscrito. Acresce que, nos termos da lei, o designado fica exclusivamente encarregado de apresentar as contas, afastando-se o regime de colegialidade que preside ao funcionamento da gerência e administração. Este gerente ou administrador fica não só com o encargo de elaborar e submeter aos órgãos competentes as contas e demais documentos, como também pode (melhor, deve) ele próprio convocar a assembleia geral para os apreciar.[317]

Assim sendo, uma vez que as contas e demais documentos estejam prontos, no prazo que lhe foi fixado[318], deve o gerente ou administrador designado submetê-los à assembleia geral da sociedade, pelo que não carece de os apresentar em juízo.[319]

Refira-se, ainda, que este regime previsto no artigo 67º do CSC só impropriamente se pode dizer que é de "inquérito", como a redação dos seus n.ᵒˢ 1 e 3 parecem sugerir. Na verdade, como se viu, não há lugar a um inquérito judicial mas antes a um processo judicial tendente a que as contas sejam elaboradas e submetidas ao órgão competente para as aprovar. Este processo não pode ser usado em caso de não aprovação das contas, pois nessa situação haverá lugar a um procedimento especial diferente, como se verá mais à frente.

Ora, o inquérito judicial à sociedade é um processo especial, previsto nos artigos 1048º e ss do Código de Processo Civil[320] e nos artigo 216º e 292º do CSC, o qual é aplicável, por exemplo, nos casos de recusa de prestação de informações aos sócios[321]. De resto, o nº 3 do referido artigo 1048º esta-

---

[317] É, assim, neste caso especial derrogado o regime geral de convocação das assembleias gerais nas sociedades anónimas, que compete em primeiro lugar ao Presidente da Mesa da Assembleia Geral, nos termos do art. 377º do CSC.

[318] Este prazo deve também ser «*adequado, segundo as circunstâncias*» – cf. art. 67º, nº 2, 1ª parte. No único caso que consta da jurisprudência conhecida, foi fixado um prazo de 90 dias – cf. Cf. Acórdão do TRC, de 8 de fevereiro de 2000 (António Geraldes).

[319] As contas virão a Tribunal, porém, no caso de a assembleia geral as não aprovar. Nessa hipótese, o gerente ou administrador que as elaborou pode, no mesmo processo, submeter a decisão de aprovação (ou não aprovação) das contas ao juiz – cf. art. 67º, nº 3, do CSC.

[320] A reforma do Código de Processo Civil, aprovada pela recente Lei nº 41/2013, de 26 de junho, alterou significativamente este código de 1961 (aprovado pelo DL nº 44.129, de 28 de dezembro de 1961), mas não modificou o conteúdo das normas que aqui nos interessam, apenas as tendo renumerado.

[321] Conforme previsto nos artigos 216º, nº 1 e 292º, nº 1, do CSC.

APURAMENTO E APLICAÇÃO DE RESULTADOS

belece expressamente que «*Quando o inquérito tiver como fundamento a não apresentação pontual do relatório de gestão, contas do exercício e demais documentos de prestação de contas, seguir-se-ão os termos previstos no artigo 67º do Código das Sociedades Comerciais.*»

Por outro lado, face à falta de prestação de contas nas sociedades comerciais, não é possível o recurso ao processo especial de prestação de contas previsto no artigo 941º e ss, do CPC.

É certo que tal preceito determina que «*A ação de prestação de contas pode ser proposta por quem tenha o direito de exigi-las ou por quem tenha o dever de prestá-las e tem por objecto o apuramento e aprovação das receitas obtidas e das despesas realizadas por quem administra bens alheios e a eventual condenação no pagamento do saldo que venha a apurar-se.*»

Assim, desde que entrou em vigor o CSC, contendo a ação prevista no artigo 67º tendente a que sejam prestadas contas pelos gerentes ou administradores, deixou de ser aplicável o disposto no citado artigo 941º e ss, do CPC, como a jurisprudência tem repetidamente afirmado[322]. Uma vez que entre um e outro processo existe "*diferença irredutível entre as duas formas de processo em confronto*" a apresentação de ação de prestação de contas, quando se deveria ter pedido um inquérito nos termos do artigo 67º do CSC, conduz à absolvição da instância, nos termos do disposto no artigo 288º, nº 1, b), do CPC[323]. Isto porque, nos termos do artigo 67º as

---

[322] Cf. Acórdão do STJ, de 22 de abril de 1993 (Folque de Gouveia), Acórdão do STJ, de 26 de setembro de 1995 (Fernando Fabião), Acórdão do STJ, de 22 de novembro de 1995 (Herculano Lima), Acórdão TRC, de 1 de outubro de 1996 (Nuno Cameira), Acórdão TRC, de 28 de maio de 1996 (Cardoso de Albuquerque), Acórdão STJ, de 29 de junho de 1999 (Aragão Seia), Acórdão do STJ, de 16 de maio de 2000 (Ribeiro Coelho) e Acórdão do STJ, de 7 de janeiro de 2010 (Serra Baptista). A mesma solução não pode ser aplicada tratando-se de sociedade irregular, como foi decido no Acórdão do STJ, de 19 de novembro de 1996 (Machado Soares). No caso em apreço, tratando-se de uma sociedade constituída por mero escrito particular (quando ainda era exigível a celebração do contrato de sociedade por escritura notarial), o Tribunal considerou que se deveria aplicar a essa sociedade irregular o regime das sociedades civis, nos termos do art. 36º, nº 2, do CSC. Assim sendo, o meio de que dispõe o sócio de sociedade civil que pretenda exigir a prestação de contas é o recurso à ação prevista no art. 941º do CPC. Nesse caso a ação será proposta contra o próprio gerente e não contra a sociedade, como sucede no caso do processo previsto no art. 67º do CSC.

[323] Cf. o citado Acórdão do STJ, de 22 de novembro de 1995 (Herculano Lima) e Acórdão do STJ, de 16 de maio de 2000 (Ribeiro Coelho). Neste último caso, o Tribunal da Relação de Coimbra havia considerado que a utilização indevida do processo especial de prestação de contas do art. 941º do CPC constituiria uma mera nulidade secundária (erro na forma de processo) não

O APURAMENTO DE RESULTADOS

contas não se destinam a ser apreciadas pelo Tribunal, mas pelos sócios. Nem as contas são prestadas ao sócio requerente, mas à sociedade, como vimos.

É ainda de registar que não se encontra no artigo 67º qualquer possibilidade de o requerente se poder substituir ao gerente que não as preste, ao contrário do que se passa no processo de prestação de contas, por via do disposto no artigo 943º do CPC[324].

## 2.2. O controlo das contas

Uma vez elaboradas pela gerência ou pela administração, as contas do exercício e demais documentos de prestação de contas devem ser submetidos à apreciação dos órgãos de fiscalização.

Todavia, o controlo e a fiscalização das contas não se restringem a essa apreciação das contas e do relatório de gestão, mas passam também pelo controlo das políticas contabilísticas e dos critérios valorimétricos, sem o que o controlo das contas seria incompleto, pois ficariam à margem do essencial.

De facto, pelo menos desde 1992[325] que se assiste, nos Estados Unidos primeiro e na Europa a seguir, a uma crescente preocupação com o governo e a fiscalização das sociedades comerciais, em especial daquelas que estão presentes nos mercados de valores mobiliários. Em Portugal, esse movi-

---

obstando ao reconhecimento do direito de exigir a prestação judicial de contas – cf. Eduardo de Melo Lucas Coelho, *Pontos críticos do Código das Sociedades Comerciais*, p. 52.

[324] Nos termos do art. 943º, nº 1, do CPC «*Quando o réu não apresente as contas dentro do prazo devido, pode o autor apresentá-las, sob a forma de conta corrente, nos 30 dias subsequentes à notificação da falta de apresentação, ou requerer prorrogação do prazo para as apresentar.*»

[325] Em maio de 1992 o American Law Institute publicou os "Principles of Corporate Governance" e, em dezembro do mesmo ano, foi publicado no Reino Unido o "Cadbury Report" com um código de boas práticas de governação societária. Em 1995, surgiu em França o "Rapport Viénot" e, em 2002, o "Rapport Bouton". Posteriormente, em novembro de 2002, é publicado o "Winter Report" promovido pela Comissão Europeia, que vem a estar na origem da Comunicação ao Conselho e ao Parlamento, em maio de 2003, "Modernizar o direito das sociedades e reforçar o governo das sociedades na União Europeia – uma estratégia para o futuro". Para mais desenvolvimento cf. António Pereira de Almeida, *Sociedades Comerciais, Valores Mobiliários e Mercados*, p. 526 e ss. A falência da ENRON, em dezembro de 2001, a que outras se seguiram (WORLDCOM e PARMALAT), pelo impacte público que tiveram, acabaram por precipitar alterações legislativas que já estavam de algum modo em preparação, nos Estados Unidos (lei Sarbanes-Oxley), na Europa (alterações à Oitava Diretiva) e em Portugal (DL nº 76-A/2006, de 29 de março).

APURAMENTO E APLICAÇÃO DE RESULTADOS

mento foi, fundamentalmente, concretizado pela reforma do direito societário operada pelo DL nº 76-A/2006, de 29 de Março.

Em termos gerais, pode dizer-se que a fiscalização e apreciação das contas pode ser efetuada por diferentes instâncias: desde a apreciação pelos sócios, até ao controlo por parte de órgãos cuja vocação específica é a fiscalização (conselho fiscal, comissão de auditoria, conselho geral e de supervisão), passando pelo crivo de profissionais subordinados a um estatuto de independência e elevada qualificação técnica (revisores oficiais de contas), a que acrescem as entidades de supervisão nos casos aplicáveis (Banco de Portugal, Instituto de Seguros de Portugal e Comissão de Valores Mobiliários).[326]

Sendo o relatório de gestão e as contas do exercício elaborados pela gerência ou pela administração, que por eles são pessoalmente responsabilizados, não cremos que os órgãos de fiscalização possam alterar ou corrigir tais documentos, não obstante os deveres de examinar e verificar a sua exatidão, que a lei lhes comete[327].

A análise dos mecanismos e procedimentos de controlo das contas e demais documentos de prestação de contas exige que se trate separadamente cada tipo societário, o que se passa a fazer.

## 2.2.1. Nas sociedades por quotas

Nos termos do artigo 265º do CSC, a existência de um órgão específico de fiscalização nas sociedades por quotas é opcional. De facto, de acordo com o nº 1 do referido preceito, podem os sócios determinar a existência de um conselho fiscal, o qual se regerá pelo que está previsto para esse órgão nas sociedades anónimas.

---

[326] A estas entidades ainda se pode acrescentar, já numa perspetiva um pouco diferente, o Ministério Público, como decorre do previsto nos art. 172º e 173º do CSC. Trata-se de prever o dever de o Ministério Público requerer a liquidação judicial da sociedade nos casos em que o contrato não tenha sido celebrado na forma legal ou naqueles em que o seu objeto for, ou se tornar, ilícito ou contrário à ordem pública.

[327] Em sentido contrário, sustentando que os documentos de prestação de contas uma vez submetidos aos órgãos de fiscalização podem ser por estes objeto de correções e alterações, cf. Ricardo do Nascimento Ferreira, *"As deliberações dos sócios relativas à prestação de contas"*, p. 209 e 210.

O APURAMENTO DE RESULTADOS

Caso não exista órgão próprio de fiscalização, caberá aos sócios efetuar o controlo da vida societária, o que lhes é possibilitado pelo amplo direito à informação que a lei lhes confere[328-329].

Embora a lei não o diga expressamente, nenhuma razão há para não admitir que uma sociedade por quotas possa optar por ter um fiscal único em vez de conselho fiscal, já que aquele tem as competências deste (artigo 420º, aplicável *ex vi* artigo 262º, nº 1, ambos do CSC). Certo é que o fiscal único terá sempre que ser um ROC ou SROC, de acordo com o previsto no artigo 413º, nº 1, a), aplicável *ex vi* artigo 262º, nº 1, ambos do CSC.

Caso a sociedade por quotas atinja determinada dimensão e não tenha anteriormente optado por ter um órgão próprio de fiscalização (conselho fiscal ou fiscal único), ficará então obrigada a designar um ROC (ou uma SROC), que será responsável pela certificação legal de contas[330].

Atualmente, a sujeição das sociedades por quotas à certificação legal de contas depende de, em dois anos consecutivos, a sociedade ultrapassar dois de três limites seguintes:

- Total do balanço: 1 500 000 EUR;
- Total das vendas líquidas e outros proveitos: 3 000 000 EUR;
- Número de trabalhadores empregues em média durante o exercício: 50.

Cabe aos sócios da sociedade por quotas, verificados estes pressupostos, designar o revisor oficial de contas. Todavia, caso a sociedade, estando a

---

[328] Cf. art. 214º a 216º do CSC. Os gerentes, que são em princípio aqueles que devem prestar a informação aos sócios, caso também sejam sócios e não tenham efetivo acesso à informação, têm igualmente o direito de ser informados – cf. neste sentido o Acórdão do STJ, de 25 de outubro de 1990, disponível em www.dgsi.pt.

[329] Refira-se que a Quarta Diretiva da UE sobre sociedades permitia já aos Estados-Membros isentar as pequenas sociedades do controlo das contas por pessoa especialmente habilitada para tal. Este regime de diferenciação entre as médias e grandes empresas, por um lado, e as pequenas e microempresas, por outro, foi aprofundado com a nova Diretiva 2013/34/ /EU, que revogou e substituiu aquela Quarta Diretiva, partindo da ideia de que se deve pensar primeiro em pequena escala (*"Think Small First"*), melhorando o ambiente empresarial para este segundo grupo de empresas.

[330] Se tiver optado por ter Conselho Fiscal, fica automaticamente obrigada a ter um ROC, pois nos termos ao art. 414º, nº 2, do CSC, um dos membros do referido conselho é obrigatoriamente ROC. O mesmo sucede, se optar por ter um fiscal único, pois este também terá que ser ROC ou SROC, como se referiu.

APURAMENTO E APLICAÇÃO DE RESULTADOS

tal obrigada, não designe o revisor oficial de contas, a sua nomeação será efetuada oficiosamente. Isto é, qualquer sócio ou gerente deve comunicar tal facto à Ordem dos Revisores Oficiais de Contas que, no prazo de 15 dias, nomeará um ROC para a sociedade, *"podendo a assembleia geral confirmar a designação ou eleger outro revisor oficial de contas"*[331]. A obrigatoriedade de certificação legal das contas cessa se, durante dois anos consecutivos, dois dos três referidos requisitos deixarem de se verificar[332].

O revisor assim designado tem um campo de atuação que difere daquele que tem o conselho fiscal ou o fiscal único. De facto, nos termos do nº 2 do artigo 262º, compete-lhe apenas a certificação legal de contas, o que se pode dizer que corresponde às funções previstas nas alíneas c), d), e) e f) do nº 1 do artigo 420º do CSC. Ao passo que, se o ROC for o fiscal único da sociedade, enquanto tal, as suas competências abrangem todas as funções previstas no nº 1 do artigo 420º do mesmo CSC, as quais em muito excedem as tarefas de revisão legal, incluindo, por exemplo, «fiscalizar a administração da sociedade» e «vigiar pela observância da lei e do contrato de sociedade».[333]

No caso de o pacto social estipular a existência de conselho fiscal, faltando a designação dos seus membros, a sua nomeação judicial deverá ser solicitada pelos gerentes, podendo também sê-lo por qualquer sócio. Tal nomeação vigorará até que a assembleia geral eleja os membros do conselho fiscal[334].

Existindo ROC ou SROC, os documentos de prestação de contas devem ser submetidos à assembleia geral para aprovação acompanhados da certificação legal de contas e do relatório do ROC. Caso exista conselho fiscal, deverão também ser acompanhados do respetivo relatório, à semelhança do que sucede nas sociedades anónimas[335].

## 2.2.2. Nas sociedades anónimas
No que respeita às sociedades anónimas é sempre necessário que tenham um órgão específico de fiscalização.

---

[331] Cf. Art. 416º, aplicável *ex vi* art. 262º, nº 4, do CSC.

[332] Cf. Art. 262º, nº 3, do CSC.

[333] Esta mesma distinção ocorre nas sociedades anónimas, como é patente no disposto no art. 446º, nº 3, do CSC.

[334] Cf. Art. 417º, aplicável *ex vi* art. 262º, nº 4, do CSC.

[335] Cf. art. 262º, nºs 1 e 6, do CSC.

O APURAMENTO DE RESULTADOS

A fiscalização das sociedade anónimas sofreu uma profunda alteração com a reforma do direito societário português operada pelo DL nº 76-A/2006, de 29 de março, e que entrou em vigor no dia 30 de junho de 2006. Na verdade, um dos principais objetivos das alterações introduzidas nas estruturas de governo societário foi a de reformular a fiscalização das sociedades anónimas, de forma a separar a fiscalização da revisão legal, reforçar a independência e a competência técnica dos órgãos de fiscalização, bem como dotá-los de melhores meios e aumentar a sua responsabilidade.

Assim, a grande novidade no que ao governo societário respeita foi a possibilidade de estruturar a administração e fiscalização das sociedades anónimas de acordo com três modelos de governo diferentes (quando até aí havia apenas dois), que na prática se desdobram em cinco, pois um dos modelos comporta três variantes.

Deste modo, desde 2006, em função do modelo de organização escolhido, as sociedades anónimas poderão ter um ou mais dos cinco diferentes órgãos de fiscalização, atualmente previstos no CSC, a saber: conselho fiscal, fiscal único, comissão de auditoria, conselho geral e de supervisão e revisor oficial de contas.

### 2.2.2.1. Competências

A todos os órgãos de fiscalização compete, antes de mais, verificar a regularidade dos livros, registos contabilísticos e documentos que lhes servem de suporte, verificar também a extensão da caixa e as existências de qualquer espécie, bem como verificar a exatidão dos documentos de prestação de contas[336]. Cabe-lhes ainda verificar se as políticas contabilísticas e os critérios valorimétricos adotados pela administração da sociedade conduzem a uma correta avaliação do património e dos resultados[337].

Aos órgãos fiscalizadores compete igualmente dar parecer sobre o relatório e as contas apresentadas pela administração[338]. Assim, até trinta dias antes da data da assembleia geral, a administração deve enviar o relatório de gestão e as contas do exercício aos órgãos que, de uma forma ou de

---

[336] Cf. art. 420º, nº 1, c), d) e e), do CSC.
[337] Cf. art. 420º, nº 1, f), do CSC.
[338] Art. 420º, nº 1, g), do CSC.

outra, consoante o modelo de governo societário adotado, estão encarregados da fiscalização[339].

## 2.2.2.2. Conselho Fiscal e Fiscal Único

O "conselho fiscal" é o órgão de fiscalização previsto no modelo clássico de organização das sociedades anónimas[340]. É composto por um número de membros livremente fixado no pacto social, com um mínimo de três efetivos e um suplente[341], devendo um deles ser ROC ou SROC[342] (exceto no caso se ser adotado o modelo latino reforçado, como veremos) podendo os restantes membros ser sociedades de advogados, SROC's ou acionistas, desde que estes últimos sejam pessoas singulares, devendo todos ter as *"qualificações e experiência profissional adequadas ao exercício das suas funções"* – cf. artigo 414º, nº 3, do CSC.

A designação dos membros do conselho fiscal compete à assembleia geral, pelo período que os estatutos prevejam, no máximo de quatro anos, devendo observar, na sua eleição, o extenso regime de incompatibilidades previsto no artigo 414º-A, do CSC, sob pena de nulidade de deliberação, importando a superveniência de alguma incompatibilidade a caducidade da designação (cf. n.ºs 2 e 3 do mesmo artigo).

Faltando a designação do ROC, compete à OROC a sua designação oficiosa. Na ausência de um dos outros membros, deve a administração e pode qualquer sócio requerer a sua designação ao Tribunal, que fixará a remuneração a atribuir. Especial referência merece a possibilidade que a lei consagra de as minorias vencidas na eleição do conselho fiscal requererem ao Tribunal a nomeação para esse órgão de mais um membro efetivo

---

[339] Para o desempenho destas funções que a lei lhes comete, são reconhecidos os poderes adequados, a todos e a cada um dos membros dos órgãos de fiscalização, nomeadamente os previstos no art. 421º do CSC.

[340] Usualmente é assim designado por corresponder ao modelo mais antigo de organização das sociedades comerciais, ainda anterior ao CSC. O modelo clássico de sociedades anónimas está previsto no art. 278º, nº 1, a), do CSC, prevendo a existência de um conselho de administração (que, se o capital não exceder 200 000 EUR, pode ser um administrador único – cf. art. 390º, nº 2) e um conselho fiscal (que em alternativa pode ser um fiscal único e um suplente, que serão ROC ou SROC – cf. art. 413º, nº 1, a) e 414º, nº 1). Por vezes surge também ser designado por "modelo latino".

[341] Cf. art. 413º, 4 e 5, do CSC.

[342] Cf. art. 414º, nº 2, do CSC.

O APURAMENTO DE RESULTADOS

e um suplente, desde que sejam detentoras de pelo menos 10% do capital social[343].

Por outro lado, as sociedades com o modelo clássico de estruturação orgânica podem optar por ter, para além do conselho de administração (ou do administrador único, como se disse), um conselho fiscal do qual não faça parte o ROC da sociedade, continuando, contudo, a ter um outro órgão de fiscalização que é o ROC ou SROC, o qual neste caso atua de forma isolada. É o usualmente denominado "modelo latino reforçado".

Neste modelo clássico reforçado, o responsável pela revisão legal de contas não integra o conselho fiscal, funcionando autonomamente e sendo fiscalizado na sua atividade pelo conselho fiscal, a quem também compete propor a sua designação.

Nesta sub-modalidade do modelo monista, o conselho fiscal é dotado de competências mais alargadas, passando a incluir a fiscalização do processo de preparação e divulgação da informação financeira, a competência para propor à assembleia geral a nomeação do ROC, a fiscalização da revisão de contas, bem como o encargo de fiscalizar a independência do ROC ou da SROC (artigo 420º, nº 2, do CSC).

Com esta forma de estruturação do governo societário pretende-se garantir um maior controlo da administração e fiscalização da sociedade, separando as funções de fiscalização das funções de revisão de contas, evitando-se o fenómeno designado de «*self-review*».

Importa sublinhar que esta forma de governo, introduzida no CSC em 2006, passou a ser imperativa em dois casos (sempre dentro do modelo clássico):

- Para as sociedades que sejam emitentes de valores mobiliários admitidos à negociação em mercado regulamentado;
- Para as sociedades que, não sendo totalmente dominadas por outra que adote este modelo, durante dois anos consecutivos ultrapassem dois dos três seguintes limites:

  I.  Total do balanço: 1 000 000 000 EUR;

---

[343] Para exercer este direito, os acionistas vencidos devem ter feito consignar na ata o seu voto e efetuar o requerimento no prazo de 30 dias a contar da data da assembleia geral – cf. art. 418º do CSC. Não carecem de demonstrar a necessidade dessa nomeação para a salvaguarda dos seus interesses, como foi decidido no Ac. TRC de 15 de maio de 2007 (Hélder Roque).

APURAMENTO E APLICAÇÃO DE RESULTADOS

II.  Total das vendas líquidas e outros proveitos: 150 000 000 EUR;
III. Número de trabalhadores empregados em média durante o exercício: 150.

Nesta sub-modalidade, a lei exige que pelo menos um dos membros deste conselho fiscal «*tenha curso superior adequado ao exercício das suas funções e conhecimentos em auditoria ou contabilidade e que seja independente*» – artigo 414º, nº 4. No número seguinte do mesmo artigo especificam-se os requisitos que é necessário observar para se considerar alguém como uma pessoa independente.

É ainda de salientar que neste modelo, se a sociedade for «*emitente de ações admitidas à negociação em mercado regulamentado, o conselho fiscal deve ser composto por uma maioria de membros independentes.*»[344-345]

Esta separação entre as funções (mais políticas) de fiscalização propriamente dita e as funções de revisão de contas (mais técnicas) também está presente, desde 2006, nos modelos anglo-saxónico e germânico, como veremos a seguir.

### 2.2.2.3. Comissão de Auditoria

No modelo de organização das sociedades anónimas previsto no artigo 278º, nº 1, b), do CSC (também denominado usualmente modelo anglo-saxónico) a fiscalização da sociedade fica entregue à "comissão de auditoria", ficando a revisão legal a cargo de um ROC ou SROC, que não integra a referida comissão, mas que é proposto à assembleia geral por aquela comissão, a quem cabe também fiscalizar a sua atuação, garantindo a verificação da certificação legal das contas e a independência do ROC.

---

[344] Registe-se que a lei permite que façam parte do conselho fiscal sociedades de advogados (e advogados, por maioria de razão), sociedades de revisores oficiais de contas, ou acionistas que tenham qualificações e experiência profissional adequadas ao exercício dessa função. O que significa que, neste modelo em que o ROC está fora do conselho fiscal, pode também haver um ROC dentro, que todavia, não atuará nessa qualidade.

[345] Refira-se que o DL nº 76-A/2006 prevê a aplicação dos modelos clássico e germânico, na nova versão introduzida por esse diploma, a todas as sociedades anónimas que, tendo sido constituídas até 29 de junho de 2006, não procedam a alteração dos estatutos em matéria de administração e fiscalização até 29 de junho de 2007, nos termos do art. 63º, nº 1).

O APURAMENTO DE RESULTADOS

Esta comissão de auditoria é um órgão autónomo[346], composto por membros não executivos do conselho de administração, em número livremente fixado no pacto social, mas não inferior a três[347].

Os seus membros podem ser sociedades de advogados ou de revisores, bem como acionistas, desde que estes últimos sejam pessoas singulares, devendo todos ter as *"qualificações e experiência profissional adequadas ao exercício das suas funções"*[348].

Estes administradores são eleitos com os restantes membros do conselho de administração, devendo as listas propostas discriminar os membros que se destinam a integrar a comissão de auditoria, devendo estes ter uma remuneração obrigatoriamente fixa e estando sujeitos às mesmas incompatibilidades aplicáveis aos membros do conselho fiscal das sociedades anónimas de modelo monista[349].

Tratando-se de sociedades anónimas de grande dimensão (tal como definidas nos termos do artigo 413º, nº 2, do CSC) ou que sejam emitentes de valores mobiliários admitidos à negociação em mercado regulamentado, a comissão de auditoria deve incluir pelo menos um membro que seja independente e que tenha curso superior adequado ao exercício das suas funções e ainda conhecimentos em auditoria e contabilidade. No caso das sociedades cotadas, a maioria dos membros da comissão de auditoria tem que ser independente[350].

---

[346] Em sentido contrário cf. António Pereira da Almeida, *Sociedades Comerciais, Valores Mobiliários e Mercados*, p. 500. Para este autor a comissão de auditoria é *"um órgão não autónomo, mas uma comissão integrada no Conselho de Administração"*. Em nosso entender, a comissão de auditoria é um órgão cujos membros integram o conselho de administração, mas que tem competências e deveres próprios, bem como um regime específico de remuneração e de destituição e que reúnem separadamente do conselho de administração. De resto, como órgão de fiscalização que indiscutivelmente é, não pode deixar de ser independente do conselho de administração. Daí que não se possa aceitar que o mesmo não seja um órgão autónomo. A sua particularidade reside no facto de os seus membros serem (também) administradores, tendo por isso assento no conselho de administração, embora sem funções executivas.

[347] Cf. art. 423º-B, n.ºs 1 e 2, do CSC.

[348] Cf. art. 414º, nº 3, aplicável *ex vi* art. 423º-B, nº 6, ambos do CSC.

[349] Cf. arts. 423º-C e 423º-D, do CSC.

[350] Cf. art. 423º-B, n.ºs. 4 e 5, do CSC.

APURAMENTO E APLICAÇÃO DE RESULTADOS

## 2.2.2.4. Conselho Geral e de Supervisão

No modelo germânico de organização das sociedades anónimas, previsto no artigo 278º, nº 1, c), do CSC[351], a fiscalização compete ao "conselho geral e de supervisão" e ao revisor oficial de contas.

O conselho geral e de supervisão é composto pelos membros que o pacto estabelecer, que podem ou não ser acionistas, mas sempre superior ao dos administradores[352].

Apesar de poder ter certos poderes de gestão[353], certo é que se trata de um verdadeiro órgão de fiscalização, cujas competências não diferem muito das atribuídas ao conselho fiscal do modelo clássico, na modalidade reforçada. Daí que se apliquem aos seus membros as mesmas incompatibilidades previstas para os membros do conselho fiscal (e comissão de auditoria)[354].

Os seus membros são nomeados no contrato de sociedade ou eleitos em assembleia geral, podendo também ser sujeitos a nomeação judicial, a requerimento do conselho de administração executivo, no caso de falta de membros que impeça o órgão de reunir[355].

O conselho geral e de supervisão pode ter comissões especiais no seu seio (artigo 444º), nomeadamente uma "comissão para matérias financeiras". Esta comissão é mesmo obrigatória para as sociedades emitentes de valores mobiliários admitidos à negociação em mercado regulamentado e para as sociedades anónimas de grande dimensão (nos termos do artigo 413º, nº 2, do CSC).

Esta comissão para matérias financeiras deve incluir pelo menos um membro que seja independente e que tenha curso superior adequado ao exercício das suas funções e ainda conhecimentos em auditoria e contabili-

---

[351] Neste modelo a administração compete ao conselho de administração executivo que pode ter um número ilimitado de membros (com um mínimo de dois) ou ser um administrador único, caso o capital social não exceda 200 000 EUR (cf. art. 424º, nº 1 e 2, do CSC).

[352] Antes da reforma de 2006, o então designado "conselho geral" era apenas composto por acionistas, o que lhe conferia um carácter de assembleia restrita de acionistas.

[353] De facto, o contrato de sociedade pode estabelecer que o conselho de administração executivo deve obter prévio consentimento do conselho geral e de supervisão para a prática de determinadas categorias de atos – cf. art. 442º, nº 1, do CSC.

[354] Cf. art. 434º, nº 4, que manda aplicar o disposto no art. 414º-A, ambos do CSC.

[355] Cf. art. 439º do CSC. A lei admite que o contrato preveja a eleição de membros deste conselho pelos sócios minoritários, nos mesmos termos em que estes podem eleger membros do conselho de administração no modelo clássico – cf. art. 435º do CSC.

140

O APURAMENTO DE RESULTADOS

dade. No caso das sociedades cotadas, a maioria dos membros da comissão de auditoria tem que ser independente[356].

## 2.2.2.5. Revisor Oficial de Contas e a certificação legal de contas

Atenta a importância de um controlo rigoroso das contas da sociedade, a lei sujeita as sociedades anónimas à certificação legal das suas contas[357], que é da competência de um perito independente. Tal perito é um "Revisor Oficial de Contas" (ROC) ou "Sociedade de Revisores Oficiais de Contas" (SROC).

Até à revisão do CSC de 2006 este perito integrava sempre o órgão de fiscalização. Assim, no conselho fiscal, um dos membros efetivos e um dos suplentes eram sempre ROC ou SROC; se a fiscalização da sociedade competisse a um fiscal único[358], este teria necessariamente que ser ROC ou SROC[359]. Recaía sobre este membro do conselho fiscal o dever de proceder a todos os exames e verificações necessários à revisão e certificação legais das contas[360]-[361].

A partir da entrada em vigor da nova lei, em junho de 2006, o ROC só integra o órgão de fiscalização no modelo monista em que os sócios optem por ter um fiscal único (que é necessariamente ROC[362]) ou um conselho fiscal (em que um dos seus membros também é obrigatoriamente um ROC[363]).

---

[356] Cf. art. 444º, nº 5 e 6, do CSC.

[357] O mesmo se aplica às sociedades por quotas quando tenham órgão de fiscalização ou estejam obrigadas à revisão legal das contas – art. 265º, nº 6, do CSC – o que acontece se tiverem ultrapassado, durante dois anos consecutivos, dois dos três limites previstos no art. 262º do CSC.

[358] Da redação atual do art. 413º, do CSC, decorre a clara preferência do legislador pelo fiscal único.

[359] Art. 414º, nº 1, do CSC, na redação anterior a 2006.

[360] Art. 420º, nº 3, do CSC, na redação anterior a 2006.

[361] O ROC tem também um dever de vigilância (art. 420º-A, do CSC), devendo comunicar, imediatamente, ao órgão de administração os factos de que tenha conhecimento e que considere revelarem graves dificuldades na prossecução do objeto social.

[362] A nova redação do Art. 414º, nº 1, do CSC estabelece que «O fiscal único e o suplente têm de ser revisores oficiais de contas ou sociedades de revisores oficiais de contas e não podem ser acionistas».

[363] A nova redação do Art. 414º, nº 2, do CSC estabelece que «O conselho fiscal deve incluir um revisor oficial de contas ou uma sociedade de revisores oficiais de contas, salvo se for adotada a modalidade referida na alínea b) do nº 1 do artigo anterior».

APURAMENTO E APLICAÇÃO DE RESULTADOS

Apenas o ROC ou SROC tem legalmente competência para a certificação legal de contas. De acordo com o disposto no artigo 44º, nº 2, do Estatuto da Ordem dos Revisores Oficiais de Contas[364], a «certificação legal de contas exprime a opinião do revisor oficial de contas de que as demonstrações financeiras apresentam ou não, de forma verdadeira e apropriada, a posição financeira da empresa ou de outra entidade, bem como os resultados das suas operações, relativamente à data e ao período a que as mesmas se referem».

Isto é, ao ROC compete certificar se as contas apresentam, de forma verdadeira e apropriada, a situação financeira da sociedade, bem como o resultado das suas operações, relativamente ao período a que as mesmas se reportam[365].

Após a reforma do direito societário de 2006, o CSC passou a descrever o conteúdo mínimo do documento de certificação das contas[366], impondo que o mesmo identifique as contas que são objeto de revisão, as normas a que a revisão se subordinou, um parecer sobre se as contas dão uma imagem verdadeira e apropriada, e se estão em conformidade com os requisitos legais. Deve ainda referir as questões para as quais o revisor entenda chamar a atenção (ênfases) e um parecer que indique se o relatório de gestão é ou não concordante com as contas do exercício.

Refira-se que a certificação legal é dotada de fé pública[367], só podendo ser impugnada, por via judicial, quando arguida a falsidade, devendo a ação judicial ser intentada no prazo de 120 dias a contar da data do seu depósito na conservatória, ou da publicação quando obrigatória, ou ainda do conhecimento, se este for anterior, tudo nos termos dos n.ºs 6 e 7 do referido artigo 44º do Estatuto da Ordem dos Revisores Oficiais de Contas[368].

Importa ainda acrescentar, a propósito das competência do ROC, que sobre este recai tem também um dever de vigilância (art. 420º-A, do CSC),

---

[364] Aprovado pelo DL nº 487/99, de 16 de novembro, e profundamente alterado pelo DL nº 224/2008, de 20 de novembro.

[365] A certificação legal de contas «concluirá exprimindo uma opinião com ou sem reservas, uma escusa de opinião, uma opinião adversa, e, com ou sem ênfases», como dispõe o art. 44º, nº 3, do DL nº 487/99, de 16 de novembro.

[366] Cf. art. 451º, nº 3, do CSC.

[367] Cf., neste sentido, Ac do STJ, de 31 de maio de 2011, in CJ, STJ, II, p. 83 e ss.

[368] Esta matéria foi também objeto de regulação comunitária, com o propósito de harmonizar a legislação dos Estados-Membros, constante da Oitava Diretiva sobre sociedades – Diretiva nº 84/253/CEE, de 10 de abril de 1984, publicada no JO nº L 126/20, de 12 de maio de 1984.

## O APURAMENTO DE RESULTADOS

que o obriga a comunicar, imediatamente, ao órgão de administração os factos de que tenha conhecimento e que considere revelarem graves dificuldades na prossecução do objeto social.

Uma vez elaborado, o documento de certificação legal das contas deve ser enviado ao conselho fiscal, à comissão de auditoria e ao conselho geral e de supervisão, que deverão declarar se concordam com a certificação legal de contas (ou com a impossibilidade de certificação)[369].

Assim, cabe a cada um destes órgãos de fiscalização pronunciar-se sobre os documentos de prestação de contas e sobre o relatório de gestão, elaborando o seu parecer, após terem já recebido do ROC o respetivo documento de certificação.

O parecer deve pronunciar-se sobre o relatório anual de gestão e as contas do exercício, para além de incluir uma declaração subscrita por cada um dos seus membros afirmando que, tanto quanto é do seu conhecimento, o parecer por si subscrito, foi elaborado em conformidade com as normas contabilísticas aplicáveis, dando uma imagem verdadeira e apropriada do ativo e passivo, da situação financeira e dos resultados da sociedade e que o relatório de gestão expõe fielmente a evolução dos negócios, do desempenho e da posição da sociedade, contendo os principais riscos e incertezas com que se defronta – cf. artigo 420º, nº 6, do CSC e artigo 245º do CVM.

Caso não concordem com a opinião do revisor oficial de contas devem declará-lo expressamente, consignando no seu relatório as razões da discordância, como determina o nº 3 do artigo 452º, do CSC (aplicável ao conselho geral e de supervisão *ex vi* artigo 453º). Este parecer e o relatório do ROC são depois enviados, no prazo de 15 dias, ao conselho de administração[370].

A aprovação das contas e do relatório de gestão cabe, como veremos melhor a seguir, à assembleia geral. Mas, quando tais documentos são colocados à disposição dos sócios devem ser-lhes facultados ainda a certificação legal de contas acompanhada pelo parecer do conselho fiscal, ou da comissão de auditoria, ou do conselho geral e de supervisão. Além do mais, devem estar à disposição dos sócios para consulta os relatórios anuais do conselho fiscal, da comissão de auditoria, ou do conselho geral

---

[369] Cf. art. 420º, nº 1, g), relativamente ao conselho fiscal, art. 423º-F, nº 1, g), relativamente à comissão de auditoria, e art. 441, nº 1, h), relativamente ao conselho geral e de supervisão.

[370] Cf. artigos 452º, nº 4 e 453º, nº 3, ambos do CSC.

APURAMENTO E APLICAÇÃO DE RESULTADOS

e de supervisão – artigo 289º. nº 1, e), do CSC. De resto, não é possível a aprovação das contas pela assembleia geral sem os pareceres prévios dos órgãos de fiscalização.

## 2.3. A aprovação das contas
### 2.3.1. A competência

Uma vez elaborados, o relatório de gestão, as contas do exercício e os demais documentos de prestação de contas são submetidos aos órgãos competentes das sociedades comerciais (artigo 65º, nº 1, do CSC).

No caso das sociedades por quotas, o órgão competente é a assembleia dos sócios, como consta do artigo 246º, nº 1, e), do CSC[371]. No mesmo sentido dispõe o artigo 263º, nº 1, do CSC. A lei dispensa, porém, a aprovação das contas quando todos os sócios sejam gerentes e todos eles assinem sem reservas os documentos de prestação de contas[372]. No entanto,

---

[371] Em bom rigor, a competência para aprovação das contas é dos sócios (e não da assembleia). É que, nas sociedades por quotas, além das deliberações unânimes por escrito (cf. art. 54º, nº1, do CSC) os sócios podem, em geral, tomar deliberações por voto escrito, sem se reunirem em assembleia (cf. art. 247º, nº 1, do CSC). É certo que o art. 263º, relativo à aprovação do relatório e contas do exercício, refere que estes documentos devem estar patentes aos sócios desde o dia da convocação da assembleia geral que se destine a apreciá-los. Não cremos, contudo, que daí se possa retirar a impossibilidade de deliberação sem reunião (isto é, por voto escrito ou deliberações unânimes por escrito) quando estejam em causa as contas e o relatório de gestão, como sustenta Pinto Furtado, *Deliberações de Sociedades Comerciais*, p. 470. No mesmo sentido, afirmando que os interesses em jogo "parecem desaconselhar" que os sócios renunciem a estar presentes, cf. Ricardo Nascimento Ferreira, *As deliberações dos sócios relativas à prestação de contas*, p. 209. Em sentido contrário, sustentando que esta deliberação pode ser aprovada por "deliberação unânime escrita, tomada ao abrigo do art. 54º, nº 1, do CSC", ver Raúl Ventura, *Sociedades por Quotas*, III, p. 213. Refira-se que nos Acórdãos do TRP, de 10 de outubro de 2002 e do STJ, de 8 de maio de 2003 (disponíveis em www.dgsi.pt) se decidiu ser nula a deliberação de aprovação das contas tomada em assembleia geral universal, sem prévia convocação, posição com a qual não concordamos. Nestes arestos procede-se a uma interpretação restritiva do art. 54º, nº 1, de forma a que apenas seria possível a deliberação em assembleia universal em situações de emergência de reunião, sem possibilidade de convocação em tempo útil. Ora, na assembleia universal é possível dispensar a convocatória precisamente pelo facto de a mesma ser, no caso, inútil, já que estão presentes ou representados todos os sócios. Cremos que no caso dos autos referidos (que versam sobre os mesmos factos) o julgador se deixou impressionar pelo facto de se tratar de sociedade unipessoal (situação que em nada altera o regime legal em apreciação).

[372] É o que consta expressamente do nº 2 do art. 263º do CSC. O legislador terá sido aqui levado por um pragmatismo excessivo. É evidente que se todos os gerentes são simultaneamente sócios, e se todos assinam as contas (o que significa a sua aprovação) tornar-se-á desnecessária uma

tal só é aplicável às sociedades por quotas que não possuam conselho fiscal, nem estejam sujeitas à revisão legal – cf. artigo 263º, nº 2, do CSC.

Nos n.ᵒˢ 3 e 4 do artigo 263º do CSC prevê-se uma solução original para superar o empate na votação das contas ou da proposta de aplicação de resultados nas assembleias gerais das sociedades por quotas. Ciente de que, muitas sociedades deste tipo têm apenas dois sócios, cada um titular de metade do capital social – e portando, em princípio, dos votos em assembleia – o legislador permite que qualquer sócio possa requerer a convocação judicial de nova assembleia, cabendo ao juiz a designação de uma pessoa estranha à sociedade, de preferência revisor oficial de contas, para presidir à assembleia, com direito a voto de qualidade (isto é, com poder para desempatar). Nos termos da lei, este presidente da assembleia tem o direito de pedir à gerência ou ao órgão de fiscalização (quando exista) que lhe sejam facultados os documentos que considere necessários e lhe sejam prestadas as informações de que careça[373].

Nas sociedades anónimas, compete à assembleia geral apreciar e deliberar sobre o relatório de gestão e as contas do exercício, como está previsto no artigo 376º, nº 1, a), do CSC. Não foi sempre assim, pois até à entrada em vigor do DL nº 76-A/2006, de 29 de março, nas sociedades anónimas com estrutura de organização dualista ou germânica, competia

---

segunda aprovação. Todavia, mais prudente seria que, neste caso, se fizesse intervir qualquer entidade exterior aos gerentes, que pudesse validar as contas, como, por exemplo um revisor oficial de contas. Registe-se que em alguns ordenamentos jurídicos se considera que os sócios que são simultaneamente gerentes (ou administradores) estão impedidos de votar as sua próprias contas, por se tratar de matéria que lhe diz diretamente respeito. É caso do Brasil, ao abrigo do disposto no art. 1.074., § 2º – cf. Gustavo Tepedino / Heloisa Helena Barbosa / Maria Celina Bodin de Moraes, *Código Civil Interpretado – Conforme a Constituição da República* – Vol. III, p. 211 e 225. Semelhante à solução portuguesa é a prevista no *Code de Commerce* francês, que nos Art. 223-31 e 227-9 (ambos com a redação dada pela Lei n.º 2008-776, de 4 de agosto de 2008, Lei de Modernização da Economia), para as sociedades de responsabilidade limitada e sociedades por ações simplificada, respetivamente, prevê a dispensa de aprovação das contas quando o sócio único é também o gerente, nos seguintes termos: «*Lorsque l'associé unique est seul gérant de la société, le dépôt au registre du commerce et des sociétés, dans le même délai, de l'inventaire et des comptes annuels, dûment signés, vaut approbation des comptes sans que l'associé unique ait à porter au registre prévu à l'alinéa suivant le récépissé délivré par le greffe du tribunal de commerce.*» – cf. Amel Amer-Yahia, *Le Régime Juridique des Dividendes*, p. 79 e 80.

[373] Esta solução estava já prevista no DL nº 154/72, de 10 de maio, pretendendo forçar por meio judicial a resolução de conflitos entre sócios que não oferecem vias de solução – cf. Raúl Ventura, *Sociedade por Quotas*, III, p. 214 e ss.

ao conselho geral aprovar o relatório e as contas, cuja elaboração era da competência da direção[374].

Sucede porém que, não obstante fosse uma competência do conselho geral, poderia ser necessário levar as contas à apreciação dos sócios em assembleia geral. De facto, caso o conselho geral não aprovasse as contas ou as aprovasse com reservas, em dissonância com a certificação do ROC, tal divergência teria que ser submetida à assembleia geral[375]. A deliberação de não aprovação das contas, ou aprovação com reservas, era porém definitiva quando estivesse em consonância com o relatório do ROC[376].

É também este o modelo de aprovação das contas do exercício previsto na lei alemã de sociedades anónimas. Na verdade, à direção (*Vorstand*) compete organizar o balanço, que após ter sido apreciado pelos auditores deve ser submetido à aprovação do conselho geral (*Aufsichtsrat*), de acordo com o disposto no § 170, n.º 1, da *AktG*. Cabe, assim, ao conselho geral e não ao coletivo dos sócios a aprovação do balanço de contas do exercício. Só assim não será, competindo então aos sócios a sua aprovação, em duas hipóteses: quando a direção e o conselho geral decidam transferir essa competência para os sócios, ou quando o conselho geral não aprove as contas. É o que decorre do disposto no § 173, n.º 1, da *AktG*[377].

Também em Itália, no modelo dualista de administração e fiscalização das sociedades anónimas, compete ao conselho de supervisão (*consiglio di sorveglianza*) a aprovação do balanço do exercício, nos termos do artigo 2409-terdecies do Código Civil, sendo certo que este órgão pode incluir membros não sócios, como determina o artigo 2409-duodecies do mesmo Código Civil italiano[378]. Já no caso do modelo monista, compete à assembleia geral a aprovação do balanço do exercício, nos termos do artigo 2364 do mesmo código.

Cabe ainda referir que no articulado do Código das Sociedades Comerciais proposto por ALBERTO PIMENTA, se preconizava um sistema semelhante para a prestação de contas anuais: a aprovação das contas seria submetida à apreciação do conselho fiscal e, caso este se pronunciasse favoravelmente, ficariam logo aprovadas. Só no caso de as mesmas não

---

[374] Cf. art. – art. 411º, f), do CSC, revogado em 2006.
[375] Nos termos previstos no art. 454º, nº 4, do CSC, revogado em 2006.
[376] Cf. art. 454º, nº 3, do CSC, revogado em 2006.
[377] Cf. Friedrich Kübler, *Derecho de Sociedades*, p. 353.
[378] Cf. Francesco Galgano, *Diritto Commerciale – Le Società*, p. 347.

O APURAMENTO DE RESULTADOS

serem aprovadas é que seriam submetidas à aprovação pela assembleia geral dos sócios[379].

Subjacente a esta solução, de atribuição de competência para aprovação do relatório e contas a uma assembleia de acionistas restrita, estava a opção por um modelo que privilegiava o acompanhamento da gestão por um grupo de acionistas de referência, com mais elevada preparação técnica, atentos os possíveis inconvenientes de deixar as contas ao critério de uma assembleia em que podem estar centenas de sócios, a maioria dos quais sem informação suficiente para poderem votar fundamentadamente.

Atualmente, após a reforma do direito societário português de 2006, no novo modelo de organização germânico assiste-se a uma certa descaracterização desta estrutura de governo. De facto, admite-se desde então que o conselho geral e de supervisão (que corresponde *grosso modo* ao anterior conselho geral) seja composto por um número ilimitado de membros, mas sempre superior ao número de administradores, os quais não têm que ser acionistas. Perde-se, por isso, o carácter de assembleia restrita de sócios. Por outro lado, e como consequência disso mesmo, o novo conselho perde para a assembleia geral a competência para aprovar o relatório e as contas elaboradas pela administração. De acordo com a nova lei, compete-lhe somente dar parecer sobre o relatório de gestão e as contas do exercício e não a sua aprovação[380].

Podemos então concluir que, nos termos da versão atual do CSC, a competência para a aprovação do relatório e contas é sempre do coletivo dos sócios[381].

Do regime legal previsto no CSC resulta com clareza que os sócios são livres de aprovar ou não as contas, tendo em atenção a legalidade da elaboração das mesmas ou outros critérios que entendam poder fundamentar a sua não aprovação. Nomeadamente, pode a assembleia não concordar

---

[379] Cf. art. 31º do projeto, *in* Alberto Pimenta, *A prestação de contas do exercício nas sociedades comerciais*, p. 408.

[380] Em contrapartida, passou a ter competência para propor à assembleia geral a nomeação do ROC da sociedade (art. 441º, m), do CSC), que será fiscalizado, quer quanto à sua atividade, quer no que respeita à sua independência pelo mesmo conselho geral e de supervisão.

[381] Entretanto, a lei prevê a aplicação imperativa dos novos modelos a todas as sociedades constituídas até 29 de junho de 2006 que no prazo de um ano não tenham procedido à adaptação dos seus estatutos. Pelo que, até lá mantiveram-se as competências previstas na lei então revogada.

com os critérios que presidiram à elaboração das contas, ainda que não as considere ilegais.

Parece também pacífico que cabe apenas à assembleia geral aprovar ou reprovar as contas, mas não alterá-las[382]. De facto, não é competência da assembleia geral a elaboração das contas, mas tão-só a sua aprovação. O que não significa que a mesma não possa dar orientações aos administradores quanto aos critérios e à forma de elaboração das contas. Não pode é alterar as contas que lhe são submetidas para aprovação[383].

O CSC é inequívoco quanto a esta questão, ao proclamar no artigo 68º que caso a assembleia não aprove as contas deve deliberar que a administração proceda à elaboração de novas contas, refazendo-as na totalidade ou quanto aos pontos que mereceram censura. Por seu lado, a administração pode recusar-se a efetuar tais alterações, tendo nesse caso que requerer que se proceda a inquérito judicial[384].

Em Espanha verifica-se um regime semelhante, competindo também à assembleia geral de sócios (*junta general*) a aprovação das contas anuais das sociedades de capital, como determina o artigo 272., nº 1, do texto refundido da *LSC*.

O mesmo sucede em França, competindo à assembleia geral de acionistas deliberar e estatuir sobre todas as questões relacionadas com as

---

[382] Neste sentido, cf. Cassiano dos Santos, *A posição do accionista face aos lucros de balanço*, p. 109 e 110; Sanchez Calero, *La determinación y la distribución del beneficio neto en la sociedad anonima*, p. 97.

[383] Em sentido contrário, com o argumento de que quer o relatório, quer as contas, são meras propostas, cf. José Carlos Soares Machado, *Sobre a justificação da recusa de assinatura do relatório e contas da sociedade*, p. 362 e 363. Entende, não obstante, este autor que as alterações ou modificações não podem ser de tal dimensão que os administradores deixem de concordar com tais documentos. Ao admitir essa limitação, está, no fundo, a aceitar que só com a anuência da administração tais documentos podem ser alterados. Ora, tal conduz exatamente à solução que a lei determina: não sendo aprovada a proposta dos membros da administração, devem os sócios deliberar motivadamente que se proceda à elaboração total de novas contas ou à reforma das apresentadas. Também Vasco Lobo Xavier se pronunciou no sentido da possibilidade de a assembleia geral poder modificar o balanço que lhe é apresentado pela administração. Todavia, fê-lo no âmbito de disposições do Código Comercial (nomeadamente, o art. 179º, § único, nº 1º) entretanto revogadas pela entrada em vigor do Código das Sociedades Comerciais – cf. *Anulação de deliberação social e deliberações conexas*, p. 493, nota 161.

[384] Cremos que o mesmo se aplica aos órgãos de fiscalização, a quem compete emitir um parecer sobre as contas e demais documentos de prestação de contas, mas não alterá-los. Todavia, em sentido contrário, ver Ricardo do Nascimento Ferreira, *As deliberações dos sócios relativas à prestação de contas*, p. 209.

contas anuais das sociedades anónimas, nos termos do artigo L225-100, do Código Comercial. Para as sociedades de responsabilidade limitada, o artigo L223-26 estabelece o prazo de seis meses a contar do termo do exercício para os gerentes submeterem à aprovação dos sócios o relatório de gestão, o inventário e as contas anuais.[385]

Em Itália o artigo 2364 do Código Civil estabelece do mesmo modo que compete à assembleia geral a aprovação do balanço, no modelo monista, enquanto no modelo dualista tal competência é conferida ao conselho de supervisão, como acima se disse já.

A deliberação de aprovação das contas[386] é autónoma e destinta relativamente à deliberação de aplicação de resultados, embora a primeira seja uma condição e um pressuposto da segunda. A diferente natureza das deliberações advém do facto de a aprovação das contas do exercício não ter efeitos constitutivos[387], pois é insuscetível de constituir, modificar ou extinguir relações jurídicas, ao contrário do que sucede com a deliberação de aplicação de resultados.

Assim, a deliberação de aprovação das contas é antes uma declaração de ciência, sem conteúdo dispositivo[388], cuja função é, neste contexto, a de revelar se existem lucros e qual o seu montante[389].

### 2.3.2. As consequência da não aprovação

Ao órgão competente para apreciar as contas que lhe são apresentadas cabe apenas aprová-las ou rejeitá-las. Isto é, não pode a assembleia dos sócios alterar por sua iniciativa as contas anuais, como se referiu. Ou as

---

[385] No caso das sociedades de responsabilidade limitada unipessoais, sendo o sócio único também o gerente único, nos termos do art. L223-31 do Código Comercial, o depósito das contas no registo comercial vale como aprovação das mesmas.

[386] É pacífico que da ata da reunião da assembleia geral de aprovação não tem que constar o teor, conteúdo e expressão das contas. É suficiente de que dela constem os votos emitidos e o sentido da deliberação – cf. Acórdão do TRC, de 30 de novembro de 1982 (Manuel de Oliveira Matos).

[387] Cf. Cassiano Santos, *A posição do acionista face aos lucros de balanço*, p. 109 e ss. Como refere este autor, a deliberação de aprovação do balanço é uma declaração de ciência peculiar. Neste seu entendimento, os lucros não surgem com o balanço, mas a este cabe revelá-los, separando-os do restante património social. Os lucros já existiam antes, mas o balanço procede à sua liquidação.

[388] Cf. António Caeiro / Nogueira Serens, *Direito aos lucros e direito ao dividendo anual*, p. 371, nota 1.

[389] Cf. Osório de Castro, *Sobre o art. 89º, nº 2, do projecto de Código das Sociedades*, p. 229.

APURAMENTO E APLICAÇÃO DE RESULTADOS

aprova ou não. Já o mesmo não sucede com a proposta de aplicação de resultados, como veremos.

Caso as contas não sejam aprovadas, deverá ser deliberado que «se proceda à elaboração total de novas contas ou à reforma, em pontos concretos, das apresentadas», conforme determina o artigo 68º do CSC. Para tanto, tal deliberação deve ser motivada, isto é, apontar os pontos de discórdia relativamente às contas trazidas pela administração.

As novas contas (ou a reformulação das apresentadas) terão que ser elaboradas pelo órgão de administração. Porém, se a administração não concordar com a alteração proposta, a lei faculta-lhe a possibilidade de requerer um inquérito judicial, no qual se irá avaliar da necessidade de reforma das contas. Isto é, o litígio que entre os órgãos societários se instalou será resolvido nas instâncias judiciais, num procedimento análogo ao previsto no artigo 67º, nº 3, do CSC.

Porém, o recurso à via judicial está vedado se a reforma determinada pelo órgão próprio tiver por fundamento «juízos para os quais a lei não imponha critérios». O que suscita o problema de saber quais as situações em que o legislador não oferece critérios de determinação de valores contabilísticos[390]. É certo que a elaboração das contas obedece à lei, nomeadamente às regras contidas no SNC, mas não se pode excluir a existência de alguma margem de discricionariedade técnica, fundada em opções contabilísticas da própria sociedade[391].

Certo é que, não sendo aprovadas as contas não é possível deliberar sobre a aplicação do resultado do exercício.

Importa ainda referir que a não aprovação das contas pode significar uma «manifestação de desconfiança» dos sócios em relação à administração[392]. Na verdade, a rejeição das contas apresentadas pode indiciar uma

---

[390] Em princípio há sempre um critério contabilístico determinado por lei. Pode, porém, haver alguma margem de discricionariedade na aplicação dos critérios, margem essa que é «ineliminável» – cf. Osório de Castro, *Sobre o art. 89º, nº 2, do projecto de Código das Sociedades*, p. 229, nota 4.

[391] No sentido de evitar alargamentos desajustados desta norma, aquando da discussão do projeto de CSC, Osório de Castro propôs que a este número se acrescentasse que «não é admissível o inquérito, se as modificações ordenadas se puderem considerar razoáveis» – cf. *Sobre o art. 89º, nº 2, do projecto de Código das Sociedades*, p. 247. Não parece, contudo, que o problema ficasse definitivamente resolvido, face ao recurso a um conceito indeterminado.

[392] Cf. José Carlos Soares Machado, *A deliberação de confiança na apreciação anual da situação da sociedade*, p. 603.

falta de sintonia entre sócios e administradores, ou pelo menos uma falta de confiança dos primeiros nestes últimos[393].

Todavia, importará, em cada caso, averiguar das razões da rejeição das contas apresentadas. É que, por um lado, poderão não ser as mesmas por parte de todos os sócios. E por outro, não se pode excluir que existam divergências técnicas em relação às contas apresentadas pela administração que, por isso mesmo, não se traduzam necessariamente numa avaliação negativa do seu desempenho. De resto, o inverso também pode suceder. Isto é, que após a aprovação das contas sem reservas se siga um voto de desconfiança em relação à administração.

Situação diversa é a ausência de qualquer deliberação sobre as contas do exercício elaboradas pela administração. Isto é, quando tendo sido elaboradas e apresentadas as contas pelo órgão de administração, a assembleia nada delibere sobre as mesmas no prazo de dois meses após o termo do prazo de três meses contados a partir do final do exercício.

Nesse caso, pode qualquer gerente, administrador ou qualquer sócio, requerer ao tribunal a convocação de assembleia geral para deliberar sobre as contas e de demais documentos de prestação de contas, como determina o nº 4 do artigo 67º do CSC.

Nas sociedades anónimas também o conselho fiscal, o fiscal único, a comissão de auditoria e o conselho geral e de supervisão têm o dever de convocar a assembleia quando o presidente da mesa não o faça – cf. artigos 377º, nº 7; 420º, nº 1, h); 423º-F, nº 1, h) e 441º, nº 1, s)[394], todos do CSC.

---

[393] Não falta quem entenda que a reprovação das contas determina a destituição dos administradores – cf. Amel Amer-Yahia, *Le Régime Juridique des Devidendes*, p. 69. Também no Brasil, quer a doutrina, quer a jurisprudência entendem que a reprovação das contas tem como consequência imediata a destituição dos administradores que as tenham elaborado e sua eventual responsabilização pelos prejuízos daí decorrentes – cf. Gustavo Tepedino / Heloísa Helena Barbosa / Maria Celina Bodin de Moraes, *Código Civil Interpretado – Conforme a Constituição da República* – Vol. III, p. 210.

[394] Aparentemente, pelo teor literal da alínea s), do nº 1, do art. 441º, o Conselho Geral e de Supervisão tem competência para convocar a assembleia geral, quando o entenda conveniente, e não o dever de a convocar como sucede com o Conselho Fiscal, o Fiscal Único e a Comissão de Auditoria. Todavia, não cremos que a diversa redação da lei a este propósito, nas competências do Conselho Geral e de Supervisão tenha qualquer relevância jurídica, pois também a este conselho compete vigiar pela observância da lei e do contrato de sociedade, pelo que, perante a omissão de convocação da assembleia geral pelo presidente da mesa, o Conselho Geral e de Supervisão podendo efetuar tal convocação não deverá deixar de o fazer, sob pena de se estar a demitir das suas competências de velar pela observância da lei.

Neste contexto, deve entender-se que lhes cabe efetuar essa convocação perante a omissão de iniciativa por quem de direito.

Caso a assembleia tenha sido convocada por via judicial e não tendo sido aprovadas ou rejeitadas as contas, pode qualquer interessado requerer que as mesmas sejam analisadas por um revisor oficial de contas independente, como prevê o nº 5 do artigo 67º do CSC. Nomeado tal revisor independente, caberá ao juiz em face do relatório apresentado e das demais provas que forem produzidas aprovar ou recusar a aprovação das contas. Neste último caso, a lei não estabelece qualquer mecanismo de superação da não aprovação das contas, mas cremos que a melhor solução será a de, em caso de não aprovação pelo juiz, este determinar que a administração reformule as contas, fundamentando a razão da sua não aprovação.

Importa ainda sublinhar que, nos termos do artigo 20º, nº 1, h), do CIRE, o atraso superior a nove meses na aprovação e depósito das contas, quando a sociedade a tal está obrigada, é um dos factos indiciadores da situação de insolvência.

## 2.4. O depósito e a publicidade das contas

De acordo com o CRC, determinados atos referentes às sociedades comerciais estão sujeitos a registo e publicação, como determina o artigo 166º do CSC[395]. Apesar do sigilo comercial que é considerado com frequência a «alma do negócio», certo é que, cada vez mais, é essencial para o bom funcionamento da economia uma adequada transparência sobre alguns aspetos da vida societária relevantes quer para os sócios, quer para os credores e o mercado em geral. A prestação de contas não é exceção, estando pois sujeita a registo, que neste caso consiste na entrega de elementos da escrita da sociedade, na Conservatória do Registo Comercial para efeitos de depósito e publicação[396].

Assim, uma vez aprovadas as contas do exercício é obrigatório depositá-las na conservatória, como determinam o nº 1, do artigo 70º do CSC[397] e os artigos 3º, nº 1, n) e 15º, nº 1, do CRC, o que é efetuado por transmissão

---

[395] Nos termos do art. 10º, d), do CRC, está também sujeita a registo a prestação de contas das sociedades com sede no estrangeiro e representação permanente em Portugal.

[396] Sobre a publicidade das contas ver também os art. 30º e ss da Diretiva 2013/34/UE.

[397] Esta obrigação recai sobre todas as sociedades comerciais exceto as sociedades em nome coletivo e as sociedades em comandita simples. Estas só a ela estarão sujeitas se, ultrapassando dois dos limites do art. 262º, nº 2 do CSC, reunirem as condições previstas nas alíneas a) e b)

O APURAMENTO DE RESULTADOS

eletrónica de dados. Têm que ser enviados a ata de aprovação das contas e da aplicação do resultado, o balanço, a demonstração de resultados, o anexo ao balanço e à demonstração de resultados, a certificação legal de contas e o parecer do órgão de fiscalização[398].

O registo das contas deve ser requerido até ao décimo quinto dia do sétimo mês posterior à data do termo do exercício económico[399] e consiste no mero arquivamento dos documentos[400], não envolvendo um juízo de conformidade dos mesmos com a lei. De facto, o conservador tem apenas o dever de receber para depósito tais documentos, não lhe cabendo uma apreciação da legalidade do teor dos mesmos. Apenas lhe compete aferir da legalidade formal dos documentos que lhe são entregues[401].

Desde a entrada em vigor do DL nº 8/2007, de 17 de janeiro[402], as sociedades comerciais cumprem a obrigação de registo da prestação de contas através da "Informação Empresarial Simplificada" (IES), conjuntamente com a declaração anual de informação contabilística e fiscal prevista no código do Imposto sobre o Rendimento das Pessoas Coletivas (IRC) e as informações estatísticas a prestar ao Instituto Nacional de Estatística e ao Banco de Portugal.

Fazem-no através de uma declaração única, transmitida por via eletrónica[403], pelas entidades competentes para a entrega das declarações de informação contabilística e fiscal, nos seis meses posteriores ao termo do exercício económico[404].

Nos termos do artigo 72º, nº 4, do CRC, a publicação deste informação através da IES não inclui a certificação de contas, mas deve ser divulgado se o parecer da revisão traduz uma opinião sem reservas ou com reservas, se é emitida uma opinião adversa ou se o revisor não está em condições de exprimir uma opinião. Deve ainda ser indicado se o documento de certificação de contas faz alguma referência a qualquer questão para a qual o

do nº 1 do art. 70º-A, do CSC: quando todos os sócios de responsabilidade ilimitada forem sociedades de responsabilidade limitada ou sócios organizados dessa forma.

[398] Cf. art. 42º, nº 1, do CRC.
[399] Cf. art. 15º, nº 4, do CRC.
[400] Cf. art. 53º-A, nº 3, do CRC.
[401] Cf. art. 47º, do CRC.
[402] Entretanto alterado pelos DL nº 116/2008, de 4 de julho, DL nº 69-A/2009, de 24 de março, 292/2009, de 13 de outubro e DL nº 292/2012, de 19 de setembro.
[403] Através do seguinte sítio da Internet: http://www.ies.gov.pt/site_IES/site/home.htm
[404] Cf. art. 5.ºs e 6º do DL nº 8/2007, de 17 de janeiro.

APURAMENTO E APLICAÇÃO DE RESULTADOS

revisor oficial de contas tenha chamado a atenção com ênfase, sem qualificar a opinião de revisão. Ou seja, as menções que constam obrigatoriamente do registo também têm que ser publicadas.

Para além da publicidade que ao registo da prestação de contas é dado, atenta a publicação na Internet de acesso público, na sequência do seu depósito através da IES, o CSC estabelece ainda o dever de todas as sociedades comerciais disponibilizarem aos interessados, gratuitamente, no respetivo sítio da Internet, quando exista, ou na sede social, cópia integral do relatório de gestão, incluindo o relatório sobre a estrutura e as práticas de governo societário, quando não integre o relatório de gestão, bem como a certificação legal de contas e o parecer do órgão de fiscalização[405].

No caso das sociedades abertas, não cotadas em mercado de valores, os documentos de prestação de contas devem ser publicados integralmente, nos termos do artigo 72º, nº 3, do mesmo CRC.

As sociedades anónimas emitentes de ações admitidas à negociação em mercado regulamentado situado ou a funcionar em Portugal têm de divulgar no prazo de quatro meses após o termo do exercício e manter à disposição do público por cinco anos, o relatório de gestão, as contas anuais, a certificação legal de contas e demais documentos de prestação de contas, nos termos do artigo 245º do CVM.

Para além disso, é ainda necessário que divulguem o relatório elaborado pelo auditor registado na CMVM e a declaração de cada membro dos órgãos sociais que certifiquem que a informação divulgada foi elaborada em conformidade com as normas contabilísticas aplicáveis e dá uma imagem verdadeira e apropriada do ativo e passivo, da situação financeira e dos resultados da sociedade emitente de valores mobiliários. Devem os mesmos titulares dos órgãos responsabilizar-se pelas informações constantes do relatório de gestão, declarando que o mesmo expõe fielmente

---

[405] Cf. Art. 70º, n.ᵒˢ 1 e 2, do CSC, na redação que resultou do DL nº 185/2009, de 12 de agosto. Só estão dispensadas desta obrigação de publicidade as sociedades em nome coletivo e as sociedades em comandita simples, exceto quando «todos os sócios de responsabilidade ilimitada sejam sociedades de responsabilidade limitada ou sociedades não sujeitas à legislação de um Estado-Membro da União Europeia, mas cuja forma jurídica seja igual ou equiparável à das sociedades de responsabilidade limitada», ou quando «todos os sócios de responsabilidade ilimitada se encontrem eles próprios organizados sob a forma de sociedade de responsabilidade limitada ou segundo umas das formas previstas na alínea anterior». Mesmo nestes casos, se não ultrapassarem dois dos limites referidos no art. 262º, nº 2, do CSC, também estão dispensadas desta obrigação.

O APURAMENTO DE RESULTADOS

a evolução dos negócios, do desempenho e da posição da sociedade e das empresas incluídas no perímetro de consolidação.

Por outro lado, semestralmente, as mesmas sociedades devem divulgar demonstrações financeiras condensadas e um relatório de gestão intercalar, acompanhados de declaração dos titulares dos órgãos que certifique que a informação prestada é fidedigna, nos termos acima referidos. As grandes sociedades emitentes[406] têm ainda que divulgar esta informação a cada trimestre[407].

Atualmente, e como forma de coagir as sociedades a procederem ao registo da prestação de contas, a omissão de tal ato impede que a mesma possa efetuar outros registos[408] e, caso a omissão de registo ocorra em dois anos consecutivos, determina a instauração oficiosa do procedimento administrativo de dissolução da sociedade[409].

## 3. A invalidade das contas

O balanço e demais contas devem ser exatas e completas, oferecendo «uma imagem verdadeira e apropriada da situação financeira e dos resultados das operações da empresa» – este é o princípio da verdade do balanço, de que falam os autores alemães e italianos[410]. Importa então deter a nossa

---

[406] Aquelas que durante dois anos consecutivos ultrapassem dois destes três indicadores: total do balanço: 100 000 000 EUR; total das vendas líquidas e outros proveitos: 150 000 000 EUR; número de trabalhadores empregues em média durante o exercício: 150 – cf. art. 246º-A, nº 1, do CVM.

[407] Cf. Art. 246º-A do CVM.

[408] Cf. art. 17º, nº 3, do CRC, com a redação que lhe deu o DL nº 250/2012, de 23 de novembro. Registe-se que não ficam impedidos todos os registos posteriores, pois esta norma prevê algumas exceções.

[409] O "Regime dos Procedimentos Administrativos de Dissolução e Liquidação de Entidades Comerciais" está previsto no DL nº 76-A/2006, de 29 de março, alterado pelos DL nº 8/2007, de 17 de janeiro, DL nº 318/2007, de 26 de setembro, DL nº 90/2011, de 25 de junho e DL nº 209/2012, de 19 de setembro. Estas sanções são necessárias atento o elevado número de sociedades que não cumprem a obrigação de registo da prestação de contas, assim se furtando a dar informações à comunidade em geral, sobretudo àqueles a quem não é fácil a obtenção de informação sobre a situação patrimonial e financeira da sociedade por outras vias.

[410] Cf. Giovanni E. Colombo, *Il Bilancio d'Esercizio e Consolidato*, p. 57 e ss. Sobre o *Bilanzwahrheit*, cf. Vasco Lobo Xavier, *Anulação de deliberação social e deliberações conexas*, nota 163, p. 495. Este princípio tem consagração em Portugal no SNC – cf. parágrafos 24 a 46 da Estrutura Conceptual do SNC. No parágrafo 24 são enumeradas as principais características qualitativas da informação proporcionada nas demonstrações financeiras: compreensibilidade, relevância, fiabilidade e comparabilidade. Importa também sublinhar que no parágrafo 9, da NCRF 4, se

APURAMENTO E APLICAÇÃO DE RESULTADOS

atenção nas consequências jurídicas da inobservância desse princípio fundamental, as quais se projetam na deliberação que as aprova, pois «a deliberação de aprovação *assume* o conteúdo do balanço», pelo que, os vícios da proposta trazida pela administração «*se comunicam* ao acto final e neste ficam absorvidos»[411].

Há, todavia, que distinguir diferentes situações que podem ocorrer quando se fala do vício referente à aprovação de contas não verdadeiras ou não exatas de uma sociedade. De facto, se o erro em que as contas incorrem resultar de uma fixação do ativo líquido superior ao real, ou por via de um aumento injustificado do ativo ou por diminuição indevida do passivo, a sociedade irá apresentar lucros fictícios, isto é, inexistentes de facto. Contabilisticamente regista um lucro que, na verdade, não obteve. Ora, esta situação coloca em causa fundamentalmente os interesses de terceiros, nomeadamente dos credores, na medida em que permite a distribuição de bens aos sócios sem que existam lucros reais, pelo menos no montante que as contas revelam, e/ou possibilita a constituição de reservas à custa de lucros inexistentes. Reservas essas que, mais tarde poderão, pelo menos na parte que excede a reserva legal, ser objeto de distribuição pelos sócios. A aprovação de contas nessas condições coloca, pois, em causa o princípio basilar da intangibilidade do capital social, que constitui uma garantia fundamental para os credores.

A aprovação de contas que contenham um ativo líquido superior ao real viola pois uma regra de natureza cogente, que nem os sócios por unanimidade poderiam alterar[412]. Assim sendo, a consequência terá que ser a nuli-

---

determina que da política contabilística adotada deve resultar, além do mais, informação que seja fiável e represente com fidedignidade a posição financeira, o desempenho financeiro e os fluxos de caixa da entidade.

[411] Cf. Lobo Xavier, *Anulação de deliberação social e deliberações conexas*, nota 161, p. 493 e ss. Quem não entenda as coisas deste modo, separando pois, o conteúdo do balanço da deliberação que o aprova, terá em consequência que excluir a impugnabilidade da mesma com fundamento nos vícios das contas aprovadas, apenas podendo atacá-la com outros motivos atinentes à própria deliberação, designadamente, vícios de procedimento.

[412] Cf. Lobo Xavier, *Anulação de deliberação social e deliberações conexas*, nota 163, p. 496, onde se explica que o princípio de que o balanço deve ser exato e completo tem natureza cogente, na medida em que a sua violação frustra a garantia que o capital social é para terceiros. Essa mesma natureza impõe que os estatutos o não possam derrogar, em qualquer sentido, pelo que uma cláusula que permitisse aos administradores fixar um ativo inferior ao real (para lá de uma margem de discricionariedade técnica razoável) seria nula por ofensiva dos bons costumes e,

dade de tal deliberação, como decorre do disposto no nº 3, do artigo 69º, do CSC. Nos termos desta disposição legal, são nulas as deliberações que violem as regras relativas «à constituição, reforço ou utilização da reserva legal, bem como de preceitos cuja finalidade, exclusiva ou principal, seja a proteção dos credores ou do interesse público»[413]. Ora, a deliberação de aprovação de contas com aquele apontado vício viola indiscutivelmente as normas de proteção dos credores, como se referiu, pelo que se compreende a nulidade de tal deliberação[414]. Todavia, a declaração de nulidade de tal deliberação pressupõe, naturalmente, a prova em tribunal do apontado vício das contas.

Pode, porém, o erro das contas ser de sinal contrário, isto é, apresentar um ativo líquido não superior, mas antes inferior ao real. Assim sucederá quando o ativo estiver erroneamente diminuído e/ou o passivo indevidamente aumentado. Neste caso, são diretamente afectados os interesses dos sócios, que assim veem artificialmente reduzido o montante dos lucros susceptíveis de distribuição. Nesta conformidade, estão em causa interesses que não são indisponíveis[415], na medida em que os sócios sempre poderiam deliberar, por unanimidade, não distribuir lucros. Razão pela qual, para VASCO LOBO XAVIER, se justifica a mera anulabilidade da deliberação que as aprova[416].

---

para as sociedades anónimas, por colocar também em causa os interesses dos que viessem a adquirir no futuro a qualidade de sócios.

[413] Cf. Carneiro da Frada, *Deliberações sociais inválidas no novo Código das Sociedades*, p. 325 e Osório de Castro, *Sobre o art. 89º, nº 2, do Projecto de Código das Sociedades*, p. 227 e ss.

[414] Sendo nula, a invalidade pode ser invocada a todo o tempo por qualquer interessado e pode ser declarada oficiosamente pelo tribunal (cf. art. 286º do Código Civil). Trata-se, assim, de deliberações que não se consolidam pelo simples facto de nenhum sócio ter requerido, em certo prazo, ação anulatória. E que não produzem os efeitos a que tendem, mesmo na ausência de qualquer decisão judicial que declare a sua nulidade. Acresce que, nos termos do art. 57º, nos 1 e 2, do CSC, o órgão de fiscalização deve dar a conhecer tal nulidade aos sócios, em assembleia geral e, caso estes não renovem a deliberação, sanando o vício, ou promovam a declaração da sua nulidade, no prazo de dois meses, cabe ao órgão de fiscalização promover, sem demora, a declaração judicial de nulidade. Nas sociedades por quotas este dever recai sobre qualquer um dos gerentes (cf. nº 4, do mesmo preceito).

[415] Cf. Lobo Xavier, *Anulação de deliberação social e deliberações conexas*, nota 163, p. 497.

[416] Cairia, assim, na previsão do nº 1, do art. 69º, do CSC (e não na do nº 3 do mesmo preceito). De resto, esta é a regra geral para a violação dos preceitos legais relativos à elaboração do relatório de gestão, das contas do exercício e demais documentos de prestação de contas. Em sentido contrário, cf. Coutinho de Abreu, *Curso de Direito Comercial*, II, p. 536.

APURAMENTO E APLICAÇÃO DE RESULTADOS

No entanto, não será de excluir liminarmente a possibilidade de um balanço que apresente um ativo líquido inferior ao real poder pôr em causa a proteção dos credores, do interesse público ou mesmo dos sócios. Desde logo, porque um balanço aprovado nesses termos pode impedir a formação ou reforço da reserva legal que é a garantia avançada do capital social, podendo dar lugar à criação de reservas ocultas, reservas que assim ficariam fora do alcance dos credores.

Acresce que tal situação afeta o interesse público de tributação dos lucros efetivamente auferidos pelas sociedades e que desse modo poderão ser dissimulados[417]. Pode ainda colidir com o interesse dos sócios, no caso de exoneração, de exclusão ou de amortização das respetivas quotas ou ações. De facto, a aprovação de contas que revelem um ativo líquido aquém do real, sabendo do papel que aquelas desempenham na avaliação das participações sociais[418], afetará necessariamente os direitos desses sócios. Por estas razões, também nesta hipótese de vício das contas se poderá justificar a nulidade da deliberação que as aprove[419].

Se tal solução se pode sustentar de *iure constituendo*, dificilmente pode ter acolhimento de *iure constituto*. É certo que no nº 3 do artigo 69º do CSC se prevê também a nulidade no caso de violação de preceitos que protegem

---

[417] Os interesses tributários do Estado são afetados, quer no caso (evidente) de revelação de lucros inferiores aos reais, quer na eventualidade de apuramento de prejuízos superiores aos efetivamente tidos. Neste último caso, a sociedade irá ver diminuídos os seus lucros fiscais nos exercícios subsequentes, atenta a dedutibilidade (em certos termos) dos prejuízos fiscais anteriores.

[418] Cf. art. 1021º do Código Civil, aplicável *ex vi* art. 105º, nº 2, nos termos dos artigos 235º, nº 1, a) e 240º, nº 5, estes últimos do CSC. À amortização de ações (cf. art. 347º do CSC) deve aplicar-se por analogia o mesmo regime das sociedades por quotas para determinar o valor que os acionistas terão direito a receber – cf. neste sentido António Pereira de Almeida, *Sociedades Comerciais, Valores Mobiliários e Mercados*, p. 687. Isto no caso da amortização com redução do capital social, pois caso se trate de uma amortização sem redução, o valor a pagar corresponde ao valor nominal das ações, ou parte dele (cf. art. 346º, nº 1, do CSC).

[419] Neste sentido, cf. Osório de Castro, *Sobre o art. 89º, nº 2, do Projecto de Código das Sociedades*, p. 230 e ss, Coutinho de Abreu, *Direito Comercial*, II, p. 536. Não falta, na verdade, quem sustente que sempre que as contas não sejam exatas e completas, ora revelando um ativo liquido superior ao real, ora inferior, a deliberação que as aprova estará sempre ferida de nulidade. De facto, em qualquer desses casos é posta em causa a principal finalidade das contas: dar um retrato fiel da situação patrimonial da sociedade aos sócios e a terceiros – cf. a este propósito a doutrina italiana de que nos dá notícia Vasco Lobo Xavier, *Anulação de deliberação social e deliberações conexas*, nota 163, p. 498.

O APURAMENTO DE RESULTADOS

o interesse público, como é seguramente o interesse de liquidação e pagamento dos impostos devidos. Porém, não se pode chegar a uma solução que não tenha no texto um mínimo de acolhimento, ainda que imperfeitamente expresso[420]. Ora, nos termos previstos no nº 3 do artigo 69º apenas fica reservada a sanção da nulidade para aquelas situações em que sejam violados *"preceitos cuja finalidade, exclusiva ou principal, seja a proteção dos credores ou do interesse público"*.

Ora, na hipótese referida, dificilmente se poderá dizer que tais preceitos (que regem a elaboração das contas) visam exclusiva ou principalmente a proteção do interesse público de natureza fiscal[421]. Assim sendo, entendemos que não se pode afirmar, face à lei vigente, que seja nula qualquer deliberação que aprove contas que apresentem um ativo líquido inferior ao real.

Importa, também, referir que o princípio da verdade do balanço tem um carácter relativo que não pode ser ignorado[422]. De facto, não é possível ao legislador estabelecer regras de tal forma precisas que conduzam sempre ao mesmo resultado, daí que se fale da relatividade do resultado, como veremos já a seguir. Há aqui espaço para uma «discricionariedade técnica» que não significa arbitrariedade, mas uma margem de discricionariedade, dentro do razoável. Pelo que, nas palavras de VASCO LOBO XAVIER, «só o que exorbita daquela margem razoável permite falar em irregularidade do balanço, suscetível de viciar a correspondente deliberação de aprovação»[423].

Estamos, neste domínio, fundamentalmente perante o problema da estimação ou avaliação correta e rigorosa das diferentes verbas que integram as contas. Este problema gera mais incertezas do que as hipóteses de vícios das contas decorrentes de omissão de verbas ou inclusão indevida de determinadas verbas, como sucede nos casos a que até aqui nos quisemos referir.

---

[420] Cf. nº 2 do art. 9º do Código Civil.

[421] Acresce, a nosso ver, um outro argumento. É que, caso se entendesse que qualquer violação das normas legais que regem as contas fosse geradora de nulidade, pouca ou nenhuma especificidade teria o regime do art. 69º (que, recorde-se, tem como epígrafe «Regime especial de invalidade das deliberações»), pois tal já se poderia deduzir do regime geral da nulidade das deliberações cujo conteúdo não possa ser derrogado "nem por vontade unânime dos sócios" – cf. alínea d), do nº 1 do citado artigo.

[422] Cf. Lobo Xavier, *Anulação de deliberação social e deliberações conexas*, nota 163, p. 499.

[423] *Idem, ibidem.*

Os casos em que a desconformidade das contas com a realidade advém desta deficiente avaliação de elementos do ativo ou do passivo serão bem mais frequentes na prática e podem até ser a expressão de uma gestão prudente e criteriosa, nomeadamente quando se verifica uma subavaliação do ativo e/ou uma sobreavaliação do passivo.

Nestes casos estão fundamentalmente em causa interesses dos sócios, pelo que, por maioria de razão, apenas a fixação de uma ativo liquido inferior ao real que exorbite da referida discricionariedade técnica é suscetível de provocar a anulabilidade da deliberação que aprove contas em tais circunstâncias.

Já no caso de se tratar de uma sobreavaliação do ativo ou subavaliação do passivo, que se traduza em apresentar um ativo líquido superior ao real, estarão postos em perigo os interesses de terceiros, nomeadamente dos credores. Daí que, sendo ultrapassada a tal margem razoável de discricionariedade técnica, a solução não pode ser outra que não a nulidade de tais contas (ou da deliberação que as aprove). Cai assim no âmbito do artigo 69º, nº 3, do CSC.[424] Mas importa que seja ultrapassada tal margem de discricionariedade técnica e que se trate de um desvio com significado, pois seria desproporcionado declarar nula a deliberação de aprovação de contas que contenham erros de avaliação do ativo ou passivo sem relevo significativo no resultado final.

Por último, importa referir uma outra situação que pode ainda afetar as contas. Referimo-nos à sua irregularidade, isto é, a deficiências das mesmas sem a gravidade das violações das regras a que devem obedecer que vimos nas situações anteriores. Será nomeadamente o caso de violação de regras contabilísticas sem expressão no resultado final. Estamos perante deficiências das contas que não interferem de modo essencial com os interesses em causa, quer dos sócios, quer de terceiros, tratando-se antes de erros de classificação de verbas, erros aritméticos ou matemáticos, sem reflexo no resultado final[425]. Neste caso, apesar de anuláveis, o juiz só deverá decretar a anulação das contas caso a administração as não reforme, corrigindo as

---

[424] Neste sentido cfr. Vasco Lobo Xavier, *Anulação de deliberação social e deliberações conexas*, nota 163, p. 499

[425] Cf. Acórdão do Supremo Tribunal de Justiça, de 9 de fevereiro de 2012 (Abrantes Geraldes). Nesta decisão o STJ considerou que, tendo a elaboração das contas violado cláusulas do pacto social sobre as exigências quanto à obtenção de empréstimos de acionistas, envolvendo elevados valores, de modo algum se poderia enquadrar a situação no âmbito das irregularidades previstas

O APURAMENTO DE RESULTADOS

irregularidades detetadas, no prazo que for fixado para esse efeito, nos termos do nº 2, do artigo 69º, do CSC[426].

Em termos gerais, a violação dos preceitos legais relativos à elaboração do relatório de gestão, das contas do exercício e de demais documentos de prestação de contas torna anuláveis as deliberações tomadas pelos sócios, como determina o nº 1 do artigo 69º do CSC. Será, designadamente, o que sucede quando se não observem as normas que impõem que as contas sejam elaboradas pela administração e assinadas pelos administradores (artigo 65º do CSC), ou desrespeitem as regras contabilísticas aplicáveis (as normas de relato financeiro do SNC ou a sua estrutura conceptual).[427] De igual modo, se não forem respeitadas as normas relativas à elaboração do relatório de gestão constantes do artigo 66º do CSC[428], ou se o mesmo nem sequer for elaborado ou apresentado aos sócios[429].

Por último, cabe referir que, sendo proposta ação de anulação da deliberação de aprovação das contas de determinado exercício, a partir da data da citação, a administração fica na impossibilidade de efetuar qualquer distribuição de bens aos sócios com base na deliberação em crise

no nº 2 do art. 69º do CSC, que visa «*situações em que as contas tenham sido afectadas por erros matemáticos ou contabilísticos*».

[426] Pelo teor literal do nº 2 do art. 69º só aí se encontram previstas irregularidades nas contas. Todavia, concordamos com Ana Maria Rodrigues / Rui Pereira Dias que defendem a extensão desta norma ao relatório de gestão – cf. *Código das Sociedades Comerciais em Comentário*, Vol. I, p. 816. Isto é, quando o relatório de gestão apresente falha, erro ou imprecisão sem grande relevo, a anulação da deliberação que o aprovou só deverá ser decretada se o mesmo não for reformulado no prazo que seja concedido para o efeito.

[427] Cf. Coutinho de Abreu, *Curso de Direito Comercial*, II, p. 534.

[428] Cf. Acórdão do Tribunal da Relação de Lisboa, de 13 de maio de 1997 (Betencourt Faria). Nesta decisão o TRL considerou anulável (e confirmou a anulação efetuada pela sentença de 1ª instância) a deliberação que aprovou o relatório de gestão que não se encontrava elaborado de acordo com o exigido pelos artigos 65º e 66º do CSC. Designadamente, o referido relatório era omisso quanto a informações sobre a evolução do mercado, custos e proveitos, bem como quanto às perspetivas de recuperação e solidez dos investimentos efetuados.

[429] Cf. Acórdão do Tribunal da Relação de Lisboa, de 22 de março de 1994 (Azadinho Loureiro). Não obstante se tratar de uma deliberação de aprovação de contas de uma sociedade em que todos os sócios eram gerentes, o Tribunal decidiu anular as deliberações de aprovação das contas e de distribuição de resultados atenta a falta de elaboração (e consequentemente de aprovação) do relatório de gestão. É interessante também o facto de o Tribunal ter considerado que a circunstância de todos os sócios serem gerentes não dispensava a elaboração e aprovação do relatório de gestão, o qual "*interessa não só à sociedade e aos sócios, mas também a terceiros (credores) e ao próprio Estado*".

(cf. artigo 31º, nº 4, do CSC). Desta forma, a proposição de ação de invalidação das contas tem um efeito suspensivo dos efeitos da deliberação, mesmo sem que tenha sido apresentada providência cautelar de suspensão de deliberação social. Todavia, caso se prove que a ação foi proposta de má fé ou temerariamente, os seus autores serão responsáveis pelos prejuízos que a demora na distribuição de resultados possa ter causado aos restantes sócios (artigo 31º, nº 5, do CSC).

Isto posto, analisado que está o regime de invalidade das contas do exercício, não podemos deixar de colocar uma questão controversa que da mesma invalidade pode decorrer e que é a de saber qual o efeito que a invalidade das contas de um exercício pode provocar nos exercícios subsequentes. Ou seja, qual a consequência, nos exercícios seguintes, da superveniente anulação da deliberação de aprovação das contas do exercício precedente. O que envolve a análise da relação que existe entre dois exercícios que se sucedem no tempo.

Relativamente a esta questão, alguns autores sustentam que a invalidação das contas de um exercício provoca necessariamente a invalidade das contas dos exercícios seguintes. Neste sentido se pronuncia MARIA ADELAIDE CROCA[430] e, embora de forma menos categórica, RICARDO DO NASCIMENTO FERREIRA[431]. Em sentido contrário, defendendo que o balanço de um exercício não tem conexão com os balanços dos exercícios seguintes, encontramos VASCO LOBO XAVIER[432], COUTINHO DE ABREU[433] e ANA MARIA RODRIGUES / RUI PEREIRA DIAS[434].

Os defensores da primeira posição fundamentam a defesa da ideia de que a invalidade das contas de um exercício afeta a validade das deliberações de aprovação das contas dos exercícios seguintes com o facto de as contas de cada exercício, apesar de autónomas, não serem estanques, compartimentadas, pois a gestão e a vida da sociedade existem em contínuo e «os valores de abertura de um exercício são, forçosamente, iguais ao balanço do fecho do exercício anterior (princípio da unidade dos exercícios)»[435].

---

[430] Cf. *As contas do exercício – Perspectiva civilística*, p. 663, nota 43.
[431] Cf. *As deliberações dos sócios relativas à prestação de contas*, p. 225.
[432] Cf. *Anulação de Deliberação Social e Deliberações Conexas*, p. 484 e ss.
[433] Cf. *Curso de Direito Comercial*, II, p. 534, nota 139.
[434] Cf. *Código das Sociedades Comerciais em Comentário*, Vol. I, p. 820.
[435] Cf. Maria Adelaide Croca, *As contas do exercício – Perspectiva civilística*, p. 663, nota 43.

O APURAMENTO DE RESULTADOS

Assim, os princípios da continuidade, da consistência e da informação comparativa imporão uma necessária conexão entre as contas de exercícios sucessivos, «pelo que a falta ou invalidade da aprovação das contas de um exercício afectará as deliberações que aprovam as contas dos exercícios seguintes»[436]. No entanto, nenhum dos defensores desta tese explica qual o tipo de invalidade que a invalidação da deliberação que aprovou as contas de um exercício gera nas contas dos exercícios subsequentes, limitando-se a afirmar que «afectará as deliberações que aprovam as contas dos exercícios seguintes»[437].

Por outro lado, com base no princípio de que as contas de cada exercício são completas, surgem os defensores de que o balanço de um exercício não tem conexão com os balanços dos exercícios seguintes, pelo que a invalidade da deliberação que aprovou as contas não provoca a invalidade das contas dos exercícios seguintes. Afirmam, de resto, que o balanço é uma realidade *a se stante*, sendo o lucro apurado no confronto entre ativo e passivo e não entre balanços[438].

Para esclarecer esta questão recorremos à lição de VASCO LOBO XAVIER – autor do mais completo e aprofundado estudo sobre os efeitos que a anulação de uma deliberação provoca nas deliberações subsequentes[439].

Ora, do seu ensinamento colhe-se que o ponto central está em determinar qual o nexo relevante que intercede entre uma deliberação e o conteúdo de uma outra posterior. E para avaliar tal nexo dever-se-á perguntar se seria inválida a deliberação subsequente, na hipótese de à data em que foi tomada já ter sido proferida sentença que anulou a precedente. Isto é, caso a deliberação subsequente fosse tomada após a anulação da precedente – ou sem que a precedente existisse de todo – seria inválida por esse mesmo motivo?

No caso que agora nos interessa, a questão está pois em saber se à deliberação que aprova um balanço não podem caber efeitos na eventualidade

---

[436] Cf. Ricardo do Nascimento Ferreira, *As deliberações dos sócios relativas à prestação de contas*, p. 225.

[437] Idem, ibidem.

[438] Vasco Lobo Xavier, *Anulação de Deliberação Social e Deliberações Conexas*, p. 487.

[439] Referimo-nos à sua tese de doutoramento, já citada, *Anulação de Deliberação Social e Deliberações Conexas*, publicada em 1975 e que, não obstante se situar no contexto anterior ao CSC é, em larga medida, plenamente atual.

163

APURAMENTO E APLICAÇÃO DE RESULTADOS

de serem destruídos os efeitos da deliberação que aprovou as contas do exercício precedente. Ou se é de todo impossível a aprovação das contas de um determinado exercício sem que as contas do precedente estejam elaboradas e aprovadas.

Nesta conformidade, do ponto de vista jurídico, não parece existir um nexo tal entre os balanços de exercícios consecutivos que se possa dizer que existe uma necessária dependência de um em relação ao que respeita ao exercício precedente. Fundamentalmente, importa sublinhar a ideia de que o resultado de cada exercício se apura no confronto entre o ativo e passivo verificado no final do exercício, e não entre um balanço e o do ano precedente.

Daí que, ponderados os argumentos de uns e de outros propendemos a considerar que, de facto, atenta a autonomia e completude das contas de cada exercício, «a anulação de deliberação que aprovou um balanço não determina *ipso facto* a queda de deliberação de aprovação do balanço subsequente, nem por si mesma interfere de algum outro modo com a validade desta última»[440].

O que não significa, como é evidente, que o mesmo vício que determinou a invalidade das contas de um exercício não determine a anulação dos exercícios subsequentes em que o mesmo vício (por exemplo, a omissão de determinada verba do passivo ou do ativo) se repita.

Cremos, contudo, que não existe qualquer vantagem em assumir uma posição de princípio com aplicação universal. Daí que, em nosso entender, haverá que, caso a caso, verificar se a invalidade das contas de um exercício afeta ou não o exercício seguinte e em que medida o faz.

No âmbito da interdependência das deliberações, importa ainda considerar uma outra situação relativa à invalidade da deliberação que aprova as contas de um exercício. Trata-se de saber quais as consequências que a anulação das contas de um exercício produz na deliberação de aplicação do resultado desse mesmo exercício.

Ora, como veremos melhor mais à frente no nosso estudo, a aprovação das contas é um pressuposto necessário da deliberação de aplicação do resultado. De resto, só se pode falar em resultado do exercício (suscetível de ser aplicado) a partir do momento em que o mesmo emerge das contas aprovadas. Assim, facilmente se compreende que, sendo a deliberação de aprovação das contas de determinado exercício declarada nula,

---

[440] Vasco Lobo Xavier, *Anulação de Deliberação Social e Deliberações Conexas*, p. 502.

O APURAMENTO DE RESULTADOS

ou anulada, necessariamente cai a deliberação de aplicação de resultados que naquela se apoiava[441].

A deliberação de aplicação de resultados assente em contas inválidas (declaradas nulas ou anuladas) está ferida de nulidade por falta de objeto. Inexiste o objeto (resultado) passível de ser aplicado.

Acresce que, tratando-se de uma deliberação que aprova a distribuição de lucros, a nulidade é também determinada pelo facto de se ter que considerar que é uma distribuição de lucros fictícios, uma vez que não constam de contas regularmente aprovadas. E a distribuição de lucros fictícios, colocando em causa a proteção do interesse de terceiros (designadamente credores) é proibida, razão pela qual se compreende a nulidade de tal deliberação[442].

Isto mesmo está expressamente previsto no § 253º, 1ª, da *Aktiengesetz*, de 1965, onde se estabelece que a deliberação de aplicação de resultados é inválida, caso seja anulada a deliberação de aprovação das contas.

## 4. Os resultados apurados
### 4.1. Os resultados positivos. O lucro do exercício
### 4.1.1. O apuramento do lucro

Como vimos, as sociedades comerciais são obrigadas ao apuramento periódico dos seus resultados. Sendo certo que só no momento da liquidação se pode apurar com rigor o lucro obtido pela sociedade, a verdade é que é necessária uma avaliação periódica dos resultados que a sociedade vai registando[443], quer para possibilitar a repartição periódica de resultados positivos, a que os sócios têm direito, quer para servir de apoio à gestão da sociedade, quer ainda para informação de terceiros interessados, como é o caso dos credores.

---

[441] Cf. Vasco Lobo Xavier, *Anulação de Deliberação Social e Deliberações Conexas*, p. 491. Neste sentido ver também o Acórdão do Tribunal da Relação de Lisboa, de 22 de março de 1994 (Azadinho Loureiro). Tendo o Tribunal decidido a anulação da deliberação de aprovação das contas do exercício (por falta do relatório de gestão) determinou, em consequência, a anulação das deliberações de distribuição de resultados, a transferência do saldo da conta de resultados transitados para a conta de reservas livres e o aumento do capital social por incorporação de reservas. Como se escreve no referido aresto, «*Trata-se manifestamente de deliberações dependentes para cuja validade era pressuposta a validade da deliberação anterior*» de aprovação do balanço e contas.

[442] Cf. Vasco Lobo Xavier, *Anulação de Deliberação Social e Deliberações Conexas*, p. 492.

[443] Se a regra é a do apuramento anual dos resultados, a verdade é que há sociedades que estão obrigadas a apresentar resultados semestral ou trimestralmente, como sucede com as sociedades com ações cotadas em bolsa de valores, de acordo com o previsto nos artigos 246º e 246º-A do Código de Valores Mobiliários – cf. *supra* ponto 1.1. deste Capítulo.

APURAMENTO E APLICAÇÃO DE RESULTADOS

Importa, todavia, desde já sublinhar que se trata do apuramento do lucro contabilístico (seja lucro do exercício ou lucro de balanço, como veremos à frente). Outra coisa é a noção económica de lucro que, de resto, sofre de grande indeterminação, não havendo unanimidade entre os economistas na definição do que seja o lucro económico de uma unidade empresarial. Pode ainda falar-se em lucro fiscal, que não é mais que o lucro contabilístico corrigido, e que constitui a matéria coletável dos impostos que sobre ele incidem, designadamente o IRC[444].

Usa-se a expressão «lucro contabilístico» pois a avaliação do desempenho de uma sociedade pode ser efetuada de acordo com outros critérios, levando a que o lucro contabilístico possa não coincidir com o lucro económico, já que o primeiro é uma noção formal[445]. Mas é esta noção formal que é relevante juridicamente, nomeadamente para efeitos de aplicação de resultados[446].

Como noção formal que é, o lucro contabilístico padece de uma certa relatividade, como já se referiu. Tal relatividade advém de, pelo menos, dois factores que não podem deixar de se ter presentes na análise dos resultados contabilísticos[447].

Por um lado, a contabilidade não prescinde do recurso a critérios de avaliação que possuem alguma subjetividade. Desde logo, a avaliação dos bens do ativo e do passivo é uma atividade que não consegue atingir a objetividade total, não obstante as regras a que está sujeita, o mesmo se podendo afirmar de certos custos, como é o caso das amortizações e provisões[448].

---

[444] O IRC (imposto sobre o rendimento das pessoas coletivas) foi aprovado pelo DL nº 442-B/ /88, de 30 de novembro, e incide sobre o *"lucro das sociedades comerciais ou civis sob forma comercial, das cooperativas e das empresas públicas e o das demais pessoas colectivas ou entidades referidas nas alíneas a) e b) do nº 1 do artigo anterior que exerçam, a título principal, uma atividade de natureza comercial, industrial ou agrícola"* – cf. art. 3º, nº 1, a). E o número 2 do mesmo artigo determina que *"o lucro consiste na diferença entre os valores do património líquido no fim e no início do período de tributação, com as correções estabelecidas neste Código"* – sublinhado nosso.

[445] Cf. Cassiano dos Santos, *A posição do accionista face aos lucros de balanço*, p. 37 e 38.

[446] Cf. Fernández del Pozo, *La aplicacion de resultados en las sociedades mercantiles*, p. 20.

[447] Cf. Sanchez Calero, *La determinación y la distribución del beneficio neto en la sociedad anonima*, p. 16 e 17; Fernández del Pozo, *La aplicación de resultados en las sociedades mercantiles*, p. 19 e Rivero Menéndez, *Restricciones legales a la aplicación del resultado en las sociedades de capital*, p. 16.

[448] A este propósito, é elucidativo o disposto no art. 362º, nº 1, do CSC. De facto, para o cálculo do lucro a considerar para efeitos de juro suplementar nas obrigações, determina a lei que não serão considerados como custo "as amortizações, ajustamentos e provisões efetuados

Por outro lado, a contabilidade secciona a vida da sociedade em compartimentos teoricamente estanques, correspondentes a períodos anuais, que formalmente são independentes. Ora, a vida das sociedades não se processa dessa forma, sendo uma realidade que se desenvolve em contínuo, pelo que a periodização da contabilidade é susceptível de introduzir distorções nos dados que revela.

Esta relatividade, que não pode ser afastada pois decorre da própria natureza das coisas, não significa total discricionariedade na elaboração das contas. Exige-se que estas reflitam «uma imagem verdadeira e apropriada da situação financeira e dos resultados das operações da empresa», pelo que quando assim não sucede poderão desencadear-se reações jurídicas, como vimos supra. De resto, trata-se, bem vistas as coisas, de lidar com a aplicação de conceitos gerais e indeterminados[449]. O que importa é saber se o apuramento do lucro foi ou não efectuado de forma legalmente correta, se está ou não conforme com a lei.

### 4.1.2. Diferentes noções de lucro

Como vimos, o lucro é o fim que norteia a vida da sociedade e é a causa pela qual os sócios para ela contribuem com bens ou serviços. Porém, a lei não nos oferece uma noção de lucro, não nos diz em que consiste o lucro. E, desde logo, este pode ser entendido de forma diferente pela ciência económica e pela ciência jurídica, pelo que não existe uma definição única e universal de "lucro"[450].

Em termos económicos, podemos falar de lucro direto e de lucro indireto. Dir-se-á na noção de lucro direto que este é o excedente dos ingressos obtidos durante determinado período de tempo sobre os gastos registados no mesmo período, ou o excedente das receitas sobre os custos de produção[451]. Na noção indireta de lucro, este corresponde ao incremento registado pelo património líquido face ao seu valor inicial[452]. Isto é, na

---

para além dos máximos legalmente admitidos para efeitos do imposto sobre o rendimento de pessoas coletivas".

[449] Cf. Fernández del Pozo, *La aplicacion de resultados en las sociedades mercantiles*, p. 20.

[450] Substantivo que provém do latim *lucrum*, como sinónimo de ganho pecuniário – cf. *Dicionário da Língua Portuguesa Contemporânea*, II, p. 2305. Coutinho de Abreu refere tratar-se de um signo polissémico, na economia e no direito – cf. *Da Empresarialidade*, p. 178.

[451] Cf. Coutinho de Abreu, *Da Empresarialidade*, p. 173.

[452] Cf. Sanchez Calero, *Conceito de beneficio neto según la Ley de Sociedades Anónimas*, p. 727.

## APURAMENTO E APLICAÇÃO DE RESULTADOS

primeira noção não são tidos em consideração os prémios de emissão, as reavaliações de ativos ou as doações que a sociedade tenha registado, ao contrário do que sucede na noção de lucro indireto[453]. Neste último sentido, não importa a causa do incremento que o património regista, pelo que este pode advir do exercício da atividade social, de factos fortuitos ou de atribuições dos sócios.

Refira-se, que este lucro indireto coincidirá, *mutatis mutandis*, com o chamado lucro final ou de liquidação. Na verdade, o lucro final ou de liquidação será a diferença (positiva) entre o valor obtido na liquidação da sociedade e o valor inicial do património colocado à sua disposição pelos sócios[454]. É a diferença positiva entre o património inicial e o património líquido final. Aqui se incluirão, para lá dos ganhos decorrentes do exercício da atividade social, todas as valorizações ocorridas nos bens do ativo, bem como as acessões e doações ocorridas ao longo da vida da sociedade.

Todavia, a mera contraposição entre o valor inicial do património colocado pelos sócios à disposição da sociedade e o valor final do mesmo património, não nos dá um valor real do lucro. É que, se esta diferença positiva é apenas nominal, isto é, provocada pela depreciação do valor da moeda ao longo da vida da sociedade, o lucro obtido não é real mas apenas nominal, pelo que verdadeiramente não se pode falar, nesse caso, em lucro. No fundo, em sentido económico faz sentido falar de lucro enquanto contrapartida ou remuneração do risco assumido pelo exercício da atividade social ou empresarial[455]. De facto, em termos económicos, para aferir da existência de lucro, é necessário comparar o valor do património líquido inicial e final, procedendo a uma atualização monetária a fim de poder comparar valores da mesma grandeza.

Por outro lado, nesta perspectiva económica, poderá ainda sustentar-se que o lucro apenas existirá se, no final, o valor do património liquido for maior que o seu valor inicial, acrescido do juro que uma aplicação alter-

---

[453] Alguns Autores, em vez de lucro direto e indireto referem-se a lucro em sentido restrito (lucro direto) e em sentido amplo (correspondente ao lucro indireto) – cf. Fátima Gomes, *O Direito aos Lucros e o Dever de Participar nas Perdas nas Sociedades Anónimas*, p. 33 e ss.

[454] É, assim, a diferença entre o valor do património líquido final e o valor do capital social. Cf. Coutinho de Abreu, *Curso de Direito Comercial*, II, p. 456.

[455] Cf. Fátima Gomes, *O Direito aos Lucros e o Dever de Participar nas Perdas nas Sociedades Anónimas*, p. 39.

O APURAMENTO DE RESULTADOS

nativa de capital, ainda que conservadora, daria para o mesmo valor do património inicial.

Sendo o lucro final o verdadeiro lucro, pois o lucro periódico é sempre um "lucro presumível"[456], a verdade é que a lei impõe que se apure anualmente o resultado do exercício, quer para permitir uma avaliação da situação da sociedade, quer para conferir aos sócios o direito a participarem nos lucros que a sociedade for gerando. Assim, em bom rigor, o lucro final só será o tal verdadeiro lucro na hipótese de não ter havido distribuição de lucros no final de cada exercício, pois caso contrário o lucro final não será mais que o lucro do último exercício[457].

O Direito não prescinde de ter também uma noção de lucro, ou melhor, podemos, a partir do regime jurídico que lhe é aplicável, falar de lucros em vários sentidos, de acordo com o que ditam as normas que ao lucro se referem. Podemos, nomeadamente, falar de lucro do exercício, de lucro do exercício distribuível, de lucro de balanço e de lucro final. É o que veremos de seguida.

### 4.1.2.1. Lucro do exercício

Com frequência o legislador do CSC refere-se ao "lucro do exercício", o que sucede, nomeadamente nos artigos 31º, 32º, nº 1, 33º, nos 1 e 2 (lucros e reservas não distribuíveis), 217º, nº 1 (direito aos lucros do exercício nas SQ), 287º, nº 3 (pagamento da contraprestação no caso de prestações acessórias), 294º, nº 1 (direito aos lucros do exercício nas SA), 296º, b) (utilização da reserva legal), 399º, nos 2 e 3 (remuneração dos administradores) e 508º, nº 2 (convenção de atribuição de lucros no contrato de subordinação).

É ao lucro do exercício que o legislador recorre quando se trata da constituição da reserva legal, da determinação da parte do lucro que deverá ser distribuída aos sócios e para efeitos do artigo 33º do CSC[458]. Importa, pois, determinar em que consiste o «lucro do exercício».

Como já foi referido, o ciclo económico-financeiro das empresas está convencionalmente dividido em exercícios anuais, em princípio coincidentes com o ano civil. Ora, do que agora se trata é de proceder ao apuramento dos resultados obtidos em cada exercício. Caso o resultado seja

---

[456] Cf. Ferrer Correia, *Lições de Direito Comercial*, II, p. 237.

[457] É o lucro resultante do balanço de liquidação, enquanto que o lucro do exercício resulta do balanço do exercício e da demonstração de resultados.

[458] Cf. Paulo de Tarso Domingues, *Do capital social*, p. 252.

APURAMENTO E APLICAÇÃO DE RESULTADOS

positivo estaremos face ao lucro do exercício, independentemente de o mesmo poder ser distribuído aos sócios ou não.

O "lucro do exercício" será então a «expressão monetária do resultado positivo da atividade desenvolvida pela empresa social durante o mesmo exercício»[459]. Isto é, trata-se dos resultados (positivos) decorrentes da exploração do objeto social, da atividade exercida em conjunto pelos sócios[460]. É o saldo positivo, verificado no final do exercício, dos rendimentos em relação aos gastos, evidenciado nas demostrações de resultados e constante do balanço.

Neste sentido, não se considera lucro do exercício todo e qualquer acréscimo patrimonial verificado no decurso do exercício, mas tão-só aquele que provém do desenvolvimento da atividade social[461].

Este entendimento não é pacífico na doutrina. Autores há que entendem que o lucro do exercício é simplesmente a diferença positiva entre o valor do património social líquido no final do exercício face ao seu valor no final do exercício anterior[462], naquilo que alguns autores denominam a conceção lata de lucro do exercício[463].

Do nosso ponto de vista, de facto, só deve ser considerado lucro do exercício o excedente resultante do exercício da atividade social. Na verdade, o património social líquido pode registar um aumento num determinado exercício que seja provocado por outros factores alheios à atividade social levada a cabo. É o que sucede com os prémios de emissão de ações[464], ou de aumentos de valor dos bens do ativo em virtude de uma reavaliação, ou de

---

[459] Cf. Vasco Lobo Xavier / Maria Ângela Coelho, *Lucro obtido no exercício, lucro de balanço e lucro distribuível*, p. 261.

[460] Aqui se devem também incluir as perdas e ganhos provenientes de sociedades ou ACE em que a sociedade em causa possua participação – cf. Manuel António Pita, *Direito aos lucros*, p. 35.

[461] Cf. Manuel António Pita, *Direito aos lucros*, p. 47 e Cassiano dos Santos, *A posição do accionista face aos lucros de balanço*, p. 31.

[462] Cf. definição dada por Coutinho de Abreu, *Curso de Direito Comercial*, II, p. 455.

[463] Cf. expressão usada por Cassiano dos Santos, *A posição do accionista face aos lucros de balanço*, p. 28. Nos defensores desta conceção lata encontramos Coutinho de Abreu, *Curso de Direito Comercial*, p. 455 e Fátima Gomes, *O Direito aos Lucros e o Dever de Participar nas Perdas nas Sociedades Anónimas*, p. 38. No mesmo sentido, Paulo de Tarso Domingues, *"Artigo 32º"*, em *Código das Sociedades Comerciais em Comentário*, Vol. I, p. 494, que usa até a fórmula seguinte: Lex = PSf – PSi, em que Lex é "lucro do exercício", PSf é "património social líquido no final do exercício" e Psi é "património social líquido no início do exercício".

[464] Pode também haver prémio na subscrição de ações resultante da emissão de obrigações convertíveis ou obrigações com *warrants*.

O APURAMENTO DE RESULTADOS

doações, acessões ou prémios de que a sociedade tenha sido beneficiária. Esses aumentos de valor do património líquido não devem ser considerados resultados do exercício, sendo antes levados diretamente a reservas, como decorre do artigo 295º, nº 2, do CSC.

De facto, os prémios de emissão de ações são prestações entregues pelos sócios ou obrigacionistas à sociedade, pelo que funcionam como um "elemento produtor" enquanto os lucros são um "produto"[465]. Se os sócios forneceram tais bens à sociedade, não constituem qualquer ganho por parte desta, pelo que não se pode falar em lucros, como se compreende sem dificuldade.

Quanto aos aumentos de valor de elementos do património social decorrentes de reavaliação efetuada nos termos da lei, também se compreende que não integrem o lucro do exercício. Na verdade, estamos perante mais-valias potenciais, ainda não realizadas[466]. Acresce que tais aumentos potenciais de valor dos bens podem nem sequer ter qualquer relação com o exercício da atividade social, sendo, portanto, fortuitos. Passarão a integrar os resultados do exercício quando tais elementos do ativo forem alienados ou no momento em que se proceder à liquidação da sociedade. Daí que não concorrendo para o lucro do exercício, já integram o lucro final.

Também os bens obtidos a título gratuito e as ações ou prémios que venham a ser atribuídos a títulos pertencentes à sociedade (artigo 295º, nº 2, c), do CSC) não integram a noção de lucro do exercício. De facto, tais valores, contribuindo embora para o aumento do património social, também não são decorrentes do exercício da atividade que constitui o objeto social.

Não constituindo lucros do exercício, estas diversas contribuições para o incremento do património líquido da sociedade, não poderiam, de facto, ser contabilizadas como resultados do exercício. Por essa razão, o legislador impõe (artigo 295º, nº 2, do CSC) que sejam levadas a reservas indisponíveis, isto é, sujeitas ao regime da reserva legal[467]. Desta forma, podemos

---

[465] De acordo com a expressão de Ferrer Correia, *Lições de Direito Comercial*, II, p. 235 e 236, nota 1.

[466] Cf. Ferrer Correia, *Lições de Direito Comercial*, II, p. 238 e ss.

[467] Cf. Manuel António Pita, *Direito aos lucros*, p. 35 e ss, onde se encontra uma explicação clara da razão pela qual, não constituindo resultados do exercício, estas verbas teriam sempre que ser contabilizadas como reservas, atenta a técnica contabilística das partidas dobradas.

dizer que o lucro do exercício corresponde ao valor positivo evidenciado nas demonstrações de resultados e constante da rubrica «resultado líquido do período», do capital próprio, no balanço.[468]

O "lucro do exercício" é relevante para efeitos de determinação do direito dos sócios ao lucro. Na verdade, nos termos dos artigos 217º e 294º do CSC[469], os sócios têm direito a metade do lucro do exercício que seja distribuível. Ou seja, trata-se do lucro do exercício diminuído do valor necessário para cobrir os prejuízos transitados constantes do balanço e da quantia necessária para cumprir a obrigação de constituir ou reforçar reservas (legais e estatutárias).

Porém, se é verdade que se subtrai o valor das perdas transitadas, já no caso de haver lucros transitados estes não são adicionados, pois o legislador consagrou o direito dos sócios a metade do lucro do exercício e não do lucro de balanço, que veremos já de seguida em que consiste. A consideração das perdas decorre do imperativo de respeitar a integridade do capital social[470], evitando distribuir bens aos sócios quando a situação líquida é inferior ao capital social mais reservas[471].

Conforme se referiu, é a partir do lucro do exercício que se procede à constituição da reserva legal (e da estatutária, caso exista). Ora, não faria sentido contabilizar para esse efeito os ganhos já levados diretamente a reservas, previstos no nº 2 do artigo 295º, sob pena de constituição de reservas a partir de reservas.

No entanto, para tal efeito, ao lucro do exercício é necessário deduzir as perdas transitadas, pois não faria sentido constituir reservas sem que primeiro se compensasse as perdas anteriormente registadas. Já se os resultados transitados forem positivos não há que os adicionar para efeitos de

---

[468] Cf. Paulo de Tarso Domingues, *Do capital social*, p. 252. Fátima Gomes, *O Direito aos Lucros e o Dever de Participar nas Perdas nas Sociedades Anónimas*, p. 36 e 38, adota esta noção, mas com um sentido diferente, pois parece-nos sustentar que o lucro do exercício é o que for revelado pelos documentos de prestação de contas, nomeadamente, a demonstração de resultados, o que pode incluir mais-valias resultantes de revalorizações do ativo, quando permitidas pelas regras contabilísticas aplicáveis.

[469] Referentes às SQ e SA, respetivamente.

[470] Cf. art. 32º, do CSC.

[471] Cf. Paulo de Tarso Domingues, *Do capital social*, p. 253 e Cassiano dos Santos, *A posição do accionista face aos lucros de balanço*, p. 34.

O APURAMENTO DE RESULTADOS

cálculo da reserva legal, sob pena de o mesmo resultado levar à constituição de reservas em diversos exercícios[472].

Importa também referir que a existência de um lucro do exercício não significa, necessariamente, que existam disponibilidades de caixa desse montante, pelo que pode suceder que a sociedade tendo registado lucros, não tenha liquidez para os pagar aos sócios.

### 4.1.2.2. Lucro do exercício distribuível

Importa ainda referir o seguinte: em princípio não é admissível a distribuição de todo o lucro do exercício, como se disse já[473]. Daí que se refira também o "lucro do exercício distribuível", nomeadamente nos artigo 217º e 294º do CSC. É que, nos termos do artigo 33º do CSC, só é possível distribuir lucros do exercício na medida em que os mesmos não sejam necessários para cobrir prejuízos de exercícios anteriores ou para formar ou reconstituir as reservas obrigatórias (legais e estatutárias). Pode, pois, suceder que tendo a sociedade registado um determinado montante de lucros em determinado exercício, o mesmo não possa ser integralmente repartido pelos sócios[474].

Acresce que, nos termos do artigo 33º, nº 1, do CSC, também não podem ser distribuídos lucros do exercício enquanto as despesas de constituição, de investigação e de desenvolvimento não estiverem completamente amortizadas, exceto se o montante das reservas livres e dos resultados transitados for, pelo menos, igual ao dessas despesas não amortizadas.

Deste modo, o "lucro do exercício distribuível" corresponde ao lucro do exercício diminuído dos prejuízos transitados constantes do balanço e das reservas obrigatórias (legais e estatutárias)[475]. A proteção dos credores da sociedade impõe que só o lucro do exercício distribuível de facto possa ser entregue aos sócios, pois de outro modo a sociedade poderia estar a distribuir bens aos sócios pondo em causa a regra da integridade do capital social.

---

[472] Cf. Paulo de Tarso Domingues, *Do capital social*, p. 254 e Cassiano dos Santos, *A posição do accionista face aos lucros de balanço*, p. 34.

[473] Claro que, se não existirem resultados negativos transitados e a reserva legal estiver totalmente constituída, já será possível a distribuição aos sócios da totalidade do lucro do exercício.

[474] Cf. Paulo de Tarso Domingues, *Do capital social*, p. 253.

[475] Reservas em sentido estrito, ou reservas de lucros, como veremos à frente. É que as verbas equiparadas a reservas, previstas no nº 2 do art. 295º, não integrando já a noção de lucro do exercício, para obter o lucro do exercício distribuível já não é necessária a sua subtração.

APURAMENTO E APLICAÇÃO DE RESULTADOS

Uma outra consideração importa ter presente. Uma das alterações decorrentes da adoção do SNC, de acordo com as normas contabilísticas internacionais, foi a adoção, em certos casos, em substituição do princípio do custo histórico (que vigorava no POC), do critério do justo valor ou valor de mercado (*fair value*)[476]. Assumindo a contabilidade este princípio, o resultado do exercício pode ser aumentado ou diminuído por efeito da consideração dos elementos do ativo e passivo pelo seu justo valor.

Ora, em consequência da aplicação do SNC e das alterações introduzidas por este novo sistema contabilístico, designadamente o referido princípio do justo valor, foi alterado o artigo 32º, nº 2, do CSC[477].

Assim, não obstante a adoção do critério de avaliação das rubricas do balanço de acordo com o justo valor – que permitirá dar uma imagem mais fiel da sociedade – entendeu o legislador introduzir uma limitação à distribuição dos resultados positivos que não seriam registados sem a aplicação deste critério de valorimetria, mas apenas quando esse valor viesse a ser realizado.

De todo o modo, sendo esse o objetivo da alteração introduzida no nº 2 do artigo 32º, do CSC, compreende-se que, quando a aplicação do justo valor conduza a uma diminuição do valor dos ativos, por aplicação do princípio da prudência, *"não é contemplada qualquer alteração nesta vertente, continuando a afectar, neste caso negativamente, a distribuição de resultados, já que, primeiro, terão de ser compensadas estas perdas, e só depois se poderão libertar bens para distribuição"*[478].

Com a nova redação dada ao nº 2 do artigo 32º, do CSC, não é possível a distribuição de bens aos sócios da parte do lucro do exercício que resulte de incrementos patrimoniais decorrentes da aplicação do critério do justo valor, quando não realizados. Isto é, se o património social sofreu um

---

[476] Cf. Paulo de Tarso Domingues, "Artigo 33º", em *Código das Sociedades Comerciais em Comentário*, Vol. I, p. 501 e ss.

[477] Alteração introduzida pelo DL nº 185/2009, de 12 de agosto, aplicável apenas aos exercícios com início em, ou após, 1 de janeiro de 2010, de acordo com o seu art. 14º, nº 1.

[478] Cf. preâmbulo do referido DL nº 185/2009. Ver também Fátima Gomes, *O Direito aos Lucros e o Dever de Participar nas Perdas nas Sociedades Anónimas*, p. 233 e ss. De acordo com esta autora, estão aqui em causa fundamentalmente as reavaliações segundo o justo valor de imóveis detidos para investimento (IAS 40), atividade biológica (IAS 41), instrumentos financeiros para *trading* (IAS 39) e instrumentos ligados a uma relação de cobertura de riscos, pois nos outros casos as regras contabilísticas já imputam as mais-valias a uma reserva, sem afetar o resultado do exercício.

aumento durante o exercício por virtude do incremento de elementos do ativo, avaliados de acordo com o seu justo valor, na medida em que tal incremento afete (positivamente) o resultado do exercício, não é possível a sua distribuição aos sócios. Deve antes ser transferido para uma conta especial de resultados transitados[479].

Esta questão impõe que nos detenhamos um pouco mais na análise do impacto da introdução das normas internacionais de contabilidade na determinação do lucro distribuível. Um outro problema que se pode colocar, com algum paralelismo a este, é o decorrente da adoção do método da equivalência patrimonial, na contabilização de participações financeiras, no âmbito dos grupos de sociedades.

É dessas duas questões que trataremos de seguida, antes de prosseguir com a análise das restantes noções de lucro.

### 4.1.2.2.1. As Normas Internacionais de Contabilidade (NIC) e o "justo valor"

A determinação do lucro distribuível é condicionada pelas normas que regem a salvaguarda da integridade do capital social. De facto, nos termos da Nova Diretiva do Capital[480], não é possível distribuir bens aos sócios

---

[479] Assim, por exemplo, se a sociedade adquiriu durante o exercício 1000 ações de sociedade cotada, a 5 EUR cada (num total de 5 000 EUR), e no final do exercício as mesmas ações tiverem uma cotação de 10 EUR, o resultado líquido do exercício irá apenas por esse facto registar um lucro de 5 000 EUR (10 EUR x 1 000 – 5 EUR x 1000). Todavia, esse lucro apurado contabilisticamente não pode ser repartido pelos sócios. Apenas o poderia ser caso a mais valia tivesse sido realizada, por exemplo, vendendo as ações. Esta solução não está isenta de críticas, nomeadamente, pelo facto de tratar indistintamente todos os tipos de incrementos não realizados. É que alguns ganhos podem ser muito facilmente realizados e outros não. Daí que em alguns países a lei distinga consoante se trate de mais valias em ativos cuja conversão em dinheiro pode ser efetuada com razoável certeza – como é o caso das ações cotadas – das outras. Cf. Luis Fernández del Pozo, *El requisito de mantenimiento de la integridad del capital social tras la reforma contable* e Luís Miranda Rocha, *A distribuição de resultados no contexto do SNC: a relação com o Direito das Sociedades*, p. 9 e ss.

[480] Queremos referir-nos à Diretiva 2012/30/EU do Parlamento Europeu e do Conselho, de 25 de outubro de 2012, que revogou e substituiu a "Diretiva do Capital" ou "Segunda Diretiva" da União Europeia sobre sociedades, que veio regular "a conservação e as modificações do capital social". Certo é que esta Diretiva do Capital [Diretiva 77/91/CEE do Parlamento Europeu e do Conselho, de 13 de dezembro de 1976, alterada pela Diretiva 77/91/CEE do Conselho (JO L 26 de 31 de janeiro de 1977, p. 1), pela Diretiva 92/101/CEE do Conselho (JO L 347 de 28 de novembro de 1992, p. 64), pela Diretiva 2006/68/CE do Parlamento Europeu e do Conselho (JO L 264 de 25 de setembro de 2006, p. 32), pela Diretiva 2006/99/CE do Conselho (JO L 363

APURAMENTO E APLICAÇÃO DE RESULTADOS

quando não seja respeitado o chamado *"balance-sheet test"* previsto no seu artigo 17º, nº 1[481].

Ora, a introdução no âmbito europeu das Normas Internacionais de Contabilidade (NIC), na sequência do que foi determinado pelo Regulamento (CE) nº 1606/2002 do Parlamento Europeu e do Conselho, de 19 de julho de 2002, veio de algum modo questionar estes princípios, tal como eles eram entendidos. As novas normas de contabilidade adotadas estão pensadas não tanto para a proteção dos credores, estabelecendo os limites de distribuição de bens aos sócios, mas primordialmente para fornecer elementos válidos e fiáveis de informação sobre a posição financeira, desempenho e as alterações na posição financeira de uma entidade a um leque vasto de utentes, encabeçados pelos investidores[482].

Neste sentido, de acordo com o sistema introduzido pelas NIC[483], o património social pode ser aumentado por efeito de incrementos "realizados" e "não realizados", uma vez que se introduz o critério de mensuração do justo valor (*fair value*)[484], visando proporcionar uma informação financeira com elevada veracidade e fiabilidade.

Por outro lado, o princípio contabilístico da prudência, embora se mantenha com o novo sistema contabilístico, certo é que perdeu importância em detrimento da regra do "justo valor" ou do "valor razoável". Perante esta situação, desde cedo se percebeu que as NIC suscitavam

---

de 20 de dezembro de 2006, p. 137) e pela Diretiva 2009/109/CE do Parlamento Europeu e do Conselho (JO L 259 de 2 de outubro de 2009, p. 14)] foi revogada e substituída pela Diretiva 2012/30/UE do Parlamento Europeu e do Conselho, de 25 de outubro de 2012, que se encontra hoje em vigor. A ela nos referiremos, daqui em diante, como a "Nova Diretiva do Capital".

[481] Nos termos desta norma «nenhuma distribuição pode ser feita aos acionistas sempre que, na data de encerramento do último exercício, o ativo líquido, tal como resulta das contas anuais, for inferior, ou passasse a sê-lo por força de uma tal distribuição, à soma do montante do capital subscrito e das reservas que a lei ou os estatutos não permitem distribuir.»

[482] Cf. os pontos 9 e 12 da Estrutura Conceptual do SNC, constante do Aviso Nº 15652/2009, de 7 de setembro.

[483] Introduzidas em Portugal por força do DL nº 158/2009, de 13 de julho e em Espanha pela Ley 16/2007, de 4 de julho.

[484] Com as NIC, a mensuração pelo justo valor passou a ser a regra, designadamente, nos seguintes casos: NCRF 6 "Ativos Intangíveis" (parágrafos 74 a 86); NCRF 7 "Ativos Fixos Tangíveis" (parágrafos 31 a 42); NCRF 8 "Ativos não correntes detidos para venda (parágrafos 15 a 19); NCRF 11 "Propriedades de investimento" (parágrafos 35 a 57); NCRF 17 "Agricultura" (parágrafos 11 a 34); NCRF 27 "Instrumentos financeiros" (parágrafos 11 a 22). Ver também Joaquim Fernando da Cunha Guimarães, *O "Justo Valor" no SNC e o Art. 32º do CSC*.

## O APURAMENTO DE RESULTADOS

problemas na determinação dos resultados distribuíveis, de acordo com a Nova Diretiva do Capital e com a então denominada "Quarta Diretiva"[485].

A questão da reformulação do papel do capital social na determinação do lucro distribuível já tinha sido questionado no Relatório *Winter*[486], na sequência do qual a Comissão encomendou um estudo sobre essa mesma questão[487], tendo na sequência dele decidido manter o regime consagrado na Diretiva do Capital.

De facto, o referido estudo concluiu que em vários Estados-Membros as diferenças entre a aplicação das regras nacionais e as NIC eram de tal modo significativas que estas últimas não eram aptas a servir de base à determinação dos resultados distribuíveis, nos termos do *"balance-sheet test"*, de acordo com as Diretivas Comunitárias, em especial a Nova Diretiva do Capital e a então denominada "Quarta diretiva" sobre sociedades.

De resto, o estudo constatou que sete Estados-Membros já determinavam que a preparação das contas das sociedades fosse efetuada acordo

---

[485] A Quarta Diretiva sobre sociedades foi entretanto Revogada e substituída pela Diretiva 2013/34/UE do Parlamento Europeu e do Conselho, de 26 de junho de 2013, atualmente em vigor e cuja transposição para cada Estado Membro deverá ser efetuada até 20 de julho de 2015.

[486] Cf. ponto nº 5. Em 4 de novembro de 2002, um Grupo de Alto Nível de peritos no domínio do Direito das Sociedades, nomeado pelo Comissário Bolkestein em setembro de 2001 e presidido por Jaap Winter, apresentou o seu relatório final intitulado «Um quadro regulamentar moderno para o direito das sociedades na Europa», conhecido como "Relatório *Winter*". Na sequência desse relatório, a Comissão publicou a Comunicação ao Conselho e ao Parlamento, em maio de 2003, «Modernizar o direito das sociedades e reforçar o governo das sociedades na União Europeia – uma estratégia para o futuro».
Entretanto, foi publicada em 12 de dezembro de 2012 a Comunicação da Comissão ao Parlamento Europeu, ao Conselho, ao Comité Económico e Social Europeu e ao Comité Das Regiões – «Plano de Ação: Direito das sociedades europeu e governo das sociedades – um quadro jurídico moderno com vista a uma maior participação dos acionistas e a sustentabilidade das empresas» – [COM(2012) 740 final].

[487] Cf. *"Feasibility study on an alternative to the capital maintenance regime established by the Second Company Law Directive 77/91/EEC of 13 December 1976 and an examination of the impact on profit distribution of the new EU-accounting regime"*, p. 7 a 9 e 315 e ss, estudo disponível em http://ec.europa.eu/internal_market/company/docs/capital/feasbility/study_en.pdf, elaborado pela KPMG.
Ver também *"Results of the external study on the feasibility of an alternative to the Capital Maintenance Regime of the Second Company Law Directive and the impact of the adoption of IFRS on profit distribution"*, p. 2, acedido em abril 2013 e disponível em http://ec.europa.eu/internal_market/company/docs/capital/feasbility/markt-position_en.pdf.

com as NIC introduziam limitações na distribuição de incrementos "não realizados"[488], enquanto outros não requeriam qualquer modificação.

Ou seja, apesar da introdução das NIC suscitar problemas novos no que respeita ao sistema de *"balance-sheet test"* comunitário, certo é que se constatou que as Diretivas Comunitárias referidas não obstavam a que os Estados-Membros pudessem tomar medidas de limitação de distribuição de lucros determinados de acordo com as novas normas contabilísticas.

Para o que agora nos interessa, os principais problemas suscitados pela introdução das NIC prendem-se com a não exigência do critério da realização na determinação das mais-valias, por um lado, e na abertura dada à avaliação de bens do ativo e do passivo pelo seu justo valor[489] (ou pelo seu valor razoável).

Estas regras colidem com o que está previsto no artigo 6º, nº 1, c), da renovada "Quarta Diretiva"[490], que estabelece que o princípio de prudência deve em qualquer caso ser observado e em particular, somente os lucros realizados à data de encerramento do balanço podem nele ser inscritos. Por outro lado, nos termos desta Diretiva, só podem ser reconhecidos os lucros realizados à data do balanço, de acordo com o seu artigo 6º, nº 1, c), i)[491].

Assim, com a adoção dos novos conceitos contabilísticos tornou-se necessário conjugá-los com as regras de proteção do capital, decorrentes das Nova Diretiva do Capital e com a "Quarta Diretiva", agora revista e atualizada. A alteração efetuada na Quarta diretiva pretende exatamente compatibilizar o seu regime com as novas normas contabilísticas.

Assim, face às alterações introduzidas, dois caminhos se ofereciam para compatibilizar as normas societárias com as novas normas contabilísticas.

---

[488] Na data do estudo, em 2007, dezassete dos vinte e sete Estados-Membros já tinham introduzido as NIC para a elaboração das contas das sociedades comerciais, incluindo Portugal, Espanha (a iniciar em 1 de janeiro de 2008), Reino Unido, Itália, Irlanda e Dinamarca. Na mesma data, os 7 Estados-Membros em que o resultado do exercício era já modificado para efeitos de distribuição de bens aos sócios, por virtude das NIC eram os seguintes: Dinamarca, Grécia, Irlanda, Itália, Malta, Holanda e Reino Unido.

[489] Nos termos do SNC considera-se "justo valor" a "quantia pela qual um ativo pode ser trocado ou passivo liquidado, entre partes conhecedoras e dispostas a isso, numa transação em que não exista relacionamento entre elas".

[490] Hoje Diretiva 2013/34/UE do Parlamento Europeu e do Conselho de 26 de junho de 2013.

[491] Nos termos do art. 7º, nº 2, "Nenhuma parte do exequente de revalorização pode ser objeto de distribuição, direta ou indireta, a não ser que corresponda a uma mais-valia efetivamente realizada."

O APURAMENTO DE RESULTADOS

O primeiro caminho possível, partindo da ideia de que a filosofia das NIC é mais informativa do que preocupada com a proteção dos credores, é o de confinar os efeitos das novas normas de relato financeiro a fins meramente informativos, criando uma outra base contabilística para efeitos de distribuição de bens aos sócios. Passamos, assim, a ter duas contabilidades, com filosofias, fins e resultados diversos, uma elaborada de acordo com as NIC e outra à luz das normas anteriores. Este foi o caminho seguido pela Alemanha que, através do *Bilanzrechtreformgesetz* de 2004 abriu a porta a esta dupla contabilidade. Isto é, as sociedades podem adotar as normas internacionais de contabilidade, mas para efeitos de distribuição de resultados têm que observar as regras contabilísticas nacionais, designadamente as constantes do Código Comercial alemão[492].

Um outro caminho possível com vista a harmonizar as regras introduzidas pelas NIC e o respeito pela integridade do capital tal como sempre foi entendido no espaço continental, foi trilhado desde logo pela Itália, seguida pela Espanha e por Portugal.

Em Itália, esta questão foi tratada no Decreto Legislativo nº 38, de 28 de fevereiro de 2005, que definiu os valores do lucro que não podem ser distribuídos quando se apliquem as NIC. Designadamente, não são suscetíveis de distribuição aos sócios, os lucros do exercício na parte correspondente aos ganhos inscritos na demonstração de resultados, líquidos do respetivo ónus fiscal, não correspondentes aos instrumentos financeiros de negociação e às operações de câmbio de cobertura, que decorram da aplicação do critério do justo valor.[493]

---

[492] Cf. Eva Heidhues & Chris Patel, *Convergence of Accounting Standards in Germany: Biases and Challenges*, disponível em
http://www.lby100.com/ly/200806/p020080627326687493812.pdf. Entretanto foi aprovado em maio de 2009 o BilMoG (*Bilanzrechtsmodernisierungsgesetz*), que alterou o HGB, aplicável aos exercícios com início em 1 de janeiro de 2010.

[493] Cf. art. 6º do referido diploma, com a seguinte redação:
Art. 6. Distribuzione di utili e riserve
1. Le società che redigono il bilancio di esercizio secondo i principi contabili internazionali non possono distribuire: a) utili d'esercizio in misura corrispondente alle plusvalenze iscritte nel conto economico, al netto del relativo onere fiscale e diverse da quelle riferibili agli strumenti finanziari di negoziazione e all'operatività in cambi e di copertura, che discendono dall'applicazione del criterio del valore equo (fair value) o del patrimonio netto; b) riserve del patrimonio netto costituite e movimentate in contropartita diretta della valutazione al valore equo (fair value) di strumenti finanziari e attività.

APURAMENTO E APLICAÇÃO DE RESULTADOS

A solução italiana deste problema passou, pois, por aceitar as NIC, adotando a contabilidade das sociedades os seus princípios e regras em plenitude, mas efetuando alguns ajustes e limitações no que concerne à distribuição de resultados. Isto é, de acordo com este modo de resolver a questão, nem todo o lucro revelado pela contabilidade efetuada de acordo com as normas internacionais de contabilidade conta para efeitos de distribuição de bens aos sócios.

Este regime foi adotado também em Espanha. A adaptação do regime contabilístico espanhol de acordo com as NIC foi efetuada pela *Ley* 16/2007, de 4 de Julho, que entrou em vigor em 1 de janeiro de 2008. Esta lei alterou, entre outras disposições, os artigos 34. a 41. do Código Comercial espanhol. É certo que aos grupos societários já eram aplicáveis das NIC, por via da *Ley* 62/2003, de 30 de dezembro, mas só com a entrada em vigor da *Ley* 16/2007 se estendem as normas internacionais adotadas pela União Europeia a todas as sociedades[494].

As normas contabilísticas espanholas passam a incorporar o critério do justo valor (*"valor razonable"*) de mensuração dos ativos e passivos, mas com limitações. De facto, como regra, os elementos do ativo e do passivo continuam a ser contabilizados pelo seu valor de aquisição ou pelo seu custo de produção, como prevê o artigo 38, alínea f), do Código Comercial.

---

2. Gli utili corrispondenti alle plusvalenze di cui al comma 1, lettera a), sono iscritti in una riserva indisponibile. In caso di utili di esercizio di importo inferiore a quello delle plusvalenze, la riserva e' integrata, per la differenza, utilizzando le riserve di utili disponibili o, in mancanza, accantonando gli utili degli esercizi successivi.

3. La riserva di cui al comma 2 si riduce in misura corrispondente all'importo delle plusvalenze realizzate, anche attraverso l'ammortamento, o divenute insussistenti per effetto della svalutazione.

4. Le riserve di cui ai commi 1, lettera b), e 2 sono indisponibili anche ai fini dell'imputazione a capitale e degli utilizzi previsti dagli articoli 2350, terzo comma, 2357, primo comma, 2358, terzo comma, 2359-bis, primo comma, 2432, 2478-bis, quarto comma, del codice civile.

5. La riserva di cui al comma 2 può essere utilizzata per la copertura delle perdite di esercizio solo dopo aver utilizzato le riserve di utili disponibili e la riserva legale. In tale caso essa e' reintegrata accantonando gli utili degli esercizi successivi.

6. Non si possono distribuire utili fino a quando la riserva di cui al comma 2 ha un importo inferiore a quello delle plusvalenze di cui al comma 1, lettera a), esistenti alla data di riferimento del bilancio.

Ver também Susana Rodrigues de Jesus, *Algumas notas sobre a entrega de bens aos sócios nas sociedades comerciais*, p. 6.

[494] Cf. Francisco Vicent Chuliá, *Introducción al Derecho Mercantil*, p. 167.

O APURAMENTO DE RESULTADOS

Todavia, a esta regra, o artigo 38. bis do mesmo Código, abre uma exceção, admitindo a possibilidade de registar os ativos e passivos financeiros pelo seu valor de mercado fiável[495], o tal *"valor razonable"* ou justo valor. Mas esta regra só se aplica aos ativos e passivos financeiros que estejam disponíveis para venda, que formem uma carteira de negociação, ou sejam instrumentos financeiros derivados[496].

Importa ainda acrescentar que o nº 5 da mesma norma admite a utilização do critério do justo valor para outros elementos patrimoniais, sempre que esses elementos sejam avaliados com carácter único de acordo com este critério nos regulamentos da União Europeia, devendo sempre indicar-se se o incremento é registado no resultado do exercício (*cuenta de pérdidas y ganancias*) ou diretamente no capital próprio (*património neto*).

Em Portugal, a harmonização das NIC com o regime societário consubstanciou-se na alteração do artigo 32º do Código das Sociedades Comerciais. Nos termos do nº 2 deste artigo, na redação introduzida pelo DL nº 185/2009, de 12 de agosto, os «incrementos decorrentes da aplicação do justo valor através de componentes do capital próprio, incluindo os da sua aplicação através do resultado líquido do exercício, apenas relevam para poderem ser distribuídos aos sócios bens da sociedade quando os elementos ou direitos que lhes deram origem sejam alienados, exercidos, extintos, liquidados ou também quando se verifique o seu uso, no caso de ativos fixos tangíveis e intangíveis». Ou seja, para efeitos de distribuição de lucros apenas contam os incrementos realizados e não os que decorram da aplicação do justo valor e não se encontrem efetivamente realizados[497].

Neste último caso, tratando-se apenas de lucros potenciais, a informação quanto à sua existência e montante pode ser muito importante para os sócios e para terceiros, mas não releva para efeitos de distribuição

---

[495] Cf. Art. 38 bis, nº 2, que estabelece que o valor razoável será calculado com referência a um valor de mercado fiável. Os elementos que não possam ser valorados de forma fiável pelo justo valor serão determinados nos termos gerais pelo custo histórico.

[496] Cf. Art. 38 bis, nº 1, do Código Comercial espanhol.

[497] Cf. Ana Isabel Morais, *Principais implicações da adopção do justo valor*, p. 40, para quem esta solução se justifica pela necessidade de "proteger os credores das sociedades, incutindo um certo nível de prudência". Todavia, interroga-se se não deveriam ter o mesmo tratamento outras situações não realizadas, como, por exemplo, as diferenças de câmbio favoráveis não realizadas, uma vez que não são consideradas variações de justo valor, mas são também incrementos meramente potenciais.

de bens aos sócios. Pretende-se, deste modo, evitar a distribuição de bens com base na expetativa quanto ao seu valor, ainda não realizado em operações concretas.

Assim, por exemplo[498], tendo a sociedade A o capital social de 100 000 EUR e detendo, como único elemento do seu ativo, uma participação financeira de 20 000 ações da sociedade cotada B, adquiridas no início do exercício pelo valor de 5 EUR cada, o seu património ascenderá a 100 000 EUR. Se no final desse exercício as suas ações tiverem uma cotação de 7 EUR, e admitindo que não ocorreu qualquer outro facto relevante no património da sociedade A, no encerramento do exercício a sociedade registará um património líquido de 140 000 EUR (7 EUR x 20 000), correspondente a um incremento do justo valor de 40.000 EUR. Ora, este resultado líquido do exercício é insuscetível de distribuição aos sócios, nos termos do artigo 32º, nº 2, do CSC. Isto é, a sociedade regista lucro contabilístico, mas os sócios não podem beneficiar de imediato desses mesmos resultados, devendo aquele ganho de 40 000 EUR ser levado a uma conta de "Resultados Transitados – incrementos de justo valor".

Todavia, se a sociedade registar uma perda decorrente da aplicação do justo valor tal perda já afetará o resultado distribuível. É que, no caso de a sociedade registar ganhos realizados de facto, decorrentes da sua atividade social, o resultado do exercício será afetado (isto é, reduzido) pela perda decorrente do justo valor das ações no final do período, como refere o preâmbulo do DL nº 185/2009, de 12 de agosto[499].

Este regime não é isento de críticas, sobretudo pelo facto de tratar do mesmo modo todos os incrementos decorrentes da aplicação da regra do

---

[498] Usamos aqui o exemplo descrito por Luís Miranda Rocha, *A distribuição de resultados no contexto do SNC: a relação com o Direito das Sociedades*, p. 6.

[499] Refere o preâmbulo que «Quanto às componentes negativas da aplicação do justo valor, não deixa de ter aplicação o principio da prudência, pelo que não é contemplada qualquer alteração nesta vertente, continuando a afetar, neste caso negativamente, a distribuição de resultados, já que primeiro, terão que ser compensadas essas perdas, e só depois se poderão libertar bens para distribuição.»

Assim, se uma sociedade regista um resultado líquido do exercício, decorrente da sua atividade social, de 40 000 EUR, mas regista uma perda por aplicação do justo valor de igual montante (porque, por exemplo, as 20 000 ações que detém da sociedade cotada X, adquiridas no início do exercício por 5 EUR, têm no final a cotação de 3 EUR), nenhum lucro distribuível existirá que permita a entrega de bens aos sócios – baseado no exemplo de Luís Miranda Rocha, *A distribuição de resultados no contexto do SNC: a relação com o Direito das Sociedades*, p. 8.

justo valor, seja qual for o ativo em causa, desconsiderando-os todos para efeitos de distribuição de bens aos sócios.

Ora, é certo que relativamente a alguns bens do ativo a diferença entre estar ou não realizada a mais valia é muito ténue, nomeadamente quando se trata de bens facilmente transacionáveis. Será o exemplo dos ativos constituídos por bens com cotação em mercados com elevada liquidez (ações, obrigações, metais preciosos). Nestes casos, para possibilitar a distribuição aos sócios dos ganhos decorrentes de reavaliação pelo seu justo valor bastará proceder à sua alienação num dia, para os voltar a adquirir no dia seguinte, pelo mesmo valor (não considerando os custos de transação que podem eventualmente existir).

Ora, se assim são as coisas, parece preferível que a lei distinga as realidades que são diversas, possibilitando a distribuição de incrementos decorrentes do justo valor quando se trate de ativos cuja conversão em dinheiro (realização) pode ser efetuada com razoável certeza, como o faz a lei inglesa[500]. Em Itália e em Espanha, a lei também distingue os ganhos que correspondem a instrumentos financeiros de negociação e operações de câmbio.

Justificar-se-ia, pois, uma restrição do âmbito de aplicação da norma constante do nº 2 do artigo 32º do CSC aos ganhos decorrentes da aplicação do justo valor em ativos não facilmente transacionáveis ou cuja conversão em dinheiro não possa ser efectuada com razoável certeza, como de resto foi sugerido ao legislador português pela Comissão de Acompanhamento do Novo Sistema de Normalização Contabilística[501].

---

[500] Cf. Luís Miranda Rocha, *A distribuição de resultados no contexto do SNC: a relação com o Direito das Sociedades*, p. 11.

[501] A Comissão de Acompanhamento do Novo Sistema de Normalização Contabilística, na sequência do processo de audição pública do SNC, entendeu sugerir ao legislador as seguintes medidas:

"1 – Adopção do *fair-value* "regulado", i.e. a adopção de critérios de *fair-value*, por regra, apenas é possível em situações em que exista mercado regulado (por exemplo, a adoção da informação constante do SIMA na Norma referente à Agricultura). Em especial a adopção de critérios *mark-to-model* é fortemente restringida;

2 – Estabelecimento – através da alteração da redação do artº 33º do Código das Sociedades Comerciais – de limites à distribuição de resultados, sempre que estes tenham origem em valores não realizados provenientes da aplicação do *fair-value* através de outros fatores que não a cotação de mercado regulamentado.;

3 – Criação de mecanismos de controlo da aplicação do novo SNC, estabelecendo um regime contra-ordenacional associado à má ou não aplicação do novo SNC."

APURAMENTO E APLICAÇÃO DE RESULTADOS

Importa, por último referir uma questão contabilística, com evidentes reflexos jurídicos. Nos termos das NIC não só se admite a mensuração pelo critério do justo valor, como em alguns casos se determina que as alterações decorrente desse critério de valorização sejam reconhecidos nos resultados do período. É o que sucede, designadamente, com os instrumentos e investimentos financeiros, propriedades de investimento e ativos biológicos. Nos restantes casos as variações decorrentes do justo valor são registadas nos capitais próprios.

A utilização do critério do justo valor pode ter impacto imediato nos resultados líquidos do período, o que abre a porta a opções discricionárias e de elevada subjetividade, visando manipular o resultado. Por outro lado, torna os resultados das empresas muito dependentes da evolução dos mercados de certo tipo de bens, podendo de um momento para o outro registar quer grandes incrementos, quer grandes perdas, em função da evolução do valor de mercado dos seus ativos.

Todavia, nos termos da lei, todos os incrementos decorrentes do justo valor, quer reconhecidos em componentes dos capitais próprios, quer no resultado do exercício, são insuscetíveis de distribuição aos sócios, enquanto não se encontrarem realizados. O mesmo sucede no âmbito fiscal, em que os ajustamentos decorrentes da aplicação do justo valor não concorrem para a formação do lucro tributável, exceto quando realizados[502].

### 4.1.2.2.2. A adoção do Método da Equivalência Patrimonial (MEP)

A equivalência patrimonial é um método de contabilização das participações financeiras[503] que se carateriza pelo facto da quota-parte dos resul-

---

Cf. Comissão de Acompanhamento do Novo Sistema de Normalização Contabilística, *Novo Sistema de Normalização Contabilística – Alterações introduzidas após o processo de audição pública*, p. 6. Assim, a própria Comissão de Acompanhamento sugeriu a adoção do justo valor regulado, o que não veio a ser concretizado, ao invés do que sucedeu com a limitação à distribuição de resultados.

Este relatório da Comissão de Acompanhamento, consultado em abril de 2013, está disponível em http://www.oroc.pt/fotos/editor2/Tecnico/2009/Comissao.pdf.

[502] Cf. art. 18º, nº 9, do CIRC.

[503] Aplica-se às aplicações financeiras permanentes ou não correntes, isto é, aplicações de longo prazo, com intenção de manutenção por período superior a um ano. Tratando-se, deste modo, de participações relevantes, para dar uma informação fiel e verdadeira aos interessados, a contabilidade sente a necessidade de tratar a posição financeira de um grupo de sociedades

184

O APURAMENTO DE RESULTADOS

tados a que a empresa participante tem direito na participada ser contabilizada no exercício a que os resultados respeitam[504]. Assim, os resultados da participante incluem a sua participação nos resultados da participada.

Com o método da equivalência patrimonial (MEP), as contas da participante, a todo o momento, refletem o custo de aquisição das ações ou quotas e os acréscimos e decréscimos da situação líquida após a data de aquisição da sociedade detida, na proporção da sua participação, naturalmente. Deste modo, as contas da sociedade participante integram o resultado obtido pela sociedade participada nesse mesmo exercício, na parte que à participante cabe nesse resultado.

A este método de contabilização pode contrapor-se o método do custo, em que a quota-parte dos resultados apenas é reconhecida quando são distribuídos resultados pela sociedade participada à sua participante[505].

No momento de aquisição, a participação é registada sempre pelo seu custo, sendo que após a aquisição, pelo MEP, a participante reconhece no valor da participação a quota-parte correspondente nos resultados (independentemente da sua distribuição) e qualquer alteração dos capitais próprios da investida (por exemplo, a distribuição de dividendos pela participada)[506]. Enquanto pelo método do custo, apenas reconhece no

---

juridicamente autónomas como se de uma única entidade se tratasse. No fundo trata-se de aplicar aqui o princípio da substância (unidade económica do grupo) sobre a forma (cada sociedade é formalmente autónoma e independente) – cf. Ana Maria Rodrigues, *A aplicação do MEP em subsidiárias e associadas – uma visão crítica*, p. 221. De facto, o resultado da participante não é completo se for alheio aos resultados que as suas participadas tiveram, como se compreende.

[504] O § 4 da NCRT 13 define o MEP da seguinte forma: "é um método de contabilização pelo qual o investimento ou interesse é inicialmente reconhecido pelo custo e posteriormente ajustado em função das alterações verificadas, após aquisição, na quota-parte do investidor ou do empreendedor nos ativos líquidos da investida ou da entidade conjuntamente controlada. Os resultados do investidor ou empreendedor incluem a parte que lhe corresponda nos resultados da investida ou da entidade conjuntamente controlada."

[505] Neste método, «uma investidora regista o seu investimento na investida ao custo. A investidora somente reconhece resultados positivos até ao ponto em que receba distribuições a partir dos lucros líquidos acumulados da investida de proveniência subsequente à data de aquisição pela investidora.» (§4, NIC 28).

[506] Importa, todavia referir que os resultados das participadas, apurados de acordo com a sua contabilidade, para efeitos de contabilização na participante, são sujeitos a várias correções. De facto, os resultados das participadas que são relevantes para as participantes são diferentes do resultado individual da participada, pelo que pode suceder que o resultado da participada que a participante regista seja diferente do resultado contabilizado na participada.

APURAMENTO E APLICAÇÃO DE RESULTADOS

valor da participação a quota-parte correspondente aos dividendos que foram distribuídos pela participada, por contrapartida de resultados. Ora, nos termos do SNC, o MEP é utilizado nos investimentos em associadas (§ 42 da NCRF 13) e em subsidiárias (§ 8 da NCRF 15).

Coloca-se, então, a questão de saber se os lucros não distribuídos das sociedades participadas, que pelo MEP são integrados nos resultados das participantes, podem ser objeto de distribuição pelos sócios destas. Ou se ficarão, pelo contrário, em situação de indisponibilidade, tal como os ganhos de justo valor, nos termos do nº 2 do artigo 32º do CSC[507].

Os resultados positivos registados pela participada, sendo certo que valorizam a sociedade participante (o que deve ser refletido nas suas contas), constituem meras expetativas de resultados, pois nenhum sócio tem direito a determinada quantia de lucros antes de aprovada a deliberação de aplicação de resultados. E a situação da participante / sócia não é diferente. Acresce que, tais resultados da participada são ganhos potenciais para a participante, mas não são ganhos realizados, por quanto a participada pode não vir a distribuir esses resultados no futuro, por decisão sua ou por não ser mesmo possível fazê-lo no futuro. Pense-se, por exemplo, na circunstância de a participada registar prejuízos nos exercícios seguintes, de tal montante que absorvam os lucros transitados dos exercícios anteriores.

Sobre esta questão o CSC não se pronuncia[508]. De facto, o artigo 32º não refere qualquer impossibilidade de distribuição de resultados que

---

[507] Refira-se que, em termos fiscais, os efeitos da aplicação do MEP não contam para o apuramento do lucro tributável, em sede de IRC, como está previsto no nº 8 do art. 18º do CIRC que estabelece que "[o]s rendimentos e gastos, assim como quaisquer outras variações patrimoniais, relevados na contabilidade em consequência da utilização do método de equivalência patrimonial não concorrem para a determinação do lucro tributável, devendo os rendimentos provenientes dos lucros distribuídos ser imputados ao período de tributação em que se adquire o direito aos mesmos".

[508] Neste ponto o texto ficou desatualizado em virtude da recentíssima publicação do DL nº 98/2015, de 2 de junho, que transpõe a Diretiva nº 2013/34/UE, do Parlamento Europeu e do Conselho, de 26 de junho de 2013. Opta-se, porém, por manter o texto inalterado, fazendo contudo referência a esta alteração legislativa, "aplicável aos períodos que se iniciem em ou após 1 de janeiro de 2016", que vem suprir a lacuna que no texto se assinala. De facto, este novo diploma legal, no seu artigo 5º procede ao aditamento de um número 3 ao artigo 32º do CSC, que estabelece o seguinte: "Os rendimentos e outras variações patrimoniais positivas reconhecidos em consequência da utilização do método da equivalência patrimonial, nos termos das normas contabilísticas e de relato financeiro, apenas relevam para poderem ser distribuídos aos sócios, nos termos a que se refere o nº 1, quando sejam realizados."

O APURAMENTO DE RESULTADOS

decorram de ganhos das participadas mas que ainda não tenham sido efetivamente atribuídos à participante. Apenas contempla a situação dos incrementos decorrentes da valorização pelo justo valor, como vimos. E não pode fazer-se aqui uma interpretação extensiva, pois trata-se de duas realidades (justo valor e MEP) que não são equivalentes[509]. Inexiste, assim, no CSC, qualquer obstáculo à distribuição destes resultados não distribuídos das participadas.

A contabilidade[510], contudo, pode acabar por resolver este problema uma vez que no SNC se cativam os resultados não distribuídos pela participada, de tal forma que a participante não os pode usar seja para que efeito for, designadamente para distribuição aos sócios[511]. De facto, em termos contabilísticos, o resultado da participada, no termo do exercício, é contabilizado na participante na conta 5712 do capital próprio (Ajustamentos em ativos financeiros – relacionados com o método de equivalência patrimonial – lucros não atribuídos). Deste modo, a participante vai registar na sua contabilidade (na conta 5712) apenas um ganho esperado, mas ainda não concretizado. Tal ganho vai depender, na verdade, de vir a ocorrer a atribuição de lucros da participada. Isto é, contabiliza-se nessa conta a diferença entre o resultado da participada e o montante por esta distribuído[512].

Posteriormente, caso a participada delibere distribuir lucros, o valor entregue à participante passa para a sua conta de resultados transitados e o remanescente (o montante retido na participada) permanece na referida conta 5712. Ora, apenas o valor constante de resultados transitados poderá ser objeto de distribuição pela sociedade participante, juntamente com os seus restantes resultados do exercício que, no termo do exercício ficam em resultados transitados (até deliberação de aplicação de resultados)[513].

---

[509] Cf. Ana Maria Rodrigues, *A aplicação do MEP em subsidiárias e associadas – uma visão crítica*, p. 255.

[510] A contabilidade, como já referimos, não é uma mera técnica de elaboração das contas, pois as regras e princípios que aplica têm a sua fonte na lei, nomeadamente no SNC, aprovado por lei – cf. Tomás Cantista Tavares, *A interpretação jurídica da lei contabilística*, p. 287 e ss.

[511] José Rodrigues de Jesus / Susana Rodrigues de Jesus, *Alguns aspectos da aplicação do método da equivalência patrimonial*, p. 18.

[512] Como se indica nas "Notas de enquadramento" do Código de Contas do SNC, "Esta conta [5712] será creditada pela diferença entre os lucros imputáveis às participações e os lucros que lhes forem atribuídos (dividendos)..."

[513] Cf. Susana Rodrigues de Jesus, *Algumas notas sobre a entrega de bens aos sócios nas sociedades comerciais*, p. 7.

De tal modo que, quando a participada aprova distribuição de lucros antes de idêntica deliberação da participante, com a adoção do MEP, esta fica imediatamente com a possibilidade de, no mesmo exercício, incluir na sua distribuição de lucros os resultados distribuídos pela participada, caso a aprovação de contas e deliberação sobre a aplicação de resultados da participada anteceda a mesma deliberação da participante, o que não raro sucederá, até pelos prazos em causa[514]. Por outro lado, caso os resultados da participada sejam negativos, estes ficam na conta de resultados transitados, restringindo a possibilidade de distribuição de resultados pela participante, que é nesse caso afetada (negativamente) no seu resultado do exercício.

Esta conta 5712 integra o capital próprio, mas não o resultado do exercício, pelo que não fica disponível para distribuição aos sócios, ficando a constituir uma espécie de reserva, não distribuível. Certo é que o valor da mesma não é contabilizado em resultados, como o restante resultado, que fica em resultados transitados desde o termo do exercício.

Esta interpretação é confirmada pelo disposto na alínea c) do nº 7 do artigo 9º da renovada "Quarta Diretiva"[515], que ao estabelecer as disposições gerais relativas ao balanço e demonstração de resultados, determina que "*Caso o resultado atribuível à participação reconhecido na demonstração de resultados ultrapasse o montante dos dividendos já recebidos ou cujo pagamento possa ser exigido, o montante da diferença é colocado numa reserva que não possa ser distribuída aos acionistas*". Esta disposição é coerente com a ideia do legislador comunitário de que só podem ser reconhecidos lucros realizados à data do balanço[516] e está de acordo com a filosofia que presidiu à alteração do nº 2 do artigo 32º do CSC, a propósito da adoção do critério de valorização do justo valor. Mas deveria existir uma disposição similar a propósito do MEP.

Para mais facilmente se esclarecer esta questão podemos usar um exemplo. Admita-se que a sociedade A detém uma participação de 40% na sociedade B. Se a participada B regista em 2013 o valor de 1 000 EUR de resultados positivos, no fecho das contas da participante A desse

---

[514] Cf. art. 65º, nº 5, do CSC e o que dissemos *supra* ponto 2.1.2. deste Capítulo.

[515] Hoje Diretiva 2013/34/UE do Parlamento Europeu e do Conselho de 26 de junho de 2013, como se disse já.

[516] Cf. art. 6º, nº 1, c) e i), da referida Diretiva 2013/34/EU.

mesmo exercício, a sua quota-parte nesse valor será relevado na conta 5712 (1 000 EUR x 40% = 400 EUR).

Se a deliberação de aplicação de resultados de B referente ao exercício de 2013, decidir nada distribuir, tal valor permanece nessa conta, na contabilidade de A, e é insuscetível de distribuição aos sócios de A. Se ao invés, a assembleia geral da sociedade B deliberar distribuir 750 EUR, levando a reservas o restante, a quota-parte de A nesse valor (750 EUR x 40% = 300 EUR) irá ser contabilizado no balanço de A, em resultados transitados e o valor de 100 EUR (250 EUR x 40%) permanece na conta 5712. Assim, a sociedade A apenas pode distribuir aos seus sócios o valor de 300 EUR (depois de efetuada a cobertura de prejuízos e constituídas as reservas obrigatórias, se for o caso).

No nosso exemplo, se a sociedade A tiver um resultado negativo no mesmo exercício de 4 000 EUR, com a distribuição de resultados de B esse resultado negativo passa a ser de 3 700 EUR. Na sociedade A, a proposta de aplicação de resultados será então deste tipo: "O conselho de Administração propõe que o Resultado Líquido do Exercício, negativo em 3 700 EUR seja transferido para a conta de Resultados Transitados, devendo, subsequentemente, a componente positiva de 100 EUR relativa aos resultados positivos apropriados segundo o método da equivalência patrimonial da Sociedade Participada B e ainda não distribuídos, ser transferida daquela conta para a conta de Ajustamentos de partes de capital em filiais e associadas."

### 4.1.2.3. Lucro de balanço

O "lucro de balanço" (ou lucro periódico) «representa o acréscimo patrimonial gerado e acumulado pela sociedade desde o início das sua atividade até determinada data»[517]. Corresponde, pois, à diferença positiva entre o ativo líquido (ativo menos passivo) e o capital social, acrescido das reservas indisponíveis (legais e estatutárias)[518].

Desta forma, o lucro de balanço será igual ao lucro do exercício menos as perdas transitadas e as reservas obrigatórias, acrescido dos lucros transitados e das reservas disponíveis[519].

---

[517] Cf. Paulo de Tarso Domingues, *Do capital social*, p. 250.
[518] Cf. Ferrer Correia, *Lições de Direito Comercial*, II, p. 238.
[519] Cf. Cassiano dos Santos, *A posição do accionista face aos lucros de balanço*, p. 32 e 33.

APURAMENTO E APLICAÇÃO DE RESULTADOS

Podemos então afirmar que o lucro de balanço é o lucro de que os sócios podem dispor para distribuição. É, assim, o "lucro distribuível"[520]. A noção de lucro de balanço é a que funciona para efeitos do disposto no artigo 32º do CSC, constituindo o limite dos bens que os sócios podem deliberar que lhes sejam distribuídos.

Nestes termos, a assembleia dos sócios pode deliberar distribuir lucros para além do valor dos lucros do exercício em questão, ou mesmo não havendo lucros no exercício em causa[521]. Para tal é necessário que existam lucros de balanço, isto é, que existam resultados transitados positivos ou reservas livres que compensem as perdas daquele exercício e ainda permitam uma distribuição de lucros aos sócios[522]. Trata-se de converter reservas em lucros distribuíveis, pois sabemos que as reservas (rectius, as reservas de lucros) são lucros acumulados e retidos na sociedade.

Para que tais reservas possam ser utilizadas na distribuição aos sócios é necessário que se trate de reservas expressas, isto é, reveladas no balanço, e não de reservas ocultas. Por outro lado, devem ser reservas de livre disposição pelos sócios, o que exclui desta aplicação as reservas legais, bem como as estatutárias cujo regime contratual não permita que delas os sócios disponham livremente, o que dependerá da interpretação da cláusula contratual que as rege[523].

### 4.1.2.4. Lucro final

Pode dizer-se que, em certo sentido, o "lucro final" é o verdadeiro lucro da atividade social, como já dissemos[524]. Corresponde ao valor do ativo restante, depois de deduzido o reembolso as entradas de capital efetiva-

---

[520] Que é diferente do lucro do exercício distribuível, pois esta última noção não compreende as reservas disponíveis nem os lucros transitados, que não constituindo lucro do exercício, são contudo, distribuíveis pelos sócios.

[521] Cf. Paulo de Tarso Domingues, "Artigo 32º", em Código das Sociedades Comerciais em Comentário, Vol. I, p. 495.

[522] De resto, podem ser criadas reservas apenas com o propósito de permitir a distribuição de dividendos nos exercícios em que os lucros nele obtidos não o permitam. São as chamadas reservas de estabilização de dividendos, especialmente utilizadas nas sociedades anónimas.

[523] Sobre os requisitos das reservas de livre disposição, cf. Sanchez Calero, La determinación y la distribución del beneficio neto en la sociedad anonima, p. 124.

[524] Cf. supra ponto 2.2.2. do Capítulo I.

O APURAMENTO DE RESULTADOS

mente realizadas[525]. E devidamente atualizadas, pois de outro modo o lucro é apenas nominal e não real.

Por sua vez, o ativo restante é o património que sobeja e pode ser partilhado, após satisfeitas ou acauteladas as responsabilidades de que a sociedade é titular. De facto, nos termos do art. 156º do CSC, o "ativo restante" é o que resta depois de pago ou acautelado todo o passivo (consignação em depósito ou prestação de caução[526]).

Só a partir do momento em que se apura o ativo restante se pode passar à fase da sua partilha entre os sócio, daí que se possa dizer que corresponde ao «ativo licitamente partilhável pelos sócios»[527]. De facto, entende-se que não é possível proceder à partilha antecipada, como parece resultar do próprio texto legal[528].

Apurado o ativo restante é, em primeiro lugar, reembolsado o valor nominal das entradas dos sócios efetivamente realizadas e, de seguida, repartido pelos sócios o saldo remanescente, na proporção da sua participação nos lucros, salvo disposição contratual em contrário.

Esta partilha será efetuada, por regra em dinheiro, podendo também ser feita em espécie caso o contrato de sociedade assim o determine[529], ou mediante deliberação unânime dos sócios[530]. Esta deliberação deve ter por objeto, por um lado, a decisão de partilha em espécie e, por outro, conter a atribuição de bens concretos a cada sócio[531].

A determinação do lucro final não depende nem dos valores inscritos no balanço, nem da decisão da assembleia geral, mas das operações de liqui-

---

[525] Cf. Raúl Ventura, *Dissolução e Liquidação de Sociedades*, p. 377 ess; Carolina Cunha, *Código das Sociedades Comerciais em Comentário*, Vol. II, p. 669 e ss e Joana Pereira Dias, *Código das Sociedades Comerciais Anotado*, p. 490 e ss.

[526] Cf. art. 154º do CSC. Mas em bom rigor é ainda necessário descontar o valor das importâncias estimadas para os encargos de liquidação, como dispõe o nº 5 do art. 156º do CSC.

[527] Cf. Raúl Ventura, *Dissolução e Liquidação de Sociedades*, p. 394.

[528] Caso os liquidatários decidam proceder a uma partilha antecipada serão responsáveis por tal ato (cf. art. 158º do CSC), sendo certo que aqui não é aplicável o regime de restituição das quantias indevidamente recebidas – cf. Raúl Ventura, *Dissolução e Liquidação de Sociedades*, p. 397.

[529] Esta determinação do contrato de sociedade deve ser minimamente regulamentada, por forma a que seja exequível, sob pena de se ter por ineficaz. Neste sentido, cf. Raúl Ventura, *Dissolução e Liquidação de Sociedades*, p. 400.

[530] Cf. Joana Pereira Dias, *Código das Sociedades Comerciais Anotado*, p. 491.

[531] Raúl Ventura, *Dissolução e Liquidação de Sociedades*, p. 398 e 399 entende que não é forçoso que se trate dos dois assuntos na mesma deliberação. Todavia, se forem objeto de deliberações distintas, ambas terão que ser unânimes.

## APURAMENTO E APLICAÇÃO DE RESULTADOS

dação, que cabem aos liquidatários. A estes cabe elaborar e apresentar aos sócios os documentos de prestação de contas anuais, bem como o relatório completo da liquidação, incluindo um projeto de partilha do ativo restante, com o respetivo mapa de partilha (art. 157º do CSC).

### 4.2. Os resultados negativos. O prejuízo do exercício

Não obstante o escopo lucrativo que os sócios impõem à sociedade, a sociedade corre sempre o risco de registar perdas em vez de lucros, pois toda a atividade comercial é sujeita ao risco[532].

Teremos um prejuízo do exercício se no período de tempo considerado os custos superarem os proveitos. Tal situação coloca o problema do modo de cobertura ou saneamento das perdas registadas, que mais não é que uma operação contabilística[533]. De facto, nas sociedades anónimas e por quotas, os sócios não respondem por dívidas da sociedade, nem são obrigados a compensar a sociedade das perdas por esta sofridas. Pode é impor-se à administração o dever de apresentar a sociedade à insolvência[534].

O que é certo é que ocorrendo prejuízos em determinado exercício não haverá distribuição de resultados, o que não impede que não seja possível distribuir lucros, se para tanto existirem reservas disponíveis. Todavia, perante o prejuízo registado no exercício é necessário que os sócios deliberem a forma de o compensar, designando, nomeadamente, os fundos ou reservas que destinam a tal fim. Em rigor, tratar-se-á não de uma aplicação de resultados mas de um saneamento ou compensação de resultados negativos registados[535]. Ora, esta operação está sujeita a uma ordem de prioridades que importa observar[536].

Verificando-se em determinado exercício uma perda, e existindo reservas no balanço ou resultados positivos de exercícios anteriores, é obrigatório efetuar a compensação de umas com outras? A lei não o impõe diretamente, mas é a solução mais razoável. Na verdade, a existência de

---

[532] Cf. Vasco Lobo Xavier, *Sociedades Comerciais*, p. 23 e ss, para quem a eventualidade dos sócios terem de suportar perdas é um elemento do contrato de sociedade, contraponto do necessário da comunhão nos lucros.

[533] Cf. Fernández del Pozo, *La aplicación de resultados en las sociedades mercantiles*, p. 270.

[534] Nos termos do art. 18º, nº 1 do CIRE, o devedor tem o dever de requerer a declaração da sua própria insolvência nos 60 dias seguintes à data do conhecimento da sua situação de insolvência.

[535] Cf. Fernández del Pozo, *La aplicación de resultados en las sociedades mercantiles*, p. 32.

[536] Cf. *infra*, ponto 4. do Capítulo IV.

reservas ao lado de prejuízos transitados é no mínimo uma situação pouco transparente, pois indicia uma situação contabilística que não existe.

O que os sócios deverão fazer, face à aprovação de um balanço que regista um prejuízo no exercício em apreciação, é deliberar a utilização de reservas livres e, na sua falta ou insuficiência, reservas estatutárias ou legais, para compensar o prejuízo verificado.

Na verdade, a cobertura das perdas deve efetuar-se, em primeiro lugar, à custa das reservas livres, começando por aquelas que não possuam uma afetação especial. Aqui se incluem os resultados positivos transitados de exercícios anteriores e que não foram objeto de especial afetação[537], bem como todas as reservas livres ou facultativas decididas pelos sócios, sem destinação especial.

Esgotadas as reverás livres, deve recorrer-se às reservas estatutárias, seguindo o mesmo critério, começando pelas gerais e só depois recorrendo àquelas que tenham sido constituídas para fim especial.

Só depois é lícito recorrer às reservas legais, como estipula o artigo 296º, a), do CSC. Nos termos da lei, também as reservas de capital, nomeadamente as constantes do artigo 295º, nº 2, só podem ser usadas para saneamento de perdas após o esgotamento das reservas livres disponíveis para o efeito[538]. Entre estas reservas e as reservas legais propriamente ditas é que a lei não estabelece uma prioridade, pelo que competirá aos sócios determinar aquelas a que pretendem recorrer[539].

O que a lei proíbe é que sejam distribuídos lucros aos sócios quando existam prejuízos transitados, de acordo com o artigo 33º, nº 1 do CSC, que determina que «[n]ão podem ser distribuídos aos sócios lucros do exercício que sejam necessários para cobrir prejuízos transitados».

---

[537] Em rigor, constando do balanço resultados transitados positivos a compensação dos prejuízos do exercício é automática. Na verdade, com o fecho do balanço, os resultados obtidos são inseridos nos resultados transitados, pelo que, sendo de valor negativo, abaterão os resultados positivos transitados de exercícios anteriores. Apesar de frequente na prática, não se afigura correto que os sócios decidam como aplicação de resultados destinar determinada quantia a resultados transitados. As aplicações de resultados são, como veremos, dividendos ou reservas, só se justificando ficar em resultados transitados o valor do resultado positivo apurado e relativamente ao qual ainda não houve deliberação de aplicação.

[538] Não obstante ser esta a solução a que a conjugação dos citados preceitos conduz, Raúl Ventura qualifica tal hipótese de excessiva – cf. *Comentário ao Código das Sociedades Comerciais, Sociedades por Quotas*, I, p. 365.

[539] Idem, ibidem, p. 365.

Caso se verifiquem prejuízos insuscetíveis de compensação, por inexistência de reservas para tanto disponíveis, o prejuízo permanecerá no balanço, dentro do capital próprio, com sinal negativo, à espera de uma compensação à custa de lucros futuros[540]. Pode, porém, suceder que, face às sucessivas perdas, o património líquido se torne inferior a metade do capital social. Nesse caso, estaremos perante uma perda grave do capital social, o que obriga a que se desencadeiem as consequências previstas no artigo 35º do CSC.

Perante a situação de perdas, os sócios poderão optar por efetuar entradas de capital a fundo perdido que compensem as perdas ocorridas[541]. É uma das soluções que a lei, exemplificativamente, prevê no referido artigo 35º[542]. Estas entradas têm necessariamente carácter voluntário e irreversível.

Para compensar as perdas verificadas podem ainda os sócios deliberar a redução do capital social, de acordo com o disposto no artigo 94º, nº 1, a), do CSC, nomeadamente quando se está perante uma perda real. De facto, há perdas do exercício que não tornam o património líquido inferior ao capital social, em virtude da existência de reservas que compensam tal prejuízo. Fala-se então em perda formal. Situação diversa ocorre quando o prejuízo verificado torna o património líquido incapaz de assegurar a cobertura do capital social.

Nesse caso pode afirmar-se que existe uma perda real[543].

---

[540] Cf. Sánchez Calero, *Instituciones de Derecho Mercantil*, I, p. 456 e Rivero Menéndez, *Restricciones legales a la aplicación del resultado en las sociedades de capital*, p.27.

[541] Cf. Vélaz Negueruela, *El resultado en las sociedades de capital*, p. 171 e Fernández del Pozo, *La aplicación de resultados en las sociedades mercantiles*, p. 273.

[542] Em Espanha, a anterior lei das sociedades anónimas de 1951 e a lei das sociedades de responsabilidade limitada de 1953, também previam a reintegração do capital pelos sócios como forma de evitar a dissolução imperativa em consequência de perdas que deixassem o património reduzido a menos de um terço do capital social. Cf. Vélaz Negueruela, *El resultado en las sociedades de capital*, p. 172.

[543] Neste sentido cf. Fernández del Pozo, *La aplicación de resultados en las sociedades mercantiles*, p. 271.

# Capítulo III
## As Aplicações de Resultados

Os lucros apurados podem ser aplicados em reservas ou dividendos, pelo que a opção que os sócios exercem, no momento em que decidem do destino a dar ao lucro, será entre a distribuição dos resultados pelos detentores do capital ou o autofinanciamento da sociedade, através da constituição de reservas. Daí que FERNÁNDEZ DEL POZO afirme que a decisão sobre a aplicação de resultados consiste essencialmente em determinar que parte do lucro se destina a ser repartido entre os sócios (dividendos) e que percentagem é destinada ao autofinanciamento (reservas)[544]. Em bom rigor, a opção é entre distribuir lucros pelos sócios ou retê-los na sociedade, seja qual for a intenção que preside a essa retenção (que poderá ser o autofinanciamento ou outra, como por exemplo, criar uma reserva para distribuição futura pelos sócios).

É certo que o CSC não afirma expressamente que são estas as aplicações de resultados[545] possíveis, ao contrário do que faz, por exemplo, a lei alemã

---

[544] Cf. Fernández del Pozo, *La aplicación de resultados en las sociedades mercantiles*, p. 21. Claro que se está apenas a pensar na hipótese de o resultado ser positivo e haver lucros distribuíveis, como veremos melhor no capítulo seguinte.

[545] A expressão "aplicação de resultados" apenas é usada três vezes no CSC: no artigo 66º, nº 5, alínea f) (relatório de gestão), no artigo 189º, nº 3 (matéria que é objeto de deliberação dos sócios nas sociedades por quotas) e no artigo 376º, nº 1, alínea b) (objeto de deliberação na assembleia geral anual das sociedades anónimas).

de sociedades anónimas[546], mas afigura-se como sendo a solução que se impõe. A questão que maior controvérsia suscita, de que se encontra eco na doutrina espanhola, é referente a quantias que são calculadas por referência ao montante dos lucros apurados, designadamente, pagamentos a trabalhadores e a administradores[547].

Trata-se, na verdade, de saber se estamos, nos casos referidos, perante custos da sociedade ou aplicação de resultados. Isto é, perante despesas que contribuem para a determinação do resultado (como custos) ou se são verbas retiradas dos lucros do exercício e destinadas pelos sócios aos trabalhadores ou administradores, questão que iremos tratar mais à frente[548].

Vamos, então, de seguida analisar as aplicações de resultados, começando pelas reservas[549] para depois nos determos nos dividendos.

## 1. As reservas
### 1.1. Noção de reservas

Com frequência se afirma que as reservas são lucros não distribuídos, que são retidos e ficam à disposição da sociedade[550]. É a noção que corresponde à etimologia da própria palavra: aquilo que se põe de parte, para utilizar mais tarde ou para ocorrer a futuras necessidades[551]. Porém, sendo certo

---

[546] Cf. § 174, nº 2, da *AktG*.

[547] Cf. Vélaz Negueruela, *El resultado en las sociedades de capital*, p. 156 e ss.

[548] Ver *infra* ponto 1.4. do Capítulo IV.

[549] Não obstante nem todas as reservas constituírem uma aplicação de resultados, como a seguir melhor se explicará, entende-se conveniente, por facilidade de exposição, tratar neste local de todas as reservas em geral. Será um contributo para o tratamento sistemático das reservas, estudo que falta fazer entre nós.

[550] Cf., por exemplo, Ferrer Correia, *Lições de Direito Comercial*, vol. II, p. 247, Coutinho de Abreu, *Curso de Direito Comercial*, vol. II, p. 481, Engrácia Antunes, *Capital próprio, reservas legais especiais e perdas sociais*, p. 98, secundado por Fátima Gomes, *O Direito aos Lucros e o Dever de Participar nas Perdas nas Sociedades Anónimas*, p. 240. Estes autores, reconhecendo que o termo "reservas" é polissémico e admitindo que existem reservas de capital, definem contudo as reservas como «*valores contabilizados no capital próprio de uma sociedade que, tendo em princípio sido gerados pela própria atividade social, os sócios não podem (por força da lei ou dos estatutos da sociedade) distribuir ou não quiseram (em virtude de deliberação social) distribuir*» – por todos, Engrácia Antunes, *Capital próprio, reservas legais especiais e perdas sociais*, p. 98. Esta noção corresponderá à definição de reservas de lucros, mas há outras reservas que não são geradas pela atividade social, como sucede com os prémios de emissão.

[551] Cf. *Dicionário da Língua Portuguesa Contemporânea*, p. 3213.

## AS APLICAÇÕES DE RESULTADOS

que os lucros não distribuídos são reservas, a verdade é que nem todas as reservas são lucros não distribuídos[552], como veremos de seguida. Apesar de ser um termo usado recorrentemente no ordenamento jurídico português, certo é que a lei (quer societária, quer contabilística) não nos oferece qualquer definição de reservas[553].

Por vezes afirma-se também que seriam reservas todos os excedentes do património social relativamente ao capital[554]. Esta forma de ver as reservas, porém, esquece que podem existir outras verbas, como as prestações suplementares, que também podem constituir um excesso do património face ao capital. E, por outro lado, que a sociedade pode ter reservas, ou ter que as constituir, mesmo tendo um património inferior ao capital social. Pense-se na hipótese de uma sociedade com o património líquido inferior ao capital e que aceita uma doação, o que a obrigará à constituição de uma reserva correspondente, de acordo com o artigo 295º, nº 2, c), do CSC[555].

Para PAULO DE TARSO DOMINGUES as reservas têm uma bífida perspectiva: por um lado constituem uma conta do capital próprio da sociedade, cuja constituição é deliberada pelos sócios e que se assume como uma cifra complementar de retenção; por outro lado, numa vertente formal, as reservas são uma mera cifra, um puro *nomen juris*[556].

Esta forma de ver as reservas também não é isenta de crítica. É que, podemos dizer que estamos perante uma cifra de retenção quando se trata de um valor que impede a distribuição dos correspondentes bens aos sócios. Ora, a constituição de reservas livres ou facultativas, em nada limita a possibilidade de os sócios, em momento imediatamente seguinte, deliberarem proceder à sua distribuição, razão pela qual não se poderá dizer que constituem uma cifra de retenção, à imagem do que se passa com o capital social[557].

---

[552] Cf. Jean Lacombe, *Les Réserves dans les Sociétés par Actions*, p. 51.

[553] Cf. Paulo de Tarso Domingues, *Variações do Capital Social*, p. 432.

[554] Cf. Fernández del Pozo, *La aplicación de resultados en las sociedades mercantiles*, p. 249.

[555] Cf. o exemplo apresentado por Paulo de Tarso Domingues, *Variações do Capital Social*, p. 433.

[556] Cf. Paulo de Tarso Domingues, *Variações do Capital Social*, p. 434.

[557] O próprio autor reconhece, em nota, que no caso das reservas livres, o grau de vinculação dos bens retidos por força da constituição da reserva é «extremamente frouxo», bastando uma deliberação social para que o valor correspondente possa ser distribuído pelos sócios – cf. Paulo de Tarso Domingues, *Variações do Capital Social*, p. 434, nota 1728. Mas, se basta uma qualquer deliberação dos sócios para que o seu valor possa ser distribuído, o grau de vinculação não

APURAMENTO E APLICAÇÃO DE RESULTADOS

Poder-se-ia também dizer que as reservas são cifras do capital próprio[558] expressas no balanço[559], representando, ao lado do capital social, os recursos próprios da sociedade por contraponto às fontes de financiamento alheio. Todavia, importa considerar que também pode haver reservas que não encontram expressão no balanço: são as reservas ocultas.

Assim sendo, será porventura mais correto afirmar simplesmente que as reservas são valores ideais retidos na sociedade por imposição legal ou contratual, ou por livre decisão, expressa ou tácita, dos sócios e que se destinam à compensação de perdas, à incorporação no capital social ou a outro fim definido pelos sócios.

Assim, as reservas abrangem o excesso do ativo líquido sobre o capital social, representando todos os ganhos de valor do património social conservado na própria sociedade por imposição legal ou contratual, ou pela vontade dos sócios. Esta noção ampla inclui todos os ganhos decorrentes da valorização dos elementos do ativo, bem como as reservas ocultas e os lucros não distribuídos aos sócios. Abarca as denominadas "reservas de lucros" e as "reservas de capital". E tal como o capital social, as reservas não se materializam em nenhum bem do ativo em concreto[560], pelo que se trata de valores ideais.

Mas podemos falar também em reservas em sentido restrito[561]. Na noção restrita de reservas incluir-se-á apenas a parte dos lucros da socie-

---

é frouxo, é pura e simplesmente inexistente. De facto, a distribuição aos sócios está na total disponibilidade destes.

[558] Em termos contabilísticos, de acordo com o SNC, o capital próprio «é o interesse residual nos ativos da entidade depois de deduzir todos os seus passivos» – ponto 49 da Estrutura Conceptual do SNC. Daí que se possa dizer que o capital próprio é igual ao ativo menos o passivo.

[559] Portanto, na parte do capital próprio e passivo, no SNC. No âmbito do POC as reservas estavam no lado direito do balanço, do mesmo lado do passivo.

[560] Daí que se diga que são reservas e não "fundos de reserva". De resto, a materialização das reservas numa fração do património constituiria uma limitação à gestão social, sem que daí adviesse qualquer vantagem para os sócios ou para os credores – cf. Fernández del Pozo, *La aplicación de resultados en las sociedades mercantiles*, p. 249 e 250. Tempos houve, porém, em que se exigia que as reservas se materializassem em bens concretos, como por exemplo, títulos de dívida pública. Algo semelhante sucede ainda hoje no âmbito das empresas de seguros – *idem, ibidem*. São as denominadas reservas técnicas ou matemáticas, obrigatórias no sector segurador e que são os montantes calculados em determinada data e destinados a assegurar pagamentos futuros de benefícios. Neste estudo não estamos a considerar este tipo de reservas.

[561] Cf. Bartolomeo Quatraro/ Ruben Israel/ Salvatore D'amora/ Gabriella Quatraro, *Trattato Teorico-Pratico delle Operazioni sul Capitale*, Tomo I, p. 533, G. Ripert/ R. Roblot, *Traité de Droit Commercial*, p. 595 e António Pereira de Almeida, *Sociedades Comerciais*, p. 97 e ss.

dade, decorrente do exercício da sua atividade social, que foi subtraída à distribuição pelos sócios, quer por imposição legal ou contratual, quer por vontade dos próprios sócios.

Como veremos melhor a seguir, as reservas podem ser expressas ou ocultas. As reservas expressas são uma cifra, um número, constante do balanço, na rubrica do capital próprio, tal como o capital social. Mas mesmo neste caso, as reservas não são elementos do ativo da sociedade concretamente identificados, mas antes uma cifra do passivo não exigível[562], ou "passivo interno"[563].

É, pois, visível a proximidade entre as reservas e o capital social, pois ambos possuem funções parcialmente idênticas. Quer o capital social quer as reservas desempenham uma função de financiamento da atividade societária, e ambos constituem uma garantia para terceiros, na medida em que retêm na sociedade bens do património social que são a garantia última dos credores. Daí que alguns autores definam reservas, por referência ao capital social, como o faz FERNÁNDEZ DEL POZO, na medida em que elas constituem uma rubrica dos recursos próprios com um vínculo abstrato, de afetação geral, suplementar e subordinado àquele que constitui a cifra do capital social. As reservas possuem então uma especial afetação a determinados fins que, em geral, se podem definir como os riscos gerais inerentes à exploração da empresa social[564].

Evidencia-se, assim, uma função de complementaridade entre as reservas e o capital social, pois aquelas constituem uma primeira defesa deste[565]. Com as reservas evita-se que o capital social seja atingido na sua integridade, já que, como veremos, a compensação de perdas começa por se efetuar à custa dos bens que no ativo correspondam às diversas reservas que a sociedade possua. São assim um primeiro escudo de defesa, servindo de «"almofada" que apara e amortece os "golpes" que as perdas constituem para o capital social», nas palavras expressivas de PAULO DE TARSO DOMINGUES[566].

---

[562] Cf. Fernández del Pozo, *La aplicación de resultados en las sociedades mercantiles*, p. 248.

[563] Expressão usada por Jean Lacombe para caracterizar as reservas – cf. Jean Lacombe, *Les Réserves dans les Sociétés par Actions*, p. 54 e ss.

[564] Cf. Fernández del Pozo, *Las reservas atípicas*, p. 47.

[565] Daí que alguns autores mostrem alguma incompreensão pela existência de reservas obrigatórias, uma vez que acabam por representar uma obrigação legal de aumento do capital social, quando este é livremente fixado nas sociedades por quotas (e nas sociedades anónimas, respeitado que seja o seu montante mínimo) – cf. G. Ripert/ R. Roblot, *Traité de Droit Commercial*, tomo I, vol. 2, p. 597.

[566] In *Estudos de Direito das Sociedades*, p. 176.

De facto, como o próprio nome sugere, as reservas apareceram correspondendo a uma ideia de prudência, de alguma forma ligada a poupança, colocando de lado somas que podem vir a ser necessárias para fazer face aos contratempos que o futuro poderá trazer[567].

Porém, para além das apontadas funções de autofinanciamento da sociedade e de proteção do capital social, as reservas (ou pelo menos algumas reservas) podem também funcionar como instrumento de uma política de estabilização de dividendos[568]. De facto, a fim de garantir aos acionistas um dividendo anual estável, a sociedade pode constituir reservas para esse efeito, assegurando a distribuição de dividendos mesmo em exercícios em que o lucro do exercício não o permita. Os dividendos serão então distribuídos à custa de reservas disponíveis para o efeito.

## 1.1.1. Distinção de figuras próximas
### 1.1.1.1. Capital Social
Como se disse, as reservas e o capital social, desempenham funções parcialmente idênticas. Ambos constituem formas de financiamento da atividade societária, e ambos constituem uma garantia para terceiros, na medida em que retêm na sociedade bens do património social que são a garantia última dos credores.

A função principal do capital social[569] é a de constituir uma garantia para terceiros, como é pacifico afirmar[570], o que decorre essencialmente

---

[567] Cf. Jean Lacombe, *Les Réserves dans les Sociétés par Actions*, p. 2. Este autor situa o intensificar da constituição de reservas, que a lei francesa já previa desde uma instrução ministerial de 11 de julho de 1818, ligado à crise dos primeiros anos do século XX, particularmente depois de 1914. A inflação elevada, as restrições no crédito e a falta de liquidez dos próprios sócios, geraram uma necessidade de recurso ao autofinanciamento por parte de inúmeras sociedades em França.

[568] Cf. Rafael Illescas Ortiz, v. *Reserva*, Enciclopedia Juridica Básica, vol. IV, p. 5854.

[569] O capital social pode ser definido como a «cifra representativa da soma dos valores nominais das participações sociais fundadas em entradas em dinheiro e/ou espécie». Valor que é fixado no pacto social e é tendencialmente estável – cf. Coutinho de Abreu, *Curso de Direito Comercial*, p. 66. Esta pode ser, pelo menos, a definição de capital social correspondente à sua vertente formal, para quem entenda que o capital social se reveste de duas faces: uma formal, a tal cifra, e outra real, correspondente à «massa de bens – não determinada qualitativamente – que é uma fração ideal do património líquido e se destina a cobrir o valor do capital social nominal, estando os sócios obrigados a conservar intacta tal quantidade de bens que apenas poderá ser afetada pelos azares e vicissitudes da atividade empresarial» – cf. Paulo de Tarso Domingues, *Do Capital Social*, p. 54.

[570] A função de garantia é «de longe considerada, na literatura jurídica, como a função rainha do capital social» – Paulo de Tarso Domingues, *Do Capital Social*, p. 200.

AS APLICAÇÕES DE RESULTADOS

dos princípios da intangibilidade e da efetividade a que está sujeito[571], na medida em que impedem a distribuição de bens aos sócios, sempre que o património líquido for igual ou inferior ao capital social.

Como sabemos, nas sociedades de responsabilidade limitada (sociedades por quotas e sociedades anónimas), os sócios não são responsáveis pelas dívidas da sociedade, pelo que os credores só poderão ver satisfeitos os seus créditos à custa do património social. Deste modo, em bom rigor, a garantia que os credores têm é o património da sociedade, pois a garantia do credor é o património do devedor.

Pode afirmar-se que o capital social é uma garantia para os credores fundamentalmente pela razão de que o capital social funciona como uma "cifra de retenção", isto é, como uma barreira, um dique que impede que o património social desapareça, com ele desaparecendo toda a garantia dos credores[572].

As reservas indisponíveis desempenham essa mesma função do capital social, impedindo a distribuição aos sócios dos bens necessários à sua cobertura. Porém, tal não sucede com todas as reservas. Daí que a consistência da garantia, no caso das reservas, seja de natureza muito diversa, dependendo do tipo de reservas em causa, ao contrário do que sucede com o capital social. Na verdade, se há reservas que são insuscetíveis de distribuição aos sócios (por exemplo, as reservas legais), outras há que não gozam dessa garantia, como sucede com as reservas livres.

---

[571] Essencialmente, pois também o princípio da exata formação contribui para tal – cf. Paulo de Tarso Domingues, *Do Capital Social*, p. 200.

[572] Tal desiderato é obtido, desde logo, através das diversas regras previstas no CSC, das quais se destacam:

– A proibição de distribuição de bens aos sócios. Não podem ser distribuídos bens aos sócios quando a situação líquida da sociedade for inferior à soma do capital social e das reservas indisponíveis, ou se tornasse inferior em consequência dessa distribuição, como está consagrado no artigo 32º do CSC e no art. 17º, nº 1, da Nova Diretiva do Capital (Diretiva 2012/30/UE). O que significa que só é permitida a distribuição de lucros.

– A proibição da retribuição certa, a título de juros ou de lucros (artigo 21º, nº 2, do CSC). Isto é, como a atividade societária é por natureza aleatória, sujeita ao risco, uma cláusula que assegurasse uma retribuição certa colidiria com a proibição de restituição das entradas, como é fácil de constatar.

– A imodificabilidade do capital social. Tal não quer dizer que o capital social não possa, de todo em todo, ser alterado. Significa que a sua alteração é sempre um ato extraordinário na vida societária e que exige a verificação de especiais requisitos, implicando uma alteração do pacto e o registo na respetiva conservatória – cf. nosso *A perda grave do capital social*, p. 13.

APURAMENTO E APLICAÇÃO DE RESULTADOS

Por outro lado, enquanto o capital social é um elemento obrigatório nas sociedades de capital, constante do pacto social, sendo assim um valor fixo, o mesmo não sucede com as reservas. Estas podem nem sequer existir, sendo certo que existindo, o seu valor é alterável.

Acresce que, capital social e reservas têm regras de dotação, manutenção e aplicação que são distintas. A utilização das reservas não está sujeita às regras da redução do capital social, nem existe direito de oposição dos credores, como sucede no caso daquela[573].

Por outro lado, a lei expressamente prevê a possibilidade de conversão de reservas em capital social, o mesmo não sucedendo para a conversão de capital em reservas. De facto, uma das utilizações possíveis para as reservas é a sua incorporação no capital social, através de um aumento deste por incorporação de reservas, o que está expressamente previsto nos artigos 91º, 92º e 296º, alínea c), do CSC.

Mas pode também pensar-se na operação inversa: reduzir o capital social para constituir reservas, como está previsto em Espanha. De facto, tal hipótese está regulada no artigo 328 da *Ley de Sociedades de Capital*, que manda aplicar a esta redução do capital social as regras da redução por perdas[574].

Em Portugal, apesar de inexistir qualquer menção legal a tal operação, não vemos impedimento a que a mesma se possa realizar. Na verdade, sendo admissível a redução do capital social para distribuição de bens aos sócios (ou para libertação de excesso de capital, como se refere no art. 94º, nº 1, a), do CSC), por maioria de razão se deverá aceitar a redução para a constituição de reservas.

### 1.1.1.2. Depreciações, amortizações, imparidades e provisões

A contabilização da quantia depreciável de um ativo fixo tangível, durante a sua vida útil[575], bem como as amortizações dos ativos intangíveis, com um período de vida útil definida[576], assim como a constituição de provi-

---

[573] Cf. Fátima Gomes, *O Direito aos Lucros e o Dever de Participar nas Perdas nas Sociedades Anónimas*, p. 239.

[574] O artigo 328 da *Ley de Sociedades de Capital* tem como epígrafe «*Reducción para dotar la reserva legal*» e estabelece que «*A la reducción del capital para la constitución o el incremento de la reserva legal será de aplicación lo establecido en los artículos 322 a 326*».

[575] Cf. NCRF 7, § 43 e ss.

[576] Cf. NCRF 6, § 87 e ss.

sões[577] e as perdas por imparidades[578], têm como consequência direta a retenção de fundos na sociedade, que são subtraídos aos proveitos, afetando o resultado. O que pode levar a pensar que são também, de algum modo, reservas[579]. Ora, se é certo que têm essa semelhança com as reservas, podendo em sentido económico desempenhar uma função prática semelhante, certo é que não são realidades confundíveis.

No caso das depreciações e das amortizações, estamos perante a necessidade de constatar contabilisticamente o deperecimento de elementos do ativo que, com carácter sistemático, sofrem perdas de valor resultantes da sua utilização ou do decurso do tempo[580]. De facto, o exercício da atividade social desgasta os elementos do seu ativo imobilizado, necessários à produção de bens ou à prestação de serviços que constituam o objeto da sociedade. E, por outro lado, certos bens perdem valor pelo simples decurso do tempo[581].

Ora, se não fossem efetuadas as amortizações dos bens do ativo imobilizado, que refletissem esse mesmo desgaste e desvalorização, teríamos um balanço que não daria uma imagem fiel e real da situação da sociedade. É claro que se fosse possível contabilizar em cada exercício o valor real do bem, considerando a sua depreciação, deixaria de ser necessário efetuar amortizações.

O mesmo se passa com as provisões. Nos termos do SNC, as provisões são passivos incertos no tempo e no montante, mas que irão implicar dispêndios futuros[582]. Assim, as provisões visam relevar contabilisticamente

---

[577] Cf. NCRF 21, § 11 e ss.

[578] As perdas por imparidade correspondem ao excedente da quantia escriturada em relação à sua quantia recuperável.

[579] No Anteprojeto sobre sociedades por quotas, da autoria de Ferrer Correia / Vasco Lobo Xavier / Maria Ângela Coelho / António Caeiro, estipulava-se o seguinte no artigo 82º, nº 2: «Salvo disposição especial do contrato, a assembleia geral pode deliberar, após aprovação do balanço e contas do exercício, que uma parte dos lucros distribuíveis não excedente a metade seja afetada a reservas ou provisões».

[580] Cf. nº 1 do artigo 1º do Decreto Regulamentar nº 25/2009, de 14 de setembro, que regulamenta as depreciações e amortizações.

[581] Nos termos do artigo 29º, nº 1, do CIRC, «são aceites como gastos as depreciações e amortizações de elementos do ativo sujeitos a deperecimento, considerando-se como tais os ativos fixos tangíveis, os ativos intangíveis, os ativos biológicos que não sejam consumíveis e as propriedades de investimento contabilizados ao custo histórico que, com carácter sistemático, sofram perdas de valor resultantes da sua utilização ou do decurso do tempo».

[582] Cf. Leonor Fernandes Ferreira, *Provisões*, p. 183.

APURAMENTO E APLICAÇÃO DE RESULTADOS

uma situação em que a sociedade tem uma obrigação presente, legal ou construtiva[583], resultante de um acontecimento passado, sempre que seja provável que para a resolução dessa obrigação ocorra uma saída de recursos e o montante da obrigação possa ser fiavelmente mensurado[584]. É certo que as reservas também podem ser afetas à cobertura de riscos e encargos futuros, mas sempre de carácter geral[585].

As perdas por imparidades ocorrem nos casos em que o valor de determinados ativos é inferior ao seu valor contabilístico ou à quantia escriturada[586]. Assim, sempre que a quantia recuperável de um ativo (por exemplo, o seu valor de venda), se encontra abaixo do valor com que se encontra inscrito no balanço, o seu valor deve ser ajustado negativamente, por forma a que as contas da sociedade não surjam inflacionadas por um ativo cujo valor atual já não corresponde ao valor de venda[587-588].

---

[583] Nos termos da NCRF 21, § 8 e NCRF 26, § 5, consideram-se "obrigações legais" as decorrentes de contratos ou da lei, e "obrigações construtivas" para uma entidade as decorrentes de ações em que, «por via de um modelo estabelecido de práticas passadas, de politicas publicadas ou de uma declaração corrente suficientemente específica, a entidade tenha indicado a outras partes que aceitará certas responsabilidades», ou «em consequência, a entidade tenha criado uma expectativa válida nessas outras partes de que cumprirá essas responsabilidades». Cf. Leonor Fernandes Ferreira, *Provisões*, p. 191.

[584] Nos termos do artigo 39º do CIRC, podem ser deduzidas para efeitos fiscais as seguintes provisões: a) As que se destinem a fazer face a obrigações e encargos derivados de processos judiciais em curso por factos que determinariam a inclusão daqueles entre os gastos do período de tributação; b) As que se destinem a fazer face a encargos com garantias a clientes previstas em contratos de venda e de prestação de serviços; c) As provisões técnicas constituídas obrigatoriamente, por força de normas emanadas pelo Instituto de Seguros de Portugal, de carácter genérico e abstrato, pelas empresas de seguros sujeitas à sua supervisão e pelas sucursais em Portugal de empresas seguradoras com sede em outro Estado-Membro da União Europeia; d) As que, constituídas pelas empresas pertencentes ao sector das indústrias extrativas ou de tratamento e eliminação de resíduos, se destinem a fazer face aos encargos com a reparação dos danos de carácter ambiental dos locais afetos à exploração, sempre que tal seja obrigatório e após a cessação desta, nos termos da legislação aplicável.

[585] Cf. Fernández del Pozo, *Las reservas atípicas*, p. 93.

[586] Cf. NCRF 12.

[587] Cf. Luísa Anacoreta, *Até onde vão os juízos de valor? O caso particular das amortizações e imparidades*, p. 49.

[588] Nos termos do nº 1 do artigo 35º do CIRC, podem ser deduzidas para efeitos fiscais as seguintes perdas por imparidade: a) As relacionadas com créditos resultantes da atividade normal que, no fim do período de tributação, possam ser consideradas de cobrança duvidosa e sejam evidenciados como tal na contabilidade; b) As relativas a recibos por cobrar reconhecidas pelas empresas de seguros; c) As que consistam em desvalorizações excecionais verificadas

AS APLICAÇÕES DE RESULTADOS

Quer as depreciações e amortizações, que visam assumir nas contas deperecimentos já ocorridos (passado), quer as provisões, que pretendem antecipar perdas condicionais (futuras), podem suscitar (e com frequência suscitam) problemas quanto à sua oportunidade e avaliação, mas são essenciais para assegurar que as contas dão uma imagem verdadeira e fiel do património social.

Nesta medida, não se confundem com as reservas, pois não são valores que diminuam o valor do lucro distribuível, antes condicionam o resultado do exercício. Isto é, não constituem valores que os sócios colocam à disposição da sociedade e que lhes seria entregue caso a sociedade fosse dissolvida e liquidada, como sucede com as reservas[589].

Assim, as depreciações, amortizações, provisões e imparidades não são uma aplicação possível do resultado do exercício, mas contribuem para a determinação desse resultado, que sem provisões, depreciações, amortizações e perdas por imparidades seria um resultado fictício, artificial e não verdadeiro[590].

Acresce que, caso não sejam realizadas as devidas amortizações e provisões, pode ficar em causa a integridade do capital social, sendo eventualmente distribuídos aos sócios bens necessários para assegurar a integridade do capital social[591].

Por outro lado, existe uma natureza diferente quanto ao risco que é objeto de cobertura. Enquanto as amortizações e provisões cobrem riscos concretos e identificáveis, as reservas cobrem riscos não previsíveis ou

---

em ativos fixos tangíveis, ativos intangíveis, ativos biológicos não consumíveis e propriedades de investimento.

[589] Cf. Jean Lacombe, *Les Réserves dans les Sociétés par Actions*, p. 39. Este autor, distingue dentro do passivo aquele que é devido a terceiros (passivo externo) do que é devido aos sócios (passivo interno). Assim, considera as reservas (e também o resultado do exercício) como passivo interno, o que não sucede com as amortizações e provisões que, ao diminuírem o capital próprio, obrigam a que outros bens compensem essa diminuição, numa espécie de sub-rogação real.

[590] Cf. Fernández del Pozo, *Las reservas atípicas*, p. 93.

[591] Tomemos como exemplo um caso em que o património inicial da sociedade fosse constituído por uma máquina, de valor igual ao capital social. Se no final do exercício, os custos e vendas fossem equivalentes (valor neutro), o valor do património já seria nesse momento inferior ao capital social. Efetivamente este mantinha-se inalterado, mas o valor da máquina, devido ao seu uso e desgaste, seria então inferior. Cf. Jean Lacombe, *Les Réserves dans les Sociétés par Actions*, p. 36 e o exemplo aí referido.

APURAMENTO E APLICAÇÃO DE RESULTADOS

improváveis[592]. Certo é que não é permitida a criação de provisões que tenham características de reservas[593].

Importa, por último, referir que as amortizações e provisões podem de facto constituir reservas se se tratar de amortizações ou provisões excessivas e injustificadas, que assim dariam lugar a reservas ocultas[594]. Por outro lado, se não forem efetuadas as amortizações e provisões necessárias, ficará aberta a porta à distribuição de resultados inexistentes, fictícios. Em ambos os casos estaríamos face a contas falsas.

## 1.2. Tipos de reservas
### 1.2.1. Reservas expressas e reservas ocultas

Como se disse já, as reservas podem ser expressas ou ocultas. Dizem-se "reservas expressas" as que aparecem refletidas nas contas da sociedade, designadamente, no balanço. São, pois, as reservas, de diversos tipos, que constam do balanço.

"Reservas ocultas", ao invés, são as que, como o nome evidencia, não constam do balanço, estando como que dissimuladas nas contas da sociedade[595]. Estas reservas ocultas podem ter causas diversas. Podem resultar da omissão de verbas do ativo ou da inclusão de passivo inexistente. Podem também resultar da sobrevalorização de verbas do passivo e/ou da subvalorização de verbas do ativo[596].

A subvalorização do ativo é um fenómeno inevitável e até certo ponto compreensível, sendo entendido como uma regra de boa administração[597], desde que aplicada em termos razoáveis. De facto, tal procedimento é

---

[592] Cf. Fernández del Pozo, *Las reservas atípicas*, p. 55 e Fátima Gomes, *O Direito aos Lucros e o Dever de Participar nas Perdas nas Sociedades Anónimas*, p. 240.

[593] Cf. Eusébio Pires da Silva e Ana Cristina Pires da Silva, *SNC – Manual de Contabilidade*, p. 147.

[594] Cf. Fernández del Pozo, *Las reservas atípicas*, p. 95.

[595] Cf. Pinto Furtado, *Curso de Direito das Sociedades*, p. 324, que prefere designá-las de "reservas implícitas". Para os autores que consideram que as reservas correspondem a uma expressão contabilística, estas reservas ocultas não são verdadeiras reservas. Neste sentido, Fátima Gomes, *O Direito aos Lucros e o Dever de Participar nas Perdas nas Sociedades Anónimas*, p. 240, nota 578.

[596] Cf. Coutinho de Abreu, *Curso de Direito Comercial*, vol. II, p. 484.

[597] Cf. Ferrer Correia, *Lições de Direito Comercial*, vol. II, p. 252. Este insigne professor admite que as reservas ocultas não são formalmente proibidas e que são uma prática corrente, de boa administração, caso não sejam exageradas. Neste último, caso redundam «numa ocultação momentânea de lucros, e portanto na diminuição de dividendos», sendo impugnável a deliberação que aprovou o balanço nessas condições.

mesmo imposto pela regra da prudência que vigora em matéria conta-bilística. Acresce que, sendo o ativo valorizado a preços de aquisição, a existência desta reserva oculta é a consequência natural dessa regra. Esta reserva deixará de ser oculta quando se proceder a uma reavaliação do ativo. Em todo o caso, os ganhos daí resultantes ficam sujeitos ao regime da reserva legal, como veremos à frente[598].

As reservas ocultas podem também resultar de uma sobreavaliação do passivo, como se disse. Tal prática suscita a questão da sua legalidade[599]. É que a contabilidade deve traduzir uma «imagem verdadeira e fiel» da situação económico-financeira da sociedade. Ora, se é necessário acau-telar riscos que se admite poderem existir, há formas contabilisticamente correctas de o traduzir, nomeadamente efetuando provisões ou constituindo mesmo reservas para esse efeito. Prosseguir o mesmo fim através do empo-lamento dos custos é que não será uma prática aceitável pois é contrária ao princípio da verdade do balanço[600].

No fundo, a questão está em determinar se a subavaliação do ativo ou a sobreavaliação do passivo decorrem do que se pode chamar a discriciona-riedade técnica, nomeadamente em sede de avaliação e que é inevitável, ou se procede de uma vontade deliberada de ocultar resultados positivos.

Tratando-se de reservas ocultas que resultam da omissão de verbas do ativo, ou de verbas do passivo que são fictícias, porque inexistentes, esta-remos face a reservas ilícitas. Na verdade, nestes últimos casos estamos perante uma ocultação de resultados que deveriam figurar nas contas o que conduz à nulidade da deliberação que aprove o balanço que as contenha[601].

Certo é que, em qualquer dos casos, a constituição (consciente) destas reservas consubstancia na prática uma apropriação, pela administração de uma competência dos sócios. Na verdade, sendo as contas da respon-

---

[598] Desta forma os ganhos decorrentes da reavaliação são insuscetíveis de distribuição aos sócios.

[599] Manifestando-se contra as reservas ocultas, que considera ilegais, cf. Giovanni E. Colombo, *Riserve facoltative e riserve occulte nel bilancio delle sovietà per azione*, p. 225 e ss. Cf. também Fernández del Pozo, *La aplicación de resultados en las sociedades mercantiles*, p. 252 e *Las reservas atípicas*, p. 86.

[600] Nos termos do artigo 29º do Código Comercial exige-se que as contas dos comerciantes deem a conhecer fácil, clara e precisamente as suas operações comerciais e fortuna.

[601] Cf. Alberto Pimenta, *A prestação de contas do exercício nas sociedades comerciais*, p. 34, e Coutinho de Abreu, *Curso de Direito Comercial*, vol. II, p. 485.

APURAMENTO E APLICAÇÃO DE RESULTADOS

sabilidade da administração, é esta que na verdade decide criar reservas ocultas. É certo que são os sócios que aprovam as contas que as constituem, todavia fazem-no de forma não consciente e esclarecida, ou pelo menos não explícita. De facto, na maioria das vezes, não é fácil que os sócios as possam identificar.

A verdade é que estas reservas são subtraídas à decisão de aplicação de resultados que compete aos sócios, na medida em que retiram do resultado do exercício o valor correspondente.

Por outro lado, a administração procede por esta via a uma diminuição dos potenciais direitos de crédito dos sócios, na medida em que procede a uma diminuição dos resultados distribuíveis[602].

Importa, todavia, referir que o CSC admite a existência das reservas ocultas[603]. De facto, não pode ser outra a conclusão da leitura do artigo 33º, nº 3, que determina que «[a]s reservas cuja existência e cujo montante não figuram expressamente no balanço não podem ser utilizadas para distribuição aos sócios»[604]. De salientar que não raro o legislador oferece vantagens fiscais para a revelação das reservas ocultas[605], através da reavaliação do ativo[606].

---

[602] Neste sentido cf. Jean Lacombe, *Les Réserves dans les Sociétés par Actions*, p. 85, que classifica estas reservas como «reservas independentes do consentimento esclarecido dos sócios».

[603] Refira-se, a este propósito, que as reservas ocultas têm expressa consagração legal no Direito suíço. O artigo 669º do Código das Obrigações suíço admite a existência de reservas ocultas, na medida em que tal se justifique para assegurar o crescimento do negócio e a distribuição de lucros, sempre que tal seja do interesse dos sócios – cf. Fernández del Pozo, *Las reservas atípicas*, p. 84.

[604] Há, porém, quem veja nesta referência «o afloramento de um princípio geral que considera que tais reservas não são admissíveis e não podem, por isso, ser invocadas para quaisquer efeitos» – cf. Paulo de Tarso Domingues, *Estudos de Direito das Sociedades*, p. 175. Em sentido contrário cf. Ferrer Correia, *Lições de Direito Comercial*, vol. II, p. 252.

[605] Cf., a título de exemplo, a norma contida no artigo 29º, nº 3, da Lei nº 55-B/2004, de 30 de dezembro (Lei do Orçamento para 2005), que autorizava o Governo a determinar «a possibilidade dos sujeitos passivos de IRC procederem a reavaliações do ativo imobilizado corpóreo, designadamente no âmbito do processo de reforço dos capitais próprios para cumprimento do disposto no art. 35º do CSC, de acordo com coeficientes a fixar por portaria do Ministro das Finanças e da Administração Pública, sendo o aumento das amortizações dedutíveis até 60%.» Esta norma previa expressamente a reavaliação do ativo a fim de permitir a muitas sociedades o cumprimento do rácio de cobertura do capital social exigido então pelo artigo 35º do CSC, sob pena de dissolução automática.

[606] Os diplomas que, de quando em quando, incentivam, pela via fiscal, as reavaliações preveem as chamadas reavaliações monetárias, isto é, as que se destinam apenas a compensar os efeitos

AS APLICAÇÕES DE RESULTADOS

Por esta razão entendemos que as reservas ocultas são verdadeiras reservas, pelo que a noção de reservas adotada não as exclui. Questão diversa é a de saber se são ou não lícitas, como vimos.

### 1.2.2. Reservas obrigatórias e reservas facultativas

Reservas há que são impostas aos sócios, sem que estes se possam furtar à sua constituição. Outras dependem apenas da vontade dos sócios. As primeiras, as obrigatórias, podem decorrer da lei ou do contrato social, denominando-se, respetivamente, reservas legais e reservas estatutárias. São também obrigatórias as reservas a que a sociedade está vinculada por via de contratos previamente celebrados com terceiros, usualmente denominadas pela contabilidade como "reservas contratuais".

Reservas legais são, pois, aquelas «cuja constituição a lei impõe e cujo emprego a lei regula», nas palavras de RAÚL VENTURA[607]. Desta forma, ao impor a constituição de determinadas reservas e ao destiná-las a certos fins, o legislador está a interferir na aplicação dos resultados que aos sócios competiria. Em homenagem aos interesses de terceiros e ao próprio interesse social de acautelar prejuízos futuros, pois sabe-se que o lucro do exercício é sempre um lucro provisório, o legislador impõe que se dote a sociedade de um fundo destinado a compensar eventuais prejuízos futuros. De facto, pode dizer-se que as reservas impostas pela lei têm sempre a finalidade de cobrir prejuízos futuros, funcionando como uma defesa avançada do capital social. Isto é, trata-se de impor aos sócios que parte dos resultados do exercício fique na sociedade, não podendo a assembleia dos sócios dispor do valor necessário à sua constituição.

Já as reservas estatutárias, se em geral têm o mesmo fim de autofinanciamento, podem contudo ter destino especial, designado no pacto social[608]. Claro que quando afirmamos que as reservas estatutárias são obrigatórias, não esquecemos que tal obrigatoriedade advém de decisão do sócios, razão

---

da inflação, mediante a aplicação de determinados coeficientes de atualização, em função da antiguidade do imobilizado. Mas também é possível efetuar-se reavaliações económicas, motivadas por uma alteração extraordinária do valor dos bens, como veremos à frente.

[607] Cf. *Sociedades por Quotas – Comentário ao Código das Sociedades Comerciais*, vol. I, p. 347.

[608] É usual constituir reservas para fazer face às previsíveis despesas com renovação de equipamento, reservas para investimentos futuros de expansão de negócios, reservas para estabilização de dividendos, ou de autofinanciamento em geral.

## APURAMENTO E APLICAÇÃO DE RESULTADOS

que leva alguns autores a considerá-las reservas «não obrigatórias»[609]. Até porque os sócios, deliberando alterar o pacto social, poderão extinguir tais reservas. Sucede que, na perspetiva da deliberação de aplicação de resultados estas reservas são um dado que se impõe respeitar (tal como sucede com as reservas legais). Daí que tenhamos optado por as considerar como obrigatórias. Isto é, enquanto estiverem previstas no pacto social são obrigatórias, não se ignorando que os sócios podem, por deliberação tomada na observância de certos requisitos (que dependem do tipo de sociedade), alterar o próprio pacto social.

Para além das que são obrigatórias por via legal ou estatutária, pode também haver reservas que a sociedade esteja obrigada a constituir por determinação contratual. São as denominadas reservas contratuais. Trata-se de reservas que se tornam necessárias por virtude de contrato outorgado pela sociedade com terceiros, mediante o qual aquela se obrigou perante eles a efetuar determinado tipo de reserva, cujo regime é definido no mesmo contrato[610]. A razão pela qual consideramos estas reservas como obrigatórias é a mesma que apontamos no caso das reservas estatutárias.

Todas as outras reservas que os sócios deliberem constituir, serão então facultativas ou eventuais[611]. Apenas estas estão, pois, na plena disponibilidade dos sócios, que quanto a elas são soberanos. Assim como os sócios as decidiram constituir, podem também deliberar a sua distribuição ou a sua afetação a uma determinada finalidade. São reservas que estão na disponibilidade dos sócios, ao contrário das reservas legais que são indisponíveis[612], desde que não ponham em causa o direito mínimo dos sócios aos lucros, como veremos.

---

[609] Cf. Jean Lacombe, *Les Réserves dans les Sociétés par Actions*, p. 74 e 75.

[610] Estas reservas estavam especialmente previstas no POC (conta 573) que as definia como aquelas que a sociedade se compromete a criar nos termos de determinado contrato especial, como os de concessão de exploração mineira ou de serviço público. De salientar que Pinto Furtado critica a solução contabilística de separar as reservas estatutárias das reservas contratuais, alegando que as contratuais também são estatutárias, querendo com isso reportar-se ao ato constitutivo da sociedade – cf. *Curso de Direito das Sociedades*, p. 326. Mas não parece ser esse o sentido contabilístico, como se referiu.

[611] Cf. Ferrer Correia, *Lições de Direito Comercial*, vol. II, p. 250 e 251.

[612] Sobre a indisponibilidade das reservas legais cf. Raúl Ventura, *Comentário ao Código das Sociedades Comerciais, Sociedades por Quotas*, vol. I, p. 359 e ss.

### AS APLICAÇÕES DE RESULTADOS

### 1.2.3. Reservas de lucros, reservas de capital e reservas técnicas

Quanto à sua fonte ou origem, as reservas podem ser de três tipos: reservas de lucros, reservas de capital e reservas técnicas.

As "reservas de lucros" são as que se constituem à custa dos lucros do exercício, afectando-os a uma conta de reservas em alternativa à sua distribuição (imediata) aos sócios. Esta afetação a reservas pode ser obrigatória ou facultativa. Sendo obrigatória, a causa dessa obrigatoriedade pode estar na lei (as reservas legais), no pacto social (as reservas estatutárias) ou em contrato celebrado com terceiros (reservas contratuais), como acabámos de ver.

Importa sublinhar que as reservas de lucros se constituem a partir de uma deliberação social. Após a aprovação das contas do exercício, os sócios podem destinar a reservas parte do lucro apurado, de acordo com o que a lei determina e a vontade dos sócios decide. Constituem, desta forma, uma aplicação de resultados. E, ao mesmo tempo, representam um reforço dos capitais próprios da sociedade, na medida em que a alternativa à sua realização seria a distribuição aos sócios a título de lucros, com a consequente diminuição do património social.

Por seu lado, são "reservas de capital" as que resultam, não de lucros retidos, mas de entradas suplementares que não figuram no capital social. Assim, ficam sujeitos a reserva os ágios ou prémios de emissão, bem como os excedentes supervenientes do capital social após redução dos prejuízos[613].

Temos ainda as reservas que resultam de reavaliações do ativo[614], isto é, os saldos positivos das reavaliações, bem com as constituídas pelas importâncias correspondentes a bens obtidos a título gratuito pela sociedade e as ações ou prémios que sejam atribuídos a títulos da sociedade.

Estas reservas não resultam de deliberação social, antes «derivam automaticamente da necessidade... de não fazer participar nos lucros deter-

---

[613] Cf. Fátima Gomes, *O Direito aos Lucros e o Dever de Participar nas Perdas nas Sociedades Anónimas*, p. 241.

[614] Para alguns autores, esta é a definição de reservas de capital em sentido amplo. Ao lado dessa teríamos uma definição de reservas de capital em sentido estrito que seriam apenas as que correspondem à contrapartida de entradas de capital não computadas no capital social. De fora ficaria uma outra categoria de reservas, ditas de técnica contabilística ou de terceira geração, que representam a contrapartida de certos ajustamentos contabilísticos – neste sentido Fernández del Pozo, *Las reservas atípicas*, p. 66.

minados incrementos»[615]. Trata-se, nos diversos casos, de situações que aumentam o ativo societário, mas não contam para os resultados do exercício. Assim, estas reservas não podem ser distribuídas aos sócios, nem contam para a constituição da reserva legal[616]. A sua finalidade é a de evitar que estes valores possam ser distribuídos aos sócios, uma vez que não se trata de lucros no sentido de ganhos provenientes do exercício da atividade social. Daí que se justifique a criação das reservas correspondentes a esses valores.

Nos termos do artigo 295º, nº 2, ficam sujeitos ao regime da reserva legal os «[á]gios obtidos na emissão de ações, obrigações com direito de subscrição de ações, ou obrigações convertíveis em ações, em troca destas por ações e em entradas em espécie». No mesmo regime ficam os saldos positivos das reavaliações monetárias que forem consentidas (na parte em que não sejam necessários para cobrir prejuízos do balanço) e as importâncias correspondentes a bens obtidos a título gratuito, acessões e prémios que venham a ser atribuídos a títulos pertencentes à sociedade[617]. Veremos à frente em que consiste cada uma destas situações[618].

Comum a todas estas situações é o facto de constituírem incrementos do ativo da sociedade, melhorando a situação líquida, «fruto de circunstâncias externas ao desenvolvimento da atividade social»[619]. Daí que devam ficar retidas na sociedade, fortalecendo os capitais próprios, isto é, as fontes de autofinanciamento da sociedade.

---

[615] Cf. Giovanni E. Colombo, *Il bilancio d'esercicio*, p. 279, *apud* Manuel António Pita, *Direito aos lucros*, p. 36, nota 5. Também este é o entendimento de Cassiano dos Santos – *A posição do accionista face aos lucros de balanço*, p. 29 e ss. Para este autor, independentemente de saber se compete ou não à assembleia geral sujeitar tais quantias a reservas, ter-se-á de concluir sempre que não podem ser consideradas lucros, por não poderem ser qualificadas como tal «as quantias à partida insusceptíveis de distribuição» – op. cit., p. 31.

[616] Neste sentido cf. Manuel António Pita, *Direito aos lucros*, p. 38.

[617] Importa deixar nota que já após a conclusão desta dissertação foi publicado o DL nº 98/2015, de 2 de junho, que transpõe a Diretiva nº 2013/34/UE, do Parlamento Europeu e do Conselho, de 26 de junho de 2013, acrescentou ao nº 2 do art. 295º a alínea d), que prevê que fique também sujeita ao regime da reserva legal a "Diferença entre o resultado atribuível às participações financeiras reconhecido na demonstração de resultados e o montante dos dividendos já recebidos ou cujo pagamento possa ser exigido relativamente às mesmas participações".

[618] Ver *infra* ponto 1.3.2. do Capítulo III.

[619] Cf. Manuel António Pita, *Direito aos lucros*, p. 42.

AS APLICAÇÕES DE RESULTADOS

De facto, os ágios ou prémios de emissão não são entradas em sentido estrito, porque não são computados no capital social, constituem contribuições suplementares dos sócios para o desenvolvimento da atividade social, ou o preço de entrada, atenta a boa situação da sociedade, pelo que em nenhuma destas situações se pode dizer que são um fruto da atividade social, isto é, um lucro, pelo que se percebe que não possam ser distribuídos[620]. O mesmo se diga das reavaliações efectuadas, que igualmente são insuscetíveis de distribuição aos sócios, pois estes só podem receber lucros.

A este propósito pode também falar-se em reservas técnicas. Na verdade, a técnica contabilística exige que ao movimento de contas do ativo corresponda um movimento de igual valor no passivo. Ora, não se tratando de dívidas a terceiros, as alterações do lado do passivo ter-se-iam sempre que registar no capital próprio, onde, para além do capital social, só restam as reservas[621]. Daí que se possa dizer que são reservas técnicas ou «*reservas de técnica contable*», na expressão de Fernández del Pozo[622].

Para além das previstas no artigo 295º, nº 2, do CSC, a lei prevê a existência de outras reservas igualmente necessárias (de capital ou técnicas), em disposições dispersas pelo mesmo código, como veremos melhor mais à frente[623].

## 1.3. Reservas previstas no CSC
### 1.3.1. A reserva legal
Não obstante a importância da obrigatoriedade de constituir uma reserva de parte dos lucros apurados em cada exercício, a verdade é que tal exigência, entre nós não, é extensível a todas as sociedades comerciais[624].

---

[620] Cf. Alberto Pimenta, *A prestação de contas do exercício nas sociedades comerciais*, p. 96.

[621] Cf. Manuel António Pita, *Direito aos Lucros*, p. 37.

[622] Cf. Fernández del Pozo, *Las reservas atípicas*, p. 208.

[623] Cf. *infra* ponto 1.3.4. do Capítulo III.

[624] Às sociedades por quotas aplica-se o regime da reserva legal prevista para as sociedades anónimas nos artigos 295º e 296º, do CSC, *ex vi* art. 218º, com uma única diferença: o limite mínimo da reserva legal não pode ser inferior a 2 500 EUR. Quanto às sociedades em comandita por ações aplica-se o mesmo regime da reserva legal previsto para as sociedades anónimas, atenta a remissão geral do art. 478º do CSC. As reservas legais estão também previstas para as cooperativas. O Código Cooperativo, nos seus artigos 69º a 72º, prevê a constituição de cinco tipos diferentes de reservas. Assim, uma percentagem não inferior a 5% das joias e dos excedentes anuais líquidos das cooperativas tem que ser destinada a reservas legais, como determina o

APURAMENTO E APLICAÇÃO DE RESULTADOS

De facto, nas sociedades em nome coletivo e nas sociedades em comandita simples não é obrigatória a constituição da reserva legal (assim como
inexiste capital social mínimo[625]). Ou seja, a reserva legal não está prevista
para as sociedades comerciais em que os sócios respondem (ainda que
subsidiariamente) pelo pagamento das dividas sociais, o que nos ajuda a
perceber a função de garantia que esta reserva tem.

No direito comparado verifica-se que nem sempre existe a obrigação
de constituir reservas[626] e que, entre os ordenamentos jurídicos que as
preveem, existem assinaláveis diferenças no seu regime. É que se trata de
uma matéria que até hoje não foi sujeita a harmonização comunitária[627],
não obstante a sua proximidade com o capital social que, esse sim, é objeto
de forte intervenção comunitária com uma diretiva que lhe é inteiramente
dedicada, a usualmente denominada "Diretiva do Capital"[628].

---

art. 69º do Código Cooperativo. Esta obrigação cessa quando a reserva legal atingir o valor
máximo do capital social da cooperativa. É também obrigatória a constituição de uma reserva
para a «educação cooperativa e a formação cultural e técnica dos cooperadores, dos trabalhadores da cooperativa e da comunidade», nos termos do art. 70º, nº 1, do mesmo Código. Para
esta reserva reverte a parte das joias que não vá para reserva legal, a parte dos excedentes provenientes das operações com cooperadores numa percentagem não inferior a 1%, os donativos
e subsídios destinados a esta finalidade e a parte dos excedentes provenientes de operações
realizadas com terceiros que não forem afetadas a outras reservas. Para além destas, a lei admite
a existência de outras reservas obrigatórias, previstas em legislação complementar ou nos estatutos de cada cooperativa (art. 71º, nº 1). Prevê ainda o Código a existência de reservas livres,
constituídas por deliberação da assembleia geral (art. 71º, nº 2). Inexiste também a obrigação
de constituir reservas nas sociedades civis (art. 980º e ss do Código Civil).

[625] Como decorre do disposto nos artigos 176º e 474º do CSC. As sociedades em nome coletivo
podem até constituir-se sem capital social, caso todos os sócios apenas façam contribuições de
indústria (trabalho, ou serviço, prestado pelos sócios), as quais não são computadas no capital
social (art. 178º, nº 1) – cf. Paulo de Tarso Domingues, *Variações sobre o capital social*, p. 37 e 145.

[626] É o que sucede, por exemplo, no ordenamento jurídico britânico – cf. Fenández del Pozo,
*La aplicación de resultados en las sociedades mercantiles*, p. 123.

[627] Ver o art. 9º da Quarta Diretiva (Diretiva do Conselho 78/660/CEE, de 25 de julho de 1978),
no qual, ao estabelecer a necessidade de inserir no ativo do balanço as reservas, é expressamente
referida a «Reserva legal, na medida em que a legislação nacional imponha a constituição de
uma tal reserva». Esta Diretiva foi recentemente revogada e substituída pela Diretiva 2013/34/
/UE do Parlamento Europeu e do Conselho, de 26 de junho de 2013. Mas manteve-se esta regra,
agora no Anexo III (Estrutura horizontal do Balanço prevista no art. 10º), na parte referente
ao capital, reservas e passivo (letra A, IV, 1).

[628] Hoje Diretiva 2012/30/UE do Parlamento Europeu e do Conselho, de 25 de outubro de
2012, como se disse já.

# AS APLICAÇÕES DE RESULTADOS

Em Espanha, de acordo com o disposto no nº 1 do artigo 274. da *LSC*, aplicável às sociedades de responsabilidade limitada, às sociedades anónimas e às sociedades em comandita por ações[629], é obrigatória a constituição de uma reserva legal correspondente a 10% do lucro do exercício, até que a mesma atinja pelo menos o valor correspondente a 20% do capital social. Ao referir que é obrigatório destinar 10% do lucro a reservas até que estas representem *pelo menos* 20% do capital social, a lei deixa aberta a porta à possibilidade de a mesma ultrapassar o valor correspondente a 20%, continuando submetida ao regime da reserva legal[630].

Nos termos do nº 2 do mesmo preceito, enquanto não ultrapassar o referido limite, a reserva legal só pode ser usada para compensar prejuízos caso não existam outras reservas disponíveis para o efeito. A reserva legal pode ser usada para compensar prejuízos ou para aumentos de capital social (por incorporação de reservas)[631].

Na Alemanha, o § 150 da *Aktiengesetz* determina no seu nº 2 que a vigésima parte (5%) do resultado positivo anual, deduzido dos prejuízos provindos do ano anterior, seja levada a reserva legal, até que esta, conjuntamente com as reservas de capital, atinja a décima parte do capital social ou percentagem mais elevada caso os estatutos assim o determinem. Já no caso das sociedades por quotas, desde 2008 – com a *MoMiG*[632] – que se admite que possam ter o capital social de apenas 1 EUR, mas nesse caso 25% do lucro de cada ano deve ser levado a reserva legal, até que esta atinja o valor correspondente ao capital social mínimo das sociedades por quotas (*GmbH*) e que é de 25 000 EUR[633].

---

[629] Cf. art. 1., nº 1, da *Ley de Sociedades de Capital*. Este regime também é aplicável à "*sociedad nueva empresa*", que é um tipo especial de sociedade de responsabilidade limitada – cf. art. 434. da mesma lei.

[630] Neste sentido cf. Vélaz Negueruela, *El resultado en las sociedades de capital*, p. 195.

[631] É esse o sentido da ressalva efetuada na parte final do nº 2 ao disposto no artigo 295º. Esta norma prevê como uma das modalidades de aumento do capital social o aumento do capital à custa da reserva legal.

[632] A *MoMig* (*Modernisierung des GmbH-Rechts und zur Bekämpfung von Missbräuchen*) entrou em vigor em 1 de novembro de 2008, com o objetivo de facilitar a constituição de sociedades de responsabilidade limitada, fazendo face aos desafios colocados pela concorrência entre a legislação societária dos vários países da União Europeia, na sequência da jurisprudência do Tribunal de Justiça da União (cite-se, a título de exemplo os famosos acórdãos "*Centros*", "*Überseering*" e "*Inspire Art*", entre outros). Estabeleceu a possibilidade de criar uma *GmbH* simplificada, a *Unternehmergesellschaft* (sociedade para empreendedores).

[633] Cf. Paulo de Tarso Domingues, *Código das Sociedades Comerciais em Comentário*, p. 343.

O *Code de Commerce* francês, de 2000, impõe também a constituição de uma reserva legal no seu artigo L-232-10, correspondente a 5% dos lucros do exercício, descontadas das perdas dos exercícios anteriores. Assim, as sociedades por quotas e anónimas têm que destinar a reservas, pelo menos, um vigésimo dos lucros do exercício, até que o valor das mesmas atinja um décimo do montante do capital social[634].

Por seu turno, o Código Civil italiano, após as alterações de 1991, no seu artigo 2430, estabelece também que a vigésima parte do lucro líquido das sociedades anónimas deve ser destinado à constituição da reserva legal, até que esta alcance a quinta parte do capital social. Caso seja diminuída, deverá ser reintegrada[635].

No Reino Unido, não se prevê a exigência legal de constituição de reservas no sentido que estamos a analisar, isto é, reservas a constituir a partir dos lucros do exercício. Não obstante, o Direito inglês prevê a existência de reservas impostas por lei, como veremos a seguir[636].

Em Portugal, o CSC prevê a denominada "reserva legal" no n.º 1 do artigo 295º[637] que estipula que «[u]ma percentagem não inferior à vigésima parte

---

[634] A lei francesa impõe ainda a obrigação de uma reserva especial de participação dos trabalhadores, no caso das sociedades que estão obrigadas a repartir pelos seus funcionários parte do lucro obtido, de acordo com os artigos L 3321-1 e 2226-2, do Código do Trabalho francês – cf. Philippe Merle, *Droit Commercial – Sociétés Commerciales*, p. 638 e 665. Todavia, tem sido defendido que a reserva legal em França deve ser calculada depois de retirar dos resultados do exercício o valor a que os trabalhadores têm direito. Estes são custos que assim afetam (diminuem) o resultado para efeitos de cálculo do valor a destinar à reserva legal – G. Ripert/ / R. Roblot, *Traité de Droit Commercial*, tomo I, vol. 2, p. 597. Em França existe ainda a figura do *"report à nouveau"* pelo qual, uma parte do lucro do exercício não distribuído é destinado a ser acrescentado ao lucro do exercício seguinte, para que os sócios possam de novo pronunciar-se sobre a sua eventual distribuição. Esta reserva caracteriza-se pelo seu cunho transitório, destinando-se a uma futura distribuição aos sócios e não ao fortalecimento dos capitais próprios da sociedade – cf. Vaz Serra, *Anotação ao Acórdão do STJ, de 21 de junho de 1979*, n.º 13.

[635] Cf. Francesco Galgano, *Diritto Commerciale – Le Società*, p. 365.

[636] Cf. Paul L. Davies, *Gower and Davies' Principles of Modern Company Law*, p. 285 e ss.

[637] Apesar do artigo 295º ter como epígrafe "Reserva legal", em bom rigor só o n.º 1 a ela se refere. No n.º 2, como veremos, prevê-se que fiquem sujeitos ao regime daquela reserva certas reservas constituídas pelos valores ali enumerados. Se estas reservas ficam sujeitas ao regime da reserva legal é porque não são reservas legais, como se pode facilmente concluir – neste sentido cf. Raúl Ventura, *Sociedades por Quotas – Comentário ao Código das Sociedades Comerciais*, vol. I, p. 354. Registe-se, porém que este art. 295º resultou do projeto de lei sobre «Prestação de contas do exercício nas sociedades comerciais», de Alberto Pimenta, que no seu n.º 3 do art. 4º incluía na categoria de reserva legal quer as ditas reservas de lucros, quer as reservas de

AS APLICAÇÕES DE RESULTADOS

dos lucros da sociedade é destinada à constituição da reserva legal e, sendo caso disso, à sua reintegração, até que aquela represente a quinta parte do capital social»[638-639]. Esta era já a solução que vinha do Código Comercial de 1888, que no seu artigo 191º estabelecia um regime muito semelhante.

Desta forma, os sócios devem destinar a reserva uma percentagem correspondente a 5% dos lucros apurados no exercício. No entanto, poderão os sócios deliberar destinar a reserva legal uma percentagem superior à vigésima parte dos lucros? Aparentemente podem, pois a norma em causa apenas determina que não pode ser percentagem inferior a 5%. Nem se pode dizer que esteja em causa o direito dos sócios aos lucros, pois desta forma apenas se consegue alcançar mais rapidamente o limite da reserva, isto é, os 20% do capital social[640].

Assim, nos termos da parte final do nº 1 do artigo 295º, pode o contrato de sociedade estabelecer percentagem e montante mínimo mais elevados para a reserva legal. Daqui resulta que esta reserva pode ser não de 5% do lucro obtido no exercício mas um quinhão superior e que o limite legal de 20% do capital social pode também ser elevado pelos sócios no contrato de sociedade.

Entendemos, com PAULO DE TARSO DOMINGUES, que esta elevação da fração dos lucros destinada a reserva legal terá sempre que ser fixada no pacto social, como a própria lei parece consagrar (cf. artigo 295º, nº 1, *in fine*). Isto é, esta elevação da reserva legal só poderá ter lugar no pacto social e não por mera deliberação da assembleia geral[641].

---

capital, que vieram a integrar o nº 2 do art. 295º – cf. Alberto Pimenta, *A prestação de contas do exercício nas sociedades comerciais*, p. 322 e ss e Raúl Ventura, *op. cit.*, p. 346.

[638] Não deixa de ser estranho, e criticável, porque suscetível de induzir em erro, que o legislador se refira no texto desta norma a "percentagem", quando o texto não se serve de qualquer percentagem mas antes de uma fração: "a vigésima parte".

[639] Esta norma é aplicável às sociedades por quotas *ex vi* artigo 218º, do CSC. O limite mínimo é que nunca poderá ser inferior a 2 500 EUR, mesmo que este valor seja superior à quinta parte do capital social.

[640] Em sentido contrário cf. Raúl Ventura, *Sociedades por Quotas – Comentário ao Código das Sociedades Comerciais*, vol. I, p. 353. Porém, se os sócios não puderem destinar mais de 5% a reserva legal, que sentido dar à expressão usada pelo legislador no artigo 295º, nº 1 ao declarar que deve ser destinada a reserva legal uma percentagem «não inferior» à vigésima parte do lucro?

[641] Cf. Paulo de Tarso Domingues, *Código das Sociedades Comerciais em Comentário*, vol. III, p. 341. Este mesmo autor defende que, face ao texto legal, também não seria admissível uma cláusula do pacto que se limitasse a autorizar a assembleia geral a, querendo, elevar o montante mínimo da reserva legal por deliberação maioritária dos sócios, como a letra do artigo 9º, nº 3, parece

APURAMENTO E APLICAÇÃO DE RESULTADOS

Independentemente de tais estipulações contratuais, admite-se que todas as quantias que os sócios destinem a reserva legal, ainda que indevidamente, ou por afetarem a tal destino valor superior a 5% dos lucros, ou por esta reserva ascender a valor superior a 20% do capital social, devam ficar sujeitas ao regime do artigo 296º do CSC. A tutela da confiança dos terceiros que confiam no valor expresso no balanço a tal deve conduzir[642]. Importa sublinhar que a reserva legal não é apenas uma reserva imposta por lei, é também o nome que a identifica no balanço. Daí que se justifique sujeitar ao regime da reserva legal todas as quantias que a sociedade identifique como sendo reservas legais.

A obrigação de constituir a reserva legal tem um limite: 20% do capital social. Quando o valor da reserva atingir esse quantitativo deixa de ser necessário reforçar a conta da reserva legal. Porém, caso tal reserva seja utilizada, deixando de corresponder a 20% do capital, torna-se necessário proceder à sua reintegração, nos exercícios seguintes à sua utilização, como determina o artigo 295º, nº 1, até que a reserva volte a corresponder a um quinto do capital social[643].

Por último, importa que nos detenhamos sobre a questão de saber qual a base sobre que se haverá de calcular o montante da reserva legal. Nos termos da lei, trata-se da «vigésima parte dos lucros da sociedade». Estes lucros são os lucros do exercício, isto é, o resultado positivo do exercício

---

admitir – *idem, ibidem*, nota 21. Certo é que uma interpretação literal desta última norma tem sido contestada, havendo quem sustente que a mesma padece de uma gralha não corrigida. Nesse sentido, veja-se, por exemplo, Raúl Ventura, *Sociedades por Quotas*, vol. III, p. 107. Em sentido contrário, Coutinho de Abreu, *Curso de Direito Comercial*, vol. II, p 116 e Elisabete Ramos, *Código das Sociedades Comerciais em Comentário*, vol. I, p. 173 e 174.

[642] Cf. Raúl Ventura, *Sociedades por Quotas – Comentário ao Código das Sociedades Comerciais*, vol. I, p. 356. Este autor distingue, contudo, as atribuições a título de reserva legal consoante ultrapassam ou não o limite de 20% do capital social. Não se nos afigura, contudo, razoável efetuar tal distinção. Não só pelo mesmo argumento de tutelar a confiança dos terceiros no balanço aprovado, como também pelo facto de estes poderem desconhecer se existe alguma cláusula contratual que eleve o limite da reserva para mais de 20%. Ou seja, podem não conseguir concluir facilmente se a reserva legal é excessiva ou não.

[643] No caso de redução do capital social, a reserva legal pode, no momento seguinte, passar a exceder 20% do capital agora diminuído. Raúl Ventura, *Sociedades por Quotas – Comentário ao Código das Sociedades Comerciais*, vol. I, p. 360 defende que o valor que passe a exceder o limite legal deve ficar na disponibilidade dos sócios. Todavia, em coerência com o *supra* exposto, com fundamento na expectativa de terceiros, entendemos que tais verbas devem continuar sujeitas ao regime da reserva legal.

AS APLICAÇÕES DE RESULTADOS

da atividade social naquele período de tempo, sem contar com os resultados transitados positivos dos exercícios anteriores. De facto, se a reserva se calculasse não sobre o lucro do exercício mas sobre o lucro de balanço, tal conduziria a que os lucros de um exercício, transitando para o seguinte, voltassem a alimentar a reserva legal, o que não seria razoável[644].

Por outro lado, apesar de não ser expressamente referido pelo legislador, ao contrário do que sucede, por exemplo, no § 150 da *AktG*, não faria sentido que ao lucro do exercício não fossem previamente deduzidas as perdas transitadas de exercícios anteriores[645]. Na verdade, nesse caso, a sociedade estaria a constituir reservas a partir de valores que não seriam verdadeiros lucros distribuíveis, pois tais lucros são absorvidos pelas perdas anteriores.

Desta forma, como afirma FILIPE CASSIANO DOS SANTOS, os resultados transitados sofrerão diferente tratamento, para este efeito, consoante são positivos ou negativos: no primeiro caso, não são tidos em conta para cálculo da reserva; na segunda hipótese, serão considerados (deduzidos) para se determinar o valor a sujeitar a reserva legal[646]. Esta é também a interpretação que resulta das restantes disposições legais em causa, como os artigos 33º, nº 1 e 296º, b), ambas do CSC[647].

Uma outra questão se coloca: havendo componentes de ajustamento decorrente do justo valor que tenham contribuído para o resultado do exercício, devem ou não esses valores contar para efeitos de constituição da reserva legal?

De facto, com a nova redação dada ao nº 2 do artigo 32º, não é possível a distribuição de bens aos sócios da parte do lucro do exercício que resulte

---

[644] Cf. Raúl Ventura, *Comentário ao Código das Sociedades Comerciais, Sociedades por Quotas*, vol. I, p. 358, Cassiano dos Santos, *A posição do accionista face aos lucros de balanço*, p. 34. Neste sentido também Paulo de Tarso Domingues, *Código das Sociedades Comerciais em Comentário*, vol. III, p. 340, referindo que, de resto, no projeto do Código das Sociedades Comerciais tal constava expressamente a referência ao "lucro do exercício".

[645] Cf. Raúl Ventura, *Comentário ao Código das Sociedades Comerciais, Sociedades por Quotas*, vol. I, p. 357.

[646] Cf. *A posição do accionista face aos lucros de balanço*, p. 34.

[647] Cf. Paulo de Tarso Domingues, *Código das Sociedades Comerciais em Comentário*, vol. III, p. 340 e *Variações sobre o Capital Social*, p. 436. Para este autor, o aumento do capital social por incorporação de reservas implica a afetação a esse fim de bens efetivamente existentes na sociedade, o que não sucederia se se admitisse aumentar o capital permanecendo a existência de prejuízos não compensados – cf. nota 1740, p. 436.

de incrementos patrimoniais decorrentes da aplicação do critério do justo valor, quando não realizados, como vimos *supra*[648]. Assim sendo, pode colocar-se a questão de saber se a reserva legal deve ser calculada tendo por base valores insuscetíveis de distribuição.

Se a constituição desta reserva tem como finalidade retirar determinado montante dos lucros do exercício da disponibilidade da sua repartição pelos sócios, não faz sentido constituir uma reserva a partir de uma parte do resultado que não pode ser distribuída pelos sócios – como é o caso das componentes do resultado do exercício provenientes de ajustamentos decorrentes do justo valor[649]. O mesmo se deve entender quando se trate de ganhos decorrente da aplicação do método da equivalência patrimonial. Entendemos, pois, que tais componentes não devem ser tidos em conta no cálculo da reserva legal.

Quanto ao destino da reserva legal, o artigo 296º é claro e taxativo. A reserva legal só pode ser utilizada para compensar perdas e para incorporação no capital social. E como dissemos, tendo um desses destinos, torna-se necessário, nos exercícios seguintes, proceder à sua reintegração.

Nos termos desta norma, existe uma hierarquia de prioridades a observar no destino da reserva legal, servindo em primeira mão para cobrir o prejuízo acusado no balanço do exercício, depois para cobrir prejuízos transitados de exercícios anteriores e, finalmente, para incorporação no capital social.[650] Assim, não será possível destinar a reserva legal a incorporação no capital enquanto existam prejuízos não cobertos. De todo o modo, compete à assembleia dos sócios determinar aquela cobertura de perdas com recurso às reservas[651].

Claro que no momento da dissolução da sociedade a situação será diferente. Nesse caso a reserva legal extingue-se e, uma vez pagas todas as dívidas, todo o ativo restante será distribuído pelos sócios[652].

---

[648] Cf. *supra*, ponto 4.1.2.2.1. do Capítulo II.

[649] Neste sentido cf. Luís Miranda Rocha, *A distribuição de resultados no contexto do Sistema de Normalização Contabilístico: a relação com o Direito das Sociedades*, p. 23.

[650] Neste sentido cf. Paulo de Tarso Domingues, *Código das Sociedades Comerciais em Comentário*, vol. III, p. 343.

[651] Cf. Paulo de Tarso Domingues, *Código das Sociedades Comerciais em Comentário*, vol. III, p. 344.

[652] Cf. artigo 156º do CSC.

AS APLICAÇÕES DE RESULTADOS

## 1.3.2. As reservas previstas no artigo 295º, nº 2, do CSC

O artigo 295º, nº 2, do CSC, estabelece que ficam «sujeitas ao regime da reserva legal as reservas constituídas pelos seguintes valores», que a seguir são enumerados nas alíneas a) a c)[653]. Numa interpretação literal poder--se-ia afirmar que a lei não imporia a constituição das reservas relativas aos valores ali enumerados; apenas determinaria que, caso elas fossem criadas, ficariam sujeitas ao regime da reserva legal. Porém, não faria sentido que assim fosse, devendo antes entender-se que tais valores ficam, por força da lei, sujeitos ao regime da reserva legal, isto é, são insuscetíveis de distribuição pelos sócios[654].

No fundo, a sujeição ao regime da reserva legal visa sujeitar estes valores ao disposto no artigo 296º do CSC, ficando a dever-se esta divisão das reservas nos dois números do artigo 295º à sua diferente origem e à diversa constituição das respetivas reservas: as reservas legais propriamente ditas procedem dos lucros do exercício em montante definido (5%) e com um limite máximo (20% do capital social); as reservas referidas no nº 2 provêm de distintas origens, ficando desde a sua constituição sujeitas ao regime de indisponibilidade da reserva legal. Na verdade, este tipo de reserva escapa à aplicação de resultados, ao invés do que sucede com as reservas legais do nº 1. Trata-se de valores que o legislador, atenta a sua natureza, sujeitou ao regime da reserva legal por entender que apesar de aumentarem o ativo, não são considerados verdadeiros lucros[655].

Vejamos, então, as diversas reservas previstas no artigo 295º, nº 2, do CSC.

### 1.3.2.1. Reserva de prémios de emissão de ações

O artigo 295º, nº 2, a) do CSC prevê a existência de uma reserva correspondente aos ágios obtidos nas emissões de ações, obrigações com direito

---

[653] Como já se assinalou acima, o recentíssimo DL nº 98/2015, de 2 de junho, que transpõe a Diretiva nº 2013/34/UE, do Parlamento Europeu e do Conselho, de 26 de junho de 2013, acrescentou ao nº 2 do art. 295º a alínea d), que prevê que fique também sujeita à reserva legal a "Diferença entre o resultado atribuível às participações financeiras reconhecido na demonstração de resultados e o montante dos dividendos já recebidos ou cujo pagamento possa ser exigido relativamente às mesmas participações".

[654] Cf. Raúl Ventura, *Comentário ao Código das Sociedades Comerciais, Sociedades por Quotas*, vol. I, p. 355 e Cassiano dos Santos, *A posição do accionista face aos lucros de balanço*, p. 29.

[655] Neste sentido, cf. Cassiano dos Santos, *A posição do accionista face aos lucros de balanço*, p. 31 e Manuel António Pita, *Direito aos lucros*, p. 38.

a subscrição de ações, ou obrigações convertíveis em ações, em troca destas por ações e em entradas em espécie[656].

De acordo com o regime legal das entradas previsto no Código das Sociedades Comerciais, não é possível efetuar uma entrada abaixo do par. Ou seja, é vedado aos sócios entregar à sociedade a título de entrada um valor que seja inferior ao valor nominal do capital subscrito. De facto, essa é uma das consequências do princípio da exata formação do capital social, que se impõe por razões de proteção de terceiros e de igualdade entre os sócios[657].

Mas é possível emitir ação "acima do par", ou seja, obrigando o adquirente das ações a desembolsar uma quantia superior (ou entregar bens de valor superior) ao valor nominal das ações subscritas[658]. O mesmo se diga no caso de se tratar de emissão de obrigações que confiram direito a subscrição de ações ou de obrigações convertíveis em ações.

No âmbito do CSC esta obrigação de subscrever as ações com prémio é definida pela própria sociedade e não imposta por lei[659], mas a decisão injustificada de não impor um prémio de emissão pode ser considerada uma deliberação abusiva, nos termos do artigo 58º, nº 1, b), do CSC[660].

A existência de um prémio na subscrição de ações é uma prática já antiga, que se pode justificar por variadas razões, a primeira das quais se

---

[656] No Direito italiano o artigo 2431 do Código Civil estipula que as somas recebidas pela emissão de ações por preço superior ao valor nominal não podem ser distribuídas enquanto a reserva legal não atingir o limite previsto no art. 2430 (um quinto do capital social), o que significa que é uma reserva distribuível a partir do limite máximo da reserva legal – cf. Menezes Cordeiro, *Escrituração comercial, prestação de contas e disponibilidade do ágio nas sociedades anónimas*, p. 588 e ss.

[657] Cf. Paulo de Tarso Domingues, *Do capital social*, p. 74 e ss e *Variações sobre o capital social*, p. 176.

[658] O prémio de emissão ou ágio integra a entrada do sócio, a qual é entendida como «*toda a contribuição patrimonial que o sócio se obriga a realizar e a entregar à sociedade como contraprestação das participações sociais que subscreve*» – Paulo de Tarso Domingues, *Variações sobre o capital social*, p. 174.

[659] Em Espanha não será assim. De facto, no caso de supressão do direito de preferência em aumento do capital social, parece resultar do art. 308 da *Ley de Sociedades de Capital* a obrigatoriedade de estabelecer um prémio de emissão.

[660] Neste sentido cf. Paulo de Tarso Domingues, *Variações sobre o capital social*, p. 456. Este autor faz também referência ao § 255, nº 2, da *AktG*, que expressamente admite, no caso de exclusão total ou parcial do direito de preferência, a possibilidade de impugnar a deliberação de aumento de capital com um valor de emissão das ações irrazoavelmente baixo – cf. nota 1830.

## AS APLICAÇÕES DE RESULTADOS

prende com o facto de o valor da sociedade emitente das ações poder ser superior à soma do valor nominal destas. Assim, para colocar os novos sócios em situação de igualdade com os antigos, a sociedade deve determinar que a emissão de ações tenha um prémio, isto é, se efetue por um valor mais elevado que o valor facial das ações[661].

O prémio de emissão de ações é então a diferença positiva entre o valor nominal das ações que lhe são atribuídas e valor entregue pelo sócio à sociedade[662]. No caso de se tratar de ações sem valor nominal, o prémio de emissão corresponde à diferença entre o valor entregue pelo sócio e o montante do capital correspondentemente emitido, como determina o artigo 295º, nº 3, a), do CSC. São entradas não computadas no capital social e que reforçam os capitais próprios da sociedade. Constituem uma proteção adicional do capital social, pelo que devem ter o mesmo regime das reservas legais, servindo para cobrir prejuízos ou integrar o capital social.

Pela mesma razão, deve também constituir uma reserva a diferença positiva entre o valor do bem em espécie dado de entrada e o valor nominal da correspondente participação do sócio[663]. Nesta hipótese, a sociedade regista igualmente um ganho imediato, isto é, uma diferença positiva entre o valor do capital social e o valor do património líquido. Porém, nos termos da lei, tal diferença é sujeita a reserva.

---

[661] Subjacente a esta justificação está a ideia de que se trata de um ágio fixado num aumento do capital social, como sucede na maioria dos casos. Porém, apesar de pouco frequente, nada impede que se estabeleça um prémio de emissão aquando da constituição da sociedade. Nesse caso, o ágio justificar-se-á pela expectativa de ganhos que a sociedade a constituir desde logo pode despertar – cf. Alberto Pimenta, *A prestação das contas do exercício nas sociedades comerciais*, p. 96.

[662] O valor desta diferença, o referido prémio de emissão, não pode ser entregue à sociedade com diferimento, ao contrário do que sucede com a quantia correspondente ao valor nominal das ações, cuja entrega pode ser diferida em 70%, pelo período de 5 anos – art. 277º, nº 2, do CSC. Esta solução decorre do disposto no art. 30º da Nova Diretiva do Capital (Diretiva do Conselho 2012/30/UE, do Parlamento Europeu e do Conselho, de 25 de outubro de 2012) que estabelece essa regra para a emissão de ações em caso de aumento do capital social.

[663] Assim será se o valor superior do bem em espécie for revelado pelo relatório do ROC. Contudo, se o mesmo se limitar a «declarar se os valores encontrados atingem ou não o valor nominal da parte, quota ou ações atribuídas aos sócios que efetuaram tais entradas» – artigo 28º, nº 3, d) – tal diferença não é contabilizada e constituirá uma reserva oculta, a qual só passará a ser uma reserva efetiva aquando da efetivação de uma reavaliação do ativo.

Os prémios de emissão são também levados a reservas na Alemanha[664], no Reino Unido[665] e em Itália[666], ao contrário do que sucede em Espanha[667] e em França[668]. Esta diversidade de soluções no espaço comunitário é possível uma vez que não se trata de um regime imposto pela "Nova Diretiva do Capital"[669].

Do regime legal do prémio de emissão no CSC podemos retirar duas conclusões. Em primeiro lugar, que o legislador não considera estes

---

[664] No Direito alemão, os prémios de emissão são qualificados no § 272, 2, 1, do *HGB* como reservas de capital. Por sua vez, o § 150, nº 2, da *AktG* sujeita as reservas técnicas previstas no § 272 do *HGB* a um regime conjunto com a reserva legal. Neste sentido ver Menezes Cordeiro, *Escrituração comercial, prestação de contas e disponibilidade do ágio nas sociedades anónima*, p. 588 e ss e Paulo de Tarso Domingues, *Variações sobre o Capital Social*, p. 459.

[665] No Reino Unido, desde 1948, os prémios de emissão vão para uma conta específica, que fica sujeita ao mesmo tratamento dado ao capital subscrito, nos termos da Seção 610 do *"The Companies Act 2006"*. A proximidade entre esta reserva e o capital social leva até a que se fale a este propósito em "quase-capital" – cf. Fernandez del Pozo, *Las reservas atípicas*, p. 171. De todo o modo, subsistem algumas diferenças entre o regime do *"share capital"* e do *"share premium"*, nomeadamente, pelo facto de estes prémios de emissão poderem ser usados no pagamento de *"bonus shares"*, isto é, na distribuição gratuita de ações aos sócios, num aumento de capital por incorporação dessas reservas e no pagamento das despesas com a emissão das ações que gerou tal prémio – cf. Paul L. Davies, *Gower and Davies' Principles of Modern Company Law*, p. 268 e ss. Ver também Paulo de Tarso Domingues, *Variações sobre o capital social*, p. 459.

[666] De facto, de acordo com o art. 2431 do Código Civil italiano, os prémios de emissão de ações não podem ser distribuídos aos sócios enquanto a reserva legal não exceder o limite estabelecido no artigo 2430, isto é, a quinta parte do capital social. Pode, pois, deduzir-se que o ágio é levado a reserva indisponível, até atingir o referido limite. Refere-se que este regime, na prática, fica a meio caminho entre o regime da reserva legal e o das reservas voluntárias – cf. Fernandez del Pozo, *Las reservas atípicas*, p. 173. Cf. também Paulo de Tarso Domingues, *Variações sobre o Capital Social*, p. 459.

[667] Segundo Fernandez del Pozo as «*reservas de capital son desconocidas por nuestro Derecho positivo que ignora tal categoría*» (na qual se incluem as reservas de prémios de emissão) – cf. *La aplicación de resultados en las sociedades mercantiles*, p. 255. Todavia, este autor acaba por considerar que os prémios de emissão constituem reservas disponíveis – cf. Fernandez del Pozo, *Las reservas atípicas*, p. 176.

[668] Uma vez que o *Code de Commerce*, apesar de prever a existência de prémios de emissão (art. L 225-128) nada refere quanto ao seu regime, tem sido entendido que o ágio é livremente distribuível pelos sócios – cf. Fernandez del Pozo, *Las reservas atípicas*, p. 174 e Paulo de Tarso Domingues, *Variações sobre o capital social*, p. 459.

[669] De facto, esta Diretiva, embora preveja várias reservas obrigatórias, não prevê a obrigação de levar a reservas os prémios de emissão de ações. O que aí se estabelece é a regra de que as «*ações não podem ser emitidas a um valor inferior ao seu valor nominal ou, na falta de valor nominal, ao seu valor contabilístico*» – cf. artigo 8º.

AS APLICAÇÕES DE RESULTADOS

"ganhos", estas diferenças positivas, como lucros ou resultados do exercício[670]. Desta forma, estes valores não vão para resultados, mas para reservas.

Em segundo lugar, podemos também concluir que o legislador português não quis que esta reserva fosse de livre afetação pelos sócios. Na verdade, de acordo com o artigo 295º, nº 2, estes valores ficam sujeitos ao regime da reserva legal. Desta forma constituem reservas indisponíveis, pois apenas poderão ser utilizadas para compensar prejuízos ou incorporar no capital social, como decorre do artigo 296º, do CSC, nos termos que veremos melhor à frente[671].

### 1.3.2.2. Reserva de reavaliação

O artigo 295º, nº 2, b), do CSC prevê que fiquem igualmente sujeitas ao regime da reserva legal as reservas correspondentes aos «[s]aldos positivos de reavaliações monetárias que forem consentidas por lei, na medida em que não sejam necessários para cobrir prejuízos já acusados no balanço».

As reavaliações monetárias consistem numa nova avaliação dos bens do ativo, motivada pela necessidade de corrigir a depreciação do valor dos bens do ativo imobilizado corpóreo[672]. Depreciação esta que decorre da erosão monetária provocada pela inflação. Trata-se, no fundo, de incorporar nas contas da sociedade os efeitos da inflação ocorrida. É, assim, uma exigência do princípio da imagem fiel da sociedade que vigora no âmbito da contabilidade[673].

Na verdade, de acordo com as regras contabilísticas tradicionais nos países continentais, os elementos do ativo são inscritos pelos seus valores históricos de aquisição[674], num pressuposto de estabilidade monetária que

---

[670] Cf. Manuel António Pita, *Direito aos Lucros*, p. 42.

[671] Cf. *infra* ponto 1.3.3. do Capítulo III.

[672] Para além destas reavaliações monetárias pode também falar-se em reavaliações reais, que traduzem o aumento do valor dos bens em termos reais e não meramente nominais. É o que sucede com a obtenção de mais-valias, decorrentes não da inflação mas, por exemplo, da valorização de um terreno pela construção de uma estrada – cf. Fernández del Pozo, *Las reservas atípicas*, p. 272.

[673] De acordo com o POC, as demonstrações financeiras deviam apresentar «uma imagem verdadeira e apropriada da posição financeira e do resultado das operações da empresa» – cf. Ponto 3, «Características da informação financeira».

[674] Isto mesmo decorria já do disposto no art. 32º da Quarta Diretiva, que determinava que a «valorimetria das rubricas que figuram nas contas anuais faz-se segundo as disposições dos artigos 34º a 42º, baseadas no princípio do preço de aquisição ou do custo de produção». A nova Diretiva que revogou a Quarta (Diretiva 2013/34/UE do Parlamento Europeu e do Conselho

a realidade desmente[675]. Daqui decorre a criação das já referidas reservas ocultas, que podem assumir dimensão significativa, nomeadamente, em períodos de inflação elevada. Certo é que, periódica e pontualmente, o legislador admitia reavaliações, ditas reavaliações legais[676].

Com a adoção, do SNC, inspirado na NIC, em determinados casos, a regra da reavaliação pelo critério do justo valor ganhou uma importância que não tinha antes, como já se referiu.

Certo é que, uma vez efetuada a reavaliação dos elementos do ativo, os saldos positivos dela decorrentes devem ser levados a uma conta de reservas. Esta reserva, dita de reavaliação, é a contrapartida contabilística no passivo da mais-valia registada no ativo.

A obrigatoriedade de levar estes saldos a reservas estava já prevista no artigo 33º, nº 2, a), da denominada Quarta Diretiva. Atualmente, consta do artigo 7º, nº 2, da Diretiva 2013/34/UE do Parlamento Europeu e do Conselho de 26 de junho de 2013 (que revogou aquela Quarta Diretiva), o qual estabelece que, quando for usado o critério de mensuração do justo valor «*o montante da diferença entre a mensuração com base no custo de aquisição ou no custo de produção e a mensuração com base numa revalorização é inscrito no balanço na rubrica "capital e reservas" do excedente de revalorização*».

Nos termos do artigo 295º, nº 2 do CSC esta reserva deve ficar sujeita ao regime da reserva legal. Daqui decorre que a mais-valia registada com a reavaliação não é distribuível pelos sócios. Apenas poderá ser usada para compensar prejuízos ou para incorporar no capital social, como resulta do artigo 296º do CSC. O artigo 7º da Diretiva 2013/34/UE refere expressamente que «O excedente de revalorização pode ser capitalizado, no todo ou em parte, em qualquer momento.»[677]

---

de 26 de junho de 2013) manteve essa regra como princípio geral, constante do artigo 6º, nº 1, i), que prescreve que «As rubricas reconhecidas nas demonstrações financeiras são mensuradas de acordo com o princípio do custo de aquisição ou do custo de produção». Também o SNC, no nº 99 da Estrutura Conceptual estabelece que a «base de mensuração geralmente adoptada pelas entidades ao preparar as suas demonstrações financeiras é o custo histórico».

[675] Hoje é pacífico que, não obstante o princípio do custo histórico continuar a ser a regra, as reavaliações são admissíveis legalmente, como veremos à frente.

[676] Em França foram aceites reavaliações por determinação legal, pelas leis de 15 de agosto de em 1945, de 13 de maio de 1948 e de 29 de dezembro de 1976 – cf. G. Ripert/ R. Roblot, *Traité de Droit Commercial*, p. 589 – o que mostra bem o seu carácter excecional.

[677] No mesmo sentido, o *Code de Commerce* francês, no art. L 232-11 (quarto parágrafo), determina que a reserva de reavaliação não é distribuível, mas pode ser incorporada, no todo ou em parte, no capital social.

## AS APLICAÇÕES DE RESULTADOS

Este regime de indisponibilidade das reservas de reavaliação decorria já da Quarta Diretiva, que no seu artigo 33º, nº 2 determinava que as reservas de reavaliação só poderiam ser dissolvidas no caso de incorporação no capital ou quando fossem transferidas para resultados. E poderiam ser transferidas para resultados quando e na medida em que os bens reavaliados fossem sendo amortizados ou a mais-valia fosse efetivada, em virtude de os bens terem sido alienados e, desta forma, a mais-valia realizada. O mesmo regime se mantém na atual Diretiva sobre a matéria, no seu artigo 7º, nº 2, terceiro parágrafo[678]. Fora destas situações a reserva de reavaliação não pode ser dissolvida.

Importa ainda, quanto às reavaliações, referir o seguinte: a norma legal em apreço (artigo 295º, nº 2, b), do CSC) refere-se às «reavaliações monetárias que forem consentidas por lei». Em bom rigor, são reavaliações monetárias as que procedem a uma atualização do valor do imobilizado corpóreo a fim de compensar a erosão monetária decorrente da inflação, mediante a aplicação de coeficientes de atualização. Como já referimos, esta atualização do valor é consentida por lei, mesmo na ausência de diploma fiscal próprio.

Na verdade, a própria Diretiva 2013/34/UE expressamente admite que o princípio do preço de aquisição seja derrogado pelos Estados-Membros, podendo estes autorizar ou impor «a mensuração do ativo fixo pelas quantias revalorizadas», em derrogação da regra prevista no artigo 6º, nº 1, i)[679].

Por outro lado, é certo que o POC enunciava o princípio do custo histórico de forma a que este possa contemplar as reavaliações, pois determinava que «[o]s registos contabilísticos devem basear-se em custos de aquisição ou de produção, quer a escudos nominais, quer a escudos constantes», admitindo-se que as sociedades pudessem efetuar reavaliações ditas livres ou extraordinárias.

Mais discutível era então que fosse legalmente possível proceder-se a uma reavaliação pelo valor de mercado ou pelo valor de uso, quando, por exemplo, determinado elemento do ativo registava um aumento de valor

---

[678] Diretiva 2013/34/UE do Parlamento Europeu e do Conselho de 26 de junho de 2013 (que revogou a Quarta Diretiva, como já se disse).

[679] Nos termos da Diretiva, a regra continua de facto a ser a do custo histórico: «As rubricas reconhecidas nas demonstrações financeiras são mensuradas de acordo com o princípio do custo de aquisição ou do custo de produção» – alínea i), do nº 1, do artigo 6º.

APURAMENTO E APLICAÇÃO DE RESULTADOS

decorrente de qualquer circunstância extraordinária[680]. Face ao enquadramento legal de então, nomeadamente ao princípio do custo histórico, tal como era definido no POC, não parece que tivesse cabimento tal tipo de reavaliação[681].

Hoje em dia o contexto legal e contabilístico alterou-se significativamente. Na verdade, uma das alterações decorrentes da adopção do SNC, de acordo com as normas contabilísticas internacionais, foi em certos casos, a substituição do princípio do custo histórico (que vigorava no POC), pelo critério do justo valor ou valor de mercado (*fair value*)[682]. Adotando a contabilidade este princípio, hoje em dia o resultado do exercício pode ser aumentado por efeito da consideração dos elementos do ativo e passivo pelo seu justo valor, independentemente do seu custo histórico.

Porém, os saldos positivos decorrentes dessas reavaliações não deixarão de integrar uma reserva legal. Pelo que tal reserva apenas poderá ter como destino compensar prejuízos ou ser incorporada no capital social, interpretando-se extensivamente o disposto no artigo 295º, nº 2, b), de forma a contemplar todas as hipóteses de reavaliações[683].

De resto, esta mesma solução decorre já da nova redação do artigo 32º do CSC. Face ao atual texto do nº 2 do artigo 32º, não é possível a distri-

---

[680] Cf. Pinheiro Pinto, *Tratamento contabilístico e fiscal do imobilizado*, p. 118 e ss.

[681] Todavia, sendo certo que uma reavaliação pelo valor de mercado não respeitava o princípio contabilístico do custo histórico, também é verdade que tais princípios não eram absolutos, podendo ser derrogados. Tanto assim era que, no «Anexo ao balanço e à demonstração dos resultados», se devia indicar e justificar «as disposições do POC que tenham sido derrogadas» – cf. nº 1, do Ponto 8, do POC. Nestes termos, o princípio do custo histórico podia ser derrogado para permitir uma avaliação pelo valor de mercado, desde que tal fosse indicado na referida peça contabilística e tal derrogação fosse devidamente justificada.

[682] Cf. Paulo de Tarso Domingues, "Artigo 33º", em *Código das Sociedades Comerciais em Comentário*, vol. I, p. 501 e ss.

[683] Registe-se que ainda no âmbito do POC existia a Diretriz Contabilística nº 16, publicada no Diário da República, vol. I Série, nº 104, de 5 de maio de 1995. Aceitava esta norma as reavaliações de ativos tangíveis com base no justo valor. Porém, determinava que a reserva a que as mesmas dessem lugar não poderiam servir para aumento do capital social ou para cobertura de prejuízos (ponto 3.3). E estipulava que à medida que os bens reavaliados fossem sendo amortizados ou alienados, tais reservas transitariam para resultados transitados, podendo a partir daí ter o destino que os sócios entendessem dar-lhes, isto é, passando a ser distribuíveis. A este propósito cf. Pinheiro Pinto, *Tratamento contabilístico e fiscal do imobilizado*, p. 120, que manifesta a sua discordância face ao regime que a Diretriz estabelecia, «na medida em que visa regulamentar uma prática que, ao cabo e ao resto, é ilegal». Cf. ainda Fernández del Pozo, *Las reservas atípicas*, p. 273 e ss.

AS APLICAÇÕES DE RESULTADOS

buição de bens aos sócios da parte do lucro do exercício que resulte de incrementos patrimoniais decorrentes da aplicação do critério do justo valor, quando não realizados, como se viu *supra*[684]. Isto é, se o património social sofreu um aumento durante o exercício por virtude do incremento de elementos do ativo, avaliados de acordo com o seu justo valor, na medida em que tal incremento afete (positivamente) o resultado do exercício, não é possível a sua distribuição aos sócios. Deve antes ser transferido para uma conta especial de reserva.

### 1.3.2.3. Reserva correspondente a bens obtidos a título gratuito, acessões e prémios

Nos termos do artigo 295º, nº 2, c), do CSC, ficam também sujeitas a reserva as «[i]mportâncias correspondentes a bens obtidos a título gratuito, quando não lhes tenha sido imposto destino diferente».

Estes bens obtidos a título gratuito – heranças, legados, doações – provocam, como é evidente, um aumento do património social. Porém, não se integram no lucro do exercício, pois não resultam do exercício da atividade social. Por essa razão, o legislador entendeu que não eram suscetíveis de distribuição, mas que a reserva que lhes corresponde deveria ficar subordinada ao regime da reserva legal[685].

Pelas mesmas razões, as «acessões e prémios que venham a ser atribuídos a títulos pertencentes à sociedade» ficam igualmente sujeitos a uma reserva. E o regime desta reserva será o da reserva legal, sendo-lhes aplicável o disposto no artigo 296º do CSC[686].

---

[684] Ver *supra* ponto 4.1.2.2.1. do Capítulo II.

[685] É esta a solução defendida por Alberto Pimenta na sua proposta de articulado quanto às reservas legais, apesar da escassa argumentação aduzida. Cf. *A prestação das contas do exercício nas sociedades comerciais*, p. 100, 101 e 326.

[686] O POC contemplava este tipo de operações na Diretriz Contabilística nº 2 – Contabilização pelo donatário de ativos transmitidos a título gratuito – segundo a qual «devem constar no ativo das empresas, de acordo com a classificação do plano oficial de contabilidade, todos os ativos detidos, adquiridos quer a título oneroso quer a título gratuito. Estes últimos serão valorizados, no estado e local onde se encontrem, pelo justo valor (...) Neste caso a dotações têm como contrapartida a conta 576 – Reservas/doações». No SNC, na NCRF 22, referente a subsídios do governo, pode ler-se no parágrafo 12: «Os subsídios do Governo não reembolsáveis relacionados com ativos fixos tangíveis e intangíveis devem ser inicialmente reconhecidos nos Capitais Próprios e, subsequentemente: (a) Quanto aos que respeitam a ativos fixos tangíveis depreciáveis e intangíveis com via útil definida, imputados numa base sistemática como

APURAMENTO E APLICAÇÃO DE RESULTADOS

### 1.3.3. Sujeição destas reservas ao regime da reserva legal

Da análise do artigo 295º, nº 2 do CSC podemos retirar importantes ilações. A primeira, a propósito da noção de lucro. Como defende MANUEL ANTÓNIO PITA, desta disposição decorre que estes ganhos que a sociedade regista não são considerados lucros[687]. Os lucros serão, pois, os incrementos patrimoniais resultantes da exploração empresarial do objeto societário, o que não sucede com os valores constantes do referido preceito legal. Todos os valores constantes das três alíneas do nº 2 do artigo 295º provocam um incremento do património líquido da sociedade, incrementos esses que não resultam diretamente da atividade social desenvolvida.

Por outro lado, importa referir que o legislador, para dar efetividade a esta solução, pretendeu retirar da disponibilidade dos sócios tais ganhos. Esse não pode deixar de ser o móbil que o levou a sujeitá-los ao regime da reserva legal. Na verdade, o legislador não só qualifica tais ganhos como reservas, mas determina que tais reservas fiquem fora da livre disponibilidade dos sócios, ao colocá-las sob o regime da reserva legal.

A intenção do legislador terá sido, pois, não permitir que os sócios procedam a uma distribuição daqueles ganhos, o que só se alcança quando os mesmos ficam sujeitos ao regime da reserva legal. Ficar sujeito ao regime da reserva legal significa ficar fora da disponibilidade dos sócios. Isto é, tais valores só podem ser afetados aos fins que o artigo 296º prevê: cobertura de prejuízos ou incorporação no capital social.

Assim sendo, como se explica que estas reservas sejam previstas em número diferente das reservas legais propriamente ditas? No fundo trata-se igualmente de reservas legais, na medida em que não está na disponibilidade dos sócios constituí-las ou não. No entanto, a sua formação decorre de forma diferente das reservas legais em sentido estrito.

Na verdade, estas têm que ser deliberadas pelos sócios em assembleia geral, constituindo uma aplicação dos resultados do exercício, o que pressupõe desde logo a prévia aprovação do balanço. Ao invés, as reservas previstas no nº 2 do artigo 295º não carecem de deliberação. Uma vez verificada a existência de tais quantias (prémios de emissão, reavaliações,

---

rendimentos durante os períodos necessários para balanceá-los com os gastos relacionados que se pretende que eles compensem; (b) Quanto aos que respeitem a ativos fixos tangíveis não depreciáveis e intangíveis com vida útil indefinida, mantidos nos Capitais Próprios, excepto se a respectiva quantia for necessária para compensar qualquer perda por imparidade.»

[687] Cf. Manuel António Pita, *Direito aos lucros*, p. 38.

doações, entre outras) elas ficam automaticamente sujeitas ao regime de indisponibilidade das reservas legais.

Não constituem, desta forma, objeto de deliberação social, não se tratando de qualquer aplicação de resultados. Daí que se justifique o seu tratamento separado. A constituição destas reservas é diferente, a sua origem é distinta das reservas legais em sentido estrito. A partir da sua constituição, ficam sujeitas ao mesmo regime, isto é, ao disposto no artigo 296º do CSC.

Por estas razões, salvo melhor opinião, não faz sentido considerar que as reservas previstas no nº 2 do artigo 295º contam para efeitos do limite previsto no nº 1 do mesmo preccito. Na verdade, tal limite reporta-se à constituição das reservas legais em sentido estrito. Ou seja, ao lucro do exercício é retirada uma percentagem de 5% para reservas, até que o valor das mesmas represente 20% do capital social. Não é aplicável tal limite às reservas apenas previstas no nº 2 do mesmo artigo, cuja fonte é totalmente diversa[688].

Diferente entendimento desta questão têm MENEZES CORDEIRO[689], a que PAULO DE TARSO DOMINGUES adere[690], e ENGRÁCIA ANTUNES[691]. Entendem estes autores que o sentido do artigo 295º, nº 2, ao sujeitar as reservas aí previstas ao regime da reserva legal, é o de que, tal como estas, também aquelas reservas do nº 2 estão sujeitas ao limite do nº 1 do mesmo artigo. Ou seja, apenas ficam sujeitas ao regime de indisponibilidade do artigo 296º até ao limite da reserva legal (um quinto do capital social). Deixam de estar sujeitas ao regime da reserva legal na medida em que os valores destas reservas ultrapassem o limite de um quinto do capital social.

---

[688] A «separação operada entre esta [reserva legal] e as reservas do artigo 295º, nº 2, torna estas últimas indiferentes para aquele montante, não podendo supor-se que o montante das reservas separadas vai obrigar a aumentar o montante da reserva legal» – Cf. Raúl Ventura, *Sociedades por Quotas*, p. 356.

[689] Cf. Menezes Cordeiro, *Escrituração comercial, prestação de contas e disponibilidade do ágio nas sociedades anónimas*, p. 594 e ss.

[690] Cf. Paulo de Tarso Domingues, *Variações sobre o Capital Social*, p. 460.

[691] Cf. Engrácia Antunes, *Capital próprio, reservas legais especiais e perdas sociais*, p. 107 e ss. Este autor, contudo, apenas se detém na análise do regime da reserva relativa aos prémios de emissão (e não às outras hipóteses previstas no nº 2 do artigo 295º) e não admite, pelo menos expressamente, a possibilidade de livre distribuição pelos sócios de tais reservas. O que conclui é que é lícito deliberar a «afetação prioritária de todos os ágios excedentes à cobertura de prejuízos sociais transitados ou a qualquer outra forma de utilização jurídico-societariamente relevante».

APURAMENTO E APLICAÇÃO DE RESULTADOS

O seu principal argumento reside na circunstância de o nº 2 do artigo 295º do CSC não conter qualquer ressalva ou cláusula que afaste a aplicação de aspetos parcelares do respetivo regime, pelo que deve aplicar-se o regime da reserva legal na sua totalidade, incluindo assim as limitações quanto ao seu limite máximo, definido no nº 1 do artigo 295º[692].

Não obstante os argumentos aduzidos por estes autores, não cremos que seja a interpretação mais conforme ao texto legal[693]. Parece-nos, na verdade, que uma coisa é a reserva legal e coisa diversa são os outros valores sujeitos ao regime da reserva legal. Isto é, trata-se de duas categorias de reservas distintas, como vimos, até pela natureza diversa da sua fonte. No nº 1 do artigo 295º trata o legislador da reserva legal, explicando em que consiste: 5% dos lucros, até ao limite de 20% do capital. No artigo 296º explica o regime a que fica sujeita essa reserva. Ora, no nº 2 do artigo 295º determina-se que as reservas aí referidas ficam sujeitas ao «regime da reserva legal», o que quererá significar que se lhes aplica o regime de afetação previsto no artigo 296º. Salvo melhor opinião, cremos ser essa a interpretação mais razoável para as duas normas em questão[694].

Cremos, além do mais, que este é o único sentido conforme com as imposições comunitárias, uma vez que o artigo 7º, nº 2, parágrafo 3º, da Diretiva 2013/34/UE é muito claro: «*Nenhuma parte do excedente de revalo-*

---

[692] Engrácia Antunes, *Capital próprio, reservas legais especiais e perdas sociais*, p. 107 e ss, aduz outros argumentos, designadamente, a letra e história do preceito (que no anteprojeto previa um regime único para todas as quantias sujeitas a reserva legal), o elemento sistemático (a seguir referido no texto), a *ratio* da figura (referindo, apenas quanto às reservas constituídas pelos prémios de emissão, que sendo o seu fim igualar os antigos e novos sócios, a compensação de perdas não suscita qualquer obstáculo) e o Direito comparado. Este distinto autor coloca-se, porém, sempre na ótica da defesa da utilização destas reservas para compensar prejuízos, não vendo obstáculos a que tal possa suceder antes da utilização de reservas livres. Ora, salvo melhor opinião, a questão essencial é a de saber se tais reservas devem ou não (pelo menos em parte) estar na livre disponibilidade dos sócios, *máxime*, para a sua distribuição. E deste ponto de vista não nos parece defensável que todas as reservas do nº 2 do artigo 295º possam (uma vez ultrapassado o limite de um quinto do capital social) ser objeto de distribuição pelos sócios, como se refere no texto.

[693] Colocamo-nos, assim, ao lado de autores como Cassiano dos Santos, *A posição do acionista face aos lucros de balanço*, p. 29 e ss e Manuel António Pita, *Direito aos lucros*, p. 41 e ss.

[694] Acresce que, só tem sentido, quanto às reservas do nº 2 do artigo 295º, considerá-las reservas se for com o fim de as sujeitar a um regime de indisponibilidade para distribuição aos sócios. De outra forma, facilmente estaríamos face a reservas livres, pelo que considerar tais valores como reservas ou lucros seria praticamente indiferente.

232

*rização pode ser objeto de distribuição, direta ou indireta, a não ser que corresponda a uma mais-valia efetivamente realizada»*. Se assim é com as reservas de revalorização, o mesmo terá que suceder com as restantes previstas no nº 2 do artigo 295º, pois não faria sentido que ficassem sujeitas a diferentes regimes legais.

### 1.3.4. Outras reservas previstas no CSC
### 1.3.4.1. Reserva por quotas ou ações próprias

A possibilidade de uma sociedade ser sócia dela própria sempre foi vista com alguma desconfiança pelo legislador. No Código Comercial português de 1888, as aquisições de ações próprias eram, salvo diferente estipulação do contrato de sociedade, «absolutamente proibidas»[695].

Hoje, apesar de uma maior abertura a tal realidade, o CSC continua a determinar que em princípio uma sociedade não pode subscrever quotas ou ações próprias[696]. Na verdade, a existência de quotas ou ações próprias pode permitir a existência de ativos fictícios e distribuição de bens aos sócios à margem das regras aplicáveis, razão pelas quais se justificam as cautelas com que são olhadas estas auto-participações. Porém, a lei hoje admite a aquisição de ações e quotas próprias, desde que efetuadas em determinadas condições e sujeitas a determinado regime[697].

Quanto ao que agora nos interessa importa destacar que, nos termos do artigo 324º, nº 1, b), do CSC, enquanto a sociedade for titular de ações próprias, tornar-se-á indisponível uma reserva de montante igual àquele pelo qual tais ações sejam contabilizadas no ativo no balanço[698].

Esta reserva está prevista na Nova Diretiva do Capital (Diretiva 2012/30//UE), que no seu artigo 24º, nº 1, b) estipula que, se as ações próprias «forem contabilizadas no ativo do balanço, deve ser criada no passivo uma

---

[695] Cf. artigo 169º, § 2º, do Código Comercial.

[696] É o que resulta dos artigos 220º e 316º, nº 1 do CSC, bem como do artigo 20º, nº 1, da Nova Diretiva do Capital, na sua atual redação.

[697] Como é admitido pelo artigo 21º da Nova Diretiva do Capital. É de referir que as ações próprias ficam com os seus direitos suspensos, exceto o direito de o seu titular receber novas ações no caso de aumento do capital social por incorporação de reservas. Por essa razão pode sustentar-se, como o faz Raúl Ventura, que tais ações verdadeiramente deixam de o ser quando adquiridas pela sociedade, mantendo-se apenas como ações em potência, isto é, para voltarem a ser ações quando deixarem de ser próprias – cf. *Estudos vários sobre sociedades anónimas*, p. 359 e 360.

[698] A mesma reserva é exigível no caso de quotas próprias, pois o artigo 324º é aplicável às sociedades por quotas, por virtude do artigo 220º, nº 4, do CSC.

reserva indisponível de montante igual»[699]. Daqui decorre a exigência comunitária de constituição desta reserva, mas apenas na hipótese de a sociedade contabilizar no seu ativo o valor de tais ações.

Assim sendo, em bom rigor a Diretiva não obriga à constituição desta reserva, pois admite a possibilidade de não inscrever estas ações no ativo, mencionando-se contudo a sua existência no relatório de gestão – artigo 24º, nº 2, da referida Diretiva. Torna-a, no entanto, obrigatória, sempre que tais participações, nos termos das regras contabilísticas aplicáveis em cada Estado-Membro, sejam inscritas no ativo[700].

Ora, sucede que, em Portugal, o SNC determina hoje que as ações ou quotas próprias se registem no capital próprio[701]. Por essa razão não faz sentido a existência da reserva referida no citado artigo 324º, nº 1, b), do CSC[702].

A preocupação de qualquer dos sistemas de contabilização das ações próprias é a de evitar o aumento artificial do património social líquido, procurando um sistema que neutralize o valor das ações próprias inscritas no ativo por meio de uma compensação do lado do passivo. É que a titularidade de ações próprias pela sociedade pode pôr em causa o princípio da integridade do capital social, diminuindo o património social em detrimento dos credores[703]. Pode ainda, em alguns casos, configurar uma verda-

---

[699] Refira-se que quer a deliberação de aquisição, quer a de alienação das ações próprias, compete à assembleia geral da sociedade – artigo 319º, nº 1 e 320º, nº 1, ambos do CSC.

[700] Na verdade, constata-se que existem dois sistemas de contabilização das ações próprias: no sistema Europeu Continental as ações próprias são contabilizadas no Ativo (Investimentos Financeiros temporários ou permanentes), e os eventuais resultados gerados pela sua alienação são considerados resultados do exercício. Por seu lado no sistema anglo-saxónico, as ações próprias são contabilizadas no capital próprio e eventuais resultados gerados não afetam os resultados do exercício, sendo reconhecidos diretamente no capital próprio.

[701] Na conta 52. Nos termos do §9 da NCRF 27 – Instrumentos financeiros «Se uma entidade adquirir ou readquirir os seus próprios instrumentos de capital próprio, esses instrumentos ('quotas/ações próprias') devem ser reconhecidos como dedução ao capital próprio. A quantia a reconhecer deve ser o justo valor da retribuição paga pelos respetivos instrumentos de capital próprio. Uma entidade não deve reconhecer qualquer ganho ou perda na demonstração de resultados decorrente de qualquer compra, venda emissão ou cancelamento de ações próprias».

[702] Cf. Raúl Ventura, *Estudos vários sobre sociedades anónimas*, p. 394 e ss. Este autor defende mesmo a eliminação ou alteração da alínea b), do nº 1, do artigo 324º do CSC, face à sua desadequação, atenta a alteração do POC em 1989. No mesmo sentido, cf. Coutinho de Abreu, *Curso de Direito Comercial*, vol. II, p. 394 e Paulo de Tarso Domingues, *Variações sobre o capital*, p. 438, nota 1751.

[703] Cf. Paulo de Tarso Domingues, *Do capital social*, p. 142.

AS APLICAÇÕES DE RESULTADOS

deira distribuição de bens aos sócios, podendo constituir uma espécie de redução do capital social. Daí os cuidados com que o legislador admite as ações e quotas próprias – artigos 220º, 316º e 317º – e o seu regime de contabilização.

O legislador quer evitar que se distribuam bens aos sócios (contrapartida das ações adquiridas) quando não existam bens susceptíveis de distribuição. Razão pela qual só pode entregar a contrapartida da aquisição das ações quando o capital próprio (situação líquida) for superior ao valor do capital social acrescido das reservas obrigatórias, em valor correspondente ao dobro do montante a pagar pelas ações ou quotas próprias – artigo 317º, nº 4, do CSC.

Também por essa razão se compreende que a aquisição pela sociedade de participações próprias a título gratuito seja mais tolerada[704]. Nessa situação, não existe qualquer efeito patrimonial nocivo para os credores, desde que tais quotas ou ações se encontrem totalmente liberadas, pois caso contrário ficaria em causa o princípio da efetividade do capital, atenta a extinção da obrigação de entrada por confusão.

Não obstante ser comum denominar como reservas estes valores da situação líquida, a verdade é que o seu carácter de reserva é questionável[705]. De facto, sendo reservas indisponíveis, ao contrário do que sucede com as restantes reservas indisponíveis – incluindo as reservas legais –, no caso particular das reservas de quotas ou ações próprias não é possível proceder a aumentos do capital (por incorporação de reservas) à custa destas reservas[706], nem tão-pouco é admissível que sirvam para a compensação de prejuízos. Neste caso, a sua função é a de funcionar tão somente como mero contraponto ao registo no ativo do valor das ações adquiridas pela sociedade[707].

---

[704] Cf. Paulo de Tarso Domingues, *Do capital social*, p. 143.

[705] Em todo o caso, mesmo quando a existência de uma reserva por ações próprias se justifica, como sucede na Alemanha (§ 71 *AktG*), em França, em Itália e em Espanha (artigo 142º, nº 2, da *Ley de Sociedades de Capital*), a maioria da doutrina não a considera uma verdadeira reserva mas um artifício contabilístico. Cf., por exemplo, Francisco Vicent Chuliá, *Introducción al derecho mercantil*, p. 315.

[706] Cf. Paulo de Tarso Domingues, *Variações sobre o capital social*, p. 438 e Francisco Vicent Chuliá, *Compendio critico de Derecho Mercantil*, Tomo I, Vol. 2º, p. 712.

[707] Razão pela qual esta reserva só existe enquanto, e na medida em que, existam ações ou quotas próprias – cf. Fernández del Pozo, *Las reservas atípicas*, p. 314 e ss

APURAMENTO E APLICAÇÃO DE RESULTADOS

### 1.3.4.2. Reservas por redução do capital social

A redução do capital social pode ter diversas finalidades, desde a cobertura de prejuízos à liberação das obrigações de entrada a que os sócios estavam vinculados.

No Direito comparado, nomeadamente no Direito alemão e no Direito espanhol, fala-se também na redução de capital social para constituição de uma reserva indisponível[708]. É a operação inversa ao aumento do capital social por incorporação de reservas. Esta modalidade de redução do capital social está expressamente prevista no artigo 37º, nº 1, da Nova Diretiva do Capital (Diretiva 2012/30/UE), a qual impõe que nesse caso o montante da reserva não ultrapasse 10% do capital subscrito reduzido.

A reserva criada em consequência da redução fica sujeita ao regime da reserva legal, pois não pode ser distribuída aos acionistas e só pode ser usada para compensação de perdas ou para incorporação no capital social.

Entre nós, nada impede que se proceda a uma redução do capital com essa finalidade, pois não existe um *numerus clausus* de causas para a redução. E este tipo de redução em nada afeta os interesses dos credores, na medida em que não existe diminuição do património social. Há apenas uma alteração qualitativa, puramente contabilística. Porém, esta redução pode vir a ter efeitos indiretos nos interesses dos credores, na medida em que ao reduzir-se o capital social estamos também a baixar o limite da obrigatoriedade de efetuar reservas legais e a diminuir a cifra de retenção, permitindo uma mais fácil distribuição de lucros no futuro.

O CSC obriga à constituição de uma reserva no caso de redução do capital social numa situação particular, prevista no artigo 463º, nº 2, b). Trata-se da eventualidade de redução por extinção de ações próprias, em que sejam extintas ações integralmente liberadas, que tenham sido adquiridas por meio de bens que pudessem, nos termos dos artigos 32º e 33º, ser distribuídos aos acionistas.

Assim sendo, havendo lugar à constituição de uma reserva, sujeita ao regime da reserva legal, por quantia equivalente ao valor nominal das ações extintas, é necessário que seja cumprido o requisito previsto no nº 1 do artigo 95º do CSC. Isto é, a redução não pode ser deliberada se a situa-

---

[708] Cf. Fernández del Pozo, *Las reservas atípicas*, p. 208 e ss. Em Espanha, a *Ley de Sociedades de Capital* prevê este tipo de reserva no seu artigo 328. Na Alemanha está previsto nos § 230 e ss, da *AktG*.

## AS APLICAÇÕES DE RESULTADOS

ção líquida (ao capital próprio) não ficar a exceder o novo capital social em pelo menos 20%[709].

### 1.3.4.3. Reserva por remissão de ações

O CSC admite a existência de ações preferenciais remíveis, pelo que os estatutos sociais podem prever a sua emissão[710]. Estas ações possuem determinado privilégio patrimonial e ficam, na sua emissão, sujeitas a remissão em data fixa ou quando a assembleia o determinar, de acordo com o artigo 345º, nº 1 do CSC.

Remir ações significa extingui-las[711], tendo o sócio respetivo o direito a receber o valor nominal do título, exceto quando o pacto social preveja a concessão de um prémio – artigo 345º, nº 4, do CSC – caso em que ao valor nominal acresce o prémio previsto.

Importa sublinhar que a remissão só é possível se a sociedade dispuser de uma situação líquida que permita pagar a contrapartida sem pôr em causa a integridade do capital social. Assim, a lei só permite usar fundos que, nos termos dos artigos 32º e 33º do CSC, sejam distribuíveis – artigo 345º, nº 5, do CSC.

A remissão de ações não importa a redução do capital social, salvo disposição em contrário do pacto social, mas dá origem à criação de uma reserva

---

[709] De acordo com a redação da norma introduzida pelo DL nº 8/2007, de 17 de janeiro. Apesar do carácter genérico que parece decorrer deste nº 1, parecendo querer referir-se a todos os tipos de redução do capital, a verdade é que a exigência nele contida apenas faz sentido para as reduções de capital social exuberante, sendo inaplicável às reduções por perdas, como o constante do artigo 35º, nº 3, b) alínea do mesmo Código deixa bem claro: não é possível a redução do capital por perdas para valor inferior ao capital próprio da sociedade.

[710] Veja-se, a título de exemplo a cláusula seguinte, retirada dos estatutos da «VAA – VISTA ALEGRE ATLANTIS, SGPS SA», disponível em http://www.vaaempresas.com/investidores/UPLOADS/ESTATUTOS/Estatutos%20VAA_site.pdf:

«ARTIGO 7º
**(Emissão de ações com privilégio patrimonial)**

Um – A sociedade pode emitir ações que beneficiem de algum privilégio patrimonial, fixo ou variável nomeadamente ações preferenciais sem voto.

Dois – A deliberação social de emissão de ações com as características referidas no número anterior, poderá determinar que tais ações fiquem sujeitas a remissão, em data fixa ou quando a assembleia geral o deliberar, podendo a remissão ser feita pelo respetivo valor nominal ou por este valor acrescido de um prémio, que será fixado pela deliberação de emissão ou remissão.»

[711] Só podem, contudo, ser remidas ações inteiramente liberadas – art. 345º, nº 3, do CSC. Registe-se que tal reserva apenas está prevista para as sociedades anónimas.

especial correspondente ao valor nominal das ações remidas, de acordo com o disposto no artigo 345º, nº 6, do CSC: a "reserva por remissão de ações". Tal reserva só pode ser usada para incorporação no capital social, podendo ser eliminada no caso de redução do capital social.

Na remissão de ações sem redução do capital há lugar à extinção das ações enquanto participação social, sem que, todavia, ocorram modificações ao nível do montante do capital social, tratando-se de uma operação com efeitos equivalentes à aquisição de ações próprias.

### 1.3.4.4. Reserva por amortização de ações

O CSC admite que o contrato de sociedade imponha ou permita que, mesmo sem o consentimento dos seus titulares, sejam amortizadas participações sociais[712]. No caso de amortização de ações com redução do capital social[713] ocorre uma extinção das ações amortizadas e a sociedade tem que entregar aos seus titulares o valor das ações que detinham.

Sucede que, em princípio, esta redução do capital social, envolvendo a devolução de bens aos sócios, requer a aplicação do regime de proteção dos credores previsto essencialmente no artigo 96º do CSC[714].

Porém, a aplicação de tais regras de proteção dos credores é dispensada no caso de serem unicamente utilizados fundos distribuíveis nos termos dos artigos 32º e 33º do mesmo código. Todavia, neste caso, a lei impõe a obrigação de constituir uma reserva de montante equivalente à soma do valor nominal das ações amortizadas[715]. É a "reserva por amortização de

---

[712]  Cf. artigo 347º, nº 1, do CSC.

[713]  O CSC admite também a amortização de ações sem redução do capital social (artigo 346º). Nesse caso, o valor nominal das ações é reembolsado aos sócios, mas as ações assim amortizadas não são extintas, passando a designar-se ações de fruição, ficando sujeitas ao regime especial previsto na referida norma legal. Esta amortização só é possível caso existam reservas disponíveis para esse efeito.

[714]  O artigo 347º nº 7 manda, neste caso, aplicar o disposto no artigo 95º do CSC. Sucede que se trata de um erro, pois as normas de proteção dos credores, desde a alteração introduzida pelo DL nº 8/2007, de 17 de janeiro, deixaram de constar apenas do artigo 95º e transitaram fundamentalmente para o artigo 96º. Deve, pois, proceder-se a uma interpretação corretiva, entendendo-se que a remissão para o artigo 95º é antes para os (novos) artigos 95º, nº 1 e 96º – cf. Paulo de Tarso Domingues, *Variações sobre o capital social*, p. 533.

[715]  Esta solução é, de resto, imposta pela denominada Nova Diretiva do Capital (Diretiva 2012/30/UE) no seu artigo 40º, nº 1, d). Como se sabe, esta Diretiva apenas é aplicável às sociedades anónimas. Tal facto pode explicar a diferença de tratamento que nesta matéria se regista

# AS APLICAÇÕES DE RESULTADOS

ações". E esta reserva fica sujeita ao regime da reserva legal, de acordo com o disposto no artigo 347º, nº 7, b), do CSC. Desta forma se garante que o património indisponível da sociedade (capital social e reservas não distribuíveis) se mantenha inalterado: se o capital social diminuiu, aumentou em igual medida o valor das reservas indisponíveis.

Assim, assegura-se que com a redução do capital social a soma deste com as reservas se mantenha no mesmo valor, pois à diminuição de umas corresponde o aumento do outro. Daí que, neste caso, seja dispensada a aplicação das normas de proteção dos credores. O mesmo sucede na hipótese de amortização de ações integralmente liberadas postas à disposição da sociedade a título gratuito (artigo 347º, nº 7, a), do CSC), pois nesse caso o património social em nada é afetado com a operação.

## 2. Os dividendos
### 2.1. Noção de dividendo

Os lucros obtidos pelas sociedades destinam-se, em princípio, a ser divididos pelos seus sócios; daí que o quinhão do acionista nos lucros sociais se denomine "dividendo", mesmo após tal divisão se ter realizado[716].

A palavra "dividendo" tem a sua origem na palavra latina *"dividendus"*, gerundivo de "dividir", com o significado de «aquilo que deve ser dividido»[717]. Corresponde àquilo que se reparte pelos sócios de uma sociedade, a parcela a que estes têm direito. Porém, na linguagem corrente "dividendo" sugere também a ideia de contrapartida, de retribuição, correspondente a um contributo dado ou a um investimento efetuado.

Neste sentido, os dividendos têm sido tradicionalmente equiparados aos frutos civis[718]. Considera-se «fruto de uma coisa tudo o que ela produz

---

relativamente às sociedades por quotas. Na verdade, não se alcança outra razão que justifique que quando uma sociedade por quotas procede à amortização de quotas com redução do capital não seja obrigatória a constituição de uma reserva de igual valor.

[716] Cf. Sanchez Calero, *La determinación y la distribución del beneficio neto en la sociedad anonima*, p. 121. O termo "dividendo" é mais comumente usado a propósito dos acionistas.

[717] Cf. v. "Dividende", Paul Robert, *Le Grand Robert de La Langue Française, Dictionnaire de la Langue Française*, vol. II, p. 599. Em matemática, dividendo significa o «número que se divide por outro, a fim de se apurar quantas vezes o primeiro contém o segundo ou o segundo cabe no primeiro», isto é corresponde a um dos termos da divisão, um número que se divide por outro – Dicionário da Língua Portuguesa Contemporânea, vol. I, p. 1290.

[718] Cf. Amel Amer-Yahia, *Le Régime Juridique des Dividendes*, p. 47.

APURAMENTO E APLICAÇÃO DE RESULTADOS

periodicamente, sem prejuízo da sua substância»[719]. E os frutos serão civis quando se trate de «*rendas ou interesses que a coisa produz em consequência de uma relação jurídica*»[720]. Ora, os dividendos correspondem àquilo que a participação social gera ao longo do tempo para o seu titular, sem prejuízo da integridade da participação social que os gera, como consequência da relação jurídica societária. Os dividendos emanam do património social, dele se autonomizando, mas sem pôr em causa a integridade desse património social. Daí que seja expectável a sua periodicidade, renovando-se ciclicamente.

A qualificação dos dividendos como frutos civis coloca, todavia, alguns problemas. É que, de acordo com o regime civil dos frutos, a sua «*partilha faz-se proporcionalmente à duração do direito*»[721]. Ora, aplicando esta regra aos dividendos, tal teria como consequência que os lucros se repartiriam *pro rata temporis*. Mas tal critério de repartição não é compatível com o facto de o direito ao dividendo apenas nascer com a deliberação de aplicação de resultados, o que torna compreensível que seja o titular da participação social nesse momento a beneficiar dos frutos gerados pelas ações.

Todavia, é essa conceção dos dividendos como frutos civis que explica a solução legal aplicável aos direitos do usufrutuário de participações sociais, como veremos a seguir[722].

A partir do lucro apurado no exercício e revelado pelo balanço aprovado, cabe à assembleia dos sócios determinar o montante a repartir. Ao lucro do

---

[719] Artigo 212º, nº 1, do Código Civil. Na definição clássica «*Quidquid ex re nasci et renasci solet*». Em certa contraposição podemos falar de "produto", como resultado da divisão de uma coisa, que assim a consome. É certo que também se pode dizer que os frutos, no longo prazo, esgotam a substância da coisa, como sucede de forma evidente nos frutos naturais.

[720] Artigo 212º, nº 2, do Código Civil.

[721] Artigo 213º, nº 2, do Código Civil.

[722] Ver abaixo p. 301. Em todo o caso, qualificar os lucros como frutos, apesar de algum aliciante de ruralidade, não deixa de suscitar dúvidas. Sobretudo tratando-se de lucros não distribuídos. Poderá fazer sentido equipará-los aos frutos quando são distribuídos periodicamente pelos sócios. Mas essa não é uma característica essencial. Os lucros existem independentemente da sua distribuição aos sócios. Nessa medida, apenas serão frutos caso os sócios deliberem a sua distribuição. Antes disso, representam um aumento do património líquido. Cf. Jean Lacombe, *Les Réserves dans les Sociétés par Actions*, p. 57 e ss. Também neste sentido ver Acórdão do TRL, de 9 de outubro de 1997, disponível em www.dgsi.pt, que decidiu que as reservas livres não eram frutos civis, e assim sendo, «*não se deverão ter como comunicáveis aos "bens comuns" do casal, se a quota social for um bem próprio de um dos cônjuges*». Já o resultado efetivamente distribuído constitui um fruto, e como tal é comunicável ao património comum.

exercício há que deduzir as quantias necessárias para os diversos destinos que a lei e os estatutos impõem e somar os quantitativos disponíveis para distribuição aos sócios transitados de anos anteriores. Pode, pois, suceder que, não tendo a sociedade registado lucros naquele exercício, ainda assim seja possível a distribuição de dividendos à custa de lucros obtidos em anos anteriores e não repartidos.

De resto, a sociedade pode ter criado reservas em anos lucrativos, exatamente com a especial finalidade de assegurar a distribuição de dividendos em exercícios em que não registe lucros. São as chamadas reservas de estabilização de dividendos.

Pode também dar-se o caso de a sociedade ter tido lucros em determinado exercício e estes serem insusceptíveis de distribuição aos sócios porque, por exemplo, são necessários para compensar prejuízos de anos anteriores. Não basta, assim, ter obtido lucros em determinado exercício para que os sócios os possam receber. É necessário que estes sejam passíveis de distribuição, nos termos dos artigos 32º e 33º do CSC.

Daí que sejam diferentes as noções de lucro do exercício, lucro do exercício distribuível, lucro de balanço e de lucro final, como já vimos[723].

## 2.2. Repartição dos dividendos
### 2.2.1. Valor a distribuir
Compete à assembleia geral dos sócios deliberar sobre a aplicação dos resultados. No que respeita à distribuição dos lucros não é possível entregá-los aos sócios sem prévia deliberação dos próprios sócios, exceto no caso de distribuição antecipada de dividendos, como determina o artigo 31º, nº 1, do CSC.

Na deliberação tomada pela assembleia geral apenas se irá determinar o quantitativo global que se entende deva ser distribuído. Isto é, atendendo às regras legais e estatutárias e dentro da margem de discricionariedade que tem, a assembleia reparte pelos vários destinos o resultado apurado.

Não está no âmbito da sua competência estabelecer o quantitativo que cada sócio irá receber, isto é, a forma de repartição dos lucros pelos sócios. Na verdade, cabe-lhe determinar o "tamanho do bolo" a repartir, estando todavia fora do seu alcance determinar o "tamanho da fatia" que cabe a cada acionista.

---

[723] Cf. *supra*, pontos 4.1.2.1., 4.1.2.2., 4.1.2.3. e 4.1.2.4. do Capítulo II.

Esta repartição dos lucros pelos sócios efetua-se, em princípio, de acordo com a participação de cada um no capital social. Na mesma proporção em que o sócio participa no capital social, participará também nos lucros[724]. Esta regra está entre nós consagrada no artigo 22º do CSC[725].

Este princípio da distribuição dos lucros em proporção da participação no capital social admite, contudo, exceções, quer decorrentes da própria lei[726], quer de convenção entre os sócios[727], pelo que se trata de uma regra com um carácter meramente supletivo[728]. Não pode, contudo, estabelecer-se um regime de distribuição de resultados tal que conduza a que algum ou alguns sócios sejam excluídos dos lucros ou isentos de participar nas perdas – é a consagração da proibição do pacto leonino[729].

---

[724] Há, assim, um equilíbrio contratual entre a prestação que cada sócio efetua à sociedade e a contraprestação que dela recebe a título de lucros. Na verdade, tratando-se de um contrato plurilateral, o equilíbrio entre prestações e contraprestações não se aferirá entre as prestações de cada sócio – que podem ter a maior disparidade entre si – mas entre o que cada um dá à sociedade e o que dela espera receber. Cf. Ferrer Correia, *Lições de Direito Comercial*, vol. II, p. 52 e 53.

[725] O mesmo está previsto para as sociedades civis no artigo 992º, nº 1, do CC. Quer o artigo 992º do CC quer o artigo 22º do CSC estabelecem ainda a regra de que, em princípio, o sócio participa nas perdas da sociedade na mesma proporção em que participa nos lucros. Daí que, se o pacto apenas indica a participação nos lucros, presume-se ser a mesma a sua participação nas perdas. Importa, todavia, salientar que, nas sociedades anónimas, os sócios não são responsáveis pelas dívidas sociais – artigo 271º, do CSC. Assim sendo, o que cada acionista pode perder, na pior das hipóteses, é o capital investido na sociedade, pelo que, independentemente da sua participação nos lucros, a perda será correspondente ao capital investido. O mesmo sucede, por regra, nas sociedades por quotas (art. 197º, nº 3, do CSC).

[726] É o que sucede, por exemplo, com o regime das ações privilegiadas, em que a lei consente uma repartição dos lucros não proporcional à participação no capital social (artigo 341º, nº 2, do CSC). O mesmo sucede com as ações cujo capital foi total ou parcialmente reembolsado (artigo 346º, nº 4, a), do CSC.

[727] Convenção esta que deve constar do pacto social – cf. João Labareda, *Das Acções das Sociedades Anónimas*, p. 152.

[728] Cf. início do artigo 22º, nº 1 do CSC e do artigo 992º, nº 1 do CC. Nas sociedades que não tenham capital social, como sucederá nas sociedades em nome coletivo em que todos os sócios entrem com indústria (artigo 178º, nº 1, do CSC), competirá obrigatoriamente ao pacto social estabelecer a regra da distribuição dos lucros pelos sócios. Se o mesmo for omisso quanto à participação nos prejuízos da sociedade, presumir-se-á que nelas participarão na mesma medida em que participem nos lucros, como decorre do artigo 22º, nº 2, do CSC.

[729] Cf. artigo 22º, nº 3, do CSC e artigo 994º do CC. Apenas se admite, nas duas normas, que os sócios de indústria sejam isentos, nas relações internas, de participar nas perdas sociais.

Parece claro que o que aqui está em causa é não só a exclusão matemática de um sócio dos lucros mas também a exclusão prática[730]. Só caso a caso se poderá avaliar até que ponto a desproporção entre a participação no capital e a participação nos lucros é tal que estejamos já perante uma cláusula leonina[731].

Uma vez constituída a sociedade, a alteração da regra supletiva parece já não ser possível por alteração posterior do pacto, a não ser que esta recolha a unanimidade dos votos, numa interpretação restritiva do artigo 24º, nº 1 do CSC. De outra forma poderia estar em causa o respeito pelo princípio da igualdade dos sócios[732]. Como refere RAÚL VENTURA, o «direito especial tanto pode ser criado no contrato inicial como pode ser introduzido neste por meio de posterior alteração. Neste segundo caso, contudo, a deliberação de alteração do contrato deve ser tomada por unanimidade dos sócios, uma vez que um direito especial contraria o princípio da igualdade de tratamento dos sócios e este em princípio só pode ser afastado por vontade de todos eles». No mesmo sentido FERRER CORREIA afirma que

---

[730] Cf. Luís Vasconcelos Abreu, *A sociedade leonina*, p. 633 e 534. Pode, porém, colocar-se o problema, como faz este autor, de saber se um sócio pode renunciar aos lucros quando retire algum benefício da sociedade, ainda que de natureza ideal. É o caso, retirado da jurisprudência alemã, de um pai renuncia à sua parte nos lucros da sociedade que constituiu com o filho, uma vez que apenas pretendia proporcionar a este uma fonte de auto-sustento – cf. p. 639.

[731] A participação dos sócios nos lucros em função da sua participação no capital social corresponde a uma ideia de igualdade entre os sócios que assim comungam nos lucros de acordo com o mesmo critério. Ou melhor, em rigor, a igualdade não é entre sócios, mas entre as ações – cf. G. Ripert/ R. Roblot, *Traité de Droit Commercial*, tomo 1, vol. 2, p. 324. Porém, os sócios, no pacto social não estão obrigados a respeitar este princípio, ao abrigo da liberdade contratual. De facto, quer na distribuição dos lucros, quer na atribuição do direito de voto (artigos 250º, nº 2, e 384º, nº 2), quer nas obrigações acessórias e suplementares (artigos 209º, 210º e 287º), o CSC admite tratamento diferente entre os sócios. Mas a partir daí, na atividade social, a igualdade entre os sócios é um princípio a respeitar. Cf. António Pereira de Almeida, *Sociedades Comerciais*, p. 116 e ss. Importa, contudo, ter presente que a própria lei estabelece exceções à regra de que os acionistas são todos iguais, nomeadamente, ao prever prerrogativas especiais das minorias no direito à informação (artigo 291º), na possibilidade de minorias poderem requerer a convocação da assembleia geral (artigo 375º, nº 2) ou de solicitarem a nomeação de membros para os órgãos de fiscalização (artigo 418º). Por outro lado, são também admitidas ações de diferentes categorias, atribuindo direitos diferentes, como no caso das ações preferenciais e no das ações de fruição (artigo 302º, nº 1).

[732] Neste sentido cf. Coutinho de Abreu, *Curso de Direito Comercial*, vol. II, p. 210, Brito Correia, *Direito Comercial*, vol. II, p. 330, Raúl Ventura, *Direitos especiais dos sócios*, p. 215. Em sentido contrário, cf. Osório de Castro, *Acções preferenciais sem voto*, p. 286 e ss.

APURAMENTO E APLICAÇÃO DE RESULTADOS

«a posição de um sócio perante os demais dentro da sociedade é certamente intangível por simples voto da maioria»[733].

## 2.2.2. Ações privilegiadas

De acordo com os estatutos sociais pode haver ações que confiram um direito especial na distribuição de dividendos: são as chamadas ações privilegiadas. De facto, a lei admite a existência de ações que confiram direitos especiais (artigo 302º, nº 1, do CSC), como é o caso das ações privilegiadas sem voto[734], que constituem uma categoria especial de ações[735].

O que caracteriza as ações especiais sem voto é o facto de os seus titulares não possuírem o direito de votar nas assembleias gerais de acionistas[736], facto esse compensado pela atribuição de um privilégio patrimonial no que ao lucro diz respeito. Assim, tais ações conferem ao seu titular um duplo privilégio: o direito a um dividendo prioritário não inferior a 5% do respetivo valor nominal, bem como o direito ao reembolso prioritário do seu valor nominal aquando da liquidação da sociedade[737].

A fim de evitar que, com uma reduzida fração do capital, um sócio pudesse ter o efetivo controlo societário, numa grande desproporção entre os direitos de voto e a participação no capital, a lei não permite que sejam emitidas ações privilegiadas sem voto de valor superior a metade do capital social.

---

[733] Cf. Ferrer Correia, *Lições de Direito Comercial*, vol. II, p. 241 e 242.

[734] Para além das ações preferenciais sem voto, o CSC prevê ainda possibilidade de o contrato de sociedade admitir ações preferenciais remíveis – artigo 345º do CSC (às quais já nos referimos *supra*, ponto 1.3.4.3. deste Capítulo). As legislações que nos são próximas admitem também ações privilegiadas. É o caso de Espanha, onde o artigo 95 da *Ley de Sociedades de Capital* admite a existência de «*Privilegio en el reparto de las ganancias sociales*». Em França, o *Code de Commerce* prevê, no seu artigo L 228-35 as "*actions de priorité*". Em Itália, as ações privilegiadas são conhecidas como ações de "*risparmio*", admissíveis à luz do disposto no artigo 2348 do Código Civil italiano – cf. Francesco Galgano, *Diritto Commerciale* – Le Società, p. 440 e ss.

[735] As ações que compreendem direitos iguais formam uma categoria – artigo 302º do CSC.

[736] Mas mantêm o direito de participar nas reuniões da assembleia geral, se o contrato não determinar o contrário – artigo 379º, nº 2, do CSC. Se estes sócios não puderem participar na assembleia têm pelo menos o direito de estar representados por um deles na assembleia – artigo 343º do CSC.

[737] Cf. Carlos Osório de Castro, *Acções preferenciais sem voto*, p. 281 e ss, Fernández del Pozo, *La aplicación de resultados en las sociedades mercantiles*, p. 267 e Fátima Gomes, *O direito aos lucros e o dever de participar nas perdas nas sociedades anónimas*, p. 372 e ss.

AS APLICAÇÕES DE RESULTADOS

Estas ações asseguram um privilégio na partilha dos lucros do exercício, na medida em que, no mínimo, têm direito a 5% do valor nominal das ações correspondentes. É, pois, uma forma de garantir uma rentabilidade certa (havendo lucros) para os seus titulares, em compensação da perda de direitos políticos.

Existindo ações privilegiadas, no momento do apuramento dos resultados, ao lucro distribuível é necessário retirar, prioritariamente, o montante correspondente ao pagamento dos dividendos prioritários, sendo o remanescente repartido pelos outros acionistas até ao montante do dividendo privilegiado. O remanescente será repartido por todos, de forma igualitária[738]. Desta forma, mais do que um dividendo privilegiado (no sentido de majorado), do que se trata é de um dividendo prioritário ou pago com prioridade relativamente às ações ordinárias[739].

Se os lucros distribuíveis não forem suficientes para satisfazer o pagamento do dividendo privilegiado, serão repartidos proporcionalmente pelas ações preferenciais sem voto – artigo 342º do CSC. A isto não obsta que o contrato de sociedade possa prever a existência de ações privilegiadas que confiram direito a um dividendo majorado ou a uma quota de liquidação superior à que resultaria da regra supletiva da proporção do valor nominal das participações sociais, previsto no artigo 22º do CSC[740].

---

[738] Cf. Carlos Osório de Castro, *Acções preferenciais sem voto*, p. 304, Fátima Gomes, *O direito aos lucros e o dever de participar nas perdas nas sociedades anónimas*, p. 372 e 373 e Elda Marques, "Artigo 341º", in *Código das Sociedades em Comentário*, vol. V, p. 658 e 659. Em sentido diferente, cf. Paulo Olavo da Cunha, *Direito das Sociedades*, p. 345 e ss. Este autor defende que os titulares das ações privilegiadas têm direito a mais 5% do lucro que as ações ordinárias, caso existam lucros suficientes. Não é apenas uma questão de prioridade no recebimento, mas antes uma majoração do dividendo a que estes sócios têm direito. É o que sucede, por exemplo em França com o denominado "primeiro dividendo", tendo estas ações direito a um primeiro dividendo (privilegiado) ao qual acresce o dividendo ordinário, razão pela qual se fala em "super-dividendo", previsto no artigo L 232-16, nestes termos *«Les statuts peuvent prévoir l'attribution, à titre de premier dividende, d'un intérêt calculé sur le montant libéré et non remboursé des actions. Sauf disposition contraire des statuts, les réserves ne sont pas prises en compte pour le calcul du premier dividende»* – cf. G. Ripert/ R. Roblot, *Traité de Droit Commercial*, tomo 1, vol. 2, p. 603.

[739] As ações preferenciais sem voto estão em Espanha previstas nos artigos 98. e seguintes da *Ley de Sociedades de Capital*. Nos termos do artigo 99., nº 1, aos direitos correspondentes a estas ações acresce o direito ao dividendo das ações ordinárias, pelo que se trata, neste caso, de ações privilegiadas majoradas.

[740] Neste sentido, Fátima Gomes, *O direito aos lucros e o dever de participar nas perdas nas sociedades anónimas*, p. 374.

APURAMENTO E APLICAÇÃO DE RESULTADOS

Este direito ao dividendo prioritário refere-se aos lucros que, nos termos dos artigos 32º e 33º do CSC, são distribuíveis aos sócios, como decorre do artigo 342º, nº 1. Abrange, pois, quer a distribuição dos lucros do exercício quer a distribuição de reservas que possam ser distribuídas e que os sócios deliberam distribuir.

Este direito é cumulativo, pois, se num exercício a sua atribuição não for possível, tal valor acresce para o exercício seguinte, até um máximo de três exercícios consecutivos, desde que haja lucros suficientes para tal (artigo 342º do CSC). Se durante dois exercícios seguidos o pagamento do dividendo privilegiado não for possível, os seus titulares adquirem o direito de voto[741].

Uma vez que se trata de um direito especial, não se justifica que seja necessária uma deliberação da assembleia geral para que tal seja atribuído, sendo bastante a deliberação de aprovação das contas que revele a existência de lucros distribuíveis[742]. Ao contrário do que sucede nas ações ordinárias, tratando-se de ações preferenciais, o valor concreto a que cada sócio tem direito fica definido com a aprovação das contas. Daí que o sócio preterido possa peticionar judicialmente o seu pagamento, invocando a aprovação das contas e desde que das mesmas resulte, como é evidente, existência de lucros distribuíveis.

Esta prioridade conferida pelas ações privilegiadas é obrigatória, pelo que a deliberação de aplicação de resultados que a não respeite é anulável[743], por violação de norma contratual, adotada ao abrigo da liberdade contratual. E o acionista preterido pode, não só anular a deliberação, como também peticionar a condenação da sociedade ao pagamento do dividendo privilegiado ou a prolação de sentença que produza o efeito da deliberação omitida[744].

---

[741] Importa referir que as ações que possuam algum privilégio patrimonial podem, na sua emissão, ficar sujeitas a remissão em data fixa ou quando a assembleia geral o determinar – cf. artigo 345º do CSC. Sobre estas ações remíveis, ver *supra* ponto 1.3.4.3. deste Capítulo.

[742] Neste sentido cf. Paulo Olavo Cunha, *Direito das Sociedades Comerciais*, p. 348 e Fátima Gomes, *O direito aos lucros e o dever de participar nas perdas nas sociedades anónimas*, p. 375. Em sentido contrário, Carlos Osório de Castro, *Acções preferenciais sem voto*, p. 306.

[743] Neste sentido, António Pereira de Almeida, *Sociedades Comerciais*, p. 678, Fátima Gomes, *O direito aos lucros e o dever de participar nas perdas nas sociedades anónimas*, p. 375 e Carlos Osório de Castro, *Acções preferenciais sem voto*, p. 305.

[744] Cf. Cassiano dos Santos, *A posição do accionista face aos lucros de balanço*, p. 102, Osório de Castro, *Acções preferenciais sem voto*, p. 305, nota 64.

AS APLICAÇÕES DE RESULTADOS

### 2.2.3. Ações sectoriais

Praticamente desconhecidas entre nós[745], embora previstas em França[746], em Itália[747] e na Alemanha[748], são as *"tracking stoks"* ou *"tracking shares"* de origem americana[749]. Estas ações caracterizam-se por seguirem (*tracking*) os resultados obtidos por um determinado sector da atividade de uma empresa, sector esse com, pelo menos, autonomia contabilística[750]. Deste modo, os seus titulares irão participar diretamente nos resultados de sector de atividade, bem como beneficiar de um direito preferencial à quota de liquidação referente a esse sector da sociedade. Isto é, os dividendos a atribuir a estas ações não refletem o desempenho da sociedade como um todo mas antes o resultado de um sector restrito de atividade.

Não obstante, trata-se de ações da sociedade como um todo, mas com a particularidade de os direitos patrimoniais inerentes serem apenas referentes a um sector específico da atividade societária e não à totali-

---

[745] O estudo mais aprofundado deste tipo de ações que pode ler-se é de Fátima Gomes, *O direito aos lucros e o dever de participar nas perdas nas sociedades anónimas*, p. 385 a 419. Esta autora, face ao seu desconhecimento no Direito português e sob inspiração italiana, opta pela designação de "ações sectoriais". Ver também Paulo de Tarso Domingues, *Variações sobre o capital social*, nota 689, p. 182.

[746] Em França surgem denominadas *"actions reflect"*, ou *"actions traçantes"*, ou *"actions sectorielles"* – cf. Fátima Gomes, *O direito aos lucros e o dever de participar nas perdas nas sociedades anónimas*, p. 386.

[747] Estas ações foram adotadas no Direito italiano sob a designação de *"azioni correlate"*, previstas no artigo 2350º do Código Civil italiano, que estabelece que *«la società può emettere azioni fornite di diritti patrimoniali correlati ai risultati dell'attività sociale in un determinato settore»*. Cf. Lodovico G. Bianchi Di Giulio/ Ferdinando Bruno, *Dalle* tracking shares *alle azioni correlate: brevi riflessioni sull'esperienza domestica italiana.*

[748] Na Alemanha, são conhecidas como *"Spartenaktien"*, *"divisionalisierten Aktien"* ou *"Bereichsaktien"*. Apesar de não se encontrarem expressamente previstas na lei, a doutrina tem sido favorável à sua admissibilidade – cf. Fátima Gomes, *O direito aos lucros e o dever de participar nas perdas nas sociedades anónimas*, p. 398.

[749] De facto, de acordo com a autora acima citada, a primeira emissão deste tipo de ações, terá ocorrido em 1984 quando a *General Motors (GM)* adquiriu a *Electronic Data Systems (EDS)*, integrando-a no conglomerado do ramo automóvel existente, tendo emitido tais ações a favor do cedente, as quais refletiriam os resultados económicos de um sector de atividade da sociedade, permitindo aos vendedores manter, durante algum tempo, benefícios relativos à empresa cedida. Estas ações são admissíveis face ao Direito societário do Estado do Delaware, assentando numa base contratual – cf. Fátima Gomes, *O direito aos lucros e o dever de participar nas perdas nas sociedades anónimas*, p. 400 e ss.

[750] Cf. Lodovico G. Bianchi Di Giulio / Ferdinando Bruno, *Dalle* tracking shares *alle azioni correlate: brevi riflessioni sull'esperienza domestica italiana.*

APURAMENTO E APLICAÇÃO DE RESULTADOS

dade da atividade social desenvolvida[751]. O direito de voto pode ser limitado aos assuntos do sector de atividade seguido, ou pode mesmo ser excluído.

Estas ações permitem interessar investidores num sector específico da atividade social, sem ter que proceder a uma separação do património, através de cisão ou da constituição de uma sociedade-filha. Podem também permitir que o alienante de uma empresa possa continuar, pelo menos durante algum tempo, a beneficiar do resultado da unidade de negócios transmitida[752].

Para FÁTIMA GOMES estas ações são admissíveis no quadro jurídico-societário português, uma vez que este admite a licitude da criação de ações preferenciais distintas das expressamente previstas pelo legislador[753]. Ora, as ações sectoriais caracterizam-se exatamente por atribuírem um direito a participar preferencialmente nos lucros produzidos por um sector de atividade da sociedade em particular. Todavia, não poderão ser distribuídos tais lucros sectoriais se a sociedade, na sua globalidade, não tiver lucros, uma vez que nessa situação não existirá lucro distribuível, atentas as regras imperativas da intangibilidade do capital social (artigo 33º do CSC)[754].

### 2.2.4. Dividendo mínimo

O pacto social ou a lei podem estabelecer o direito dos sócios à distribuição de uma percentagem mínima dos lucros que em cada exercício sejam susceptíveis de distribuição.

---

[751] Cf. Fátima Gomes, *O direito aos lucros e o dever de participar nas perdas nas sociedades anónimas*, p. 385 e ss.

[752] Cf. Fátima Gomes, *O direito aos lucros e o dever de participar nas perdas nas sociedades anónimas*, p. 391.

[753] Cf. Fátima Gomes, *O direito aos lucros e o dever de participar nas perdas nas sociedades anónimas*, p. 402 e ss.

[754] Num paralelo com o regime das ações preferenciais sem voto, pode o contrato de sociedade consagrar o pagamento nos anos seguintes dos lucros do sector em causa – que não tenha sido possível distribuir em determinado exercício por o resultado global ter sido negativo – a partir do lucro distribuível de anos seguintes. Esta solução exige que em cada ano a assembleia geral delibere a distribuição do lucro sectorial, deliberação que ficará suspensa até ao exercício em que o lucro global registado permita, em primeiro lugar, o pagamento retroativo do lucro sectorial – cf. Fátima Gomes, *O direito aos lucros e o dever de participar nas perdas nas sociedades anónimas*, p. 406 a 409.

AS APLICAÇÕES DE RESULTADOS

Não é, porém, admissível a consagração de um direito a uma retribuição certa, independentemente dos resultados obtidos. Tal direito poderia pôr em causa a integridade do capital social, pelo que qualquer regra que estabeleça dividendos mínimos terá que se reportar aos lucros que seja possível distribuir. Daí a proibição constante do artigo 21º, nº 2, do CSC de «toda a estipulação pela qual deva algum sócio receber juros ou outra importância certa em retribuição do seu capital ou indústria». Esta regra torna inviável a possibilidade de a sociedade procurar atrair investidores para o seu capital social mediante a garantia de uma remuneração mínima para os capitais investidos, mesmo durante os anos em que não tivesse lucros, solução que poderia ser uma alternativa ao financiamento bancário[755].

Em Portugal, o legislador consagrou no CSC o direito dos sócios a um dividendo mínimo, nas sociedades por quotas e anónimas, nos termos dos artigos 217º e 294º do CSC. A consagração de tal direito pretende, nomeadamente, assegurar os direitos das minorias, garantindo-lhes um direito mínimo aos lucros apurados em determinado exercício[756].

Assim, de acordo com aquela norma, metade do lucro do exercício que seja distribuível deve ser efetivamente distribuído aos sócios. Ciente do conflito de interesses que não raras vezes ocorre entre sócios maioritários e sócios minoritários, pretendendo os primeiros a retenção na sociedade dos lucros apurados e desejando os segundos receber o máximo lucro em cada exercício, o legislador, salomonicamente, estabeleceu a regra da distribuição imperativa de metade do lucro apurado, nos termos que já vimos[757]. Trata-se, na verdade, de metade do lucro apurado em cada exercício, depois de deduzido o valor necessário à cobertura de prejuízos transitados e à formação das reservas obrigatórias, como é imposto pelo artigo 33º do CSC[758].

---

[755] Esta possibilidade chegou a ser admitida em França pela jurisprudência, ainda que em termos não muito precisos, como é referido por e G. Ripert/ R. Roblot, *Traité de Droit Commercial*, tomo 1, vol. 2, p. 603 e a jurisprudência aí indicada.

[756] Neste sentido, Armando Manuel Triunfante, *A tutela das minorias nas Sociedades Anónimas*, p. 474.

[757] Sobre este direito ao lucro ver *supra* ponto 2.2.3.2. do Capítulo I.

[758] Este regime é, de resto, uma imposição da denominada Nova Diretiva do Capital (Diretiva 2012/30/UE), tal como consta do seu artigo 17º, nº 3. Este direito ao lucro mínimo não abrange, pois, os lucros dos exercícios anteriores não distribuídos e que possam constar do balanço.

APURAMENTO E APLICAÇÃO DE RESULTADOS

A imperatividade da distribuição deste lucro mínimo só pode ser afastada ou por norma do pacto social ou por deliberação tomada por três quartos dos votos correspondentes ao capital social, e em assembleia especialmente convocada para o efeito. Refira-se que esta maioria pode não ser aferida face ao capital social total, na medida em que pode haver sócios impedidos de votar.[759]

Esta consagração de um direito do sócio ao dividendo não tem paralelo em qualquer outra legislação que nos seja próxima[760], embora se possa considerar dentro do mesmo espírito que presidiu à recente alteração da *LSC* espanhola, como se referiu já anteriormente[761].

De facto, com a introdução do novo artigo 348-bis, pode dizer-se que em Espanha se consagra na prática um direito dos sócios a um lucro mínimo. De acordo com esta norma, a partir do quinto exercício, caso a assembleia geral decida não distribuir pelo menos um terço do lucro distribuível, o sócio que tenha votado (vencido) a favor da distribuição, pode pedir a sua exoneração da sociedade, tendo direito a que a sociedade lhe pague o valor (razoável) da sua quota. E este direito de exoneração é livre, pois não está sujeito a quaisquer condições, exceto que estejam verificados os seus pressupostos[762].

Nestes termos, a *LSC* espanhola veio, ainda que indiretamente, estabelecer um direito mínimo dos sócios à distribuição de pelos menos um terço do lucro distribuível, na medida em que a não distribuição de resultados terá como consequência o direito de livre exoneração dos sócios que tenham votado no sentido da distribuição.

Este direito de exoneração em geral só se justifica numa situação de grave alteração das circunstâncias em que o sócio aderiu à sociedade. Ora, a introdução desta nova causa de exoneração vem reconhecer que qualquer

---

[759] Também não funciona o previsto no artigo 384º, nº 2, b), do CSC. Cf. Armando Manuel Triunfante, *A tutela das minorias nas Sociedades Anónimas*, p. 475.

[760] O regime português do direito aos lucros não tem, de facto, paralelo nos sistemas jurídicos que nos são próximos, como é o caso das leis francesa, italiana, alemã, suíça, bem como nos regimes de Direito anglo-saxónico. Cf. José Maria Garcia-Moreno Gonzalo, *La posición del socio minoritario frente a la distribución de beneficios*, p. 1001.

[761] Ver *supra* ponto 2.2.3.3. do Capítulo I.

[762] Cf. Nerea Iraculis Arregui, *La separación del socio sin necesidad de justificación: por no reparto de dividendos o por la propia voluntad del socio*, p. 233 e ss, Arturo García Sanz, *Derecho de separación en caso de falta de distribución de dividendos*, p. 65 e ss e Paola Rodas Paredes, *La regulación actual de las causas de separación del socio en las sociedades de capital*, p. 141 e ss.

AS APLICAÇÕES DE RESULTADOS

sócio tem a expectativa legítima de participar nos lucros que a sociedade regista. Quando assim não suceder, por decisão soberana da maioria dos votos em assembleia geral, o sócio derrotado deve poder sair da sociedade. Assim, neste contexto, pode afirmar-se que na prática, atentas as graves consequências para a sociedade da não distribuição dos resultados – pagamento do correspondente valor ao sócio que se exonere –, está consagrado um direito mínimo dos sócios ao lucro, correspondente a um terço dos lucros distribuíveis.

### 2.2.5. Dividendo máximo

Há dividendos máximos quando o pacto social ou a lei estabelecem um limite máximo de lucros a distribuir anualmente aos sócios[763], sendo o remanescente aplicado em reservas. Neste caso, a assembleia apenas pode deliberar a distribuição de lucros do exercício respeitando esse limite máximo.

Mais drástico foi o que sucedeu em Espanha, na década de setenta, quando se estabeleceu a obrigação de bancos e seguradoras não distribuírem lucros nos seus três primeiros exercícios. Por outro lado, países há que obrigam as sociedades comerciais a aplicar parte dos lucros obtidos para certos fins, limitando o quantitativo dos lucros distribuíveis[764].

Trata-se de medidas com alcance económico, visando estimular o aforro e o investimento. O mesmo fim pode ser encontrado em normas de natureza fiscal, destinadas a promover a constituição de reservas, penalizando a distribuição de lucros aos acionistas[765].

### 2.2.6. Dividendo garantido

Estamos perante dividendos garantidos quando há dividendos anuais mínimos que são garantidos, pela sociedade ou por terceiro, aos acionistas,

---

[763] Cf. Sanchez Calero, *La determinación y la distribución del beneficio neto en la sociedad anonima*, p. 136.

[764] Cf. Fernández del Pozo, *La aplicación de resultados en las sociedades mercantiles*, p. 123.

[765] Importa também referir a este propósito a norma do artigo 27º, nº 4, do CSC, que impede que a sociedade pague dividendos a acionistas em mora, ficando obrigada a efetuar retenção e imputação do crédito até ao integral cumprimento da obrigação de entrada. Por seu lado, caso a sociedade possua ações próprias, uma vez que são suspensos os seus direitos patrimoniais, fica também suspenso o direito ao dividendo relativo a tais ações (artigo 324º, nº 1, do CSC). O mesmo sucede no caso das ações da sociedade dominante adquiridas pela sociedade dependente, nos termos do artigo 325º-B, nº 1, do CSC.

APURAMENTO E APLICAÇÃO DE RESULTADOS

o que pode aplicar-se apenas nos primeiros anos de atividade da sociedade ou ao longo de toda a sua vida.

Não se colocam problemas de legalidade se a cláusula do pacto que os estabelece determina apenas que, havendo lucros, uma percentagem mínima é para distribuição aos sócios. Já não seria legal a cláusula que garantisse aos sócios determinada retribuição, independentemente de a sociedade registar lucros ou não, como decorre claramente da proibição constante no nº 2 do artigo 21º do CSC. Uma cláusula desse teor, caso fosse válida, poderia pôr em causa o princípio da intangibilidade do capital social, como já vimos.

Se a garantia de dividendos mínimos for dada por terceiro nenhum problema de legalidade se coloca. É o caso das situações em que o Estado oferece tal garantia[766].

Só se coloca a questão da legalidade quando é a própria sociedade a fazê-lo. Na verdade, o lucro é a contrapartida do investimento realizado, é a remuneração do risco assumido pelos sócios. Daí que, pela sua natureza, nunca possa ser garantido. Acresce que, caso o fosse, estabelecendo-se que todo o sócio teria direito a uma determinada retribuição em contrapartida do capital social desembolsado ou dos serviços prestados, poder-se-ia vir a prejudicar os interesses de terceiros, nomeadamente dos credores, violando-se o princípio da intangibilidade do capital social. Compreende-se, por isso, a proibição de qualquer retribuição certa, constante do artigo 21º, nº 2, do CSC.

Importa ainda referir a hipótese de lucros garantidos no contrato de subordinação, nos termos do artigo 500º, nº 1, do CSC[767]. Por efeito deste contrato, uma sociedade aceita subordinar a sua gestão à direção de outra sociedade, podendo esta, deste modo, dar instruções vinculativas à primeira, mesmo que desvantajosas para ela[768]. Daí que se justifique uma

---

[766] Cf. Sanchez Calero, *La determinación y la distribución del beneficio neto en la sociedad anonima*, p. 143.

[767] Cf. Engrácia Antunes, *Os grupos de sociedades*, p. 776 e ss. Esta hipótese de garantia de lucros inspira-se no § 304 da *AktG*, embora a norma alemã mande atender não só aos lucros obtidos no passado, mas também aos que previsivelmente obteria no futuro, e no projeto de Nona Diretiva sobre Sociedades Comerciais, relativa aos grupos de sociedades, de 1984, ainda não aprovada – cf. Ana Perestrelo de Oliveira, "Artigo 500º", in *Código das Sociedades Comerciais Anotado*, p. 1201.

[768] Cf. art. 493º e ss, em especial o art. 503º que prevê a possibilidade de instruções vinculativas, ainda que desvantajosas.

252

proteção dos sócios minoritários da sociedade subordinada, de modo a garantir o seu direito ao lucro.

Trata-se, então, da obrigação assumida pela sociedade diretora de cobrir a diferença entre os lucros apurados e distribuíveis da sociedade subordinada e a média dos lucros distribuídos aos sócios livres nos três exercícios anteriores à celebração do contrato de subordinação – hipótese da alínea a) do referido preceito. Neste caso, estamos perante uma garantia de lucros fixa. Esta garantia pode ser variável se a sociedade diretora se obrigar a cobrir a diferença entre o valor dos lucros distribuíveis da sociedade subordinada no termo de cada exercício e o valor dos lucros distribuídos aos títulos da sociedade diretora que corresponderiam em caso de troca pelos títulos da sociedade subordinada detidos pelos sócios livres – hipótese da alínea b) da mesma norma[769].

### 2.2.7. Ações de fruição

As ações de fruição são as que decorrem de uma amortização sem redução do capital social, ao abrigo do disposto no artigo 346º do CSC[770]. Procede-se, neste caso, a um reembolso antecipado ao acionista da totalidade do valor nominal das ações por ele detidas, passando este a ser titular de ações de fruição, que a partir desse momento passam a constituir uma categoria[771]. Trata-se, desta forma, de uma amortização que verdadeiramente não o é, pois as ações não são extintas, mas apenas sujeitas a modificação nos seus direitos patrimoniais[772].

---

[769] À semelhança do que se prevê na *AktG*, também o CSC admite a possibilidade de o contrato de subordinação incluir uma convenção de atribuição dos lucros (do exercício) da sociedade subordinada à sociedade diretora, ou a outra sociedade do grupo (art. 508º do CSC). Nessa caso, os sócios minoritários da sociedade subordinada terão a garantia da sociedade diretora de receber exatamente o valor correspondente à média do lucro que receberam nos três exercícios anteriores ou, caso seja superior, o lucro que seria obtido pelas quotas ou ações da sociedade diretora, caso as tivessem trocado – cf. Ana Perestrelo de Oliveira, "Artigo 500º", in *Código das Sociedades Comerciais Anotado*, p. 1203.

[770] Cf. Pinto Furtado, *Curso de Direito das sociedades*, p. 316.

[771] A amortização não é necessariamente total, podendo ser apenas parcial, como é admitido no artigo 346º, nº 1, do CSC. Mas só quando o reembolso é total se dá a transformação das ações amortizadas em ações de fruição, de acordo com o nº 5 do mesmo artigo.

[772] Cf. Paulo Olavo Cunha, *Direito das Sociedades Comerciais*, p. 480. Coutinho de Abreu, *Curso de Direito Comercial*, vol. II, p. 416, denomina esta amortização de ações de "amortização-reembolso".

APURAMENTO E APLICAÇÃO DE RESULTADOS

Pode dizer-se que os sócios cujas ações foram objeto deste reembolso ficaram de algum modo privilegiados, pois mantendo a titularidade das ações (e boa parte dos direitos a elas inerentes) obtêm o reembolso das entradas realizadas, isto é, a devolução do investimento efectuado na sociedade[773]. A partir da data do reembolso, são diminuídos os direitos patrimoniais destas ações.

O reembolso só pode ser efetuado se a sociedade tiver uma situação líquida superior ao capital social mais reservas, situação em que, nos termos dos artigos 32º e 33º, é possível a distribuição de bens aos sócios – artigo 346º, nº 1, do CSC. É, deste modo, necessário que existam fundos distribuíveis suficientes, de forma que após o pagamento a situação líquida ainda seja superior ao capital social e reservas indisponíveis. Protege-se, desta forma, a integridade do capital social. Por outro lado, este reembolso só é possível caso seja objeto de deliberação da assembleia geral, aprovada pela mesma maioria necessária para alterar o pacto social[774].

De sublinhar a regra da universalidade do reembolso, por virtude do princípio da igualdade de tratamento entre os sócios. Assim, o reembolso deve ser realizado por igual (o mesmo valor por ação) e relativamente a todas as ações, exceto se o contrato permitir a opção pelo sorteio das ações a amortizar (total ou parcialmente)[775].

Estas ações conferem os mesmos direitos das ações ordinárias, com as exceções enumeradas no artigo 346º, nº 4, do CSC. Entre as especificidades destas ações encontra-se o direito aos dividendos. Na verdade, o detentor de ações de fruição só participa nos lucros do exercício depois de as ações ordinárias terem recebido o seu dividendo, cujo máximo é fixado

---

[773] O reembolso, todavia, nunca abrange o prémio de emissão (caso tenha existido), pelo que a recuperação do investimento efetuado pode não ser completa – cf. Carolina Cunha, "Artigo 346º", in *Código das Sociedades Comerciais em Comentário*, vol. V, p. 746 e 747.

[774] Na verdade, esta decisão de amortização das ações sem alteração do capital social configura uma verdadeira alteração do contrato de sociedade, uma vez que envolve a alteração de alguns elementos obrigatórios do contrato – artigo 272º, alíneas a) e c). Neste sentido cf. Brito Correia, *Direito Comercial*, vol. II ,p. 446.

[775] Tiago Soares da Fonseca, "Artigo 346º", in *Código das Sociedades Comerciais Anotado*, p. 838, admite que a amortização total pode não abranger todas as ações. Apenas a amortização parcial teria que ser universal. Em sentido contrário, cf. Carolina Cunha, , "Artigo 346º", in Código das Sociedades Comerciais em Comentário, vol. V, p. 743 e Raúl Ventura, *Estudos vários*, p. 485. Por seu lado, Armando Triunfante, *A tutela das minorias nas sociedades anónimas – Direitos Individuais*, p. 264, admite que o contrato preveja a amortização total de determinada categoria de ações.

AS APLICAÇÕES DE RESULTADOS

no pacto social e que na falta de estipulação será igual à taxa de juro legal. Se a amortização tiver sido parcial, o direito ao dividendo será proporcional ao montante do reembolso do valor nominal efetuado, nos termos da parte final da alínea a), do nº 4, do artigo 346º do CSC[776]. Também em fase de liquidação, estas ações só compartilham do produto da liquidação depois de as ações ordinárias terem sido reembolsadas do seu valor nominal.

Nestes termos, existindo ações de fruição, a repartição dos lucros implica a sua divisão em duas partes: uma, a entregar aos titulares das ações não reembolsadas (no valor já referido); a parte restante, destinada a todos os acionistas[777].

Isto é, os direitos patrimoniais dos titulares destas ações não são eliminados, mas limitados, de forma a não prejudicar os restantes acionistas. No mais, conservam os direitos que são inerentes à titularidade das ações (que passam a constituir uma categoria especial de ações), designadamente o direito de voto, daí que se entenda o seu carácter privilegiado[778].

## 2.3. Dividendos antecipados

Prática que tradicionalmente suscitou muitas dúvidas, mas que hoje é pacificamente aceite, é a de as sociedades procederam à distribuição antecipada de lucros[779]. Ou seja, que a sociedade entregue antecipadamente aos sócios, antes de findo o exercício e da aprovação do respetivo balanço e sem uma deliberação de aplicação de resultados, determinada quantia por conta dos lucros que se prevê que a sociedade venha a obter. É uma forma de aproximar em termos económicos as aplicações em capital próprio e em capital alheio, tornando mais atrativo o investimento em ações[780].

---

[776] Cf. Fátima Gomes, *O direito aos lucros e o dever de participar nas perdas das sociedades anónimas*, p. 280.

[777] Cf. Brito Correia, *Direito Comercial*, vol. II, p. 447 e Carolina Cunha, "Artigo 346º", in *Código das Sociedades Comerciais em Comentário*, vol. V, p. 747.

[778] Cf. Carolina Cunha, "Artigo 346º", in *Código das Sociedades Comerciais em Comentário*, vol. V, p. 743.

[779] As dúvidas foram definitivamente ultrapassadas pela consagração desta possibilidade na Diretiva do Capital, no seu artigo 15º, nº 2 (hoje consta do artigo 17º, nº 5, da Nova Diretiva do Capital (2012/30/UE), que revogou e substituiu aquela que era a Segunda Diretiva sobre sociedades, como já se disse).

[780] Foi esta, de resto, a intenção que esteve na origem desta possibilidade de distribuição de dividendos, com origem nos Estados Unidos da América, onde a figura tem uma grande flexibilidade. Neste sentido cf. Paulo de Tarso Domingues, *Variações sobre o capital social*, p. 306 e ss e "Artigo 297º" in *Código das Sociedades Comerciais em Comentário*, vol. V, p. 291.

APURAMENTO E APLICAÇÃO DE RESULTADOS

Entre nós a distribuição antecipada de lucros só é admitida se o pacto social o autorizar e desde que observadas as regras impostas pelo artigo 297º do CSC[781]. Entre estas cabe salientar a limitação a uma única distribuição intercalar anual, a efetuar obrigatoriamente no segundo semestre do ano e após a elaboração de um balanço intercalar, certificado pelo revisor oficial de contas. E enquanto a distribuição de lucros finais é uma decisão dos sócios, esta distribuição antecipada de lucros é decidida pelo órgão de administração[782], o qual carece para o efeito do consentimento do conselho fiscal (ou do fiscal único, da comissão de auditoria ou do conselho geral e de supervisão, conforme o caso). Acresce que, só é possível distribuir antecipadamente metade dos lucros provisoriamente apurados. No final do exercício haverá que tomar em consideração os lucros que os sócios já receberam por conta, abatendo o seu valor[783].

Em Espanha, o regime dos dividendos antecipados («*distribución entre los socios de cantidades a cuenta de dividendos*») encontra-se expressamente previsto no artigo 277. da *LSC*, em termos semelhantes aos do CSC, atenta a mesma fonte de Direito Comunitário. Regista-se, todavia, uma diferença interessante: no Direito espanhol determina-se que os administradores devem demonstrar a existência de liquidez suficiente para efetuar a distribuição antecipada de lucros. Isto é, não basta que existam lucros no

---

[781] O mesmo regime poderá ser extensível às sociedades por quotas por aplicação analógica do artigo 297º, como defende Raúl Ventura – cf. *Comentário ao Código das Sociedades Comerciais, Sociedades por Quotas*, vol. I, p. 335; Paulo de Tarso Domingues, "Artigo 217º", in *Código das Sociedades em Comentário*, vol. II, p. 336 e Pedro Pais de Vasconcelos, *A participação social nas sociedades comerciais*, p. 90. Em sentido diferente, não aceitando a extensão deste regime às sociedade por quotas, cf. Paulo Olavo Cunha, *Direito das Sociedades*, p. 234 e ss. Para este autor, a aplicação a estas sociedades violaria o disposto no artigo 31º, nº 1, do CSC e a sua aplicação analógica fica vedada, atento o seu carácter excecional. Paulo de Tarso Domingues entende, porém, que a aplicação deste regime às SQ requer que, quando a sociedade não disponha de ROC, o balanço intercalar deva ser certificado por um revisor independente, nomeado ad hoc para esse efeito – *idem ibidem*.

[782] Esta regra excecional, no que respeita à distribuição de bens aos sócios, é expressamente prevista no artigo 31º, nº 1, do CSC. De resto, nos termos do disposto no artigo 259º do CSC, nem sequer é admissível que a assembleia geral delibere obrigar a administração a proceder a uma distribuição antecipada de lucros. Esta distribuição é da estrita competência da administração – neste sentido cf. Paulo de Tarso Domingues, "Artigo 297º", in *Código das Sociedades Comerciais em Comentário*, vol. V, p. 294.

[783] Cf. Paulo de Tarso Domingues, *Variações sobre o capital social*, p. 307 a 309.

# AS APLICAÇÕES DE RESULTADOS

semestre, é necessário também que a sociedade disponha de meios próprios para efetuar o pagamento dos dividendos antecipados[784].

Os dividendos antecipadamente distribuídos aos sócios constituem autênticos dividendos[785] e não meras entregas por conta de dividendos futuros, pois trata-se de bens entregues aos sócios a título definitivo e irrevogável, uma vez que os sócios não estão obrigados a devolver tais quantias, mesmo no caso de no final do exercício não se registarem lucros distribuíveis[786]. Se após a aprovação do balanço e contas do exercício houver lucros a distribuir, não pode deixar de se ter em conta, na deliberação que aprove a distribuição de resultados, a distribuição entretanto já efectuada, devendo ser descontado, nos dividendos que os sócios tenham direito a receber, o valor dos dividendo já antecipadamente entregue[787].

Refira-se ainda que, caso os sócios decidam introduzir no contrato de sociedade uma cláusula permitindo a distribuição antecipada de lucros, só será possível efetuar a primeira distribuição antecipada no exercício

---

[784] Esta exigência suscita dúvidas na doutrina, tanto mais que não decorre das normas comunitárias. Mas parece inequívoco que, para além da prova da existência de lucros, é necessário que existam disponibilidades de caixa – cf. Fernandez del Pozo, *La aplicación de resultados en las sociedades mercantiles*, p. 74. José Carlos Vásquez Cueto, *La sociedad anónima: Las cuentas y la documentación contable de la sociedad anónima*, p. 312, entende, pelo contrário, que a lei não introduz qualquer exigência de existência de fundos de tesouraria, mas antes alude à necessária existência de acumulação de excedentes desde o início do exercício social.

[785] Neste sentido, Fernandez del Pozo, *La aplicación de resultados en las sociedades mercantiles*, p. 68 e ss, José Massaguer, *Dividendos a cuenta*, p. 70 e ss e Fátima Gomes, *O direito aos lucros e o dever de participar nas perdas nas sociedades anónimas*, p. 260 e ss. Em sentido contrário, José Carlos Vásquez Cueto, *La sociedad anónima: Las cuentas y la documentación contable de la sociedad anónima*, p. 308 e ss.

[786] Isto é, os dividendos são sujeitos a repetição nos mesmos termos do dividendos propriamente ditos. Não é por serem antecipados que ficam sujeitos a regime diferente. Neste sentido, Fátima Gomes, *O direito aos lucros e o dever de participar nas perdas das sociedades anónimas*, p. 263 e Paulo de Tarso Domingues, *Variações sobre o capital social*, p. 310. Esta característica dos dividendos antecipados está expressamente consagrada no artigo 2433-bis do Código Civil italiano que determina no seu último parágrafo «*Ancorché sia successivamente accertata l·inesistenza degli utili di periodo risultanti dal prospetto, gli acconti sui dividendi erogati in conformità con le altre disposizioni del presente articolo non sono ripetibili se i soci li hanno riscossi in buona fede.*»

[787] Desta forma, os dividendos antecipados devem considerar-se equiparados aos lucros distribuídos após o balanço anual. Neste sentido, cf. Raúl Ventura, *Comentário ao Código das Sociedades Comerciais, Sociedades por Quotas*, vol. I, p. 339 e ss. Ver também Coutinho de Abreu, *Curso de Direito Comercial*, vol. II, p. 478.

APURAMENTO E APLICAÇÃO DE RESULTADOS

seguinte àquele em que a alteração contratual tiver ocorrido, de acordo com o artigo 297º, nº 2, do CSC[788].

Não constituem, todavia, uma aplicação de resultados, pois, antes de aprovado o balanço, não há resultados para aplicar. Acresce que são decididos pela administração e não pela assembleia dos sócios, como sucede com a aplicação de resultados[789]. Desta forma, estamos perante uma exceção à regra de que a distribuição de bens sociais aos sócios carece de deliberação destes, exceção esta expressamente admitida no artigo 31º, nº 1, do CSC, como se disse[790].

Acresce que esta distribuição de bens aos sócios não pressupõe uma prévia compensação de perdas ou constituição de reservas, como sucede com a distribuição de dividendos. O que não significa que nas contas provisórias (intercalares) não sejam tidos em conta os eventuais resultados negativos anteriores (cuja compensação terá de ser efetuada) e o cálculo dos valores a destinar a reservas obrigatórias[791]. Mas são meros cálculos, pois não há de facto (ainda) compensação de perdas ou dotação de reservas[792].

Esta distribuição antecipada também se distingue das distribuições extraordinárias de lucros, que a assembleia geral dos sócios pode deliberar, caso existam lucros acumulados de exercícios anteriores que possam ser distribuídos[793].

---

[788] Para as sociedades anónimas constituídas antes da entrada em vigor do CSC não é necessário que exista autorização estatutária, nos termos do artigo 537º do mesmo diploma.

[789] Cf. Fernández del Pozo, *La aplicación de resultados en las sociedades mercantiles*, p. 70.

[790] O legislador português usou assim a possibilidade expressamente admitida pelo artigo 17º, nº 5, da denominada Nova Diretiva do Capital.

[791] Fátima Gomes, *O direito aos lucros e o dever de participar nas perdas das sociedades anónimas*, p. 262, nota 630 e José Carlos Vásquez Cueto, *La sociedad anónima: Las cuentas y la documentación contable de la sociedad anónima*, p. 314.

[792] Importa ainda referir que, nos termos do artigo 182º, n. 4, b), do CVM, uma sociedade visada numa OPA que incida sobre mais de 1/3 dos valores mobiliários da categoria, só pode deliberar proceder a uma distribuição antecipada de dividendos mediante deliberação da assembleia geral (e não da administração), a qual deve ser aprovada pela mesma maioria exigida para a alteração do pacto social.

[793] Para esta distribuição extraordinária deve ser elaborado um balanço especial, o qual não deve ter mais de três meses, relativamente à data da deliberação. Neste sentido, cf. Paulo de Tarso Domingues, "Artigo 297º", in *Código das Sociedades Comerciais em Comentário*, vol. V, p. 296.

## AS APLICAÇÕES DE RESULTADOS

### 2.4. Titularidade do direito ao dividendo

O direito aos lucros é inerente à titularidade da participação social. A situação de quem possui participações sociais, designadamente, quotas ou ações, é de titularidade de tais bens. O CSC prefere esse termo[794] a designar como propriedade, até porque se trata de conjuntos de direitos e obrigações (universalidades) e não de bens corpóreos[795]. O sócio, enquanto tal, é o titular de um «conjunto unitário de direitos e obrigações atuais e potenciais», nas palavras de COUTINHO DE ABREU[796]. Titularidade que, segundo PAULO OLAVO CUNHA, é «*o nexo de pertença efetiva de um direito a determinada pessoa*»[797].

Parece não haver dúvidas de que sobre as participações sociais podem incidir direitos reais, como expressamente se prevê no artigo 140º do CSC. E há quem admita que se possa falar mesmo no direito de propriedade sobre participações sociais[798]. Nas sociedades anónimas a questão reveste--se de alguma especificidade, na medida em que as ações são também valores mobiliários[799], o que lhe confere um regime diferente em muitos aspetos daquele que é aplicável às quotas (que não podem ser incorpo-radas em títulos, como expressamente determina o artigo 219º do CSC)[800].

---

[794] Veja-se, a título de exemplo, o que consta dos artigos 222º, 224º, 233º e 303º, todos do CSC.

[795] Neste sentido, cf. Brito Correia, *Direito Comercial*, vol. II, p. 357, referindo que a propriedade deve ter por objeto bens corpóreos, como decorre do artigo 1302º do Código Civil.

[796] Coutinho de Abreu, *Curso de Direito Comercial*, vol. II, p. 209.

[797] Cf. Paulo Olavo Cunha, *Direito das Sociedades Comerciais*, p. 360.

[798] Cf. Coutinho de Abreu, *Curso de Direito Comercial*, vol. II, p. 350 e ss. De facto, o Código Civil também admite a propriedade de bens incorpóreos (artigo 1303º – propriedade intelectual) e, pelo menos quanto às ações tituladas, sempre se pode dizer que existe um bem corpóreo. Ora, para este autor, não faz sentido em falar de propriedade para ações tituladas e negar a propriedade para as ações escriturais ou outras participações sociais.

[799] Cf. artigos 1º e 296º do CVM e artigo 92. da *LSC*.

[800] A este propósito importa referir que as ações são valores mobiliários, como tal qualificadas pelo Código dos Valores Mobiliários. O que significa que são documentos (em papel ou registo em conta), com uma função de legitimação e de incorporação. O conceito de valor mobiliário implica que se trate de um documento representativo de situações jurídicas homogéneas, com a possibilidade de negociação em massa. Por essa razão têm que ser fungíveis e dotados de um regime que seja protetor do adquirente de boa fé. E regem-se, tal como os títulos de crédito, pelos princípios da literalidade, abstração e autonomia. A incorporação é uma imagem que mostra a especial relação que existe entre o direito e o documento. Assim, é eficaz o pagamento efetuado pelo devedor ao possuidor do documento, ainda que este não seja o credor: o devedor paga bem ao pagar ao possuidor do documento (artigo 56º do CVM). Acresce que o exercício do direito exige a apresentação do documento: o devedor não tem de pagar a quem não tiver o

APURAMENTO E APLICAÇÃO DE RESULTADOS

Sucede que, com a deliberação de aprovação de distribuição de lucros constitui-se na esfera jurídica do sócio um direito novo: o direito ao dividendo deliberado. Este é um direito novo, embora radique na titularidade da sua participação social.

Certo é que a deliberação de distribuição de lucros tem um efeito constitutivo, pois o direito ao dividendo é um direito novo, que se autonomiza relativamente aos restantes direitos que integram a posição jurídica dos sócios. De facto, este direito ao dividendo, contrariamente ao direito ao lucro, é um direito extra-social, ficando o sócio na mesma posição que um terceiro face à sociedade. Esta, de facto, não pode modificar ou extinguir o direito ao dividendo aprovado.

Por outro lado, este direito é um direito autonomizável, uma vez que pode ser transmitido sem a participação social de onde emerge. Daí que o direito ao dividendo só pertença ao titular da participação social caso este o não tenha alienado separadamente, o que é lícito fazer.

Importa ainda referir que, a alienação das ações, após se ter constituído o direito ao dividendo, não integra, por regra, este direito que se autonomizou na esfera do seu titular[801].

---

documento. Por outro lado, o devedor não pode deixar de pagar ao possuidor do documento: o devedor tem de pagar ao possuidor. E ainda existe a possibilidade de o adquirente a *"non domino"* adquirir a propriedade se estiver de boa fé (artigo 58º, nº 1, do CVM).

[801] Cf., neste sentido, Fátima Gomes, *O Direito aos lucros e o dever de participar nas perdas nas sociedades anónimas*, p. 274 e 275. Não há unanimidade doutrinal quanto ao momento em que ocorre essa autonomização: se com a deliberação ou apenas na data em que o pagamento é exigível. Cremos, contudo, que se deve considerar autonomizado a partir da deliberação, momento em que o crédito se constitui, ainda que não esteja vencido. Assim, deve considerar-se titular do direito ao dividendo aquele que detém a qualidade de sócio no momento da deliberação – cf. António Pereira de Almeida, *Sociedades Comerciais*, p. 166. Importa ainda ter presente que, caso se trate de uma sociedade cotada, sujeita às regra do mercado regulamentado, o regime jurídico aplicável pode ser diferente. De facto, nos termos do Código dos Valores Mobiliários, integram o valor mobiliário todos os direitos inerentes (artigo 55º, nº 1, do CVM) que não tenham sido destacados. O destaque, previsto no artigo 55º, nº 2, do CVM, opera por separação física de cupões das ações tituladas ou pela carimbagem do título, bem como por menção em conta de registo, no caso das ações escriturais (ou tituladas integradas em sistema centralizado). E o destaque, em princípio, ocorre apenas com o pagamento. Problemática é a questão de saber se é admissível o destaque do direito ao lucro abstrato, não deliberado. É que, se em termos económicos pode ter interesse para o sócio, para se acautelar do risco de inexistência de lucros no final do exercício, alienar antecipadamente o direito ao lucro abstrato, em termos jurídicos suscita-se o problema da perda de interesse do sócio no governo eficiente da sociedade, pois o

## AS APLICAÇÕES DE RESULTADOS

### 2.4.1. Contitularidade: solidariedade ativa e passiva

As participações sociais em geral podem ser detidas por mais do que uma pessoa, como está previsto nos artigos 223º e 224º para as quotas, situação mais frequente. Mas a contitularidade pode também ocorrer com as ações das sociedades anónimas, como está previsto no artigo 303º do CSC[802], tanto mais que estas são indivisíveis, ao contrário do que sucede com as quotas[803].

Ora, de acordo com o disposto no nº 1 do artigo 303º, os contitulares de uma ação devem exercer os direitos a ela inerentes por meio de um representante comum, remetendo o restante regime da contitularidade para o que está previsto a propósito da contitularidade de quotas.

Os vários contitulares são solidários pelas obrigações legais ou contratuais inerentes à ação, como dispõe o nº 3 do mesmo artigo 303º.

Uma vez que o exercício dos direitos dos contitulares se faz por intermédio do representante comum, este também terá legitimidade para exigir o pagamento, do dividendo correspondente. Há, pois, solidariedade ativa e passiva[804].

Importa ainda referir que as deliberações dos contitulares se regem pelo regime previsto no Código Civil para a compropriedade, de acordo com o artigo 224º do CSC[805].

### 2.4.2. Usufruto de participações sociais

É possível a constituição de usufruto de participações sociais, como se prevê no artigo 23º, n.ºs 1 e 2, do CSC[806]. No mesmo sentido dispõe o artigo 1467º, do CC, que prevê os direitos do usufrutuário, quer de ações, quer

---

resultado do exercício passa a ser-lhe, em boa medida indiferente – cf. Tiago Arnould, *O destaque do direito aos lucros: esvaziamento do direito de voto e titularidade oculta*, p. 369 e ss.

[802] Também no artigo 57º do CVM se prevê a contitularidade de valores mobiliários. Os contitulares terão que exercer os direitos inerentes por meio de representante comum, nos mesmos termos previstos no artigo 303º do CSC.

[803] Cf. Francisco Vicent Chuliá, *Introducción al Derecho Mercantil*, p. 372.

[804] Cabe ao representante comum da ação exercer os direitos inerentes à mesma, com as limitações decorrentes do artigo 223º, nº 6, aplicável *ex vi* artigo 303º, nº 4, ambos do CSC. Assim sendo, não pode o representante comum praticar atos que importem a extinção, alienação, ou oneração da ação, aumento de obrigações e renúncia ou redução dos direitos dos sócios.

[805] O regime da compropriedade está previsto nos artigos 1403º e ss do Código Civil. O mesmo sucede em Espanha – cf. Francisco Vicent Chuliá, *Introducción al Derecho Mercantil*, p. 372.

[806] Também artigo 462º do CSC quanto ao direito de participar nos aumentos de capital social.

APURAMENTO E APLICAÇÃO DE RESULTADOS

de outras formas de titulação de participações sociais, nomeadamente, quotas e partes sociais.

Em geral, o CC estabelece que o usufrutuário pode usar, fruir e administrar a coisa ou direito como o faria um bom pai de família, respeitando o seu destino económico – artigo 1446º do CC. Na verdade, com o usufruto, o seu beneficiário passa a ter a quase plenitude dos direitos que a participação social confere, devendo contudo assegurar a conservação da sua forma e substância[807].

Tratando-se de usufruto sobre partes sociais colocam-se, no entanto, problemas específicos de repartição de direitos entre o proprietário e o usufrutuário referentes quer à distribuição de lucros, quer ao direito de voto, quer à liquidação da sociedade ou da quota, quer ao direito de participar em aumentos de capital social. Interessa-nos agora, em particular, o primeiro problema: como se processa a distribuição de dividendos quando se trata de ações cujo usufruto está separado da nua raiz.

Na eventualidade de se ter constituído um usufruto sobre quotas ou ações[808], o direito ao dividendo, encarado como um fruto civil, compete ao usufrutuário. É o que decorre expressamente do disposto no artigo 1467º, nº 1, a), do Código Civil: o usufrutuário tem direito aos «lucros distribuídos correspondentes ao tempo de duração do usufruto». Daqui decorre que é ao usufrutuário, e não ao proprietário das ações, que cabe o direito aos dividendos, bem como a usufruir os valores que sejam devidos a título de lucros finais ou de liquidação[809].

Por outro lado, estabelece esta norma que quando o usufruto tiver início ou fim não coincidente com o princípio ou fim do exercício, os lucros do período em causa deverão ser divididos proporcionalmente, *pro rata*

---

[807] Como estabelece o artigo 467 do Código Civil de Espanha – cf. Francisco Vicent Chuliá, *Introdución al Derecho Mercantil*, p. 372.

[808] O usufruto de ações constitui-se em função da forma de representação das mesmas. Tratando-se de ações tituladas, devem ser observados os termos para a transmissão da sua titularidade (artigos 23º, nº 1, do CSC e 103º do CVM). Se forem ações ao portador, depende de depósito em instituição de crédito ou junto do intermediário financeiro. No caso das ações tituladas nominativas, a constituição do usufruo deve efetuar-se por declaração inscrita no próprio título e registo junto da sociedade emitente ou do intermediário financeiro que a represente (artigo 102º, nº 1, do CVM). O usufruto de ações escriturais (e de ações tituladas nominativas integradas em sistema centralizado) deve constituir-se por registo em conta (artigos 81º e 105º do CVM) – Cf. Paulo Olavo Cunha, *Direito das Sociedades Comerciais*, p. 375 e 376.

[809] Cf. Coutinho de Abreu, *Curso de Direito Comercial*, vol. II, p. 354.

*temporis*, em função da duração do usufruto[810]. Presume-se, desta forma, que os lucros se foram produzindo dia a dia, ao longo do exercício[811], como é próprio dos frutos[812].

O usufrutuário tem, pois, direito aos lucros correspondentes ao tempo de duração do seu usufruto, independentemente da data da sua distribuição[813].

Refira-se, por último, que o usufrutuário não tem direito a todos os lucros correspondentes ao tempo de duração do usufruto mas tão-só aos que tenham sido distribuídos. Assim, não caberão ao usufrutuário os lucros que, embora referentes ao período do usufruto, não tenham sido distribuídos. Isto é, a parte dos lucros que a sociedade deliberou reter para constituição de reservas e que, como tal, não foram distribuídos.

Diferente é a solução da *LSC* espanhola, em que o usufrutuário tem direito aos dividendos cuja deliberação de distribuição ocorra durante o período do seu usufruto, ainda que não correspondam a lucros obtidos nesse período[814]. Precavendo a hipótese da sociedade não distribuir lucros no período do usufruto, o artigo 128 prevê a possibilidade de o usufrutuário, no momento da cessação deste, reclamar do proprietário o pagamento correspondente ao aumento do valor das ações, referente a lucros da exploração da empresa levados a reservas, constantes do balanço da sociedade[815].

Estabelece ainda a lei espanhola que, no caso de usufruto de ações não liberadas, o pagamento da entrada em falta é uma obrigação do proprietário perante a sociedade, tendo depois a faculdade de exigir ao usufrutuário, até ao valor dos dividendos por este recebidos, o juro legal correspondente à quantia investida[816].

---

[810] Cf. Pires de Lima / Antunes Varela, *Código Civil Anotado*, vol. III, p. 513.

[811] Cf. Sanchez Calero, *La determinación y la distribución del beneficio neto en la sociedad anonima*, p. 155.

[812] Como já se referiu, nos frutos civis a «partilha faz-se proporcionalmente à duração do direito», como resulta do artigo 213º, nº 2 do Código Civil.

[813] Solução semelhante podemos encontrar no artigo 984. do Código Civil italiano que estabelece que «*I frutti naturali e i frutti civili spettano all'usufruttuario per la durata del suo diritto.* »

[814] Cf. artigo 127., nº 1, da *LSC*. Solução que tem sido considerada pouco razoável, nomeadamente quando se trata da distribuição de reservas constituídas em período anterior ao usufruto – cf. Francisco Vicent Chuliá, *Introducción al Derecho Mercantil*, p. 373.

[815] Cf. Francisco Vicent Chuliá, *Introducción al Derecho Mercantil*, p. 373 a 375.

[816] Cf. artigo 130. da *LSC*.

APURAMENTO E APLICAÇÃO DE RESULTADOS

No mesmo sentido, em Itália, de acordo com o Código Civil, o direito aos lucros pertence ao usufrutuário, de acordo com o regime regra do usufruto, consagrado no art. 984. do mesmo código, que estatui que «*I frutti naturali e i frutti civili spettano all'usufruttuario per la durata del suo diritto*»[817].

### 2.4.3. Penhor de participações sociais

As participações sociais podem ser dadas em penhor[818]. Na verdade, as quotas e ações, como bens que são, podem ser dados em garantia, conferindo ao credor o direito à satisfação do seu crédito, com preferência sobre os demais, pelo valor de tais bens, nos termos do artigo 661º, nº 1, do Código Civil[819]. De resto, a suscetibilidade de penhor de participações sociais está expressamente prevista na lei (cf. artigos 23º, nº 3, do CSC e 81º e 103º do CVM)[820].

O penhor é uma garantia real, característica das coisas móveis e que corresponde à hipoteca (para imóveis), visando assegurar o cumprimento de determinada obrigação, através da atribuição ao credor de uma preferência sobre os restantes no pagamento do valor resultante da execução do bem empenhado. Assim, o credor pignoratício poderá pagar-se pelo valor de transmissão ou de liquidação da participação, de preferência a todos os demais credores[821].

Nos termos do nº 3 do artigo 23º do CSC, o penhor de participações sociais só pode ser constituído na forma exigida[822] e dentro das limitações estabelecidas para a transmissão entre vivos das participações sociais, sob pena de nulidade, de acordo com o artigo 220º do Código Civil.

---

[817] Cf. Francesco Galgano, *Diritto Commerciale – Le Società*, p. 216 e 217.

[818] Sobre o penhor de ações cf. Tiago Soares da Fonseca, *O penhor de ações*.

[819] As quotas e ações podem igualmente ser penhoradas, o que é uma coisa diferente. Enquanto o penhor é uma garantia, com origem num negócio jurídico, a penhora constitui uma providência executiva, de natureza judicial, com vista à sua alienação a fim de satisfazer os interesses patrimoniais do credor / exequente.

[820] Não obstante, é possível que o contrato de sociedade estabeleça limitações à constituição de penhor sobre ações nominativas, como está previsto no art. 328º, nº 2, c), do CSC, limitação esta que deve constar do próprio título ou das contas de registo das ações (cf. nº 4 do mesmo artigo).

[821] Cf. Brito Correia, *Direito Comercial*, vol. II, p. 362.

[822] O penhor de ações constitui-se pela mesma forma exigida para a transmissão de ações entre vivos (artigo 23º, nº 2, do CSC), pelo que a sua forma dependerá do tipo de ação em causa.

AS APLICAÇÕES DE RESULTADOS

Em geral, após a constituição do penhor, os direitos inerentes às quotas e ações continuam a ser exercidos pelo sócio (e devedor), salvo convenção em contrário, como decorre do previsto no artigo 23º, nº 4, do CSC[823].

Designadamente, no que respeita ao direito ao dividendo, o CSC é claro ao determinar que o direito aos lucros só pode ser exercido pelo credor pignoratício quando assim for convencionado entre as partes. Ou seja, numa exceção à regra geral do penhor prevista no artigo 672º, nº 1, do Código Civil, os direitos inerentes às ações são, por regra, exercidos pelo seu titular, nomeadamente, o direito aos lucros[824] e o direito de voto[825]. De facto, o penhor desempenha uma função de garantia, e para esta não é necessária a atribuição do exercício de direitos sociais ao credor pignoratício[826].

A mesma solução consta do artigo 132. da *LSC*, em Espanha, que atribui ao acionista o exercício dos direitos sociais. Todavia, de acordo com esta norma, é admissível a solução contrária, mas apenas quando prevista nos estatutos. Deste modo, não é possível a atribuição dos direitos sociais ao credor por acordo entre este e devedor, como sucede no âmbito do CSC. Este regime da LSC confere maior proteção à sociedade, pois o exercício de direitos sociais por terceiros (neste caso, o credor pignoratício) depende da vontade dos sócios e não dos intervenientes no negócio de que resultou o penhor[827].

---

[823]  Cf. Coutinho de Abreu, *Curso de Direito Comercial*, vol. II, p. 357 e Tiago Soares da Fonseca, *O penhor de ações*, p. 81.

[824]  Os lucros, como frutos civis, pertencem ao sócio e não ao credor, que tem um direito de garantia e não um direito de gozo sobre a coisa empenhada – cf. Fátima Gomes, *O direito aos lucros e o dever de participar nas perdas nas sociedades anónimas*, p. 279. De referir que nas sociedades por quotas, para se proceder à amortização de quotas dadas em penhor é necessário o consentimento do credor, nos termos do artigo 233º, nº 4, do CSC.

[825]  Quando o credor pignoratício tiver o direito de voto, também terá o direito de informação, como decorre do artigo 293º do CSC.

[826]  Neste sentido, cf. Coutinho de Abreu, *Curso de Direito Comercial*, Vol. II, p. 357 e ss; Menezes Cordeiro, *Código das Sociedades Comerciais Anotado*, p. 144; Margarida Costa Andrade, "Artigo 23º", in *Código das Sociedades Comerciais em Comentário*, p. 395 e ss e Pedro Pais de Vasconcelos, *A participação social nas sociedades comerciais*, p. 364. Em sentido contrário, cf. Tiago Soares da Fonseca, *O penhor de ações*, p. 82. Este autor entende que o art. 23º, nº 4, do CSC apenas se refere às relações externas, isto é, à questão de saber quem pode, perante a sociedade, exigir o pagamento dos lucros. Por seu lado, entre credor e devedor, seria de aplicar a regra geral do penhor, segundo a qual o direito aos lucros pertence ao credor.

[827]  Cf. Tiago Soares da Fonseca, *O penhor de ações*, p. 82.

APURAMENTO E APLICAÇÃO DE RESULTADOS

Acresce que, em Espanha, a *LSC* estabelece ainda que, caso o titular das ações não cumpra pontualmente o pagamento das entradas em falta, poderá o credor pignoratício cumprir tal obrigação[828].

Por seu lado em Itália, o artigo 2791. do Código Civil estabelece a regra de que, salvo convenção em contrário, o credor goza da faculdade de fazer seus os frutos da coisa dada em penhor, imputando-os primeiro às despesas e juros e depois ao capital. Assim, entende-se que no caso de penhor de ações (previsto no artigo 2352.), o direito ao lucro cabe ao credor pignoratício[829]. A este pertence também o direito de voto, na convicção que assim se assegura mais eficazmente o interesse de conservação do valor patrimonial do bem dado em penhor[830].

[828] Mas não poderá exercer o direito de subscrição preferencial de ações em aumentos de capital social – cf. Francisco Vicent Chuliá, *Introducción al Derecho Mercantil*, p. 376.

[829] Cf. Francesco Galgano, *Diritto Commerciale – Le Società*, p. 216 e 217.

[830] Cf. Tiago Soares da Fonseca, *O penhor de ações*, p. 82.

## Capítulo IV
## A Deliberação de Aplicação de Resultados

Como vimos, anualmente as sociedades têm que proceder a um apuramento dos seus resultados[831]. Para além de ser uma obrigação legal, extensiva a todos os comerciantes, é uma imposição que decorre da necessidade de avaliar o desempenho da empresa social, e corresponde a uma prática há muito arreigada na vida das empresas. Apurados os resultados, impõe-se decidir sobre o destino a dar-lhes, designadamente, quando se apuram resultados positivos.

Todavia, mesmo em ano de resultados negativos, é possível proceder à distribuição de lucros, desde que existam reservas disponíveis para esse efeito, como já tivemos oportunidade de referir. Do que não se trata, como é bom de ver, é de uma aplicação de resultados do exercício.

O CSC refere-se expressamente à deliberação de aplicação dos resultados. Por um lado, no seu artigo 66º, nº 2, alínea f), aplicável a todos os tipos de sociedades, ao determinar que o relatório de gestão, a apresentar ao coletivo dos sócios, deve conter em especial uma «proposta de aplicação de resultados devidamente fundamentada». Por outro lado, quanto

---

[831] Esta obrigação de elaboração de contas e de apuramento de resultados não é restrita às sociedades. Todos os comerciantes estão a ela sujeitos, mas não só. Esta é uma regra de boa administração que se deve aplicar a todos os entes personalizados (ACE, cooperativas, associações, etc.). O mesmo se diga quanto à deliberação de aplicação de resultados, mesmo tratando-se de pessoas sem fim lucrativo – cf. Fernández del Pozo, *La aplicación de resultados en las sociedades mercantiles*, p. 33

às sociedades anónimas, dispõe o artigo 376º, nº 1, alínea b), que a assembleia geral dos acionistas deve reunir no prazo de três meses a contar da data do encerramento do exercício ou no prazo de cinco meses a contar da mesma data quando se tratar de sociedades que devam apresentar contas consolidadas ou apliquem o método da equivalência patrimonial para, entre outros assuntos, «[d]eliberar sobre a proposta de aplicação de resultados».

Também o artigo 189º, nº 3, referente às sociedades em nome coletivo se refere à "aplicação dos resultados", para dispor que se trata de uma matéria que tem necessariamente que ser objeto de deliberação dos sócios. Apesar de usar diferente terminologia, o artigo 246º, nº 1, alínea e), do CSC, igualmente se refere à aplicação de resultados, estipulando para as sociedades por quotas uma regra idêntica à das sociedades anónimas e em nome coletivo, isto é, determinando que depende de deliberação dos sócios «a atribuição de lucros e o tratamento dos prejuízos».

Importa agora determinar, com rigor, em que consiste a aplicação de resultados, e a que regras está sujeita. Na verdade, o interesse prático em circunscrever a noção de aplicação de resultados advém do facto de tal deliberação estar sujeita a regras especiais.

Assim, começando por ensaiar uma definição de aplicação de resultados, iremos de seguida analisar algumas normas legais a que a aplicação de resultados terá de obedecer, a fim de podermos com maior rigor distinguir as aplicações de resultados de algumas figuras afins, efetuando o confronto entre elas.

## 1. Noção de aplicação de resultados

Podemos definir "aplicação de resultados" como a deliberação tomada anualmente pelos sócios, em face dos resultados apurados no exercício, tal como revelados pelas contas aprovadas, e que consiste na sua destinação em dividendos, reservas ou cobertura de perdas, observando as regras legais e contratuais aplicáveis.

Trata-se, pois, de uma deliberação que carece da prévia aprovação do balanço e contas, mas que é autónoma relativamente a esta.

Em bom rigor só faz sentido falar em aplicação de resultados face a resultados positivos verificados em determinado exercício. Pois, caso os resultados sejam negativos, não haverá resultados a aplicar ou destinar a quaisquer fins, havendo antes lugar à sua compensação ou saneamento,

A DELIBERAÇÃO DE APLICAÇÃO DE RESULTADOS

caso tal seja possível[832]. Todavia, é nesta deliberação de aplicação de resultados que, por via de regra, se procede a tal saneamento.

A aplicação de resultados deve ser obrigatória e total. Isto é, tendo sido aprovado um balanço que revela a existência de lucro, os sócios não podem deixar de lhe dar um destino, respeitando as regras legais e estatutárias aplicáveis, o que será efetuado através da deliberação de aplicação de resultados. Nessa deliberação deve ser incluída a totalidade do resultado apurado, quanto mais não seja constituindo reservas livres para os resultados que não tenham outro destino[833].

Esta deliberação é tomada pelos sócios tendo em conta a proposta que lhes é apresentada pela administração, o parecer do conselho fiscal (ou fiscal único) e do revisor oficial de contas, mas é livre, na medida em que o pode ser, atentas as regras imperativas que vigoram nesta matéria. Tais elementos permitem que os sócios formem a sua vontade dispondo de toda a informação relevante, mas não obriga os sócios a votar em determinado sentido. E o direito dos sócios à informação tem neste campo uma especial relevância, como é evidenciado pelo disposto no artigo 289º, nº 1, e), do CSC.

## 1.1. Aplicação de resultados e distribuição de bens aos sócios

A aplicação de resultados pode determinar uma distribuição de bens aos sócios, mas nem todas as distribuições de bens aos sócios decorrem de uma aplicação de resultados. Certo é que atentos os efeitos das distribuições de bens e os interesses em jogo, o legislador trata com especial cuidado as operações em que há, ou pode haver, transferência de bens da sociedade para os sócios.

Como se sabe, a sociedade comercial é dotada de personalidade jurídica. A partir da data do registo definitivo, a sociedade goza de personalidade jurídica e existe como tal, como vem consagrado no artigo 5º do CSC. Surge então uma nova pessoa jurídica, um novo centro de imputação de efeitos

---

[832] Cf. *supra* ponto 4.2. do Capítulo II.

[833] Cf. Vélaz Negueruela, *El resultado en las sociedades de capital*, p. 155. Deve, pois, evitar-se a situação, tão frequente, de remeter o resultado excedente para "resultados transitados", pelo que tal opção revela de ausência de perspetiva quanto ao destino a dar aos lucros apurados, que estão na disponibilidade dos sócios. Nos "resultados transitados" devem figurar apenas os resultados apurados desde o fecho do balanço até à assembleia de aprovação das contas e aplicação do resultado.

APURAMENTO E APLICAÇÃO DE RESULTADOS

jurídicos[834], designadamente, direitos e obrigações. A nova pessoa constituída e registada é titular de direitos e de obrigações, passando a encabeçar o seu património, o qual é separado do dos seus sócios[835].

Daqui decorre que as transferências de bens, do sócio para a sociedade e/ou desta para aquele, constituem alienações para uns e aquisições para outros, em virtude de se tratar de pessoas totalmente distintas, cada uma encabeçando o seu património. Na verdade nenhum dos sócios, nem o conjunto dos sócios, tem qualquer direito sobre os bens sociais, mas apenas direitos (e obrigações) face à própria sociedade.

É por essa razão, a qual constitui uma das afirmações mais veementes da autonomia patrimonial, que a sociedade não responde por dívidas dos sócios, nem os sócios respondem por dívidas da sociedade[836]. E é por essa mesma razão que o artigo 1000º do CC proíbe a compensação entre aquilo que um terceiro deve à sociedade e o crédito dele sobre algum dos sócios, e vice-versa.

A autonomia patrimonial das sociedades suscita também o problema das transferências de bens dos sócios para a sociedade, e desta para os sócios. Ora, a primeira questão respeita ao problema das contribuições dos sócios para o exercício da atividade social, nomeadamente a realização das entradas e, portanto, a realização do capital social. Por outro lado, a aplicação de resultados insere-se exatamente no âmbito das transferências patrimoniais da sociedade para os sócios, isto é, das situações em que há uma transparência de bens do património societário para o património

---

[834] Cf. Manuel A. Domingues de Andrade, *Teoria Geral da Relação Jurídica*, Vol. I, p. 30.

[835] Património separado ou autónomo pode ser definido como aquele que, por um lado, só responde por certas dívidas, e por outro, por essas dívidas, só ele responde – cf. Pinto Furtado, *Curso de Direito das Sociedades*, p. 246; Pupo Correia, *Direito Comercial*, p. 196 e ss.

[836] Esta última regra, contudo, comporta exceções, como sabemos. Na verdade, os sócios das SENC e os sócios comanditados das sociedades em comandita, respondem ainda que subsidiariamente por dívidas sociais. E nas SQ a lei abre a porta a que tal suceda, permitindo que os sócios estipulem no contrato de sociedade que um ou mais sócios respondem, até determinado limite, por dívidas sociais. Também o sócio único de qualquer sociedade responde ilimitadamente pelas dívidas desta, desde que contraídas no período posterior à concentração das participações sociais, quando a sociedade seja declarada falida e se prove que não foi respeitada a separação de patrimónios (artigo 84º, nº 1, do CSC). Por último, a sociedade-sócio, sendo totalmente dominante ou diretora, responde pelas dívidas da sociedade dominada ou subordinada face a terceiros (artigos 501º e 491º, do CSC). Como é evidente, em todos estes casos, a autonomia patrimonial não é total.

270

A DELIBERAÇÃO DE APLICAÇÃO DE RESULTADOS

dos sócios, com a consequente diminuição do património social e o correspondente ingresso no património dos sócios.

Uma vez que as transferências de bens da sociedade para os sócios comportam uma diminuição do património social, bastaria esse mesmo facto para que o legislador se preocupasse com o regime de tais atos. Na realidade, se mais não fosse, estariam em causa os interesses de todos os credores sociais, nomeadamente nas sociedades em que os sócios são irresponsáveis pelas dívidas sociais. Mas podem suscitar igualmente problemas para os sócios, se a transferência não for igualmente aplicável a todos, beneficiando uns em prejuízo de outros. Acresce que é ainda possível que coloquem problemas à própria sociedade, se tais diminuições patrimoniais ameaçarem a sua viabilidade económico financceira.

A aplicação de resultados é, em princípio, uma operação que tem por destinatários os sócios e apenas estes. Mas nem todas as atribuições patrimoniais da sociedade para os sócios constituem aplicações de resultados. Desde logo, aqui apenas se cura das aplicações que se destinam aos sócios enquanto tais e não quando estes se relacionam com a sociedade como terceiros. Por outro lado, nem todas as atribuições de bens da sociedade para os sócios (nessa qualidade) podem ser consideradas aplicações de resultados. Na verdade aplicações de resultados são apenas aquelas que se realizam periodicamente, no termo de cada exercício, e face aos resultados apurados.

Atentos os interesses em causa, e uma vez que ocorre uma atribuição de bens aos sócios, o legislador cura especialmente do respeito pela integridade do capital social e pela igualdade entre os sócios. Por outro lado, em Portugal, exige-se que a deliberação de aplicação de resultados seja aprovada pelos sócios, tendo como destinos típicos a distribuição de lucros e a constituição de reservas. A que acresce o saneamento de perdas, se o resultado for negativo.

De fora da noção de aplicação de resultados ficam, pois, as atribuições aos sócios decorrentes de reduções do capital social, as restituições de prestações realizadas pelos sócios, como prestações suplementares, a distribuição de dividendos antecipados e a repartição pelos sócios do ativo restante por ocasião da liquidação societária.

Da mesma forma que são também excluídas de tal noção as distribuições de reservas, a aquisição e amortização de quotas ou ações próprias e a remição de ações. Em todos estas situações há entrega de bens aos sócios,

APURAMENTO E APLICAÇÃO DE RESULTADOS

mas estas não se reconduzem a aplicações de resultados, como veremos melhor a seguir[837].

## 1.2. Aplicação de resultados e distribuição de lucros

É certo que a distribuição de lucros é uma das possíveis aplicações de resultados. Trata-se, no entanto, de noções diferentes. De facto, na deliberação de distribuição de lucros estamos perante um negócio jurídico de disposição patrimonial, em consequência da qual se dá uma transferência de bens do património social para o património dos sócios. Verifica-se nesse momento uma diminuição do património societário, a favor dos sócios.

A aplicação de resultados inclui outros destinos para os resultados apurados para além da distribuição de lucros. Desde logo, pode ser necessário efetuar compensação de prejuízos de exercícios anteriores, o que também é uma aplicação de resultados, pelo menos em sentido amplo. A que acresce uma aplicação obrigatória, na maior parte dos sistemas jurídicos, que é a constituição ou reforço de reservas. E, para além das que são impostas por lei, pode ainda haver reservas impostas pelo contrato de sociedade ou decididas pelos sócios, como já vimos[838]. Importa sublinhar que em todos estes casos estamos perante aplicações de resultados que não se consubstanciam em negócios de disposição patrimonial, podendo afirmar-se que se trata de operações contabilísticas, de carácter interno.

É também de salientar que pode haver distribuição de lucros sem que tal decorra de uma deliberação de aplicação de resultados. É o que sucede quando os sócios deliberam proceder a uma distribuição de lucros à custa de reservas disponíveis para o efeito. Nesse caso, os sócios não procedem a uma aplicação de resultados mas a uma distribuição de resultados anteriormente aplicados, nomeadamente em reservas livres ou eventuais. Razão pela qual é possível proceder a distribuição de lucros em exercícios deficitários, desde que existam lucros de balanço.

Em anos de prejuízo, em bom rigor, nem sequer se deveria falar em aplicação de resultados, como já referimos, pois as perdas não são susceptíveis de aplicação mas apenas de compensação[839]. Nesse sentido, só há verdadeiramente lugar a uma deliberação de aplicação de resultados nos exercícios que registam lucros.

---

[837] Cf. ponto 3. deste Capítulo.
[838] Ver *supra*, ponto 1.2.2. do Capítulo III.
[839] Cf. Fernández del Pozo, *La aplicación de resultados en las sociedades mercantiles*, p. 31.

A DELIBERAÇÃO DE APLICAÇÃO DE RESULTADOS

Há também distribuição de lucros, sem que de uma aplicação de resultados se trate, quando a sociedade procede a distribuição antecipada de lucros[840], como é admitido pelo artigo 297º do CSC[841]. Nesse caso, em rigor, não há sequer lucros para que se possam aplicar, nem tal distribuição é efetuada pelo órgão a quem compete a aplicação de resultados (assembleia geral) mas é antes determinada pela administração. Nem, por outro lado, se procede à prévia compensação de perdas ou à constituição de reservas legais, pois tais operações apenas serão realizadas no final do exercício e após a aprovação das respetivas contas[842].

## 1.3. Aplicação de resultados e constituição de reservas

Como já vimos, as reservas são uma realidade com relevo decisivo nas sociedades de capitais, quer as mesmas sejam determinadas por lei, quer decorram de imposição estatutária ou de deliberação social. Porém, sob o mesmo conceito de reservas, encontramos realidades muito diversas, como se referiu[843]. E se é verdade que determinadas reservas constituem aplicações de resultados, também é verdade que outras reservas há que não se podem considerar uma aplicação de resultados.

O que distingue umas das outras não é a sua obrigatoriedade ou não. Isto é, não se pode afirmar que só constituem aplicação de resultados as reservas livremente decididas pelos sócios, pois as outras, as impostas pela lei ou pelo contrato, se imporiam aos sócios. O que separa umas das outras é que certas reservas provêm dos lucros e carecem de uma deliberação para que dos resultados apurados sejam afetos a reservas, ainda que tal afetação seja imperativa. Pelo contrário, não constituem uma aplicação de resultados, as reservas que, não provindo dos lucros apurados, são automaticamente constituídas, sem que para tal seja, portanto, necessária qualquer deliberação social. É o que sucede com as reservas de capital.

Desta forma, as reservas previstas no artigo 295º, nº 2, do CSC, constituídas pelos prémios de emissão de ações ou de obrigações, as importâncias correspondentes a bens obtidos pela sociedade a título gratuito e as

---

[840] Cf. Fernández del Pozo, *La aplicación de resultados en las sociedades mercantiles*, p. 68 e ss.

[841] Tal como é expressamente aceite pelo artigo 17º, nº 5, da Nova Diretiva do Capital. Ver *supra* ponto 2.3. do Capítulo III.

[842] O que não significa que tal não seja tido em conta no cálculo dos dividendos antecipados a distribuir, como vimos.

[843] Cf. *supra* ponto 1.2. do Capítulo II.

APURAMENTO E APLICAÇÃO DE RESULTADOS

ações ou prémios que sejam atribuídos a títulos da sociedade, não constituem aplicação de resultados. Como refere GIOVANNI E. COLOMBO, «as reservas de lucros devem ser constituídas pela assembleia, em sede de deliberação sobre a distribuição de lucros (...). Tal regra não vale para as "reservas de capital", porque estas derivam automaticamente da necessidade (...) de não fazer participar na cifra dos lucros determinados incrementos»[844]. Sucede, pois, que aquelas verbas, constituindo incrementos patrimoniais, não são contabilizadas como lucro do exercício[845], mas antes como reserva, estando sujeitas ao regime da reserva (e reserva legal), desde o momento em que ocorrem os factos que lhes dão origem.

Assim sendo, se há reservas que são aplicações de resultados, a verdade é que nem todas as reservas constituem aplicações de resultados, pois algumas não dependem da existência de lucros, como sucede com as reservas de capital[846].

## 1.4. Aplicação de resultados e gastos

As aplicações de resultados não constituem gastos para a sociedade. Os gastos[847] são os encargos que a sociedade tem que suportar para poder obter lucros. Deste modo, os custos contribuem para a determinação dos resultados, são um dos factores que contribui para o resultado final do exercício. E uma vez apurado o resultado é que se pode falar na sua aplicação ou destinação a certos fins.

De facto, podemos falar em duas fases distintas a propósito dos resultados: a fase da construção e a fase da aplicação[848]. Na primeira fase, é determinado o resultado, de acordo com as regras contabilísticas aplicáveis, o qual consta das contas do exercício, submetidas à assembleia geral dos sócios para aprovação. Na segunda, apurado o resultado, como resulta da aprovação das contas do exercício, procede-se à sua aplicação, determinando o destino a dar-lhe.

---

[844] Cf. *Il bilancio d'esercizio*, p. 279, *apud*, Manuel António Pita, *Direito aos lucros*, p. 36, nota 5.

[845] Como, aliás, já vimos. Se contribuíssem para o resultado do exercício, contribuiriam para o cálculo das reservas obrigatórias. Cf. Cassiano dos Santos, *A posição do accionista face aos lucros de balanço*, p. 29 e 30, Manuel António Pita, *Direito aos lucros*, p. 38.

[846] CF. Francisco Vicent Chuliá, *Compendio critico de Derecho Mercantil*, Tomo I, Vol. 2º, p. 712.

[847] Na estrutura conceptual do SNC define-se "gastos" como o «exfluxo de ativos» – cf. parágrafo 59.

[848] Cf. José Luis Vélaz Negueruela, *El resultado en las sociedades de capital*, p. 151 e ss.

A DELIBERAÇÃO DE APLICAÇÃO DE RESULTADOS

Enquanto a primeira fase é da competência e responsabilidade da administração, a quem cabe a elaboração das contas e a sua submissão à assembleia para aprovação, como vimos, a segunda fase é já uma atribuição dos sócios. Por outro lado, as regras a que a elaboração das contas está sujeita são muito diferentes das que regem a aplicação de resultados. Daí que seja essencial determinar o que deve ser considerado gasto e o que deve ser qualificado como aplicação de resultados.

Se por regra a destrinça não é difícil de efetuar, casos há que suscitam dúvidas, nomeadamente quando se trata de determinados valores que são calculados em função dos resultados obtidos. Se, por hipótese, um trabalhador tiver direito a um bónus correspondente a 1% dos resultados positivos alcançados pela sociedade em certo exercício, aparentemente dir-se-ia que estamos perante uma aplicação dos resultados, uma vez que o cálculo do valor a atribuir a este trabalhador pressupõe que se saiba o valor do resultado. Porém, não é bem assim.

De facto, sucede que alguns gastos da sociedade podem ter que ser calculados em função dos resultados e com frequência tal se verifica, designadamente quanto aos direitos de participação nos resultados. É o que acontece, por exemplo, com algumas remunerações atribuídas a trabalhadores (por virtude do contrato individual de trabalho ou do contrato coletivo de trabalho), com a participação dos administradores nos lucros, com certas modalidades de obrigações, com o pagamento de vantagens a fundadores ou promotores ou o pagamento de lucros no âmbito do contrato de associação em participação, como veremos melhor a seguir.

A doutrina divide-se nesta questão. De facto, autores há que não têm dúvidas de que se está perante verdadeiras aplicações de resultados, sem qualquer influência neste[849]. Porém, outros há que sustentam que, não obstante sejam calculados por referência ao mesmo resultado, se trata de gastos que contribuem para a construção do resultado.

Os defensores da primeira tese alicerçam os seus argumentos, desde logo, no facto de que a admissão como gastos retira do controlo dos sócios a sua aplicação, uma vez que a construção do resultado compete à admi-

---

[849] Cf. José Carlos Vázquez Cueto, *La sociedad anónima: Las cuentas y la documentación contable de la sociedad anónima*, p. 285 e ss. Refira-se que, em Espanha, a doutrina se divide na qualificação destes direitos de participação nos resultados como custos ou como aplicação de resultados. Para uma perspetiva das diferentes posições cf. Vélaz Negueruela, *El resultado en las sociedades de capital*, p. 156 e ss.

## APURAMENTO E APLICAÇÃO DE RESULTADOS

nistração. O que é particularmente grave quando se trata da remuneração dos próprios administradores[850].

Outros argumentam com a ordem lógica das coisas: enquanto o resultado não estiver apurado, não se pode saber qual o valor da participação nos resultados, pelo que não pode este influenciar os resultados já apurados. Por outro lado, alegam o facto de a sua atribuição depender de prévias destinações do resultado e de ser a solução que melhor clareza e transparência oferece, pois os sócios são chamados a deliberar sobre o valor a atribuir[851].

Um outro argumento esgrimido pelos defensores desta tese é a inserção desta hipótese na possibilidade de hetero-destinação dos lucros por parte dos sócios[852]. Assim, os sócios são soberanos para decidir do destino a dar aos lucros, sem qualquer limitação que não seja a que é imposta pelas regras gerais e com os limites que o abuso de direito estabelece. Ressalva ainda PAULO DE TARSO DOMINGUES que esta hetero-destinação dos lucros não pode pôr em causa o fim lucrativo da sociedade, sob pena de nulidade, por violação de norma legal imperativa. Daí que a admissibilidade da atribuição pelos sócios de lucros a terceiros se tenha que pautar pela moderação e marginalidade[853].

Outros autores pronunciam-se claramente a favor da consideração de tais quantias como custos (gastos), que contribuem para o resultado, não constituindo, portanto, uma aplicação deste. Desde logo com base na ideia de que os resultados apurados apenas podem ter dois destinos: repartição pelos sócios ou retenção na própria sociedade: *tertium non datur*[854].

---

[850] Neste sentido cf. Vélaz Negueruela, *El resultado en las sociedades de capital*, p. 158. Não obstante, este autor admite que determinados direitos participativos tenham diferente tratamento, sendo qualificados como gastos, como é o caso dos direitos dos trabalhadores – cf. p. 161.

[851] Cf. Sanchez Calero, *La determinación y la distribución del beneficio neto en la sociedad anónima*, p. 116 e ss.

[852] Ver, neste sentido, Paulo de Tarso Domingues, *Variações sobre o capital*, p. 293 e ss, em especial, p. 300.

[853] *Idem, ibidem*, p. 302. No mesmo sentido se posiciona Fátima Gomes. Esta autora assume que no caso da remuneração dos administradores, o legislador visou «regulamentar a verdadeira participação nos lucros em benefício dos administradores», colocando-os em situação semelhante à dos acionistas – cf. Fátima Gomes, *O direito aos lucros e o dever de participar nas perdas nas sociedades anónimas*, p. 438.

[854] Cf. Carlos Osório de Castro/ Gonçalo Andrade e Castro, *A distribuição de lucros a trabalhadores de uma sociedade anónima, por deliberação da assembleia geral*, p. 73. No mesmo sentido, António

A DELIBERAÇÃO DE APLICAÇÃO DE RESULTADOS

Na verdade, se a atribuição decorre de imperativos contratuais, não pode deixar de se considerar como custo da sociedade. Se é a título de liberalidade, o poder de decidir realizá-la não pertence, em princípio, aos sócios, mas ao órgão de administração.

Por outro lado, a mesma conclusão é retirada por outros autores a partir da teoria da propriedade da empresa, segundo a qual os resultados apurados anualmente se destinam exclusivamente a retribuir os seus proprietários e não outros agentes sociais. Assim sendo, os direitos de participação nos lucros por parte de terceiros são meros créditos sob condição. Isto é, são gastos para a sociedade cuja existência e montante dependem da existência de lucros do exercício[855].

Deste modo, para estes autores, na aplicação de resultados apenas se trata da atribuição de lucros aos sócios ou da constituição de reservas ou saneamento de perdas e não de outras atribuições, que a existirem devem antes ser tratadas como gastos[856]. Isto é, são montantes que afetam os resultados, mas não constituem uma sua aplicação[857].

Do nosso ponto de vista, à questão de saber se atribuições realizadas pela sociedade devem ser consideradas e tratadas como gastos ou como aplicações de resultados não pode ser dada uma resposta única, antes carece que se proceda a uma distinção entre as várias situações diferentes que podem estar em causa.

Acresce que, este problema não pode ser analisado sem ter em conta um outro, o qual está de algum modo implicado, que é o de saber se é lícita uma hetero-destinação dos lucros. Isto é, se é legalmente admissível que os sócios decidam distribuir lucros a não sócios, ou, dito de outro modo, se os sócios podem destinar os lucros do exercício a outras finalidades que não apenas à repartição entre dividendos e reservas. Claro que, para aqueles que defendem a inadmissibilidade da hetero-destinação dos lucros a questão anterior fica facilitada, como vimos já.

---

Pereira de Almeida, *Sociedades Comerciais*, p. 162 e os acórdãos do STJ de 5 de fevereiro de 1963 [«Dos lucros acusados no balanço, só podem sair, nas sociedades por quotas, as importâncias destinadas ao fundo de reserva. E só podem ser afetados a outros fins, se houver estipulação na escritura social ou se todos os sócios concordarem nessa afectação»] e de 21 de junho de 1979.

[855] Neste sentido, Fernández del Pozo, *La aplicación de resultados en las sociedades mercantiles*, p. 58 e ss.

[856] Cf. Fernández del Pozo, *La aplicación de resultados en las sociedades mercantiles*, p. 63.

[857] Veja-se, a este propósito, o disposto nos artigos 294º, nº 3 e 217º, nº 3, do CSC.

APURAMENTO E APLICAÇÃO DE RESULTADOS

De facto, para aqueles que não concebem outro destino para os lucros para além de reservas e dividendos, todas as outras atribuições possíveis serão gastos. Se não pode haver entrega de lucros a terceiros, toda e qualquer atribuição que a esse título seja realizada só pode ter a natureza de custo. Já para os que admitem que possa haver atribuição de lucros a terceiros, a resposta à distinção entre lucros e gastos se torna mais espinhosa.

Do nosso ponto de vista, a hetero-destinação dos resultados do exercício é admissível. Na verdade, não nos parece razoável pensar que os sócios não possam deliberar destinar a terceiros parte dos lucros distribuíveis, em espírito de liberalidade. Não obstante, cremos que esta possibilidade requer que sejam respeitadas duas condições: que se trate de uma atribuição dos lucros distribuíveis limitada e que tal deliberação seja unânime.

De facto, é verdade que o fim societário é um fim egoístico, que visa a obtenção de ganhos económicos que se destinam a ser repartidos pelos sócios[858]. Todavia, este princípio não deve ser de tal modo absolutizado que impeça os próprios sócios de, à sua custa, destinar os lucros a favor de não sócios. Não deve excluir-se a possibilidade de os sócios deliberarem abdicar de parte dos lucros para os destinar a terceiros, à sua custa. Pense-se em atribuições com finalidades de solidariedade social, de filantropia, de apoio a pessoas necessitadas, entre outras. De resto, caso tal não fosse admissível, sempre poderiam os sócios, recebendo os seus dividendos, fazê-los reverter a favor de terceiros. Deste modo, por identidade de razão, se deve permitir que o coletivo dos sócios o faça, dando expressão a uma vontade coletiva e não a uma soma de posições individuais.

Importa é que se trate de uma decisão unânime, pois de outro modo estaria a colocar-se em causa o direito dos sócios ao lucro. Por outro lado, deve ser uma atribuição a terceiros de fração limitada dos resultados positivos apurados, sob pena de ser posta em causa a finalidade (lucrativa) do próprio contrato de sociedade.

---

[858] Como, recorde-se, está claramente plasmado no artigo 980º do Código Civil, quando este nos oferece a noção de contrato de sociedade. Importa, porém, compaginar esta norma com a do artigo 991º, do mesmo Código que estabelece que «*Se os contraentes nada tiverem declarado sobre o destino dos lucros de cada exercício, os sócios têm direito a que estes lhes sejam atribuídos nos termos fixados no artigo imediato* [na proporção das entradas], *depois de deduzidas as quantias afectadas, por deliberação da maioria, à prossecução dos fins sociais.*»

A DELIBERAÇÃO DE APLICAÇÃO DE RESULTADOS

Diferente será o caso, na hipótese em que exista uma cláusula do pacto social que impõe ou permite a distribuição de lucros distribuíveis a terceiros[859]. Na verdade, se os sócios na constituição da sociedade estipularam essa regra, não carecerá de unanimidade a posterior deliberação que aplica o que os sócios unanimemente acordaram. Importa, porém, que se trate de uma previsão de distribuição de lucros a terceiros limitada (no tempo ou na quantidade), sob pena de nulidade do contrato, por violação do fim societário e do próprio interesse social[860].

Poderíamos então sintetizar a nossa posição nestes termos: a deliberação de distribuição de resultados a terceiros é admissível, desde que unânime (exceto quando apoiada em previsão estatutária) e limitada.

Isto posto, uma vez que se aceita que possa existir uma hetero-destinação dos lucros, coloca-se então a questão de saber que atribuições a terceiros constituem aplicações de resultados (ao abrigo da referida abertura) e quais deverão ser tratadas como gastos, uma vez que já dissemos que tal destrinça deve depender da natureza da atribuição em causa.

É um dado da realidade que, com frequência, terceiros participam de alguma forma nos lucros da sociedade. Isto é, que pessoas que não são sócios, de modos diferentes e com diversos fundamentos, de alguma forma são associadas aos resultados que a sociedade regista em determinado exercício.

É o que sucede, como já referimos, com a participação nos lucros da sociedade por parte dos trabalhadores, dos administradores, de credores obrigacionistas, de promotores e fundadores, bem como no âmbito dos contratos de associação em participação. Mas outras situações podem existir.

---

[859] Neste sentido, cf. Fernández del Pozo, *La aplicación de resultados en las sociedades mercantiles*, p. 146. Parece ser também este o sentido do nº 3 do § 58 da *Aktiengesetz*, ao permitir que aos lucros seja dado destino diferente de dividendos e reservas, caso o pacto social o autorize.

[860] Se, por exemplo, o pacto social estabelecesse que a totalidade do lucro distribuível em cada exercício reverteria a favor de uma instituição de caridade, deveria entender-se que não se estava já face a uma verdadeira sociedade mas perante outro tipo de instituição. Como referem Fernández del Pozo e Paulo de Tarso Domingues, deverá ser uma atribuição de lucros a terceiros moderada e marginal. Isto é, será válida uma cláusula deste tipo, desde que compatível com o fim lucrativo da sociedade, que não deve ser posto em causa – cf. Paulo de Tarso Domingues, *Variações sobre o Capital Social*, p. 302.

APURAMENTO E APLICAÇÃO DE RESULTADOS

### 1.4.1. Participação dos trabalhadores

Uma das formas de promover um estreito envolvimento dos trabalhadores na vida das empresas é conceder-lhes uma participação nos lucros da entidade patronal, tornando-os interessados nos resultados da sociedade na qual trabalham ou de uma sociedade relacionada[861].

Em França a lei prevê expressamente que a participação dos trabalhadores nos resultados é um custo da sociedade. A participação dos trabalhadores nos resultados das empresas está consagrada legalmente desde a *Ordonnance* n.° 59-126, de 7 janeiro 1959, por iniciativa do General *De Gaulle*. Atualmente encontra-se prevista no Código do Trabalho (artigos R 3311-1 e ss), e é obrigatória para as empresas com mais de 50 trabalhadores, sendo voluntária para as restantes. As empresas que prevejam esta participação devem constituir uma reserva especial de participação (artigos R 3324-5 e R 442-6), beneficiando de tratamento fiscal favorável[862].

Apesar de Portugal apresentar, no âmbito da União Europeia, um dos índices mais baixos de participação dos trabalhadores nos lucros[863], o Código do Trabalho expressamente prevê essa realidade (cf. alínea d) do n.º 1 do artigo 260º), consagrando a regra de que não integram o conceito de retribuição a «participação nos lucros da empresa, desde que ao trabalhador esteja assegurada pelo contrato uma retribuição certa, variável ou mista, adequada ao seu trabalho». Assim se pretende evitar os efeitos adversos que a qualificação como retribuição poderia trazer ao empregador[864].

---

[861] Sobre a participação dos trabalhadores nos lucros cf. Carlos Osório de Castro/ Gonçalo Andrade e Castro, *A distribuição de lucros a trabalhadores de uma sociedade anónima, por deliberação da assembleia geral*, p. 73 e ss, Fátima Gomes, *O direito aos lucros e o dever de participar nas perdas*, p. 510 e ss e Luís Correia Araújo, *A participação dos trabalhadores nos lucros das sociedades comerciais*, p. 141 e ss.

[862] Cf. Philippe Merle, *Droit Commercial – Sociétés Commerciales*, p. 636 e ss e G. Ripert/ R. Roblot, *Traité de Droit Commercial*, tomo 1, vol. 2, p. 590 e ss. Trata-se de uma reserva especial pois, na verdade, ela não pertence à sociedade mas aos trabalhadores. Daí que esta reserva não integre o capital próprio.

[863] Cf. Luís Correia Araújo, *A participação dos trabalhadores nos lucros das sociedades comerciais*, p. 145.

[864] Assim, para que se considere que a participação nos lucros integra a retribuição é necessário que se conclua que a restante retribuição não é adequada ao trabalho, atendendo, designadamente, às condições normalmente praticadas no mercado para aquele tipo de trabalho – cf. Júlio Gomes, *Direito do Trabalho*, p. 775.

A DELIBERAÇÃO DE APLICAÇÃO DE RESULTADOS

Na maior parte das situações a participação dos trabalhadores nos lucros decorre do que está previsto nos seus contratos de trabalho ou em acordos coletivos de trabalho (ou até em usos). Neste caso, o pagamento de tal participação não pode deixar de constituir uma obrigação a que a sociedade, enquanto entidade patronal, está vinculada. Daí que não ofereça dúvidas qualificá-la como gastos que afetam o resultado da empresa[865].

Para além destas situações há também a possibilidade de a participação nos lucros decorrer de um ato de mera liberalidade, desde que o mesmo esteja de acordo com o interesse social, o que deverá ser avaliado pela administração da sociedade, devendo igualmente contribuir para o apuramento do resultado do exercício[866]. Nao deve ser a assembleia geral a decidir a atribuição de gratificação aos trabalhadores na medida em que estamos perante um ato de gestão, matéria que é de competência reservada da administração[867].

Em qualquer caso, do que se trata, em bom rigor, não é de entregar lucros aos trabalhadores, mas de lhes atribuir um complemento de retribuição ou gratificação, cujo cálculo é feito em função dos lucros apurados em determinado exercício[868].

---

[865] Cf. Carlos Osório de Castro/ Gonçalo Andrade e Castro, *A distribuição de lucros a trabalhadores de uma sociedade anónima, por deliberação da assembleia geral*, p. 69.

[866] Cf. Carlos Osório de Castro/ Gonçalo Andrade e Castro, *A distribuição de lucros a trabalhadores de uma sociedade anónima, por deliberação da assembleia geral*, p. 74. De acordo com estes autores, esta é também a solução que melhor defende os interesses dos sócios minoritários, retirando esta decisão da assembleia geral (onde facilmente perderiam e apenas poderiam reagir através da prova de que se tratava de uma deliberação abusiva, com as dificuldades inerentes). Sendo uma decisão da administração, os sócios com ela inconformados poderão reagir através de ação de responsabilidade contra os administradores.

[867] Cf. artigo 373º, do CSC. De resto, tem-se entendido que uma deliberação nesta matéria, tomada pela assembleia geral, seria nula por ser sobre questão que não está, por natureza, sujeita a deliberação dos sócios, ou contrariar preceito legal imperativo (artigo 56º, nº 1, c) e d), do CSC) – cf. Carlos Osório de Castro/ Gonçalo Andrade e Castro, *A distribuição de lucros a trabalhadores de uma sociedade anónima, por deliberação da assembleia geral*, p. 80. No mesmo sentido, Luís Correia Araújo, *A participação dos trabalhadores nos lucros das sociedades comerciais*, p. 180 e 181. Em sentido contrário, cf. Paulo de Tarso Domingues, *Variações do Capital Social*, nota 1128, p. 295.

[868] Cf. Luís Correia Araújo, *A participação dos trabalhadores nos lucros das sociedades comerciais*, p. 181.

APURAMENTO E APLICAÇÃO DE RESULTADOS

Esta é também a solução que os regimes tributários e contabilísticos determinam, como decorre do disposto no CIRC[869], no Código Contributivo[870] e no SNC[871].

### 1.4.2. Participação dos administradores

É tradicional na prática societária remunerar os administradores (também) em função dos resultados da sociedade[872]. O artigo 399º, nº 2, do CSC prevê expressamente que a remuneração dos administradores, a fixar pela assembleia geral ou por comissão de acionistas, pode consistir parcialmente numa percentagem dos lucros do exercício[873]. Alguns elementos estatísticos apontam, relativamente às sociedades cotadas, para uma remuneração variável que em média será de cerca de 5% do lucro. Mas outras formas há de interessar os administradores na *performance* da sociedade. É o que sucede com a criação de planos de atribuição de ações (*stock options*), com

---

[869] Nos termos do disposto no artigo 23º, nº 1, d), do CIRC, são considerados gastos os que comprovadamente sejam indispensáveis para a realização dos rendimentos sujeitos a imposto ou para a manutenção da fonte produtora, designadamente os de «natureza administrativa, tais como remunerações, incluindo as atribuídas a título de participação nos lucros».

[870] De acordo com o disposto no artigo 46º, nº 2, alínea r) do Código Contributivo, que estabelece a base de incidência contributiva para a segurança social, consideram-se remunerações as prestações pecuniárias ou em espécie que nos termos do contrato de trabalho, das normas que o regem ou dos usos são devidas pelas entidades empregadoras aos trabalhadores como contrapartida do seu trabalho, designadamente, os «montantes atribuídos aos trabalhadores a título de participação nos lucros da empresa, desde que ao trabalhador não esteja assegurada pelo contrato uma remuneração certa, variável ou mista adequada ao seu trabalho.»

[871] Nos termos da NCRF 28 (Benefícios dos empregados), sempre que a entidade patronal tenha uma obrigação legal de efetuar tais pagamentos (isto é, não tem alternativa realista senão a de efetuar tais pagamentos), «deve reconhecer o custo esperado dos pagamentos de participação nos lucros e bónus».

[872] Sobre a participação dos administradores nos lucros, ver Carlos Osório de Castro/ Gonçalo Andrade e Castro, *A distribuição de lucros a trabalhadores de uma sociedade anónima, por deliberação da assembleia geral*, p. 76 e ss, Fátima Gomes, *O direito aos lucros e o dever de participar nas perdas*, p. 421 e ss e Paulo de Tarso Domingues, *Variações sobre o Capital Social*, p. 296 e ss.

[873] O mesmo é aplicável aos administradores executivos, no caso do modelo dualista, de acordo com o artigo 429º do CSC. Mas neste caso, na falta de disposição em contrário (que remeta essa matéria para a assembleia geral), a sua fixação é da competência do conselho geral e de supervisão, ou de uma sua comissão de remuneração. No que respeita às sociedades por quotas, o artigo 255º, nº 3, do CSC determina que a remuneração dos gerentes não pode consistir, total ou parcialmente, em participação nos lucros da sociedade, salvo cláusula expressa no contrato de sociedade. Desta forma se pretende dar proteção aos sócios minoritários.

A DELIBERAÇÃO DE APLICAÇÃO DE RESULTADOS

a estipulação de bónus em função da evolução da cotação das ações, ou com a distribuição gratuita de ações (*stock grants*)[874].

A questão da remuneração dos administradores (quer quanto à forma de a determinar, quer no que respeita ao seu valor absoluto) é um dos pontos centrais do *corporate governance*. Questiona-se a razoabilidade de algumas remunerações, nomeadamente quando não têm relação direta com os resultados apurados mas resultam apenas de movimentos de cotações, que podem ser meramente especulativos. Por outro lado, torna-se necessário reforçar os mecanismos de controlo das contas e de transparência e publicitação das remunerações.

Sendo esta participação nos lucros uma componente da retribuição dos administradores, não há razão para não a considerar como um custo para a sociedade[875]. Nem o facto de competir à assembleia geral deliberar sobre a sua atribuição altera esta qualificação[876]. O facto de recair sobre os sócios tal competência não põe em questão que a remuneração dos administradores é um gasto para a sociedade, que afeta o resultado do exercício[877], não tendo pois a natureza de atribuição de verdadeiros lucros[878].

O que a lei impõe é que o pacto social, prevendo a possibilidade de a remuneração dos administradores consistir, em parte, numa percentagem

---

[874] Cf. Coutinho de Abreu, *Governação das Sociedades Comerciais*, p. 82 e ss e Fátima Gomes, *O direito aos lucros e o dever de participar nas perdas*, p. 433 e ss.

[875] Em sentido contrário, entendendo que se trata de uma «*verdadeira participação em lucros de exercício, cujo montante máximo os sócios têm que fixar estatutariamente, auto-limitando-se no seu direito de participar nas distribuições de lucros*» ver Fátima Gomes, *O Direito aos lucros e o dever de participar nas perdas nas sociedades anónimas*, p. 439. Esta autora refere que esta questão é discutida, com opiniões díspares, em França e em Itália – cf. *idem, ibidem*, nota 1058.

[876] Esta competência da assembleia geral pode ser delegada numa comissão de vencimentos, que a lei expressamente prevê, a qual exerce a título definitivo uma competência própria da assembleia – cf. Menezes Cordeiro, *Código das Sociedades Comerciais Anotado*, p. 979. Tratando-se de matéria delicada e importante, é frequente nas grandes sociedades anónimas a existência desta comissão que fixa o vencimento de cada administrador.

[877] Cf. Carlos Osório de Castro/ Gonçalo Andrade e Castro, *A distribuição de lucros a trabalhadores de uma sociedade anónima, por deliberação da assembleia geral*, p. 77 e 78.

[878] Cf. Menezes Cordeiro, *Código das Sociedades Comerciais Anotado*, p. 980 e Acórdão do TRL, de 26 de maio de 1994 (Nascimento Gomes). Neste aresto tratava-se de saber qual a natureza do crédito que o administrador tinha quanto a uma percentagem de 5% sobre os resultados líquidos do exercício, que acrescia à sua remuneração fixa, nos termos dos estatutos sociais. Para o TRL «tais créditos têm natureza retributiva de funções do Autor ao serviço da Ré, donde se segue que não pode confundir-se o direito aos mesmos com o direito a dividendos».

APURAMENTO E APLICAÇÃO DE RESULTADOS

dos lucros do exercício, fixe a percentagem máxima que pode ser destinada aos administradores. Esta percentagem não incide sobre a distribuição de reservas nem sobre os lucros não distribuíveis, nos termos do artigo 399º do CSC[879].

De resto, entende-se que, no caso dos administradores, inexistindo cláusula contratual que preveja a sua participação nos lucros, não é admissível que os sócios deliberem a atribuição das designadas "gratificações de balanço"[880]. Isto porque a lei determina que a percentagem máxima dos lucros a atribuir aos administradores seja autorizada no contrato de sociedade, o que indiretamente impõe a sua previsão estatutária[881].

### 1.4.3. Participação dos obrigacionistas
As obrigações são valores mobiliários que conferem ao seu titular o direito a uma remuneração periódica e ao reembolso dos valores entregues no termo do prazo acordado[882].

Ora, a remuneração destes empréstimos obrigacionistas, por regra, consiste num determinado juro, fixo ou variável. Certo é que, apesar de não ser frequente, é também possível, como se prevê na alínea a) do artigo 360º do CSC, que a remuneração comporte um juro suplementar ou um prémio de reembolso dependente dos lucros realizados pela sociedade devedora[883]. São as denominadas obrigações participantes, como alguma doutrina refere[884].

---

[879] Entendemos que quando a lei se refere à «parte do lucro do exercício que não pudesse, por lei, ser distribuída aos acionistas» se deve entender que a percentagem a atribuir aos administradores incide apenas sobre os lucros distribuíveis, pelo que não se calcula sobre os valores destinados a reserva legal ou a reservas estatutárias. Neste sentido, com explicitação do fundamento na história da própria norma, ver Fátima Gomes, *O direito aos lucros e o dever de participar nas perdas*, p. 442.

[880] Neste sentido, cf. Paulo de Tarso Domingues, *Variações sobre o capital social*, p. 297.

[881] Cf. Carlos Osório de Castro/ Gonçalo Andrade e Castro, *A distribuição de lucros a trabalhadores de uma sociedade anónima, por deliberação da assembleia geral*, p. 78.

[882] Cf. Paulo Câmara, *Manual de Direito dos Valores Mobiliários*, p. 138 e ss.

[883] Sobre a participação nos lucros dos titulares de obrigações, ver Fátima Gomes, *O direito aos lucros e o dever de participar nas perdas*, p. 526 e ss.

[884] Cf. Orlando Vogler Guiné, *Artigo 360º, Código das Sociedades Comerciais em Comentário*, vol. V, p. 884. Existe também uma modalidade de obrigações que conferem direito a um juro e plano de reembolso, dependentes e variáveis em função dos lucros da sociedade emitente (artigo 360º, 1, b), do CSC).

A própria lei indica a forma de cálculo dos lucros relevantes para este efeito, no artigo 362º. Assim, o valor que conta para este efeito é apurado a partir dos resultados líquidos do exercício deduzidos das importâncias a levar a reservas obrigatórias e sem considerar como custo as amortizações, ajustamentos e provisões efetuadas para além dos máximos legalmente admitidos para efeitos de IRC. Deste modo se pretende evitar que a sociedade possa ter grande liberdade na definição da participação dos obrigacionistas nos resultados, afastando a possibilidade da emitente baixar propositadamente os resultados do exercício[885]. Os resultados a considerar no pagamento dos juros variáveis em cada ano são os referentes ao exercício anterior[886].

Não se trata, nestes casos, de uma verdadeira participação nos lucros por parte dos titulares destas obrigações, mas de uma remuneração que é calculada tendo em conta o lucro apurado[887]. Por essa razão, caso o pacto assim o permita, é uma decisão da administração recorrer à emissão deste tipo de empréstimos, sem que se obrigue à intervenção da assembleia geral.

### 1.4.4. Participação dos fundadores e promotores
Por vezes sucede que aos fundadores e promotores das sociedades são atribuídas vantagens especiais[888]. De facto, a lei societária consente que o contrato de sociedade estabeleça a atribuição de vantagens a alguns sócios, ou não sócios, em conexão com a constituição da sociedade[889], designadamente a fundadores[890] e promotores[891].

---

[885] Com a mesma finalidade se impõe que o apuramento do lucro e o cálculo das importâncias a pagar aos obrigacionistas sejam obrigatoriamente submetidos ao parecer do ROC – cf. artigo 362º, nº 2, do CSC.

[886] Cf. artigo 362º, nº 5, do CSC.

[887] Cf. Fátima Gomes, *O direito aos lucros e o dever de participar nas perdas*, p. 527.

[888] Sobre a participação dos fundadores e promotores nos lucros ver Fátima Gomes, *O direito aos lucros e o dever de participar nas perdas*, p. 522 e ss.

[889] Cf. artigo 16º, nº 1, do CSC.

[890] Trata-se daquelas pessoas que estiveram na origem da vontade de constituir uma sociedade, aqueles que dinamizaram e impulsionaram o processo tendente à sua concretização.

[891] No caso das sociedades anónimas abertas, constituídas com apelo à subscrição pública, o fundador é designado como promotor – artigo 279º, do CSC. Neste caso, está expressamente previsto (nº 8) que aos promotores «*não pode ser atribuída outra vantagem além da reserva de uma percentagem não superior a um décimo dos lucros líquidos da sociedade, por tempo não excedente a um terço da duração deste e nunca superior a cinco anos, a qual não poderá ser paga sem se acharem aprovadas as contas anuais*».

APURAMENTO E APLICAÇÃO DE RESULTADOS

Estas vantagens, de carácter patrimonial ou outro, são concedidas a sócios concretamente identificados e permanecem mesmo na eventualidade do seu titular perder a qualidade de sócio, sendo nulas as deliberações sociais que as violem (artigo 56º, nº 1, c) e d), do CSC)[892]. Têm, assim, um carácter *intuitus personae*, são imodificáveis (sem o acordo do próprio[893]) e intransmissíveis.

As vantagens previstas no pacto social podem ser diversas, podendo consistir também numa percentagem dos lucros da sociedade. No caso específico dos promotores, nos termos do artigo 279º, a participação especial nos lucros não pode exceder 10% dos resultados líquidos, e por um prazo máximo de cinco anos. O seu cálculo deve ser realizado tendo por base os lucros distribuíveis, sob pena de subversão das regras de conservação do capital que conduziria a uma preferência dos fundadores e promotores em detrimento dos credores[894].

Neste caso, entendemos que se trata de aplicações de resultados e não de custos. Todavia, são aplicações de resultados com alguma especificidade. De facto, uma vez que estamos perante uma vantagem relativa aos resultados apurados, só após a aprovação das contas os promotores e fundadores têm direito a exigir o seu pagamento, o qual é independente da deliberação de aplicação de resultados, uma vez que este direito decorre de uma atribuição do pacto social[895], diferentemente do que sucede com os dividendos, que carecem da aprovação da deliberação de aplicação de resultados, como vimos.

No caso de concorrência entre estas vantagens, previstas no contrato para fundadores e promotores, com os privilégios eventualmente existentes para algumas categorias de ações, deverá dar-se prioridade aos primeiros. Na verdade, para estes não está prevista nenhuma norma de proteção no caso de não ser possível o seu pagamento, ao contrário do que sucede com as ações privilegiadas[896].

---

[892] Cf. Maria Elisabete Ramos, "Artigo 16º", in *Código das Sociedades Comerciais em comentário*, p. 283.

[893] Por aplicação do princípio previsto no artigo 24º, nº 5, do CSC, que estabelece que os «direitos especiais não podem ser suprimidos ou coartados sem o consentimento do respectivo titular, salvo regra legal ou estipulação contratual expressa em contrário». Cf. Fátima Gomes, *O direito aos lucros e o dever de participar nas perdas*, p. 526.

[894] Cf. Fátima Gomes, *O direito aos lucros e o dever de participar nas perdas*, p. 525.

[895] Neste sentido, cf. Fátima Gomes, *O direito aos lucros e o dever de participar nas perdas*, p. 524.

[896] A cumulação de dividendos (nos anos seguintes) e a recuperação do direito de voto, nos termos do artigo 342º, nº 2 e 3 do CSC.

## 1.4.5. Associação em participação

Como vimos acima[897], o contrato de associação em participação[898], associa alguém com meios financeiros[899] a outra pessoa que pretende desenvolver determinado tipo de atividade económica, ficando a primeira, como contra-partida do capital investido, com o direito de participar nos lucros ou nos lucros e perdas que da atividade do segundo resultarem.

Pode dizer-se que se trata de uma espécie de sociedade interna, que se constitui entre associante e associado (ou associados), mas que não surge no tráfego jurídico como tal. Daí que seja também designada como socie-dade secreta. De resto, em certos ordenamentos jurídicos a associação em participação é mesmo considerada uma sociedade[900].

Ora, se suceder que o associante seja uma sociedade comercial, na lógica do contrato, terá que se permitir ao associado uma participação nos lucros da atividade desenvolvida no âmbito desse mesmo acordo. O próprio contrato pode estabelecer o critério de determinação do lucro a partilhar, sendo certo que não poderá ser mais amplo do que o lucro distribuível, atentas as regras imperativas de conservação do capital a que a sociedade associante está naturalmente sujeita.

Nos termos do artigo 25º, nº 6, do DL nº 231/81, de 28 de julho, a «parti-cipação do associado reporta-se aos resultados do exercício, apurados segundo os critérios estabelecidos por lei ou resultantes dos usos comer-ciais, tendo em atenção as circunstâncias da empresa». Assim, na falta de estipulação contratual, que por exemplo restrinja a participação do asso-ciado a determinada atividade do associante, é aos lucros distribuíveis da sociedade que se deve atender. Tem sido entendido, além do mais, que a participação do associado se deve restringir à «*atividade normal da sociedade após a constituição da sociedade*»[901].

---

[897] *Supra*, ponto 1.3.5. do Capítulo I.

[898] Sobre a participação nos lucros na associação em participação, ver Fátima Gomes, *O direito aos lucros e o dever de participar nas perdas*, p. 528 e ss.

[899] A contribuição do associado deve ter natureza patrimonial, devendo ingressar no patri-mónio do associante. Esta contribuição pode, contudo, ser dispensada, se o associado também participar nas perdas (n.os 1 e 2 do artigo 24º do DL 231/81, de 28 de julho)

[900] Como sucede, por exemplo, em França, na Alemanha e no Brasil, como vimos *supra*. Não sucede o mesmo em Portugal, Espanha e Itália.

[901] Cf. Fátima Gomes, *O direito aos lucros e o dever de participar nas perdas*, p. 529, que defende que se devem excluir para este efeito os lucros extraordinários, como os incrementos de valor de imóveis. No mesmo sentido, cf. Raúl Ventura, *Associação em participação (Anteprojeto)*, p. 18 e ss.

APURAMENTO E APLICAÇÃO DE RESULTADOS

Neste caso, estamos de facto perante uma participação de terceiros nos lucros da sociedade (associante), numa situação que tem natureza especial, pois como que se cria uma sociedade entre associante e associado[902]. Daí que se justifique que o contrato de associação em participação seja autorizado pelos sócios da sociedade associante, através de deliberação da respetiva assembleia geral[903].

No fundo é como se tratasse de admitir um novo sócio na sociedade, o que carece da autorização dos demais, não sendo bastante uma deliberação da administração. É uma decisão que contende com a distribuição de resultados, matéria que é da competência dos sócios e não da administração.

Todavia, o valor a entregar pelo associado ao associante, correspondente à sua participação no lucro, pode ser considerado um custo para aquele, como contrapartida pelo capital investido. De resto, se em vez de participar no lucros (ou lucros e perdas) tivesse direito a uma remuneração certa (um juro), dúvidas não existiriam de que se tratava de um gasto a considerar nas contas do associado. A natureza variável da contrapartida do capital investido, ainda que seja indexada aos resultados do associado, não nos deve impressionar a ponto de a deixarmos de considerar um gasto suportado por este.

### 1.4.6. Conclusão

Em muitas das situações que acabamos de analisar, a participação de terceiros nos lucros da sociedade constitui para esta uma obrigação, legal ou contratual, a que está adstrita. Ora, tratando-se de obrigações a que a sociedade está sujeita, necessárias para o obtenção de lucro, deverão na nossa opinião, constituir custos ou gastos da sociedade e não aplicações de resultados. Isto é, se, por exemplo, a remuneração de trabalhadores ou administradores, por disposição contratual contém uma componente relacionada com os resultados obtidos, que estes podem exigir à sociedade, não pode deixar de se considerar que se está face a um gasto necessário para a maximização dos lucros.

Se a fórmula de cálculo da remuneração de trabalhadores ou administradores entra em conta com os resultados obtidos, nem por isso se pode

---

[902] Em sentido contrário, entendendo que o valor a pagar pela sociedade associante ao associado é um custo para a primeira e não uma aplicação de resultado, ver Luís Correia Araújo, *A participação dos trabalhadores nos lucros das sociedade*, p. 167, nota 79.

[903] Cf. Fátima Gomes, *O direito aos lucros e o dever de participar nas perdas*, p. 531.

A DELIBERAÇÃO DE APLICAÇÃO DE RESULTADOS

dizer que deixa de ser um custo para a sociedade e passa a ser uma aplicação de resultados. Nem faria sentido que a fórmula de cálculo alterasse a natureza da retribuição. São gastos que contribuem para a construção do resultado.

Desta forma, entendemos que, quando esteja em causa o cumprimento de uma obrigação, contratual ou estatutária, deverá sempre ser considerado como um custo para a sociedade, a contribuir para a determinação do resultado, e não como uma aplicação deste[904]. Ainda que o seu cálculo seja efetuado a partir dos resultados apurados. Mas tal facto não transforma esses custos em aplicações de resultados. De resto, o mesmo sucede com os impostos sobre os lucros que a sociedade tem que liquidar e pagar. O seu valor depende, entre outros factores, do resultado do exercício, mas é um custo que a sociedade suporta e não uma aplicação de resultados[905].

Caso especial, neste contexto, é o da obrigação de partilha de lucros decorrente do contrato de associação em participação, como se referiu. De facto, com este contrato como que se cria entre a sociedade associante e o associado uma forma de sociedade entre ambas, o que justifica a partilha de lucros, que é a contrapartida da contribuição realizada pelo associado. Contudo, não obstante, e uma vez que decorre de uma obrigação contratual, entendemos que também nesta hipótese estamos face a um gasto e não a uma aplicação de resultados.

Outra situação diferente será quando a atribuição a terceiros seja efetuada por mera liberalidade, isto, sem que exista obrigação legal ou contratual que a imponha. Pressupomos que se trata de atribuições feitas a título de liberalidade que são admissíveis na medida em que são feitas com o fim último de incrementar os lucros no futuro. São assim as denominadas liberalidades interesseiras, que visam motivar administradores e trabalhadores, levando-os a identificarem-se com a sociedade e associando-os

---

[904] Nestes casos em que a participação nos lucros decorre de uma obrigação, legal ou contratual, deve admitir-se a possibilidade dos seus credores terem direito à prestação de contas pela sociedade, devendo poder recorrer às vias judiciais para que sejam determinados os lucros de determinado exercício – neste sentido, a propósito da participação dos trabalhadores nos lucros, cf. Júlio Gomes, *Direito do Trabalho*, p. 775.

[905] As provisões que a sociedade efetua podem também ser consideradas reservas, na medida em que retêm na sociedade o valor correspondente. Neste caso são reservas que constam do balanço, a fim de que este seja verdadeiro. Assim, não são uma aplicação de resultados, mas um custo que irá afetar (diminuir) o resultado – cf. G. Ripert/ R. Roblot, *Traité de Droit Commercial*, tomo I, vol. 2, p. 598.

APURAMENTO E APLICAÇÃO DE RESULTADOS

aos fins lucrativos desta. Ou no caso de atribuições a instituições de utilidade social, podem ser enquadradas no âmbito da responsabilidade social das empresas.

Nessas hipóteses, entendemos que se trata de situações que devem ser consideradas, em princípio, no âmbito dos poderes de gestão da sociedade[906].

De facto, trata-se de uma questão de aplicação dos recursos disponíveis, numa ótica de maximização dos resultados, que pode justificar esse tipo de atribuições, que devem competir à administração e não ao coletivo dos sócios[907]. Por outro lado, uma vez que se trata de liberalidades com interesse para a sociedade, não podem deixar de se considerar um gasto necessário à obtenção de lucros. Assim, entendemos que tais atribuições, ainda que reportadas a lucros, devem ser consideradas como custos da sociedade, que influenciam o resultado, e não como aplicações de resultado.[908]

Todavia, sempre que se trate de atribuições a terceiros, efetuadas pelos sócios no âmbito da aplicação de resultados, por espírito de liberalidade, e por decisão unânime, somos de opinião que pode e deve ser tratado como uma aplicação de resultados, como acima admitimos. Importa é que se trate de atribuições limitadas, moderadas, decididas pelos sócios por unanimidade, em espírito de liberalidade, interessada ou não.

Diferente é o caso da especial participação nos lucros dos promotores e fundadores, como vimos.

---

[906] Exceto nos casos em que, por determinação legal, tal competência é atribuída aos sócios, como sucede no caso de atribuições aos administradores. Tal fica, porém a dever-se às especiais circunstâncias dessa situação, pelo que entendemos que também estamos face a gastos e não a aplicações de resultados.

[907] Cf. Luís Correia Araújo, *A Participação dos trabalhadores nos lucros das sociedades comerciais*, p. 170, que refere o facto vantajoso de os administradores estarem sujeitos a deveres que não recaem sobre os sócios, designadamente, o dever de informação para a tomada de decisões, deveres de cuidado, de lealdade, entre outros, podendo ser mais facilmente responsabilizados no caso de decisões abusivas e contrárias ao interesse social.

[908] Esta opção tem importantes implicações fiscais, como demostra José Luis Vélaz Negueruela, *El resultado en las sociedades de capital*, p. 159 e ss. De facto, sendo um custo irá abater ao resultado líquido, que é a matéria coletável em IRC. Se for tratado como aplicação de resultados, tais verbas não são fiscalmente dedutíveis para efeitos de determinação do lucro tributável da sociedade.

## A DELIBERAÇÃO DE APLICAÇÃO DE RESULTADOS

## 2. Regras a que está sujeita a deliberação de aplicação de resultados
## 2.1. Obrigatoriedade da deliberação

Já vimos que a sociedade é obrigada a, anualmente, proceder ao apuramento dos resultados do exercício e à sua correspondente aprovação em assembleia geral de sócios. É uma regra que se justifica por motivos de boa organização interna mas que também se impõe por razões de natureza jurídica, económica, fiscal e contabilística.

Todavia, uma vez apurado o resultado torna-se necessário que a assembleia lhe dê um destino, não podendo o coletivo dos sócios abster-se de se pronunciar sobre tal matéria.

Nos termos da lei, a assembleia geral ordinária tem como finalidade aprovar as contas e a deliberação sobre a aplicação do resultado. Daí que pareça pacífico que tal deliberação é igualmente obrigatória. Isto é, apurados os resultados importa decidir sobre o seu destino, sobretudo no caso de se registarem resultados positivos[909]. E constitui uma obrigação da administração apresentar aos sócios uma proposta de aplicação de resultados, conjuntamente com a apresentação das contas[910]. Sendo uma deliberação dos sócios, é todavia essencial que a administração, tendo em conta a situação concreta da sociedade, possa indicar qual a proposta que a gestão considera adequada, respeitando as imposições legais e estatutárias. Certo é que, embora a assembleia não possa deliberar sobre as contas sem que as mesmas lhe tenham sido apresentadas para aprovação, já no que respeita à deliberação de aplicação de resultados, os sócios podem aprová-la mesmo sem proposta da administração[911].

---

[909] Cf. neste sentido, García-Moreno Gonzalo, *La posición del socio minoritario frente a la distribución de beneficios*, p. 966 e 967.

[910] Cf. Fernando Sánchez Calero, *La determinación y la distribución del beneficio neto en la sociedad anónima*, p. 105. De facto, o artigo 65º, nº 2, f), do CSC, estabelece que o relatório de gestão deve conter uma «proposta de aplicação de resultados devidamente fundamentada» e nos termos do artigo 376º, nº 1, do CSC, a assembleia geral deve reunir nos três meses seguintes ao encerramento do exercício para, além do mais, deliberar sobre a proposta de aplicação de resultados. E o nº 2 do mesmo artigo determina que o conselho de administração «deve apresentar as propostas e documentação necessárias para que as deliberações sejam tomadas».

[911] Em sentido contrário, considerando nula a deliberação de aplicação de resultados tomada sem prévia proposta da administração, cf. Fernando Sánchez Calero, *La determinación y la distribución del beneficio neto en la sociedad anónima*, p. 107. Todavia este autor admite que a assembleia possa alterar a proposta da administração, não estando, pois, limitada a aprovar ou rejeitar a proposta de aplicação de resultados, ao contrário do que sucede com as contas, como vimos.

APURAMENTO E APLICAÇÃO DE RESULTADOS

Igualmente não parece aceitável que a assembleia, deliberando sobre a aplicação de resultados, decida simplesmente não os distribuir, não lhes dando um destino concreto. É certo que nessa hipótese, bem como naquela em que ainda não exista qualquer deliberação, os resultados do exercício serão contabilizados em resultados transitados. Todavia, a não distribuição de lucros significa necessariamente a sua retenção na sociedade, sacrificando o direito dos sócios ao dividendo, sacrifício esse que pode até ser legítimo, como se viu já. Mas o que não parece razoável é que essa compressão do direito dos sócios seja feita sem que se explique a finalidade da destinação dos resultados pretendida. De outro modo ficaria irremediavelmente posto em causa o dever de fundamentação das deliberações tomadas pela assembleia geral, pois nesse caso estaríamos face a uma deliberação meramente arbitrária.

Para GARCÍA-MORENO GONZALO[912], os sócios, mesmo que aprovem uma deliberação de não distribuição do lucro distribuível, devem ter conhecimento do regime a que ficam afetas as reservas constituídas, pelo que deve haver uma deliberação pela positiva de afetação do resultado a determinado fim. Trata-se do dever de transmitir ao sócio uma informação mínima sobre as razões da retenção de lucros operada e do regime a que ficam sujeitos[913].

Nestes termos, a aplicação de resultados é uma deliberação que se deve entender como obrigatória e de carácter total, ou seja, que não deve deixar por aplicar nenhuma quantia dos resultados apurados. Não consideramos, deste modo, correta a prática de, após destinar a reservas os resultados que a lei ou o pacto determinam (reservas legais e estatutárias), relegar o remanescente para resultados transitados, como tantas vezes sucede na prática societária entre nós.[914]

## 2.2. A aplicação de resultados compete aos sócios

A aplicação dos resultados obtidos é indiscutivelmente um assunto que compete aos sócios. Cabe-lhes efetuar a ponderação dos interesses que

---

[912] Cf. *idem, ibidem*, p. 967.

[913] Em bom rigor, caso nada seja dito quanto às reservas constituídas com os lucros retidos, as mesmas serão sempre reservas livres ou facultativas. Daí que se possa dizer que os sócios não deverão ignorar o regime a que tais reservas ficam sujeitas. Mas de facto, a deliberação em si não é explícita, nem fundamentada (o que no nosso entendimento é mais grave).

[914] Neste sentido, cf. José Luis Vélaz Negueruela, *El resultado en las sociedades de capital*, p. 155.

A DELIBERAÇÃO DE APLICAÇÃO DE RESULTADOS

se confrontam e decidir o destino a dar aos resultados registados em cada exercício.

Não obstante ser da competência dos sócios, a aplicação de resultados envolve, por regra, todos os órgão sociais, o que revela a sua importância e complexidade. De facto, nos termos do artigo 65º, nº 2, f), do CSC, o relatório de gestão deve conter uma «proposta de aplicação de resultados devidamente fundamentada», como se disse[915]. Ora, a elaboração de tal relatório, e por consequência, a formulação da proposta de aplicação de resultados, compete antes de mais à administração, que deve apresentar esse relatório de gestão conjuntamente com as contas do exercício, de acordo com o que dispõe o artigo 65º, 1, do CSC.

Embora a lei não forneça indicação sobre os critérios que devem presidir à formulação de tal proposta (apenas impondo que a mesma seja «devida-mente fundamentada»), ela deverá ter em conta os interesses da sociedade, nomeadamente, a sua subsistência futura, bem como as disponibilidades da mesma para fazer face aos encargos decorrentes de algumas aplicações de resultados[916].

A proposta de aplicação de resultados, integrada no relatório de gestão, é posteriormente submetida à apreciação do conselho fiscal (artigo 420º, nº 1, g), ou do fiscal único (*ex vi* artigo 413º, nº 5), que para o efeito devem dar o seu parecer. O revisor oficial de contas da sociedade tem também que se pronunciar sobre a proposta de aplicação de resultados – artigo 451º, nº 2, ou artigo 453º, nº 2, ambos do CSC.

Nos termos do disposto no artigo 376º, nº 1, b), do CSC, compete à assembleia geral das sociedades anónimas deliberar sobre a proposta de aplicação de resultados[917]. O mesmo sucede nas sociedades por quotas, nos termos do artigo 246º, nº 1, e) e 263º, nº 1, ambos do CSC. Trata-se

---

[915] Apesar de formalmente integrada no relatório de gestão, a proposta de aplicação de resul-tados é autónoma, devendo haver lugar a votações separadas, do relatório e da proposta de aplicação de resultados, pois trata-se de duas questões diferentes. Sobre o relatório de gestão cf. *supra* ponto 1.2. do Capítulo II.

[916] Cf. Sánchez Calero, *La propuesta de distribución de beneficios*, p. 18. De facto, se é verdade que certas aplicações de resultados constituem meras operações contabilísticas (por exemplo, a constituição de reservas), já outras consubstanciam-se na constituição de direitos de crédito de terceiros em relação à sociedade, o que conduzirá a uma diminuição do património social.

[917] Uma vez aprovadas as contas do exercício – cf. *supra* ponto 2.3. do Capítulo II.

APURAMENTO E APLICAÇÃO DE RESULTADOS

de matéria que é sempre da competência do coletivo dos sócios, seja qual for o tipo de sociedade[918], cabendo-lhe definir o destino a dar ao resultado apurado. De facto, como vimos, o fim societário é a repartição pelos sócios dos resultados (quando positivos) registados pela sociedade. E ao contrário do que sucede com a deliberação sobre as contas, que os sócios apenas podem aprovar ou rejeitar, no que à aplicação de resultados respeita é admissível que os sócios aprovem uma aplicação de resultados diversa da que lhes foi proposta pela administração, mediante proposta apesentada na própria assembleia[919].

A atribuição aos sócios da competência para decidir sobre a aplicação do resultado é a regra observada em boa parte dos ordenamentos jurídicos europeus. É o que acontece em Espanha, França, Itália e Inglaterra, relativamente às sociedades anónimas e às sociedades de responsabilidade limitada.

Em Espanha, de acordo com o artigo 160. da *LSC*, também cabe à assembleia dos sócios (*"junta general"*) deliberar sobre a «aprovação das contas anuais, a aplicação do resultado do exercício e a aprovação da gestão societária». A deliberação de aplicação do resultado deve estar de acordo com o balanço aprovado, como se determina no artigo 273., uma vez que este é o pressuposto do qual aquela deliberação há de partir. Para tal efeito, a assembleia dos sócios deve reunir nos seis primeiros meses de cada exercício, em reunião ordinária, nos termos do artigo 164. do mesmo

---

[918] O mesmo se pode afirmar para os outros tipos de sociedades. No que se refere às SENC, por força do disposto nos artigos 189º, nº 3 do CSC. No que respeita às sociedades em comandita, regem-se pelo disposto para as SENC ou para as SA – artigos 474º e 478º, do CSC, consoante se trate de sociedade em comandita simples ou em comandita por ações, respetivamente. Do disposto no artigo 991º do CC pode deduzir-se ser também essa a opção do legislador para as sociedades civis. Importa, no entanto, sublinhar que o regime da aplicação de resultados é muito diferente nas sociedades civis ou nas SENC, por um lado, e nas SQ e SA, por outro. Na verdade, só nestas existe sempre capital social e a obrigação de constituir reservas, o que é o suficiente para lhes dar um cariz muito diverso – cf. Fernández del Pozo, *La aplicación de resultados en las sociedades mercantiles*, p. 38. Já as regras de elaboração das contas e de apuramento dos resultados são similares.

[919] Cf. neste sentido, Sánchez Calero, *La determinación y la distribución del beneficio neto en la sociedad anónima*, p. 107; Rafael Illescas Ortiz, *Derecho del socio al dividendo en la sociedad anónima*, p. 198 e José Carlos Vásquez Cueto, *La sociedad anónima: Las cuentas y la documentación contable de la sociedad anónima*, p. 262.

# A DELIBERAÇÃO DE APLICAÇÃO DE RESULTADOS

diploma. Trata-se de uma questão que é da competência exclusiva e inde-legável dos sócios[920].

Na Alemanha, no que respeita às sociedades anónimas, por regra é ao conselho fiscal (*Aufsichtsrat*) que compete a aprovação das contas elabo-radas pela administração (*Vorstand*). A assembleia apenas é chamada a aprovar as contas em duas hipóteses: quando o conselho de adminis-tração e o conselho fiscal o solicitem, ou quando o conselho fiscal rejeite as contas que lhe foram apresentadas pela administração[921]. Deste modo, se o conselho fiscal der parecer favorável às contas formuladas pela admi-nistração, as mesmas consideram-se aprovadas, como determina o § 172 da *AktG*.

Uma vez aprovadas as contas, cabe à administração levá-las à assem-bleia geral, para que esta possa decidir da aplicação de resultados. Só assim não será, como se compreende, nos casos em que compete aos próprios sócios a aprovação das contas. A aplicação de resultados, em qualquer caso, é matéria da competência da assembleia geral como determina o § 174, nº 1, da *AktG*[922].

Todavia, não obstante essa competência dos sócios, admite-se que, quando a aprovação das contas é decidida pela administração (direção) e pelo conselho fiscal, estes possam destinar a reservas voluntárias, até metade do lucro apurado, nos termos do disposto no § 58, nº 2, da *AktG*[923]. A finalidade destas reservas é o autofinanciamento da sociedade[924]. Desta forma, caso a administração exerça essa possibilidade, ficará limi-tada a margem de liberdade da assembleia para decidir da aplicação do resultado.

Em Itália, a assembleia que aprova o balanço toma também a delibe-ração de aplicação do resultado, nos termos do artigo 2433. do Código Civil italiano. Todavia, nas sociedades anónimas que adotem o modelo dualista,

---

[920] Cf. José Carlos Vásquez Cueto, *La sociedad anónima: Las cuentas y la documentación contable de la sociedad anónima*, p. 262.

[921] Como determina o § 173 da *Aktiengesetz*.

[922] No § 174 refere-se apenas à destinação dos lucros (*die Verwendung des Bilanzgewinns*), mas deve entender-se que se trata da aplicação de resultados (positivos ou negativos).

[923] Sendo certo que o pacto social pode aumentar a percentagem que pode ser destinada a reservas livres, desde que estas não ultrapassem metade do capital social.

[924] Cf. Friedrich Kubler, *Derecho de Sociedades*, p. 355.

APURAMENTO E APLICAÇÃO DE RESULTADOS

a aprovação das contas cabe ao conselho fiscal (*consiglio di sorveglianza*)[925], sendo então necessária a convocação de uma assembleia especialmente para a aprovação da proposta de aplicação do resultado, pois tal matéria é de competência dos sócios, mesmo nesse modelo, como resulta do artigo 2364-bis, nº 4, do mesmo Código[926].

Compreende-se que a distribuição de resultados seja uma competência dos sócios, pois não se pode considerar tal decisão como um ato de gestão ordinária na vida societária[927]. Na verdade, traduz-se, as mais das vezes, em decisões que afetam definitivamente o património societário, bem como a sua estrutura financeira. Daí que à administração caiba o apuramento do resultado e aos sócios a sua aplicação.

Contudo, esta não é uma solução universal, sendo especialmente relevante mencionar que o regime norte-americano se afasta deste sistema, atribuindo à administração a competência para decidir sobre a aplicação de resultados. Cabe aos administradores ponderar os diferentes interesses em presença, com base na ideia de que se está perante um ato de gestão, que em especial deve ter em conta as necessidades da própria sociedade. Em qualquer caso, e como é evidente, aos sócios cabe ajuizar da bondade da atuação dos administradores[928].

No caso português, o legislador não só atribuiu aos sócios a competência para deliberarem quanto à aplicação dos resultados como estabeleceu também o princípio de que não é possível distribuir quaisquer bens aos sócios (*maxime* lucros) sem que tal seja determinado por uma deliberação social. É certo que aplicação de resultados e distribuição de lucros são noções diferentes e não coincidentes, como vimos. Todavia, é inequí-

---

[925] De acordo com a alínea b) do artigo 2409-*terdecies*, do Código Civil italiano.

[926] Cf. Francesco Galgano, *Diritto Commerciale – Le Società*, p. 374.

[927] Cf. Fernández del Pozo, *La aplicación de resultados en las sociedades mercantiles*, p. 86.

[928] Esta repartição de competências é a que resulta do *Model Business Corporation Act*, bem como de diversas leis de sociedades de diferentes Estados – cf. Fernández del Pozo, *La aplicación de resultados en las sociedades mercantiles*, p. 85. Refira-se, a propósito, que o *Model Business Corporation Act*, apesar de não ser um texto legal mas apenas um modelo de texto legislativo, elaborado pelo *Committe on Corporate Law* da *American Bar Association*, tem grande relevo pela influência que exerce nas leis societárias dos diversos Estados dos EUA, tendo sido adotado, no todo ou em parte, por mais de 30 deles. A sua primeira versão é de 1946, mas foi sujeita a profunda alteração em 1984, tendo passado a ser designado por *Revised Model Business Corporation Act* – cf. Paulo de Tarso Domingues, *Variações sobre o Capital Social*, p. 108 e ss.

296

# A DELIBERAÇÃO DE APLICAÇÃO DE RESULTADOS

voco que, por norma, as aplicações de resultados se traduzem (não só, mas também) em distribuição de lucros.

Ora, dispõe o artigo 31º, nº 1, do CSC que, «[s]alvo os casos de distribuição antecipada de lucros e outros expressamente previstos na lei, nenhuma distribuição de bens sociais, ainda que a título de distribuição de lucros de exercício ou de reservas, pode ser feita aos sócios sem ter sido objeto de deliberação destes.» A regra é, pois, a de que não pode haver distribuição de lucros sem que tal tenha sido deliberado pelos sócios, excetuando-se apenas os casos «expressamente previstos na lei», como é o caso da distribuição antecipada de lucros.

Destas normas resulta um regime rigoroso e sistemático de atribuição de competência aos sócios para decidirem do destino a dar aos resultados apurados em cada exercício. Entende-se que a eles cabe a ponderação dos diferentes interesses em jogo, devendo o coletivo de sócios decidir qual o interesse social prevalecente, optando, nomeadamente, entre a atribuição de dividendos e o autofinanciamento. E entende-se que o interesse da sociedade é o que vier a resultar da regra democrática da maioria.

Daqui decorre, desde logo, que a distribuição de bens aos sócios, fora dos casos expressamente previstos, não pode ser decidida por outro órgão social, nomeadamente pela administração, tratando-se de matéria indelegável[929]. É uma matéria que compete aos próprios sócios, que daquela apenas receberão uma proposta sobre o destino a dar aos resultados apurados. Cabe, pois, à administração prover pela obtenção dos melhores resultados, isto é, dos maiores lucros; compete depois aos sócios decidir sobre o destino a dar aos resultados anualmente apurados[930].

Mas este princípio tem um outro alcance. Dele decorre também que a decisão de distribuição de lucros não pode ser tomada por um terceiro, estranho à sociedade[931].

---

[929] Cf. José Carlos Vásquez Cueto, *La sociedad anónima: Las cuentas y la documentación contable de la sociedad anónima*, p. 262.

[930] Vale a pena, de resto, referir que o gerente ou administrador que proceder à distribuição de bens aos sócios, sem deliberação destes, fica sujeito a uma pena de multa até 120 dias – cf. artigo 514º, nº 3, do CSC. Registe-se que o mesmo sucede se o gerente propuser à deliberação dos sócios uma distribuição ilícita de bens, de acordo com o nº 1 do mesmo artigo.

[931] Registe-se, contudo, que em França, até 1978, o *Code Civil* previa no artigo 1854 que a determinação da parte de cada sócio nos lucros pudesse ser confiada a um dos sócios ou a terceiro, nestes termos: *«Si les associés sont convenus de s'en rapporter à l'un d'eux ou à tiers pour le règlement des parts, ce règlement ne peut être attaqué s'il n'est évidemment contraire à l'équité»*. Esta norma havia sido

APURAMENTO E APLICAÇÃO DE RESULTADOS

A este propósito pode colocar-se a questão de saber se pode o Tribunal decidir da aplicação do resultado, nomeadamente quando for formulado um pedido judicial de distribuição de lucros, de tal forma que fosse o juiz a decidir o lucro a distribuir em determinado exercício. Tendemos a considerar que, em princípio, não poderá. O tribunal poderá, eventualmente, condenar a sociedade a deliberar sobre a aplicação de resultados, cumprindo a obrigação de distribuição de lucros, bem como condená-la a ressarcir o sócio prejudicado com a ausência de deliberação. Mas não poderá o tribunal proceder à aplicação de resultados da sociedade, por sentença que se substitua à vontade dos sócios.

CASSIANO DOS SANTOS, porém, sustenta que a deliberação de distribuição de lucros prevista no artigo 294º, nº 1, do CSC, «está totalmente determinada (pela lei, no nosso caso) e não depende de qualquer deliberação constitutiva, concretizadora ou sequer declarativa»[932]. Parte do princípio de que se trata de uma deliberação formal, na qual os sócios não possuem qualquer margem para definir o interesse social. Assim sendo, sustenta que é possível peticionar judicialmente a condenação da sociedade no pagamento de metade do lucro distribuível[933].

Todavia, pelo menos nas hipóteses em que inexiste qualquer deliberação de aplicação de resultados, não cremos que se possa dizer que a deliberação não é constitutiva, pois tal significaria que os sócios não possuíam nenhuma margem de liberdade para decidirem da aplicação de resultados. Ora, certo é que, apurado o resultado, os sócios podem deliberar livremente ou nada distribuir ou distribuir todo o lucro que seja susceptível de lhes ser entregue. O destino a dar aos lucros está inteiramente nas mãos da assembleia, uma vez que o critério de ponderação da decisão não é de mera legalidade, mas também envolve um juízo de oportunidade.

O que a lei impõe é que para determinado sentido da deliberação ser procedente carece de uma especial maioria. Mas, na ausência de uma deliberação não é possível saber qual o resultado da votação. Até porque uma

---

trazida do Direito romano, do *jus fraternitatis*, que presidia às relações entre os sócios – cf. G. Baudry-Lacantinerie/ Albert Wahl, *Traité Théorique et Pratique de Droit Civil*, vol. XXIII, p. 163. Para que tal fosse viável era necessária uma estipulação contratual expressa e a verificação das condições de que dependia a fixação do preço por terceiro no contrato de compra e venda. Cf. Amel Amer-Yahia, *Le Régime Juridique des Dividendes*, p. 83.

[932] Cf. Cassiano dos Santos, *A posição do accionista face aos lucros de balanço*, p. 104.

[933] No mesmo sentido, cf. Manuel António Pita, *Direito aos lucros*, p. 136.

# A DELIBERAÇÃO DE APLICAÇÃO DE RESULTADOS

sentença que condenasse a sociedade à distribuição de metade do lucro distribuível poderia pôr em causa o disposto no artigo 32º do CSC.

Refira-se, por último, que não carece de deliberação dos sócios a distribuição antecipada de lucros, distribuição esta que é consentida pela lei portuguesa[934] bem como pela generalidade dos sistemas jurídicos. Trata-se de uma hipótese expressamente prevista no nº 1 do artigo 31º, do CSC, sendo certo que não se pode considerar uma aplicação de resultados, pois ela efetua-se sem que existam resultados apurados[935].

## 2.3. Aprovação prévia das contas do exercício

A deliberação de aplicação do resultado só pode ser tomada pelos sócios após terem sido aprovadas as contas do exercício. Não obstante a aplicação de resultados constituir uma deliberação autónoma relativamente à aprovação do balanço, a primeira não pode existir sem a segunda[936]. Assim sendo, será nula a deliberação de aplicação de resultados que decida distribuir lucros que não constem de um balanço regularmente aprovado.

De facto, a lei não permite a distribuição de bens aos sócios, exceto no caso de haver lucros. E trata-se de uma norma que não pode ser afastada – nem pela vontade unânime dos sócios – uma vez que estão aqui em causa interesses de terceiros, nomeadamente de credores, razão pela qual tal deliberação será sempre nula[937].

Na mesma ordem de ideias, se posteriormente às deliberações de aprovação do balanço e de aplicação de resultados a primeira vier a ser anulada, fica também comprometida a subsequente aplicação de resultados, que se deverá considerar nula[938].

---

[934] Cf. artigo 297º, do CSC. Para que o adiantamento sobre lucros seja possível é, todavia, necessário que o contrato de sociedade o autorize. Sobre este assunto ver *supra* ponto 2.3. do Capítulo III.

[935] Como veremos melhor a seguir, cf. ponto 3.2. deste Capítulo.

[936] Trata-se, na verdade, como já vimos, de duas deliberações que têm naturezas e conteúdos diferentes – cf. António Caeiro / Nogueira Serens, *Direito aos lucros e direito ao dividendo anual*, p. 372 e 373 e Vasco da Gama Lobo Xavier, *Anulação de deliberação social e de deliberações conexas*, p. 491, nota 159.

[937] Cf. artigo 56º, nº 1, d), do CSC. Cf. Vasco da Gama Lobo Xavier, *Anulação de deliberação social e de deliberações conexas*, nota 160, p. 492.

[938] Cf. Vasco da Gama Lobo Xavier, *Anulação de deliberação social e de deliberações conexas*, p. 491. Como afirma este autor, «nestas circunstâncias, o conteúdo da deliberação que ordena a distribuição de lucros violaria normas cogentes do direito das sociedades» – *idem, ibidem*, nota 160, p. 492.

APURAMENTO E APLICAÇÃO DE RESULTADOS

Solução esta que está expressamente prevista no § 253, nº 1 da *AktG*. De facto, os sócios só têm direito a lucros revelados no balanço, sendo proibida a distribuição de lucros fictícios, sob pena de ficarem sem tutela os interesses dos credores. Seria uma forma de distribuição de bens sociais aos sócios que poderia pôr em causa a integridade do capital social. Porém, se a invalidade do balanço não contender com o resultado final, pode suceder que a sua anulação não afete a validade da deliberação de aplicação de resultados[939].

## 2.4. Respeito pela integridade do capital social

Não sendo essencial em todas as sociedades, nem sequer em todos os tipos de sociedades comerciais[940], pode porém dizer-se, com PAULO DE TARSO DOMINGUES, que, no âmbito do nosso sistema jurídico, nas sociedades anónimas o capital social é um elemento essencialíssimo, nelas desempenhando um papel central e insubstituível, determinante de todo o seu regime jurídico[941]. Isto é especialmente verdade no que à aplicação de resultados respeita.

---

[939] É o que sucede nos casos em que a deliberação de aprovação do balanço seja considerada inválida por razões formais ou por falta de clareza, por exemplo – cf. Lobo Xavier, *Anulação de deliberação social e de deliberações conexas*, p. 500.

[940] De facto, nas sociedades em nome coletivo em que todos os sócios contribuam com indústria não haverá capital social, pois neste não são computadas as contribuições em serviços – cf. artigo 178º, nº 1, do CSC. Daí que para este tipo societário não esteja previsto um capital social mínimo, nem se exija a indicação do seu valor no contrato de sociedade – artigo 9º, nº 1, f), do CSC. Nas SENC o capital social é um elemento meramente eventual.

[941] Paulo de Tarso Domingues, *Do capital social*, p. 25 e ss. O que se diz para as sociedades anónimas deve também afirmar-se para as sociedades por quotas. Esta centralidade do regime do capital social permanece nos dias de hoje, não obstante as críticas e as dúvidas que têm sido suscitadas, um pouco por todo o lado, relativamente à sua aptidão para desempenhar as funções que lhe são pedidas. Particularmente relevante neste sentido foram o Relatório *Winter* (de 4 de novembro de 2002, denominado "*A Modern Regulatory Framework for Company Law in Europe*", a que já nos referimos) e o subsequente plano de ação para a modernização do Direito societário europeu, da Comissão Europeia (Comunicação da Comissão 2003-284, ao Conselho e ao Parlamento Europeu, de 21 de maio de 2003, denominada "Modernizar o Direito das Sociedades e reforçar o governo das Sociedades na União Europeia – Uma estratégia de futuro") que preconizam o estudo sobre uma alternativa ao regime do capital social. Para mais desenvolvimento sobre a "crise" do capital social, cf. Paulo de Tarso Domingues, *Variações sobre o capital social*, p. 72 e ss. Não obstante, a reforma da denominada "Diretiva do Capital", operada pela Diretiva 2012/30/UE do Parlamento Europeu e do Conselho, de 25 de outubro de 2012, manteve inalterado, no essencial, o regime do capital social na União Europeia.

A DELIBERAÇÃO DE APLICAÇÃO DE RESULTADOS

O mesmo se pode afirmar para a generalidade dos sistemas jurídicos europeus, o que decorre da transposição para o ordenamento jurídico de cada Estado-Membro do disposto na Nova Diretiva do Capital[942]. Embora esta diretiva apenas vise regular o regime do capital social das sociedades anónimas, certo é que em muitos países acabou por ser aplicada também às sociedades por quotas[943]. Muito diferente é o regime norte-americano, em que praticamente não existe a noção de capital social (*stated capital*)[944].

Antes de mais, cabe referir que a própria determinação dos resultados não prescinde da cifra do capital social[945]. O valor deste é que permite, a cada momento, aferir dos resultados que a sociedade vai obtendo, pois só a comparação entre o valor do capital social e o valor do património líquido nos permite afirmar se existe um ganho acumulado ou uma perda. O capital social funciona, pois, como o ponto fixo que nos permite fazer a medição dessa realidade em permanente alteração que é o património líquido. O lucro será a expressão do aumento do património inicial, o qual corresponde ao capital social. Pelo contrário, se o património líquido é inferior ao valor que os sócios afetaram ao exercício da atividade social e que corresponde ao capital social, tal não pode ter outro significado se não que a sociedade teve prejuízos[946].

Há, porém, outra vertente do capital social que tem um relevo muito importante na aplicação de resultados. É que este constitui um

---

[942] Como já dissemos *supra*, a usualmente denominada "Diretiva do Capital" ou "Segunda Diretiva", é a Diretiva 77/91/CEE do Parlamento Europeu e do Conselho, de 13 de dezembro de 1976, que, após diversas alterações foi revogada e substituída pela Diretiva 2012/30/UE do Parlamento Europeu e do Conselho, de 25 de outubro de 2012.

[943] Cf. Paulo de Tarso Domingues, *Variações sobre o capital social*, p. 122.

[944] Cf. Paulo de Tarso Domingues, *Variações sobre o capital social*, p. 108 e ss.

[945] Cf. Ferrer Correia, *Lições de Direito Comercial*, vol. II, p. 222 e Paulo de Tarso Domingues, *Do capital social*, p. 248.

[946] Esta é a chamada função de avaliação da situação económica da sociedade que o capital social tem, e que é importante tanto para os sócios como para terceiros – cf. Paulo de Tarso Domingues, *Do capital social*, p. 248, nota 926. Contudo, tem que ser entendida com alguma relatividade. Desde logo, porque o capital social pode não corresponder exatamente ao valor das entradas (porque, por exemplo, poderá haver bens em espécie que valham mais do que o valor que lhes foi atribuído no ato constitutivo da sociedade) e depois porque podemos estar a comparar valores que não são comparáveis, nomeadamente quando se comparam valores relativos a momentos muito distantes entre si no tempo. Quanto a este último aspeto, cf. Paulo de Tarso Domingues, *Do capital social*, p. 248, nota 928.

## APURAMENTO E APLICAÇÃO DE RESULTADOS

limite à distribuição de bens aos sócios, por aplicação do princípio da intangibilidade do capital social. Este princípio, que é «um dos princípios fundamentais na disciplina jurídica do capital social»[947], verdadeira «regra de ouro» da aplicação de resultados[948], visa antes de mais a proteção dos credores contra atos de disposição da sociedade em relação aos sócios.

Na verdade, nas sociedades de capital, em que os sócios não respondem pelas dívidas sociais, apenas o património societário constitui uma garantia para terceiros. Ora, com esta regra de conservação do capital social, o que se pretende é proibir que o valor que os sócios afetaram à empresa social (aquando da constituição da sociedade ou posteriormente) não possa ser distribuído pelos mesmos[949]. Por outras palavras, apenas se permite a distribuição de lucros.

No fundo, o que se pretende é que não se distribuam pelos sócios bens que possam pôr em perigo a subsistência da sociedade, presumindo-se que a cobertura do capital social assegura tal desiderato[950], o que pode não ser verdade, como facilmente se constatará. Até porque, tal não significa a existência de liquidez que permita a satisfação dos compromissos que recaem sobre a sociedade. Todavia não se pode ignorar que os terceiros, nomeadamente credores, podem confiar que a sociedade possua um património de valor próximo do valor do seu capital social, valor este que eles podem facilmente conhecer[951].

O capital social constitui, deste modo, uma cifra de retenção, como se fosse um dique, que apenas deixa passar a água quando o seu nível supera a altura do muro[952]. Ou seja, apenas admite a distribuição de bens aos

---

[947] Paulo de Tarso Domingues, *Do capital social*, p. 132.

[948] Cf. Fernández del Pozo, *La aplicación de resultados en las sociedades mercantiles*, p. 163.

[949] Esta regra terá sido consagrada legislativamente pela primeira vez no Estado de Nova Iorque, em 1825, na denominada "*New York Business Corporation Law*", que estabelecia que apenas eram distribuíveis bens aos sócios «quando o valor do activo seja superior ao valor do passivo somado com o valor do *stated capital*» – cf. Paulo de Tarso Domingues, *Variações sobre o capital social*, p. 111.

[950] Cf. Fernández del Pozo, *La aplicación de resultados en las sociedades mercantiles*, p. 199.

[951] Contudo, esta regra não garante a existência de um património capaz de assegurar a cobertura do capital social. Apenas garante que se ele não existe, tal não se deve a uma distribuição de bens aos sócios mas a perdas de exploração da empresa social. E nem mesmo o regime da perda grave, previsto no artigo 35º do CSC, o garante.

[952] Cf. Paulo de Tarso Domingues, *Capital e património sociais, lucros e reservas*, p. 147.

A DELIBERAÇÃO DE APLICAÇÃO DE RESULTADOS

sócios quando e na medida em que, o património líquido seja superior ao capital social acrescido das reservas indisponíveis. É o regime que consta do artigo 17º da denominada Diretiva do Capital[953] e que se encontra vertido no artigo 32º do CSC. De acordo com esta norma, «não podem ser distribuídos aos sócios bens da sociedade quando a situação líquida desta, tal como resulta das contas elaboradas e aprovadas nos termos legais, for inferior à soma do capital e das reservas que a lei ou o contrato não permitem distribuir aos sócios ou se tornasse inferior a esta soma em consequência da distribuição».

Nos termos da lei, todas as distribuições de bens aos sócios[954] são ilícitas se colocam em causa a integridade do capital social, isto é, a sua cobertura pelo património líquido. De tal forma que, a fim de assegurar tal intangibilidade do capital social, a lei impõe aos gerentes e administradores a obrigação de não cumprirem quaisquer deliberações sociais sempre que tenham fundadas razões para admitir que o seu cumprimento poria em causa o referido princípio.

Assim, determina o artigo 31º, nº 2, do CSC, que os membros da administração não devem dar sequência às deliberações dos sócios que contendam com tal regra, nomeadamente em três situações: quando a deliberação social não tenha respeitado a integridade do capital social; quando tendo-a respeitado, no momento da sua execução, tivesse como consequência violar o disposto no artigo 32º; e, por último, quando a deliberação dos sócios se tenha baseado em contas viciadas e cuja correção tornaria ilícita a distribuição de lucros.

Especial sublinhado deve fazer-se relativamente à hipótese de deliberação válida seguida de alteração superveniente das circunstâncias[955]. Mesmo neste caso, em que a deliberação em si mesma é inatacável, o

---

[953] Nos termos do nº 1 do artigo 17º da Nova Diretiva do Capital (2012/30/UE) «Excetuando casos de redução do capital subscrito, nenhuma distribuição pode ser feita aos acionistas sempre que, na data de encerramento do último exercício, o ativo líquido, tal como resulta das contas anuais, for inferior, ou passasse a sê-lo por força de uma tal distribuição, à soma do montante do capital subscrito e das reservas que a lei ou os estatutos não permitem distribuir.»

[954] Apenas se aplica às distribuições de bens (dinheiro ou espécie) aos sócios enquanto tais, não vedando, pois a entrega de bens aos sócios quando estes se apresentem como terceiros, titulares de direitos extra-corporativos – cf. Paulo de Tarso Domingues, *Código das Sociedades Comerciais em Comentário*, vol. I, p. 480.

[955] Isto é, a ocorrência de prejuízos que determinem a inferioridade do património líquido face ao valor do capital social acrescido das reservas indisponíveis.

APURAMENTO E APLICAÇÃO DE RESULTADOS

legislador quis levar a proteção da integridade do capital social mais longe, impondo aos gerentes e administradores a obrigação de não darem execução a uma deliberação válida dos sócios, se, atentas as circunstâncias, ela for suscetível de tocar no património necessário à cobertura do capital social. Neste caso, a execução da deliberação deverá ficar suspensa até que sejam reunidas as condições que permitam a sua execução sem afetar o capital social[956].

Igualmente revelador do cuidado do legislador na proteção da integridade do capital social é o disposto no nº 4, do artigo 31º, do CSC. Aí se determina a proibição dos membros da administração de procederem à distribuição de reservas ou lucros baseada em deliberação social de aprovação de balanço ou de distribuição de reservas ou de lucros do exercício, quando a sociedade tenha sido citada em processo judicial que vise a anulação de tais deliberações[957]. Ou seja, a mera citação da sociedade, em tal caso, provoca uma imediata suspensão da execução de deliberações sociais que direta ou indiretamente nelas se fundem, acabando por ter os mesmos efeitos que uma providência cautelar de suspensão de deliberação social. Atenta a gravidade da situação causada, a lei constitui os autores da ação na obrigação solidária de indemnizarem os outros sócios pelos prejuízos decorrentes do atraso no recebimento dos lucros, no caso de a ação ser julgada improcedente e tendo aqueles litigado «temerariamente ou de má fé» – artigo 31º, nº 5, do CSC[958].

Representando o capital social o limite para a distribuição de bens aos sócios, compreende-se que o legislador rodeie a redução do capital social de especiais garantias. Na verdade, qualquer redução do capital social não deixa de significar uma diminuição da garantia que esta cifra representa para os credores sociais. É por essa razão que, até à alteração legislativa de 2007, sempre que a redução do capital social tivesse como consequência

---

[956] Cf. Cassiano dos Santos, *O direito aos lucros no Código das Sociedades Comerciais*, p. 190.

[957] Refira-se, a propósito, que tal ação de anulação da deliberação social deve ser proposta no prazo de 30 dias a contar, por regra, da data do encerramento da assembleia geral – artigo 59º, nº 2, do CSC.

[958] Regime semelhante ao previsto no artigo 456º do Código de Processo Civil (CPC) para a litigância de má fé. Mas este regime do CSC tem uma função indemnizatória do lesado, enquanto o regime adjetivo, do CPC, é fundamentalmente norteado pelo interesse de assegurar condições para uma justiça efetiva, pelo que neste se prevê, para além de uma indemnização à parte contrária, a aplicação de multa a favor do Estado.

## A DELIBERAÇÃO DE APLICAÇÃO DE RESULTADOS

a devolução de bens aos sócios[959], carecia de autorização judicial, que não seria concedida se a situação líquida não ficasse a exceder o capital reduzido em pelo menos 20% (artigo 95º, n.ºs 1 e 2, do CSC). Este regime foi, todavia, alterado pelo DL nº 8/2007, de 17 de janeiro, que dispensou agora a necessidade de autorização judicial para a redução do capital social, seja ele de que modalidade for, de acordo com a nova redação do artigo 95º do CSC.

Mesmo a redução do capital social para cobertura de prejuízos, isto é, a chamada redução nominal do capital social, não é isenta de perigos potenciais para os credores[960]. Na verdade, por um lado, com a redução do capital social a distribuição de lucros torna-se mais fácil, na medida em que diminui o montante da cifra de retenção. Por outro lado, diminui também o limite a partir do qual deixa de haver a obrigação legal de reforçar a reserva legal[961]. Ora, no sentido de conceder alguma proteção aos credores, a lei faculta-lhes a possibilidade de requererem judicialmente que a distribuição de reservas disponíveis ou dos lucros do exercício seja proibida ou limitada[962], durante determinado período – artigo 96º, nº 1. Acresce que, a partir do momento em que a sociedade tenha conhecimento de requerimento apresentado por algum credor fica, desde logo, proibida de efetuar qualquer distribuição de bens aos sócios – artigo 96º, nº 3, do CSC.

Refira-se, a este propósito, que quer a lei alemã, quer a lei espanhola de sociedades anónimas, estabelecem determinadas limitações à aplicação de resultados após a redução do capital social[963]. Assim, de acordo com o § 233, nº 1, da *AktG*, a distribuição de resultados, na sequência da redução do capital social, está dependente da constituição de uma reserva legal

---

[959] O que sucederá, nomeadamente, quando a redução vise dispensar os sócios da realização das entradas em falta ou em caso de amortização de participações sociais, ou no caso de capital exuberante.

[960] Até 2007, a redução do capital social apenas estava dispensada de autorização judicial, nos termos do artigo 95º, nº 3, do CSC, se «for apenas destinada à cobertura de perdas». A *AktG* prevê expressamente que, na eventualidade da redução ter sido maior do que as perdas exigiam, a diferença fique sujeita a reserva de capital – cf. § 232.

[961] Pois nos termos do artigo 295º, nº 1, do CSC, é necessário constituir uma reserva legal até que esta represente a quinta parte do capital social.

[962] Exceto se o crédito em causa for satisfeito ou adequadamente garantido – artigo 96º, nº 1, *in fine*.

[963] Cf. Fernández del Pozo, *La aplicación de resultados en las sociedades mercantiles*, p. 215 e ss.

APURAMENTO E APLICAÇÃO DE RESULTADOS

correspondente a 10% do capital social. Acresce que, nos dois anos subsequentes à redução, a sociedade apenas pode pagar um dividendo superior a 4% se as dívidas anteriores à redução estiverem pagas ou garantidas – nº 2 do mesmo § 233 da *AktG*[964].

A *LSC* espanhola, na esteira do regime alemão, exige também, para que a sociedade, após a redução do capital social, possa repartir lucros, que a reserva legal alcance 10% do capital social agora reduzido, como decorre do disposto no seu artigo 326., que determina que «*[p]ara que la sociedad pueda repartir dividendos una vez reducido el capital será preciso que la reserva legal alcance el diez por ciento del nuevo capital.*»

Ainda no que respeita à importância decisiva do capital social na aplicação de resultados não se pode deixar de referir que, por regra, a distribuição de lucros entre os sócios se efetua proporcionalmente à sua participação no capital social[965]. Ou seja, é a medida da participação do sócio no capital social que determina, em princípio, o cálculo do seu quinhão nos lucros. Na verdade, a determinação dos direitos e obrigações dos sócios faz-se por referência ao capital social, salvo cláusula contratual em contrário. Assim se pode dizer que o capital social também desempenha, nas relações internas da sociedade, a função de determinação da posição jurídica do sócio[966].

## 2.5. Igualdade de tratamento entre sócios

O CSC não contém uma consagração expressa do princípio da igualdade entre os sócios. Encontramos, porém, uma consagração expressa deste princípio na Nova Diretiva do Capital[967], que no seu artigo 46º determina que «[p]ara a aplicação da presente diretiva, as legislações dos Estados-Membros devem garantir um tratamento igual aos acionistas que se encontrem em condições idênticas». O seu alcance é, porém, limitado pelo alcance da Diretiva: o regime do capital social.

---

[964] Cf. Friedrich Kubler, *Derecho de Sociedades*, p. 368 a 371.

[965] Ver *supra* ponto 2.2.1. do Capítulo III.

[966] Cf. Paulo de Tarso Domingues, *Do capital social*, p. 259 e ss, Ferrer Correia, *Lições de Direito Comercial*, vol. II, p. 223. Acresce que, por regra, os direitos dos sócios (direito de voto, certos direitos à informação, entre outros), dependem diretamente da sua participação no capital social.

[967] Atualmente, Diretiva 2012/30/UE, como já dissemos.

Também o § 53a da *AktG* estipula que, em igualdade de circunstâncias, os acionistas devem ser tratados de forma equivalente[968]. Em Espanha, a *LSC* consagra também expressamente este princípio no artigo 97, em que se estabelece que «*La sociedad deberá dar un trato igual a los socios que se encuentren en condiciones idénticas*». O mesmo sucede em Itália, consagrando o artigo 2348 do *Codice Civile*, no âmbito das sociedades anónimas, o princípio de que «*[l]e azioni devono essere di uguale valore e conferiscono ai loro possessori uguali diritti.*»

Em Portugal, apesar de não haver no CSC uma referência expressa ao princípio da igualdade entre os sócios, ele não pode deixar de ser considerado uma regra estruturante do nosso Direito societário, há muito aceite e com efetiva consagração em variadas disposições legais, a propósito dos mais diversos assuntos[969]. Ora, um dos casos em que ele deve ter efetiva aplicação é no que respeita às regras a observar na aplicação de resultados.

Importa, contudo, ter presente que neste âmbito societário vigora o princípio da liberdade contratual pelo que o princípio da igualdade terá fundamentalmente aplicação na definição pelo legislador do regime supletivo de cada tipo societário. Daí que se possa dizer, com ANTÓNIO PEREIRA DE ALMEIDA, que «o princípio da igualdade de tratamento começa onde acabam os estatutos»[970]. É o corolário do primado da liberdade contratual.

Porém, nem todas as estipulações dos sócios, que afastem a regra da igualdade, são válidas. Veja-se o exemplo da proibição do pacto leonino: o princípio da igual participação nos lucros e perdas pode ser afastada pelos sócios, contanto que não se caia numa situação de tal forma desequilibrada que se possa qualificar como um pacto leonino[971]. Relevante é que o desi-

---

[968] Esta norma da *AktG* foi introduzida em 1978, mas desde sempre se considerou este princípio como vinculante – cf. Friedrich Kubler, *Derecho de Sociedades*, p. 307.

[969] Neste sentido, cf. Coutinho de Abreu, *Curso de Direito Comercial*, vol. II, p. 214 e ss que fundamenta este princípio da igualdade no imperativo de lealdade societária e no princípio da justiça distributiva. De acordo com este autor, para além de diversas referências implícitas (como no artigo 22º, nº 1, que consagra a regra da participação nos lucros e nas perdas em função da participação no capital), o CSC consagra explicitamente este princípio nos artigos 213º, nº 4; 321º; 344º, nº 2 e 346º, nº 3. Cf. também Paulo Olavo Cunha, *Direito das Sociedades Comerciais*, p. 99 e ss.

[970] Cf. António Pereira de Almeida, *Sociedades Comerciais*, p. 117.

[971] Cf. António Pereira de Almeida, *Sociedades Comerciais*, p. 119.

APURAMENTO E APLICAÇÃO DE RESULTADOS

gual tratamento tenha um fundamento objetivo e não seja arbitrária ou não fundada no interesse social, comum a todos os sócios[972], pois a própria lei consente na criação de direitos especiais[973].

Em todo o caso, no contrato de sociedade, como contrato associativo que é, a igualdade ou equilíbrio das prestações possui uma feição própria, pois não se trata de as prestações dos diferentes sócios serem iguais mas de existir um equilíbrio entre a contribuição de cada sócio e os direitos que lhe são conferidos. De facto, estamos perante um contrato de tipo associativo, que tem características próprias, diferentes dos contratos comutativos ou sinalagmáticos[974].

No contrato de sociedade o que satisfaz o interesse de cada contraente não são as prestações dos outros, mas a sua participação no resultado final do contrato. Como refere FERRER CORREIA, a «*relação sinalagmática constitui-se, pois, não entre as singulares prestações mas entre a prestação de cada sócio e a sua participação no resultado da exploração da empresa comum*»[975].

Em consequência, o interesse de cada parte é comum ao das outras, pois todas pretendem comungar do resultado final, pelo que estamos perante contratos de escopo comum. Todas as prestações se dirigem no mesmo sentido, procurando a mesma finalidade, independentemente de cada parte ter o seu próprio fim último[976]. As prestações que cada uma efetua existem em razão desse escopo comum.

Não há, pois, necessidade de as prestações de cada parte terem um valor aproximadamente equiparável, pois a prestação de cada uma não é contraprestação da outra. Decisivo é que exista um equilíbrio entre a prestação e as contrapartidas que do contrato resultem para cada uma.

Por outro lado, a igualdade de tratamento deve ser aferida mais por cada participação social, atomisticamente considerada, do que pelos seus titulares, como salienta PAULO OLAVO CUNHA. Na verdade, este prin-

---

[972] Cf. Coutinho de Abreu, *Curso de Direito Comercial*, vol. II, p. 216.

[973] Cf. artigo 24º do CSC. Estes direitos especiais podem ser de natureza patrimonial ou não patrimonial e só podem ser criados por estipulação contratual.

[974] Sobre as características dos contratos associativos e o seu confronto com os contratos comutativos ver o nosso *Contrato de consórcio*, p.159 e ss.

[975] Cf. Ferrer Correia, *Lições de Direito Comercial*, vol. II, p. 53.

[976] Este fim último, que levou cada uma das partes a contratar, pode, evidentemente, ser diferente para cada uma, e neste aspeto podem ser conflituantes e contraditórios entre si. Mas harmonizam-se no acordo alcançado entre todas as partes. Cf. Ferrer Correia, *Lições de Direito Comercial*, vol. II, p. 52.

A DELIBERAÇÃO DE APLICAÇÃO DE RESULTADOS

cípio deve ser aferido «*relativamente a cada participação social individualmente considerada e não relativamente à posição que, em concreto, para o acionista possa decorrer por ser titular de um maior ou menor número de participações*»[977]. Pode, pois, com propriedade falar-se em igualdade entre as ações[978].

No âmbito da aplicação de resultados ganham especial relevo as regras do CSC previstas nos artigos 22º (participação nos lucros e perdas), 24º (direitos especiais), 58º (deliberações anuláveis) e 321º (aquisição e alienação de ações próprias). De referir que o CVM consagra expressamente o princípio da igualdade nos artigos 15º, 112º e 197º, referente aos valores mobiliários (como é o caso das ações), determinando que as sociedades abertas devem assegurar o tratamento igual aos titulares dos valores mobiliários por ela emitidos, que pertençam a uma mesma categoria.

A deliberação sobre aplicação dos resultados deve, pois, respeitar o princípio da igualdade de tratamento dos sócios, nos termos da lei e do contrato. Quando assim não suceda a deliberação será anulável, nos termos do artigo 58º, nº 1, a) ou b), do CSC[979].

Porém, se se tratar de uma deliberação que determine a exclusão de um sócio da partilha dos lucros, tal deliberação deve ser julgada nula, por força do disposto no artigo 56º, nº 1, d). De facto, nem por vontade unânime dos sócios tal princípio, da não exclusão do lucro pode ser afastado, como se pode depreender do disposto no artigo 22º do mesmo código[980].

## 2.6. Distribuição de dividendos em dinheiro ou em espécie

Ninguém questiona que os lucros finais podem ser distribuídos em espécie, possibilidade que expressamente consta do artigo 156º, nº 1, do CSC, desde que prevista no pacto ou objeto de deliberação unânime. Quanto aos lucros do exercício já se colocam mais dúvidas, não sendo essa a tradição larga-

---

[977] Cf. Paulo Olavo Cunha, *Direito das Sociedades Comerciais*, p. 100.

[978] Por regra, pois sabemos que podem ser criadas ações privilegiadas e ações diminuídas. Cf. neste sentido Ripert/ Roblot, *Traité de Droit Commercial*, tome I, vol. 2, p. 602.

[979] Cf. Coutinho de Abreu, *Curso de Direito Comercial*, vol. II, p. 217. Assim sendo, se a deliberação não for anulada por quem para tal está legitimado, no prazo de 30 dias (artigo 59º, nº 2, do CSC), o vício fica sanado.

[980] Se aquando da constituição da sociedade, e portanto por unanimidade, tal exclusão não pode ser consagrada, não será também possível o mesmo resultado por deliberação social, ainda que de todos os sócios. E não pode, nesse caso, a invalidade da deliberação ficar dependente da iniciativa do sócio preterido, atentas as mesmas razões que ferem de nulidade o pacto leonino.

mente seguida e o sentido para que aponta, por exemplo, o artigo 34º, nº 1, do CSC, quando se refere a "importâncias", a propósito da restituição de lucros recebidos ilegalmente. Daí que se possa considerar que o pagamento dos lucros em dinheiro constitui um uso ou mesmo um costume[981], ou que é a situação normal e tendencial[982].

Não haverá dúvidas quanto à admissibilidade do pagamento em espécie, quando este estiver previsto no pacto social ou seja objeto de deliberação unânime dos sócios, como sucede na partilha do lucro final. Nestes casos, os sócios não são surpreendidos com o pagamento em espécie e não há razões para, à partida, impedir uma forma de distribuição de bens aos sócios por eles aceite. Importa, no entanto, que algumas cautelas sejam tomadas[983]. Todavia, no caso de cláusula estatutária, os sócios quando a adotam desconhecem os bens em concreto a partilhar – ao contrário do que sucede aquando da deliberação tomada na liquidação – pelo que importa que seja prevista a forma de partilha com a «extensão mínima indispensável para ser exequível, sem o que terá se ser considerada ineficaz»[984].

De facto, mesmo que exista cláusula contratual que o preveja, importa que os bens entregues aos sócios tenham uma liquidez razoável, que

---

[981] Cf. Coutinho de Abreu, *Curso de Direito Comercial*, vol. II, p. 474.

[982] Cf. Fátima Gomes, *O direito aos lucros e o dever de participar nas perdas nas sociedades anónimas*, p. 284. Esta autora refere também o artigo 134º, nº 2, ), do Código dos Valores Mobiliários que prevê o pagamento de dividendos sobre a forma de ações, nas ofertas públicas de valores mobiliários.

[983] Na doutrina portuguesa, se há unanimidade no que se refere à ideia da admissibilidade da entrega de bens em espécie, já o mesmo não sucede quanto às condições a que tal entrega deve estar sujeita. De facto, para Raúl Ventura, a forma natural da partilha é em dinheiro, devendo os liquidatários reduzir a dinheiro o ativo residual, exceto quando outra for a vontade dos sócios – cf. *Dissolução e Liquidação de Sociedades*, p. 350 e 398. Para Fátima Gomes, (*idem, ibidem*, p. 285) apenas é admissível a distribuição de lucros em espécie quando autorizada pelo pacto social. Para Coutinho de Abreu (*idem, ibidem*, p. 474) a admissibilidade de tal situação dependerá de previsão estatutária ou de deliberação unânime. Já Paulo de Tarso Domingues, *Variações sobre o capital social*, p. 312 e ss, admite de forma ampla o pagamento em espécie, entendendo que cabe ao órgão de administração decidir sobre o meio de pagamento mais adequado para a sociedade, uma vez que se trata de matéria de gestão, podendo ser conveniente a entrega de bens em espécie quando, por exemplo, a sociedade não dispõe de liquidez para efetuar o pagamento dos dividendos deliberados em dinheiro. De todo o modo, esta entrega deve ser aceite pelo sócio, que deverá não só aceitar receber em espécie, como o valor atribuído aos bens que lhe são entregues.

[984] Cf. Raúl Ventura, *Dissolução e Liquidação de Sociedades*, p. 400.

permita a sua conversão em dinheiro sem grandes dificuldades ou perda de valor[985], e que seja aplicado um critério igual para todos os sócios[986].

A distribuição de bens em espécie aos sócios suscita, porém, a questão da sua avaliação, ponto essencial para todas as partes envolvidas. Parece claro que os bens a entregar não podem ser simplesmente tomados em conta pelo seu valor contabilístico, isto é, pelo valor com que figuram no balanço. Se assim fosse poderia dar-se o caso de se proceder, na prática, à distribuição de reservas ocultas, quando o bem tivesse um valor real superior ao valor do balanço, situação que a lei não consente[987]. A solução deve pois ser a de avaliar os bens pelo seu valor de mercado, ou valor real, como sustenta a doutrina entre nós[988].

Parece-nos, contudo, que esta avaliação dos bens entregues em espécie deve ser acompanhada do parecer de um ROC, sem interesses na sociedade, à semelhança do que sucede na entrega pelos sócios de bens em espécie, de acordo com o artigo 28º do CSC. De facto, não estão aqui em causa apenas os interesses dos sócios, mas também os dos credores da sociedade, salvaguardando-se que não há entregas de bens aos sócios em prejuízo dos credores ou em prejuízo de algum sócio, o que só pode ser assegurado por uma avaliação independente. Apenas deverá ser dispensada esta avaliação externa quando se trate de bens com cotação oficial, como sucede com as ações cotadas.

As diversas diretivas da União Europeia sobre sociedades são omissas quanto à distribuição de dividendos em espécie. Mas é frequente encontrar países que permitem, expressamente ou por interpretação doutrinal e jurisprudencial, tal distribuição.

---

[985] Cf. Fátima Gomes, *O direito aos lucros e o dever de participar nas perdas nas sociedades anónimas*, p. 285.

[986] Cf. Coutinho de Abreu, *Curso de Direito Comercial*, vol. II, p. 476. Não sendo imprescindível que os bens sejam iguais, importa sobretudo que o critério de avaliação seja idêntico. Para obstar a estas dificuldades, é normal que o pagamento seja efetuado com bens fungíveis, como ações cotadas ou obrigações.

[987] Cf. artigo 33º, nº 3, do CSC que estabelece que as reservas «cuja existência e cujo montante não figuram expressamente no balanço não podem ser utilizadas para distribuição aos sócios».

[988] Neste sentido, Coutinho de Abreu, *Curso de Direito Comercial*, vol. II, p. 476; Fátima Gomes, *O direito aos lucros e o dever de participar nas perdas nas sociedades anónimas*, p. 286 e 285 e Paulo de Tarso Domingues, *Variações sobre o capital social*, p. 314.

Assim, em Espanha, na falta de norma especial na *LSC*[989], tem sido entendido pela doutrina que a distribuição de dividendos em espécie, ainda que deliberada pela assembleia, carece do consentimento de cada sócio[990]. Em França, o *Code de Commerce* (artigo L 232-18) prevê expressamente a possibilidade das sociedades anónimas estabelecerem no pacto social, em alternativa ao pagamento em numerário, o pagamento dos dividendos em ações, o qual deve ser efectuado simultaneamente a todos os sócios e aceite por cada um deles[991]. Na Alemanha, é em princípio aceite o pagamento em espécie, apesar de não existir norma legal expressa[992]. No Reino Unido, o pagamento de dividendos em espécie está previsto na lei e é geralmente aceite, especialmente no caso do pagamento em ações[993].

Por último, importa referir o seguinte. É certo que em tese geral, uma das formas de extinção de uma obrigação é a dação em pagamento, nos termos do disposto nos artigos 837º e ss do Código Civil. Todavia, esta possibilidade coloca-se num plano diverso. Uma situação (que é a que estamos aqui a analisar) é a possibilidade de os sócios deliberarem a distribuição de lucros em espécie; outra, bem diversa, consiste em saber se a dívida correspondente aos dividendos deliberados pode ser paga aos sócios em espécie, em dação em pagamento. Esta segunda situação deverá depender de acordo entre a sociedade (por meio do seu órgão de administração) e o sócio, como é regra na dação em pagamento[994].

### 2.7. Restituição do que for indevidamente recebido a título de lucros

Como vimos, a lei estabelece regras para a distribuição de bens aos sócios. Determina inclusive que, ainda que uma distribuição ilícita seja delibe-

---

[989] O art. 276. da *LSC* refere apenas que «*En el acuerdo de distribución de dividendos determinará la junta general el momento y la forma del pago.*»

[990] Cf. Francisco Vicent Chuliá, *Introducción al derecho mercantil*, p. 503 e José Luis Vélaz Negueruela, *El resultado en las sociedades de capital*, p. 285.

[991] Cf. Ripert/ Roblot, *Traité de Droit Commercial*, tome I, vol. 2, p. 606.

[992] Cf. Fátima Gomes, *O direito aos lucros e o dever de participar nas perdas nas sociedades anónimas*, p. 283, nota 673.

[993] Cf. Paul L. Davies, *Gower And Davies' Principles Of Modern Company Law*, p. 289 e 290. Na secção 829 (1) do *Companies Act* está previsto que «*In this part "distribution" means every description of distribution of a company›s assets to its members, whether in cash or otherwise, subject to the following exceptions.*»

[994] De acordo com o citado artigo 837º do Código Civil a «prestação de coisa diversa da que for devida, embora de valor superior, só exonera o devedor se o credor der o seu assentimento».

A DELIBERAÇÃO DE APLICAÇÃO DE RESULTADOS

rada pelos sócios, os gerentes e administradores não a devem executar. Todavia, se não obstante esta proibição, forem distribuídos ilicitamente bens aos sócios, quais as consequências de tal facto? O princípio geral que vigora nesta matéria está vertido na primeira parte no nº 1 do artigo 34º do CSC, que dispõe que «[o]s sócios devem restituir à sociedade os bens que dela tenham recebido com violação do disposto na lei». Demonstrado que seja, pela sociedade, que a entrega de bens aos sócios está ferida de ilegalidade, impõe-se-lhes a obrigação de restituir tudo aquilo que indevidamente dela tenham recebido, independentemente de estarem ou não de boa fé.

Sucede, porém, que este regime tem uma exceção. A obrigação de restituição não operará nestes termos quando suceda que os sócios «tenham recebido a título de lucros ou reservas importâncias cuja distribuição não era permitida pela lei, designadamente pelos artigos 32º e 33º». Neste caso só são obrigados a restituir as quantias recebidas «se conheciam a irregularidade da distribuição ou, tendo em conta as circunstâncias, deviam não a ignorar.» Estabelece-se, para esta hipótese, um regime mais favorável para os sócios e que decorre do que está previsto no artigo 18º da Nova Diretiva do Capital. Na verdade, o artigo 34º, nº 1, segunda parte, do CSC, fez a transposição para o ordenamento jurídico português da dita norma da Diretiva[995]. O que está em causa nestas normas é apenas uma das várias hipóteses de distribuição de bens: a que é efetuada a título de entrega de lucros ou de reservas, com violação das regras imperativas dos artigos 32º e 33º do CSC.

Trata-se, pois, das consequências de violação da regra que não permite distribuir bens aos sócios quando, nomeadamente, por virtude dessas atribuições, o património líquido da sociedade venha a ficar inferior à soma do capital social e das reservas indisponíveis. Se nessas circunstâncias forem distribuídos lucros ou reservas aos sócios, de tal forma que o património líquido deixou de cobrir o capital social mais reservas, quais as consequências de tal facto? A resposta é-nos dada pelo artigo 18º da Diretiva que determina que qualquer distribuição de bens realizada com violação do disposto no artigo 17º «deve ser restituída pelos acionistas que a tiverem recebido, se a sociedade provar que estes acionistas conheciam a

---

[995] Por esta razão, trata-se de um regime jurídico muito semelhante ao que existe nos restantes países da União Europeia.

## APURAMENTO E APLICAÇÃO DE RESULTADOS

irregularidade das distribuições feitas a seu favor ou que, tendo em conta as circunstâncias, a não deviam ignorar».

A distribuição ilícita de bens aos sócios constitui uma agressão ao património indisponível da sociedade e, como tal, é prejudicial aos interesses dos credores sociais, como facilmente se compreende. Daí que se imponha a sua restituição pelos sócios que as receberam indevidamente. Todavia, a imposição da restituição pode afetar a confiança dos sócios investidores, que assim podem ser surpreendidos por uma ilegalidade na distribuição de lucros ou reservas com que não contavam, o que pode condicionar investimentos futuros. Perante estes interesses em confronto o legislador comunitário estabeleceu então o regime do referido artigo 18º, como forma de os conciliar[996].

A hipótese desta norma da Diretiva exige a verificação de dois requisitos diferentes. Em primeiro lugar, é necessário que tenha ocorrido uma distribuição de bens aos sócios e que a mesma seja ilícita. Por distribuição deve entender-se qualquer tipo de transferência de bens do património social para o dos sócios, com a consequente diminuição do património líquido da sociedade. Para este efeito o que é relevante é a entrega de bens aos sócios enquanto tais, e não por causa de outra relação jurídica que entre o sócio e a sociedade se tenha estabelecido. Por outro lado, considerar-se-á ilícita, nos termos do artigo 18º da denominada Diretiva, apenas a distribuição que se faça violando as regras estabelecidas no artigo 17º da mesma Diretiva. Ou seja, a Diretiva não cuida de toda e qualquer distribuição ilícita de bens, mas tão-só daquelas cuja ilicitude decorra da infração das regras previstas na referida norma e referentes à conservação do capital social.

Em segundo lugar, para que os acionistas estejam sujeitos à obrigação de restituição, é necessário que se demonstre que os mesmos conheciam a

---

[996] Situação diferente é a distribuição encoberta de lucros. Nesta, trata-se de atribuição de bens aos sócios por outras vias que não a distribuição de resultados. É o que sucede quando a sociedade paga dívidas de algum sócio, celebração de contratos com sócios em condições particularmente vantajosas para estes, entre outros. Nesses casos não estamos perante aplicações de resultados, determinados pelos sócios, mas de atos de gestão que afetam o resultado, diminuindo-o, em favor dos sócios ou de alguns sócios – cf. Fátima Gomes, *O direito aos lucros e o dever de participar nas perdas nas sociedades anónimas*, p. 290 e ss. Importa, contudo sublinhar que, nos termos do artigo 34º, nº 5, do CSC, algumas destas situações podem ser abrangidas pelo regime previsto neste artigo 34º, ao estabelecer-se que ao «*recebimento previsto nos números anteriores é equiparado qualquer facto que faça beneficiar o património das referidas pessoas dos valores indevidamente atribuídos*».

A DELIBERAÇÃO DE APLICAÇÃO DE RESULTADOS

irregularidade das distribuições ou que, tendo em conta as circunstâncias, não a deviam ignorar. Dito de outra forma, se o sócio ignorava, sem culpa, que a distribuição violava o princípio da conservação do capital social, não está obrigado a restituir a quantia recebida. Temos assim, para além de um requisito objetivo (a distribuição ilícita) ou outro requisito de natureza subjetiva: a má fé do sócio[997].

Desta forma, a lei protege o sócio que recebe dividendos de boa fé. Impõe, todavia, aos acionistas um dever de diligência mínimo quanto à legalidade dos dividendos que lhe são distribuídos[998], na medida em que pune a ignorância culposa, isto é, daquele que, em face das circunstâncias, não podia desconhecer a ilicitude da distribuição.

Têm legitimidade para exigir a restituição dos dividendos ou reservas indevidamente recebidas, quer a sociedade, quer os credores sociais – artigo 34º, nº 3, do CSC. Como um dos problemas que este regime suscita na prática é o da prova do conhecimento pelo sócio da irregularidade, a lei portuguesa estabelece o princípio de que «[c]abe à sociedade ou aos credores sociais o ónus de provar o conhecimento ou o dever de não ignorar a irregularidade», nos termos do artigo 34º, nº 4, do CSC. A repartição do ónus da prova é, pois, favorável ao sócio.

De referir ainda que, de acordo com o nº 5 do mesmo artigo, «[a]o recebimento previsto nos números anteriores é equiparado qualquer facto que faça beneficiar o património das referidas pessoas dos valores indevidamente atribuídos»[999].

---

[997] Cf. Paulo de Tarso Domingues, *Variações sobre o capital social*, p. 315.

[998] Cf. José Massaguer, *Los dividendos a cuenta en la sociedad anónima*, p. 208 e 209.

[999] De notar que a transposição da regra prevista no artigo 18º da Nova Diretiva do Capital não foi efetuada por todos os Estados-Membros da mesma forma. Portugal introduz esse regime no artigo 34º, em termos muito próximos aos da Diretiva (embora estenda o regime a todos os tipos de sociedades comerciais, quando a Diretiva apenas se aplica às sociedades anónimas), isto é, prevendo a obrigação de restituição em caso de conhecimento ou ignorância culposa, apenas no caso de distribuição ilícita de lucros ou reservas, ilicitude resultante da violação do disposto nos artigos 32º e 33º, que tratam basicamente da conservação do capital social. É exatamente o que prevê a Diretiva, isto é, de qualquer «distribuição feita com violação do disposto no artigo 17º». Fora deste regime ficam os recebimentos ilícitos de bens pelo sócio, quaisquer que eles sejam, por violação de quaisquer outras normas – primeira parte do nº 1, do artigo 34º. O mesmo esquema, aproximadamente, foi seguido na Alemanha, pelo § 62, nº 1, da *AktG*. Por seu lado, em Espanha, a *LSC*, ao efetuar a mesma transposição, consagrou um regime unitário para todas e quaisquer distribuições de bens, quer a ilicitude radique na violação das regras de

APURAMENTO E APLICAÇÃO DE RESULTADOS

Importa, porém, não omitir que, independentemente da restituição dos bens indevidamente recebidos, a própria sociedade e os credores sociais sempre poderão responsabilizar civilmente por tais operações aqueles que as determinaram, isto é, os gerentes e administradores, ao abrigo do disposto nos artigos 72º e 78º do CSC. A que acresce uma possível responsabilidade criminal, como se prevê nos artigos 514º e 52º do mesmo Código[1000].

## 3. Distinção de figuras afins

A aplicação de resultados, por regra, determina uma distribuição de bens aos sócios a título de lucros. Porém, não é esta a única via para a sociedade proceder a uma distribuição de bens aos seus sócios. Pode também ocorrer uma distribuição de bens aos sócios em certos casos de redução do capital social, na distribuição de dividendos antecipados, na partilha do ativo restante em sede de liquidação da sociedade, na distribuição de reservas, na aquisição de quotas ou ações próprias, na amortização de quotas ou ações, na devolução de prestações suplementares e na remissão de ações.

Contudo, em todas estas situações não estamos perante uma aplicação de resultados, mas face a diversas operações que podem também conduzir, como dissemos, a uma distribuição de bens aos sócios.

Refira-se, todavia, que em todas estas situações ocorrem distribuições efetivas de bens aos sócios, previstas na lei, as quais têm o seu fundamento no estatuto social do sócio, isto é, enquanto membro da corporação. Porém, pode também haver distribuição de bens aos sócios, procurando fugir às regras legais de distribuição, através de relações contratuais em que estes intervêm como terceiros e não na sua qualidade de sócios. Nesse caso, estaremos perante distribuições encobertas de lucros[1001].

Importa, então, efetuar o confronto entre a aplicação de resultados e algumas das outras modalidades de distribuição de bens aos sócios.

---

conservação do capital social, quer em quaisquer outras regras. É o que consta do artigo 278º, da *LSC* – Cf. Francisco Vicent Chuliá, v. *Aplicacion del resultado*, p. 505 e ss.

[1000] Cf. Fátima Gomes, *O direito aos lucros e o dever de participar nas perdas nas sociedades anónimas*, p. 289 e Paulo de Tarso Domingues, *Variações sobre o capital social*, p. 316.

[1001] Cf. José Luis Vélaz Negueruela, *El resultado en las sociedades de capital*, p. 295 e ss e Fátima Gomes, *O direito aos lucros e o dever de participar nas perdas nas sociedades anónimas*, p. 290.

## A DELIBERAÇÃO DE APLICAÇÃO DE RESULTADOS

### 3.1. Aplicação de resultados e operações sobre o capital social

Pode haver alguma semelhança entre certas operações sobre o capital social e a aplicação de resultados, nomeadamente, no que respeita à redução do capital social. De facto, quer a redução do capital quer a aplicação de resultados podem destinar-se a distribuir bens aos sócios e a compensar prejuízos.

Assim, pode haver distribuição de bens aos sócios que não constituam aplicações de resultados mas antes operações sobre o capital social. É o que sucede quando, em virtude de redução do capital social, ocorre uma distribuição de bens aos sócios. Na verdade, é possível reduzir o capital social não só para cobrir prejuízos mas também para possibilitar a distribuição de bens aos sócios, ou melhor, para proceder à devolução de entradas. É o que alguns autores designam por redução real ou efetiva do capital social[1002], em que ocorre uma diminuição do património social, com a consequente diminuição da garantia que este constitui para os credores sociais.

Esta devolução das entradas dos sócios pode ser realizada, em primeiro lugar, para liberação de excesso de capital social. Pode de facto, constatar-se que o capital da sociedade é excessivo face à atividade social desenvolvida e ao passivo existente. São os casos de sobre capitalização da sociedade[1003]. A redução, neste caso pode concretizar-se pela exoneração dos sócios relativamente à obrigação que sobre eles recai de realizar entradas diferidas, ainda não realizadas, procedendo-se à extinção de uma dívida que o sócio possuía face à sociedade.

Mas pode também ocorrer efetiva entrega de bens aos sócios em consequência de uma redução do capital social. Importa, todavia, que se trate de uma deliberação devidamente fundamentada e que respeite o capital social mínimo exigido. Acresce que, nos termos do nº 1, do artigo 95º do CSC, se exige a manutenção de uma margem de segurança mínima, na medida em que se impõe que a situação líquida da sociedade (ou o capital

---

[1002] Por contraposição à redução nominal do capital social, em que apenas se altera a cifra do capital social, sem que ocorra qualquer diminuição do seu património líquido e, portanto, sem qualquer entrega de bens aos sócios. Trata-se de uma operação de saneamento financeiro, destinada a reconhecer a perda de património e a aproximar o valor do capital social do valor deste – cf. Paulo de Tarso Domingues, *Variações sobre o capital social*, p. 514 e ss.

[1003] Situação expressamente prevista no artigo 94º, nº 1, a), do CSC. Cf. Paulo de Tarso Domingues, *Variações sobre o capital social*, p. 518.

## APURAMENTO E APLICAÇÃO DE RESULTADOS

próprio) fique a exceder o novo capital em pelo menos 20%[1004]. A fim de acautelar os interesses dos credores, o artigo 96º[1005] estabelece uma série de cautelas, impostas, de resto, pela Diretiva comunitária do Capital Social.

Nada obsta a que a devolução de bens aos sócios seja efetuada em espécie. Porém, neste caso, coloca-se também a questão de saber se os bens entregues aos sócios deverão ou não ser sujeitos a avaliação, tal como sucede na operação inversa, isto é, quando o sócio realiza a sua entrada em espécie. A questão assume especial relevo porque o valor contabilístico dos bens, inscrito pelo seu valor histórico, pode ser muito diferente do seu valor real ou de mercado. Se assim for, este ato de redução com devolução de bens em espécie pode ser um ato especialmente prejudicial para a sociedade, bem como para os outros sócios e para os credores sociais[1006].

Ora, optando a sociedade pela entrega de bens em espécie[1007] terá de o fazer avaliando os bens entregues aos sócios pelo seu justo valor e não pelo seu valor contabilístico, como já antes vimos a propósito do pagamento de dividendos em espécie. Em todo o caso, nas sociedades anónimas, sujeitas como são ao controlo do revisor oficial de contas, uma entrega de bens aos sócios em espécie não pode deixar de ser mencionada no seu relatório de apreciação das contas.

Ainda no que se refere ao confronto entre aplicação de resultados e operações sobre o capital, importa referir que a redução do capital social pode ter consequências na aplicação de resultados. De facto, as reservas legais (e outras que possa haver) têm um limite referido ao capital social. Nos termos do artigo 295º, nº 1, do CSC, é necessário constituir ou reintegrar a reserva legal até que esta atinja um quinto do capital social. Sucede, pois, que a redução do capital social diminui a exigência referente à reserva

---

[1004] Este requisito foi introduzido pela alteração do CSC decorrente do DL nº 8/2007, de 17 de janeiro, que veio dispensar a autorização judicial antes exigida para estes casos de redução do capital. Todavia, pela redação desta norma, parece que este requisito se aplicaria a todos os casos de redução, o que manifestamente não é possível quando a redução se destine à cobertura de perdas. De resto, até contraria o disposto no artigo 35º, nº 3, b), do mesmo CSC.

[1005] Cf. os artigos 36º e ss da Diretiva 2012/30/UE do Parlamento Europeu e do Conselho de 25 de outubro de 2012.

[1006] Cf. Fernández del Pozo, *La aplicación de resultados en las sociedades mercantiles*, p. 84.

[1007] De resto, este problema sempre existirá naquelas situações em que ocorram entregas de bens aos sócios, seja a que título for, e quando tal seja efetuado através da entrega de bens diferentes de dinheiro.

A DELIBERAÇÃO DE APLICAÇÃO DE RESULTADOS

legal, podendo até libertar reservas quando estas passem a representar mais de 20% do capital social[1008].

Por outro lado, a redução do capital social facilita a distribuição de lucros aos sócios também pelo facto de se tornar mais fácil que o valor do património líquido supere o do capital social, uma vez que a salvaguarda do capital social é a regra de ouro da aplicação de resultados. No sentido de proteger os credores nessa eventualidade, o CSC, no artigo 96º permite que qualquer credor utilize os meios aí previstos de forma a evitar tais consequências da redução do capital social[1009-1010].

Uma outra operação sobre o capital que tem afinidade com a distribuição de resultados é a operação de aumento do capital social por incorporação de reservas, com distribuição gratuita de ações pelos sócios. Esta modalidade de aumento do capital, que constitui uma medida de autofinanciamento da sociedade, torna indisponíveis reservas existentes na sociedade que, sendo convertidas em capital social ficam sujeitas ao regime de intangibilidade que o caracteriza[1011]. Em termos puramente patrimoniais, esta operação, contudo, apenas provoca uma alteração qualitativa da situação dos sócios (que passam a ter mais ações), mas nada altera em termos quantitativos[1012].

---

[1008] Ver *supra* o que se refere às reservas legais, ponto 1.3.1. do Capítulo III.

[1009] Ver *supra* ponto 2.4. deste Capítulo.

[1010] Próxima da redução do capital social com devolução de bens aos sócios é a restituição de prestações suplementares, figura que está prevista para as sociedades por quotas. De facto, as prestações suplementares são uma espécie de capital social suplementar que reforça o capital próprio da sociedade. Porém, a sua restituição aos sócios não exige autorização judicial, podendo ser deliberada pelos sócios desde que a situação líquida não fique inferior à soma do capital social e da reserva legal, e que o sócio já tenha liberado a sua quota (artigo 213º, nº 1, do CSC). Tal como vimos quanto à redução do capital social, também esta restituição de prestações suplementares não pode ser considerada uma aplicação de resultados. Sobre as prestações suplementares cf. Sofia Gouveia Pereira, *As prestações suplementares no direito societário português*, p. 121 e ss.

[1011] De facto, sempre que a sociedade retém e reinveste os lucros obtidos está a autofinanciar-se, embora nem todas as reservas sejam resultantes dos lucros apurados, como vimos. Neste sentido ver Mario Cera, *Il passaggio di riserve a capitale: funzioni e natura giuridica*, p. 772 e 773.

[1012] É certo que, se este aumento do capital não exige entradas dos sócios (razão pela qual se fala em aumento gratuito), implica, contudo, que estes renunciam por tempo indeterminado à distribuição de reservas eventualmente disponíveis. Estão assim a aumentar o capital que investem e arriscam na empresa social. E nesse sentido ainda se poderá dizer que esta modalidade de aumento do capital também não prescinde da contribuição dos sócios. Neste sentido, cf. Mario Cera, *Il passaggio di riserve a capitale: funzioni e natura giuridica*, p. 805 e 806.

APURAMENTO E APLICAÇÃO DE RESULTADOS

Sucede porém que, sendo atribuídas ações aos sócios, de certo modo estes recebem uma espécie de remuneração para o capital investido. Trata-se de uma espécie de distribuição de lucros *in natura*[1013], com a vantagem de a sociedade não ter que dispor de liquidez para o fazer e os sócios receberem um valor que poderão usar vendendo no mercado.

Por outro lado, ao contrário do que sucede no caso da distribuição de lucros, o património da sociedade também não é afetado por esta entrega de bens (ações) aos sócios, pois não ocorre qualquer saída efetiva de bens da sociedade. A alteração patrimonial na sociedade é qualitativa, passando valores de reservas para capital, o que tem por si só importantes consequências, como se disse. E a sociedade não precisa de ter liquidez para efetuar esta entrega de bens aos sócios, nem existe tributação sobre os sócios. A situação altera-se, porém, se na sequência dessa atribuição gratuita de ações os sócios as alienarem, pois nesse caso serão tributados (mais-valias) e perderão a posição social que tinham na sociedade.

### 3.2. Aplicação de resultados e antecipação de dividendos

Como vimos[1014], a lei admite que as sociedades comerciais distribuam dividendos antes de se ter procedido ao apuramento dos lucros: são os adiantamentos sobre os lucros previstos no artigo 297º do CSC. Trata-se, pois, de bens entregues antecipadamente ao sócio, sem que as contas do exercício estejam aprovadas e sem que exista uma prévia deliberação dos sócios. Têm, no entanto, que ser consentidos no contrato de sociedade e ser precedidos de um balanço intercalar. Certo é que se tem entendido que estamos face a verdadeiros dividendos, sendo a sua distribuição definitiva e irrevogável[1015].

Podendo embora ser qualificados como verdadeiros dividendos, esta distribuição de bens aos sócios operada pelos adiantamentos sobre os lucros não constitui, todavia, uma aplicação de resultados. Na verdade, antes de aprovado o balanço do final do exercício não há, em bom rigor, quaisquer resultados para aplicar. Só no final do exercício é possível concluir se há ou não lucros distribuíveis. Acresce que estes adiantamentos são decididos

---

[1013] Cf. Paulo de Tarso Domingues, *Variações sobre o capital social*, p. 429.

[1014] Ver *supra* ponto 2.3. do Capítulo III.

[1015] Cf. Fernández del Pozo, *La aplicación de resultados en las sociedades mercantiles*, p. 70 e ss e Fátima Gomes, *O direito aos lucros e o dever de participar nas perdas nas sociedades anónimas*, p. 261 e ss.

A DELIBERAÇÃO DE APLICAÇÃO DE RESULTADOS

pela administração (com o consentimento do conselho fiscal, da comissão de auditoria ou do conselho geral e de supervisão[1016]) e não pelos sócios, como sucede com a aplicação de resultados[1017]. Constituem, desta forma, uma exceção à regra de que a distribuição de bens sociais aos sócios carece de deliberação destes, exceção esta expressamente admitida no artigo 31º, nº 1, do CSC.

Acresce que esta distribuição de bens aos sócios não pressupõe uma prévia compensação de perdas ou constituição de reservas, como sucede com a aplicação de resultados através da distribuição de dividendos.

## 3.3. Aplicação de resultados e distribuição de reservas disponíveis

Como vimos, os sócios podem deliberar a constituição de reservas livres, através da afetação a essa finalidade de lucros do exercício distribuíveis[1018], por regra tendo como finalidade o reforço dos capitais próprios da sociedade, o seu autofinanciamento. Estas reservas, não sendo impostas por lei ou por determinação dos estatutos da sociedade, podem ser utilizadas para incorporação no capital social ou para distribuição pelos sócios.

A distribuição de reservas livres requer a verificação de determinados pressupostos, tal como a deliberação de aplicação de resultados. Assim, como distribuição de bens sociais aos sócios que é, carece de deliberação destes, como determina o artigo 31º, nº 1, do CSC. Por outro lado, é necessário que tal entrega de bens aos sócios respeite o princípio da integridade do capital, só se podendo efetuar tal distribuição de reservas caso o capital próprio não fique em consequência a ser inferior ao capital social acrescido das reservas indisponíveis, como se prevê no artigo 32º do CSC.

Ao contrário, porém, do que sucede com a deliberação de aplicação de resultados, em que se trata de anualmente, uma vez aprovadas as contas

---

[1016] Cf. artigo 297º, nº 1, a), do CSC.

[1017] Há, contudo, uma situação em que a distribuição de dividendos antecipados carece de deliberação da assembleia geral e pela maioria requerida para a alteração do pacto social: quando a sociedade tenha sido visada numa OPA que incida sobre mais de 1/3 dos valores mobiliários da categoria, nos termos previstos no artigo 182º, nº 4, do CVM. Trata-se de proteger os investidores, proponentes da OPA, evitando que os atuais acionistas possam praticar atos suscetíveis de alterar de modo relevante a situação patrimonial da sociedade visada, impondo a observância de requisitos apertados. Esta norma, tendo carácter especial, prevalece sobre a regra geral do artigo 297º – cf. Fátima Gomes, *O direito aos lucros e o dever de participar nas perdas nas sociedades anónimas*, p. 263.

[1018] Ver *supra* ponto 1.2.2. do Capítulo III.

APURAMENTO E APLICAÇÃO DE RESULTADOS

do exercício, destinar o resultado apurado, a distribuição de reservas livres pelos sócios pode ser efetuada em qualquer momento da vida da sociedade, mediante deliberação da assembleia geral para o efeito. Embora a lei não o exija, tem sido entendido que, para que tal deliberação seja adotada, deve ser previamente elaborado um balanço especial para o efeito, com data não superior a três meses relativamente à data da deliberação[1019].

Por outro lado, é também possível que esta deliberação de distribuição de reservas livres seja tomada na assembleia geral ordinária de aprovação de contas e aplicação do resultado, mesmo em exercício em que não se registem resultados positivos. Desde que verificados os requisitos acima referidos, podem os sócios, inclusivamente na ausência de lucros do exercício, deliberar proceder à distribuição de reservas livres existentes no capital próprio da sociedade. Mas nesse caso não estamos perante uma deliberação de aplicação de resultados, como se compreende.

### 3.4. Aplicação de resultados e partilha do ativo na liquidação

Pode ocorrer uma distribuição de bens aos sócios na liquidação da sociedade, na eventualidade de, no termo da vida societária, o ativo superar o passivo. Caso contrário, nada haverá a partilhar, servindo o ativo apenas para pagar o passivo social e, eventualmente, para reembolso parcial das entradas. É que, dissolvida a sociedade, esta entra em liquidação (artigo 146º, nº 2, do CSC), passando os seus administradores a liquidatários. Cabe-lhes ultimar os negócios pendentes, cumprir as obrigações da sociedade e cobrar os seus créditos, reduzir a dinheiro o património residual e propor a partilha do ativo restante (artigo 152º, nº 3, do CSC). Por último, compete-lhes apresentar aos sócios um relatório completo da liquidação, com um projeto de partilha do ativo restante e o respetivo mapa de partilha, bem como as contas finais.

Ora, havendo lucro final ou de liquidação, os sócios terão direito ao seu quinhão no ativo que reste depois de pagar todo o passivo. Trata-se de um direito de crédito que integra a sua participação social[1020]. De facto, após a

---

[1019] Neste sentido, cf. Paulo de Tarso Domingues, *Variações sobre o capital social*, p. 311, que defende a aplicação a esta situação dos prazos previstos nos artigos 65º, nº 5 (no caso da assembleia geral ordinária de aprovação das contas e aplicação do resultado) e 132º, nº 2 (relatório para a transformação), do CSC.

[1020] Cf. Pedro Pais de Vasconcelos, *A participação social nas sociedades comerciais*, p. 107.

322

aprovação das contas finais, os liquidatários entregarão a cada sócio os bens que, de acordo com a partilha, lhe caiba receber, nos termos do artigo 159º, nº 1, do CSC. Assim, mesmo após a deliberação de aprovação da partilha os sócios não ficam com direito aos bens que lhes foram atribuídos. Ficam, isso sim, investidos no direito de reclamar esses bens da sociedade, que deverá proceder à sua entrega, o que será efetuado pelo liquidatário, que dará execução à deliberação, através das formalidades necessárias[1021].

Apenas se poderá falar de lucro final a repartir caso o ativo restante seja superior ao valor das entradas a reembolsar. Isto é, apenas no caso de os sócios receberem no final mais do que as entradas realizadas se pode falar em distribuição final de lucros. Porém, neste caso, não se pode falar de uma aplicação de resultados, não lhe sendo, pois aplicáveis as regras a que aquela deliberação está sujeita. Estamos antes perante uma sucessão a título particular nos bens da sociedade, resultante de um ato translativo praticado em cumprimento de uma obrigação que nasceu com a própria sociedade[1022].

Os sócios começam por reaver o capital social que desembolsaram e depois partilham o remanescente, de acordo com as regras da participação nos lucros. Nesta distribuição de bens aos sócios é distribuível todo o ativo restante, não havendo lugar a quaisquer tipos de reservas. Importa, contudo, sublinhar que na eventualidade de surgirem dívidas posteriores ao encerramento da liquidação, os antigos sócios são por elas responsáveis até ao limite do valor dos bens que receberam em partilha (artigo 163º, do CSC).

## 4. Síntese das prioridades a observar na aplicação de resultados

A aplicação dos resultados obtidos em determinado exercício é decidida por deliberação social a qual depende da prévia aprovação do balanço e das contas do exercício, como vimos. Na verdade, antes de aprovadas as contas não se pode falar de qualquer resultado, pelo que, não é possível decidir da aplicação de algo que podendo já existir de facto não está, todavia, apurado de acordo com as regras jurídicas aplicáveis.

---

[1021] Cf. Carolina Cunha, "Artigo 156º", in *Código das Sociedades Comerciais em Comentário*, vol. II, p. 670

[1022] Cf. Carolina Cunha, "Artigo 156º", in *Código das Sociedades Comerciais em Comentário*, vol. II, p. 670 e ss.

APURAMENTO E APLICAÇÃO DE RESULTADOS

A ordenação das prioridades a observar na aplicação de resultados pressupõe que o resultado do exercício seja positivo. Só nesse caso se coloca verdadeiramente o problema do destino a dar-lhe. No caso de o resultado ser negativo haverá que decidir como o tratar, compensando-o com reservas, ou permanecendo no balanço nos resultados transitados, com valor negativo[1023]. Contudo, é na aplicação dos resultados positivos que se coloca a questão das prioridades a observar nas diferentes aplicações possíveis.

Ora, se é certo que a deliberação de aplicação de resultados é uma deliberação autónoma relativamente à aprovação do balanço, também é verdade que a primeira não pode existir sem a segunda, como vimos já[1024]. Também se referiu que, se posteriormente à aprovação da deliberação de aplicação de resultados, as contas forem anuladas, fica também comprometida a subsequente aplicação de resultados, que se deverá considerar nula[1025].

Para além da prévia aprovação das contas, um segundo pressuposto da aplicação de resultados é o respeito pela regra da conservação do capital social[1026]. Por esta razão, não é possível que se delibere qualquer aplicação de resultados que não respeite a regra da intangibilidade do capital social. Isto é, não poderá ser deliberado atribuir a terceiros, *maxime* a sócios, bens da sociedade se após tal atribuição a situação líquida ou o capital próprio ficar com um valor inferior ao da soma do capital social com as reservas.

Como também já vimos[1027], o capital social funciona como uma cifra de retenção, pelo que só é possível a distribuição de bens aos sócios quando, e na medida em que, o património líquido se eleve para lá do valor do capital social.

Assentes estes pressupostos, importa sintetizar as prioridades que a deliberação de aplicação de resultados deve respeitar. Apresentamos esta síntese como uma sistematização das prioridades a aplicar, com a ressalva de que só face a uma sociedade anónima em concreto será possível determinar com rigor as que terão, nesse caso, que ser respeitadas, pois poderá

---

[1023]  Cf. *supra* ponto 4.2. do Capítulo II.

[1024]  Cf. *supra* ponto 2.3. deste Capítulo.

[1025]  Cf. Vasco da Gama Lobo Xavier, *Anulação de deliberação social e de deliberações conexas*, p. 491.

[1026]  Cf. *supra* ponto 2.4. deste Capítulo.

[1027]  Cf. *supra* ponto 2.4. deste Capítulo.

A DELIBERAÇÃO DE APLICAÇÃO DE RESULTADOS

haver normas do contrato de sociedade que contendam com a destinação dos lucros apurados.

Antes de mais, importa sublinhar que as diversas aplicações de resultados positivos estão entre si reciprocamente relacionadas[1028]. Desde logo, porque todas resultam da mesma fonte, isto é, todas provêm dos lucros do exercício, o que significa que o valor destinado a umas limita o valor que se pretenda atribuir a outra. Mas, estão também relacionadas pelo facto de que existe uma série de prioridades ou hierarquia entre as diferentes aplicações, por sorte que umas só serão possíveis se relativamente a outras estiverem verificadas determinadas condições.

Por esta razão, os sócios não são inteiramente livres para decidir o destino a dar aos lucros apurados, tendo que respeitar as regras impostas pela lei e, eventualmente, pelo contrato de sociedade. Todavia, mesmo quando se trate de aplicações vinculadas por determinação legal, é necessária uma deliberação dos sócios. É certo que a lei não contém qualquer preceito que, diretamente, indique a hierarquia das prioridades a observar na aplicação do resultado apurado. Esta terá que ser estabelecida como resultado de uma interpretação jurídica, desde logo tendo em consideração a hierarquia das normas que determinam a aplicação dos resultados: lei, estatutos, deliberação social[1029].

As diferentes aplicações de resultados podem ser divididas em dois grandes grupos: as aplicações internas e as aplicações externas. As primeiras, constituem meras operações contabilísticas, que não alteram o património líquido da sociedade. São os casos da compensação de prejuízos e da constituição de reservas, seja qual for o seu tipo. As segundas, determinam a transferência de bens para terceiros, isto é, para os sócios, sendo a deliberação constitutiva de direitos de crédito perante a sociedade, razão pela qual estas aplicações produzem uma diminuição do património social[1030].

Passemos então à síntese das prioridades a observar na aplicação de resultados.

---

[1028] Cf. F. Sánchez Calero, *La propuesta de distribución de beneficios*, p. 17.
[1029] Cf. Francisco Vicent Chuliá, *Compendio Crítico de Derecho Mercantil*, tomo I, vol. II, p. 717 e ss.
[1030] Cf. F. Sánchez Calero, *La propuesta de distribución de beneficios*, p. 18.

APURAMENTO E APLICAÇÃO DE RESULTADOS

## 4.1. Cobertura de prejuízos

A primeira prioridade para a aplicação dos resultados positivos apurados será, então, a cobertura de perdas, isto é, o saneamento dos resultados transitados negativos[1031]. De facto, não é possível qualquer distribuição de lucros quando existam prejuízos por cobrir, como determina o artigo 33º, nº 1 (1ª parte), do CSC.

O saneamento dos prejuízos é sempre o destino prioritário dos resultados positivos apurados no exercício. De outra forma estar-se-ia a distribuir bens da sociedade que não constituíam verdadeiros lucros e que poderiam pôr em risco a conservação do capital social. Por essa razão se disse que o lucro distribuível é o lucro do balanço e não necessariamente o lucro do exercício[1032].

A cobertura de prejuízos não é uma operação automática[1033], mas deve prevalecer uma ordem de prioridades. Assim, deve começar-se por utilizar para cobertura dos prejuízos as componentes não vinculadas à proteção dos credores. Deste modo, deve primeiramente proceder-se à compensação dos resultados negativos transitados com o lucro do exercício (artigo 33º, nº 1, do CSC)[1034]. Só depois se deverá recorrer às reservas livres, às reservas

---

[1031] É certo que o valor dos resultados positivos já deve estar deduzido do imposto sobre os lucros (IRC) que a sociedade esteja obrigada a pagar.

[1032] Ver *supra* ponto 4.2. do Capítulo II. Este regime comum aos diversos países da União Europeia, atenta a fonte comunitária destas regras, não é universal. Veja-se que, por exemplo, de acordo com a lei do Estado do Delaware, nos EUA, é possível a distribuição de lucros do exercício ainda que o património líquido seja inferior ao capital social (*stated capital*), desde que os valores a distribuir resultem de lucros obtidos no exercício em causa ou no anterior. Afasta, assim a regra de que os lucros têm necessariamente que ser afetos à cobertura de prejuízos. É o que se denomina de *"nimble dividends"* (dividendos hábeis) – cf. Paulo de Tarso Domingues, *Variações sobre o capital social*, p. 112 e ss.

[1033] Cf. Raúl Ventura, *Sociedades por quotas*, vol. I, p. 363. Ver também Paulo de Tarso Domingues, *Capital e património sociais, lucros e reservas*, nota 248, p. 254, que refere opiniões em contrário na doutrina italiana. No sentido da existência de ordem de prioridades inderrogável, cf. Ernesto Simoneto, *Il Bilanci*, p. 301. Mas de facto, a utilização de reservas para cobertura de prejuízos depende de deliberação dos sócios, não sendo uma imposição legal. De resto, os sócios podem entender remeter tal compensação para exercícios futuros. Diferente será o que se passa com o lucro do exercício, pois este não pode ter outro destino que não a compensação dos resultados negativos transitados, o que, de resto, se processa automaticamente na contabilidade, na medida em que o lucro no final do exercício é levado à conta de resultados transitados.

[1034] O mesmo está previsto no nº 2 do artigo 273. da *LSC*.

A DELIBERAÇÃO DE APLICAÇÃO DE RESULTADOS

estatutárias e, por último, às reservas legais[1035]. É esta a solução que também resulta do artigo 296º do CSC quando refere que a reserva legal só pode ser usada para «cobrir a parte do prejuízo acusado no balanço que não possa ser coberto pela utilização de outras *reservas*».

A *LSC* espanhola determina idêntica solução quando estipula no seu artigo 274., nº 2, que «*[l]a reserva legal, mientras no supere el limite indicado, solo podrá destinar-se a la compensación de perdidas en el caso de que no existan otras reservas disponibles suficientes para este fin*»[1036].

A reserva legal funciona deste modo como o último reduto da garantia do capital, à qual só é lícito recorrer em caso do esgotamento prévio dos resultados do exercício e das outras reservas disponíveis. Acresce que, este recurso à reserva legal não é uma imposição legal, mas uma opção dos sócios. Isto é, perante a verificação da existência de lucro do exercício, é imperativo que tal resultado compense os prejuízos transitados de exercícios anteriores. Mas esgotado que seja o resultado do exercício nessa compensação, não são os sócios obrigados a recorrer às reservas para compensar os prejuízos não cobertos pelo lucro do exercício. No entanto, se o fizerem, devem começar pelas reservas livres e só em último lugar recorrer às reservas legais.

Por seu lado, no âmbito do recurso às reservas livres, deve em primeiro lugar efetuar-se a compensação dos prejuízos à custa das reservas livres gerais, isto é, que não possuam uma afetação especial, só em segunda linha se recorrendo a estas[1037]. O mesmo critério deverá ser seguido quanto às reservas estatutárias, conforme sejam gerais ou tenham sido constituídas para um fim especial.

## 4.2. Constituição de reservas obrigatórias
Uma vez cobertos os prejuízos transitados, há lugar à constituição ou reintegração das reservas legais impostas por lei, nos termos do artigo 33º, nº 1 (2ª parte), do CSC.

A reserva legal deve ser calculada após a dedução das perdas. Embora o CSC não o diga expressamente, ao contrário do que sucede com o

---

[1035] Cf. Engrácia Antunes, *Capital próprio, reservas legais especiais e perdas sociais*, p. 104 e ss; Raúl Ventura, *Sociedades por quotas*, vol. I, p. 368 e Paulo de Tarso Domingues, *Variações sobre o capital social*, p. 436.

[1036] Cf. Fernandez del Pozo, *La aplicación de resultados en las sociedades mercantiles*, p. 277 e ss.

[1037] Cf. Fernandez del Pozo, *La aplicación de resultados en las sociedades mercantiles*, p. 280.

APURAMENTO E APLICAÇÃO DE RESULTADOS

§ 150º, nº 2, da *AktG*, não pode deixar de ser assim, sob pena de se calcular a reserva sobre um valor que poderia nem sequer permitir a sua efetiva constituição[1038]. Isto é, a reserva legal deve ser deduzida ao montante dos lucros do exercício que poderiam ser distribuídos pelos sócios. E já sabemos que esta reserva tem como limite um quinto do capital social, pelo que a partir desse valor deixa de ser necessário destinar qualquer quantia para tal efeito.

Uma vez satisfeita a obrigação legal de constituição ou reintegração da reserva, haverá que atender à constituição ou reintegração das reservas impostas pelo contrato de sociedade, como determina o artigo 33º, nº 1 (2ª parte). Trata-se de respeitar a imposição contratual de reservas estatutárias. A sua base de cálculo é a mesma que serviu para determinar o valor da reserva legal.

Para além destas, pode ser ainda necessário constituir reservas que cubram as despesas de constituição, de investigação e de desenvolvimento, ainda não completamente amortizadas, como decorre do disposto artigo 33º, nº 2, do CSC[1039].

Trata-se do saneamento do denominado «ativo fictício», como é determinado pelo artigo 12º, nº 11º da Diretiva 2013/34/UE[1040]. Ou seja, conta-

---

[1038] Seria o que poderia suceder, caso a reserva fosse calculada sobre o lucro do exercício, antes da dedução das perdas transitadas. Como se constata neste exemplo simples: se em determinado exercício a sociedade tivesse um lucro de 210 000 e fosse necessário de dispor de 200 000 para compensar prejuízos transitados desse mesmo valor, a reserva legal calculada sobre o lucro antes da dedução das perdas seria de 10 500. Ora, depois de compensada a perda não restaria um montante suficiente para tal reserva, pois sobram apenas 10 000 (210 000 – 200 000).

[1039] Esta norma está ainda relacionada com o anterior POC, no qual as despesas de constituição, investigação e desenvolvimento eram contabilizadas como ativos. Atualmente, de acordo com o SNC, o dispêndio com investigação (pesquisa) é reconhecido como gasto (cf. NCRF 6, nºˢ 53 e 54). Já na fase de desenvolvimento dos projetos é contabilizado como ativo intangível, se se «demonstrar que gerará prováveis benefícios económicos no futuro» (cf. NCRF 6, nº 56 e 57).

[1040] Que revogou e substituiu a denominada "Quarta Diretiva". Hoje a Diretiva 2013/34/EU, no nº 11 do artigo 12º, estabelece que «[n]os casos em que o direito nacional autorize a inclusão das despesas de desenvolvimento no "ativo" e as despesas de desenvolvimento não estejam completamente amortizadas, os Estados-Membros devem exigir que não seja efetuada qualquer distribuição de resultados, a menos que o montante das reservas disponíveis para esse efeito e dos resultados transitados seja pelo menos igual ao montante das despesas não amortizadas. Caso o direito nacional autorize a inscrição das despesas de constituição no "ativo", estas devem ser amortizadas no prazo máximo de cinco anos. Nesse caso, os Estados-Membros devem exigir que o terceiro parágrafo seja aplicável, com as necessárias adaptações, às despesas de constituição.»

A DELIBERAÇÃO DE APLICAÇÃO DE RESULTADOS

bilizando-se no ativo tais despesas[1041] e caso não tenha ainda decorrido o prazo da sua amortização, não é possível distribuir lucros exceto se houver reservas livres de igual montante. Este procedimento visa evitar corrigir a situação decorrente de aquelas despesas serem inscritas no ativo, dando uma imagem do património social que não é exata do ponto de vista da existência de bens que respondam por dívidas perante terceiros. Na verdade, esse ativo não garante o pagamento de dívidas a terceiros[1042].

## 4.3. Distribuição de dividendos

Só após ser dada satisfação às aplicações legal e estatutariamente previstas, que acabamos de referir, temos encontrado o valor do lucro que pode ser distribuído pelos sócios e a que se referem, nomeadamente, os artigos 217º e 294º, do CSC. É o lucro do exercício distribuível, isto é, aquele que os sócios, querendo, podem distribuir na íntegra, como já vimos[1043]. Todavia, na aplicação do lucro distribuível é ainda necessário ter em conta as diversas regras que lhe são aplicáveis.

Desde logo, pode haver lugar ao pagamento de dividendos privilegiados e prioritários, de acordo com o que estiver previsto do pacto social. Na verdade, a lei consente a existência de direitos privilegiados, nomeadamente no que concerne ao direito ao lucro, como é o caso das ações preferenciais sem voto. No caso das ações preferenciais sem voto, os sócios seus titulares têm direito a um dividendo prioritário não inferior a 5% do valor nominal das ações[1044]. Se os lucros distribuíveis não forem suficientes para satisfazer o pagamento do dividendo privilegiado, o lucro existente será unicamente repartido, proporcionalmente, pelas ações preferenciais sem voto, como determina o artigo 342º, do CSC.

Uma vez satisfeita a obrigação do dividendo prioritário, o remanescente pode ser dividido pelos sócios comuns, na proporção da sua participação no capital social. Assim, em primeiro lugar, é pago o dividendo prioritário e, uma vez que existam resultados positivos suficientes, é de seguida atribuído aos restantes acionistas o valor a que cada um tem direito, até ao

---

[1041] Conta 442 (Projetos de desenvolvimento) – ativos intangíveis.
[1042] Cf. Paulo de Tarso Domingues, "Artigo 33º", in *Código das Sociedades Comerciais em Comentário*, vol. I, p. 506 e 507.
[1043] Cf. *supra* ponto 4.1.2.2. do Capítulo II.
[1044] Cf. *supra* ponto 2.2.2. do Capítulo III.

valor do dividendo prioritário. Se houver ainda excedente, será repartido por todos os sócios proporcionalmente.

Porém, ao valor a receber por cada sócio pode ser necessário deduzir o montante dos dividendos antecipados[1045] já pagos antes de aprovadas as contas do exercício. Isto é, tendo havido, no decurso do exercício, ao abrigo de disposição contratual que a autorize, uma deliberação para se entregar aos sócios um adiantamento sobre os lucros do exercício, nos termos do artigo 297º do CSC, caso no termo do mesmo seja aprovada uma distribuição de resultados, ao montante a atribuir a cada sócio terá que ser descontado o valor que lhe tenha sido adiantado.

Do lucro distribuível, como vimos, em princípio metade deve ser efetivamente distribuída. Isto significa que a restante metade pode ter outro destino, nomeadamente a constituição de reservas livres ou facultativas. Caso o remanescente não seja aplicado em nenhuma reserva em especial, ficará na conta de resultados transitados.

Ora, como já vimos, a referida conta não tem por finalidade acolher esses resultados, pois tem carácter meramente transitório, e tal deliberação é reveladora da ausência de uma qualquer intenção dos sócios quanto a uma futura aplicação de tais lucros[1046].

Constata-se, pois, que na deliberação de aplicação de resultados se revela a orientação estratégica da sociedade anónima e a relação que com os seus sócios estabelece.

---

[1045] Ver *supra* ponto 2.3. do Capítulo III.

[1046] É de destacar o regime vigente em França segundo o qual os resultados transitados (*"report à nouveau"*, que pode ser *"bénéficiaire"* ou *"déficitaire"*), constituindo uma reserva livre como entre nós, são adicionados ao lucro do exercício seguinte para efeitos de aplicação do resultado pela assembleia geral, contribuindo para a formação do lucro distribuível. De facto, determina o artigo L 232-11, do *Code Commercial* que «*Le bénéfice distribuable est constitué par le bénéfice de l'exercice, diminué des pertes antérieures, ainsi que des sommes à porter en réserve en application de la loi ou des statuts, et augmenté du report bénéficiaire.*»

# Conclusões

## Capítulo I – O lucro no contrato de sociedade

1. As sociedades comerciais têm por fim último o lucro. Não se trata, porém, de lucro qualquer, mas de lucro que se destina a ser repartido pelos sócios, de acordo com a noção de contrato de sociedade adotada pelo CC português. O lucro consiste num incremento do património social, decorrente da atividade social desenvolvida. O lucro em sentido estrito, como elemento caracterizador da noção de contrato de sociedade, permite distingui-lo de outras figuras que lhe são próximas, como o ACE, o AEIE, bem como a cooperativa, o consórcio e a associação em participação.

2. Os sócios têm o direito de exigir que a sociedade se oriente para a obtenção de lucros e o direito de quinhoar nos lucros que a sociedade registe. É o direito ao lucro abstrato, que é um direito fundamental e inderrogável dos sócios. Os sócios têm também direito ao lucro final ou de liquidação, mas a prática institucionalizou a distribuição periódica de lucros, de tal forma que a lei consagra o direito à distribuição periódica dos lucros. No Direito português os sócios têm direito à distribuição de, pelo menos, metade do lucro do exercício distribuível. Este direito só pode ser afastado por cláusula contratual ou deliberação tomada por três quartos dos votos correspondentes ao capital social, em assembleia geral especialmente convocada para esse efeito. Em Espanha, a partir da entrada em vigor da *Ley 25/2011*, que alterou a *LSC*, foi consagrado, ainda que de forma indireta, o direito inderrogável dos sócios a pelo menos um terço

APURAMENTO E APLICAÇÃO DE RESULTADOS

do lucro distribuível, reforçando os direitos dos sócios minoritários. Este regime da *LSC* acaba por consagrar uma proteção mais efetiva para os sócios minoritários do que a solução do CSC.

3. Uma vez aprovada a deliberação de distribuição de lucros, cada sócio passa a ser titular de um direito de crédito em relação à sociedade, podendo exigir-lhe a sua quota-parte nos lucros que a sociedade delibere distribuir. É um direito extra-corporativo e que pode ser autonomizado.

## Capítulo II – O apuramento de resultados

4. As sociedades são obrigadas a proceder periodicamente ao apuramento da sua situação patrimonial e financeira, o que se impõe não só pelo interesse dos sócios em conhecer o estado da atividade social e acompanhar e fiscalizar a administração, mas também pelo interesse dos credores em conhecer o património que garante os seus créditos, e do Estado, para efeitos fiscais.

5. O apuramento da situação patrimonial e financeira é um processo no qual todos os órgãos sociais de alguma forma participam, sendo efetuado de acordo com as regras contabilísticas aplicáveis, que não podem ser derrogadas pelo contrato de sociedade, nem por deliberação dos sócios, sob pena de nulidade. No caso português, tais normas constam do SNC, ao contrário do que sucede em Espanha, Itália, França e Alemanha, em que as principais regras contabilísticas estão previstas em leis comerciais.

6. A elaboração das contas – que compete aos órgãos de gestão – é um pressuposto necessário para que se possa deliberar sobre a aplicação de resultados, pois são aqueles documentos contabilísticos que revelam o resultado do exercício que os sócios destinarão.

7. A deliberação de aprovação das contas consubstancia uma declaração de ciência, sem conteúdo dispositivo ou constitutivo, que revela o resultado apurado, sendo uma deliberação diferente e autónoma em relação à deliberação de aplicação de resultados, embora aquela seja uma condição e um pressuposto desta.

CONCLUSÕES

8. A inobservância do princípio da verdade das contas projeta-se na deliberação que as aprove. A aprovação de contas que erradamente fixem um ativo líquido superior ao real, coloca em causa o princípio da intangibilidade do capital social, na medida em que permite a distribuição de bens aos sócios sem que lhe correspondam lucros reais, pelo que é nula. Se as contas apresentarem um ativo liquido inferior ao real, a deliberação que as aprova coloca fundamentalmente em causa interesses dos sócios que veem reduzir-se os lucros susceptíveis de distribuição. E ainda que se possa sustentar de *iure constituendo* a nulidade de tal deliberação, de *iure constituto* deverá concluir-se pela sua anulabilidade. Para que seja posta em causa a validade das contas é necessário que a desconformidade com o princípio da verdade do balanço ultrapasse a margem de discricionariedade técnica necessariamente existente e que leva a que se fale em relatividade do resultado, nomeadamente quanto à avaliação das diferentes verbas que constam das contas.

9. Por regra, a anulação da deliberação de aprovação das contas do exercício não determina a invalidade da deliberação de aprovação das contas do exercício subsequente, uma vez que o resultado de cada exercício se apura no confronto entre o ativo e passivo verificado no final de cada exercício e não entre o balanço de um exercício e o do ano que o precedeu. Todavia, sendo declarada nula ou anulada a deliberação de aprovação das contas de determinado exercício, necessariamente cai a deliberação de aplicação de resultados do mesmo exercício, pois a aplicação de resultados decorrentes de contas inválidas está ferida de nulidade por falta de objeto: inexiste o resultado para aplicar.

10. Para efeitos de aplicação de resultados, o lucro relevante é o lucro contabilístico, e é a partir dele que se constroem várias noções jurídicas de lucro, designadamente, lucro do exercício, lucro do exercício distribuível, lucro de balanço e lucro final.

11. O lucro do exercício corresponde ao excedente positivo verificado no final de cada exercício, dos rendimentos em relação aos gastos, evidenciado nas demonstrações de resultados e constante do balanço. Regista o acréscimo patrimonial decorrente da atividade social e não os aumentos decorrentes de factos alheios à atividade social, como doações, reavaliações, acessões e prémios.

APURAMENTO E APLICAÇÃO DE RESULTADOS

12. O lucro do exercício distribuível corresponde ao lucro do exercício diminuído dos prejuízos transitados e das reservas obrigatórias, bem como dos incrementos decorrentes da aplicação do critério de avaliação do justo valor e do método da equivalência patrimonial (MEP). De facto, para efeitos de distribuição de lucros não contam os incrementos que decorrem da aplicação do justo valor e não se encontram efetivamente realizados. Acresce que, sendo usado o MEP, os lucros não distribuídos das participadas, não constituindo ganhos realizados da participante, não devem poder ser distribuídos aos sócios desta.

13. O lucro de balanço, por seu lado, é constituído pelo acréscimo patrimonial gerado e acumulado na sociedade, correspondendo à diferença positiva entre o ativo líquido e o capital social, acrescido das reservas indisponíveis. É o lucro que os sócios podem distribuir.

## Capítulo III – As aplicações de resultados

14. Os lucros apurados podem ser aplicados em reservas ou dividendos, cabendo aos sócios a opção de os repartir em dividendos ou retê-los na sociedade em reservas, nos termos da lei e do contrato social.

15. Atentas as diferentes reservas possíveis, considerar-se-á como reservas os valores ideais retidos na sociedade, por imposição legal ou contratual, ou por decisão, expressa ou tácita, dos sócios e que se destinam à compensação de perdas, à incorporação no capital ou a outro fim definido pelos sócios. As reservas, tal como o capital social, na medida em que retêm na sociedade bens do património social, última garantia dos credores, desempenham funções parcialmente semelhantes. Todavia, a consistência da garantia que as reservas constituem é muito variável consoante o tipo de reserva em causa.

16. As reservas legais, obrigatórias nas sociedades por quotas e anónimas, são calculadas a partir do lucro do exercício, sem contar com os resultados transitados positivos e após a dedução das perdas transitadas de exercícios anteriores. Também não deve ser considerado para este efeito a

parte dos lucros proveniente de ajustamentos decorrentes do justo valor ou da aplicação do MEP. Já as reservas estatutárias são as que o pacto social determine, tendo também carácter obrigatório e terão a finalidade que aquele pacto lhes atribua.

17. Quanto à sua fonte, as reservas podem ser reservas de lucros (constituídas por deliberação social a partir dos lucros do exercício), reservas de capital (resultantes de entradas não contabilizadas no capital social) e reservas técnicas (que derivam da necessidade de retirar da disponibilidade dos sócios determinados incrementos patrimoniais não relacionados com a atividade social). As reservas de capital e as reservas técnicas não carecem de deliberação social, ficando automaticamente sujeitas a regime de indisponibilidade, não consistindo pois aplicação de resultados. Estas reservas ficam sujeitas ao regime de afetação da reserva legal, seja qual for o seu valor.

18. As reservas ocultas, independentemente do juízo sobre a sua licitude, são de facto verdadeiras reservas que acabam por representar uma amputação da competência dos sócios, que ficam impedidos de deliberar sobre a aplicação da totalidade do resultado obtido, que fica retido na sociedade sem decisão expressa dos sócios.

19. O pacto social ou a lei podem estabelecer o direito dos sócios à distribuição de uma percentagem mínima de lucros em cada exercício, sem que contudo possa haver lugar a qualquer obrigação de retribuição certa do capital investido. Em Portugal, o CSC consagra um direito mínimo ao dividendo correspondente a metade do lucro distribuível, enquanto em Espanha, esse direito corresponde a um terço do mesmo lucro, sob pena do direito de exoneração do sócio que vote vencido.

20. Desde que admitido pelo pacto social e observadas as condições legais, é admissível que a sociedade, por deliberação da administração, distribua dividendos antecipados, isto é, antes de findo o exercício respetivo e antes da aprovação das suas contas. Estes dividendos são entregues a título definitivo e irrevogável, mas são tidos em conta na distribuição de lucros em aplicação de resultados.

APURAMENTO E APLICAÇÃO DE RESULTADOS

21. A deliberação de distribuição de dividendos tem efeito constitutivo, nascendo na esfera jurídica de cada sócio um direito novo, autonomizável dos restantes direitos que integram a sua posição jurídica social.

## Capítulo IV – A deliberação de aplicação dos resultados

22. A aplicação de resultados é a deliberação tomada anualmente pelos sócios, em face dos resultados apurados no exercício, tal como revelados pelas contas aprovadas e que consiste na sua destinação em dividendos, reservas ou compensação de perdas, obedecendo às regras legais e contratuais aplicáveis. Esta deliberação, autónoma face à aprovação das contas do exercício, mas dela dependente, é obrigatória e deve ser total, isto é, ter por objeto a totalidade do resultado apurado.

23. A deliberação de aplicação de resultados não se confunde com a deliberação de distribuição de lucros, pois aquela inclui outros destinos possíveis para os resultados para além dos dividendos e, por outro lado, pode ocorrer uma distribuição de lucros sem que tal decorra de uma deliberação de aplicação de resultados, como sucede na distribuição de reservas livres ou na distribuição antecipada de lucros.

24. As aplicações de resultados não constituem gastos, pois estes, como encargos que a sociedade tem que suportar para obter lucros, contribuem para a determinação do resultado situando-se, deste modo, na fase da construção do resultado e não na da sua aplicação, ainda que alguns gastos sejam calculados em função dos resultados.

25. Deve considerar-se admissível a hetero-destinação dos resultados do exercício, desde que se trate de atribuição de lucros limitada e aprovada por deliberação unânime dos sócios, exceto quando prevista no pacto social que admita tal atribuição, caso em que será bastante uma deliberação por maioria simples.

26. Nem todas as situações em que terceiros participam de algum modo nos lucros da sociedade se podem considerar aplicações de resultados. É o que sucede com a participação nos lucros dos trabalhadores, dos admi-

nistradores, dos obrigacionistas e do associante (nos contratos de associação em participação). Apenas se deverão qualificar como aplicações de resultados quando se trate de atribuições deliberadas pelos sócios em espírito de liberalidade e por decisão unânime, limitada a montantes que não ponham em causa o fim lucrativo da sociedade.

27. De acordo com o CSC, qualquer deliberação que envolva a entrega de bens aos sócios só pode ser por estes decidida, tratando-se de matéria indelegável, pelo que nem mesmo os tribunais se poderão substituir aos sócios na deliberação de aplicação de resultados.

28. A deliberação de aplicação de resultados pressupõe a prévia aprovação das contas do exercício, sendo nula a deliberação de aplicação de resultados sem o balanço e contas estarem previamente aprovados. E se a deliberação de aprovação das contas for posteriormente invalidada, a deliberação de aplicação de resultados ficará ferida de nulidade.

29. A deliberação de aplicação de resultados tem que respeitar a integridade do capital social, e os administradores não podem cumprir qualquer deliberação de distribuição de bens aos sócios sempre que tenham fundadas razões para admitir que possa estar em risco a integridade do capital social. Deve também respeitar o princípio da igualdade, regra estruturante do direito societário, não obstante a possibilidade de configuração contratual dos direitos e obrigações dos sócios, ao abrigo da liberdade contratual.

30. É admissível o pagamento de dividendos em espécie, devendo contudo tratar-se de bens com razoável liquidez, sendo aplicado igual critério para todos os sócios e os bens em causa sujeitos a avaliação.

31. Ocorrendo uma distribuição ilícita de lucros, a obrigação de restituição requer a verificação de dois pressupostos, cujo ónus da prova é da própria sociedade: que tenha ocorrido uma distribuição de bens ilícita e que os sócios conhecessem a irregularidade ou, em face das circunstâncias, a devessem conhecer.

32. As diversas aplicações estão entre si reciprocamente relacionadas, pois resultando todas da mesma fonte, o valor destinado a umas limita

o valor das restantes. Por outro lado, havendo prioridades a respeitar, algumas aplicações só serão possíveis em função da decisão quanto a outras. A primeira prioridade é a cobertura de prejuízos, devendo nesta cobertura começar por utilizar-se as componentes não vinculadas à proteção dos credores, pelo que se deve recorrer primeiramente ao lucro do exercício e só depois às reservas livres, às reservas estatutárias e, só por último, às reservas legais. Cobertos os prejuízos transitados, há lugar à constituição ou reintegração das reservas legais impostas por lei, devendo a reserva legal ser calculada após a dedução das perdas. Após as aplicações legal e estatutariamente previstas, fica encontrado o lucro distribuível, que, querendo, os sócios podem distribuir na íntegra. Na aplicação do lucro distribuível é necessário ter em conta o pagamento de dividendos privilegiados e prioritários, de acordo com o que estiver previsto no pacto social. Ao valor a receber por cada sócio será necessário deduzir o montante dos dividendos antecipados já pagos.

# Abstract

**Determination and allocation of results – in The Portuguese Company Code**

## I

Commercial activities have as their ultimate purpose to make a profit. Profit is not just the main goal of commercial companies – it is usually the reason why they are set up in the first place.

Nevertheless, according to Portuguese law, the company's ultimate goal is to earn profits to be distributed to the shareholders.

According to the Portuguese Civil Code's notion of a company, members intend that the company's social activity is geared not only towards getting a profit but also that said profit must be of value and transferable to the company's shareholders.

Consequently, unlike as is the case in other jurisdictions, the notion of a company in Portugal comprises only the sole purpose of making a profit which will then be distributed to the shareholders. This does not exclude the increasing importance of corporate social responsibility, especially for the larger companies.

In the same way, nowadays it is also a requirement of a company's directors that they take into account the interests of workers and others that somehow depend on or interact with the company – the stakeholders – without losing sight of the goal to make a profit.

It is still the profit goal that distinguishes between the company and other similar bodies, such as the "Agrupamento Complementar de Empresas" (ACE), the "European Economic Interest Grouping" (EEIG), Cooperatives, the "Consortium Agreement" and the "Contrato de Associação em Participação".

In addition to this, under the Portuguese Company Code, shareholders have the right to demand that social activity is directed towards making profits. They also have the right to participate in the sharing of the profits registered by the company. Any clause that excludes the shareholders from the sharing of the profits is considered to be null and void.

These rights of shareholders prevent the validation of profit distribution to third parties or for purposes other than those which are directed towards achieving the company's objectives.

In addition, shareholders are also entitled to share in the final profit, or in the settlement from the winding up of a company, after repayments of liabilities and obligations have been made.

Common practice has established the periodic (annual) profit distribution. This is, by law, linked with the duty of accountability of the directors.

When compared with other jurisdictions close to it, Portuguese Company Law authorises an unparalleled solution: it is a basic right of every shareholder that half of the distributable profit must be allocated to them. This right may only be removed under agreed special circumstances, either by a contractual clause or by a special resolution.

Once the resolution for distribution of profits is approved, the shareholders then have the right to demand the payment of their share of the profits that the company decided to distribute.

We also examine whether there are other indirect ways to have a share in the company's profit, namely in the case of regulated stock market listed companies and those with a reasonable liquidity.


## II


The company directors shall submit annual financial accounts. This requires specific steps to be taken in order to ascertain a company's economic, financial and equity condition. These accounts provide relevant information to the shareholders, to the creditors, to the state and to all stakeholders in general.

This duty includes the preparation and presentation of the following documents to the shareholders: the annual report (including a fair review of the development of the company's business and of its position), the balance sheet, the profit and loss account, by nature and by function, the cash flows statement, the demonstration of changes in equity and the notes to the accounts.

The preparation of accounts is carried out in accordance with accounting standards, primarily under the Portuguese Accounting Standards System (SNC) and only residually under the Commercial Code and the Company Law, contrary to what happens in other European countries, such as in Spain, Italy, France and Germany.

The determination of the annual results is initiated by the directors who must prepare and submit the annual report and the accounts to the shareholders for approval, signed by all managers and directors in office.

In the event of this not happening, any shareholder can bring a lawsuit against the company and its directors in order to ensure that the accounts are presented. The accounts are useful for shareholders so that they can judge the financial state of the company and assess the performance of its directors.

The accounts of limited companies require legal certification by a statutory auditor.

Once the accounts, the management report and other required documents are prepared they are presented at the annual general meeting. This is different to Germany, where after consideration by the auditors, the accounts are subject to the approval of the General Counsel (Aufsichtsrat). The same applies in Italy, on the two-tier system (Consiglio di Sorveglianza).

Once the company's annual accounts are approved – and their approval is a condition before a decision can be made to pay dividends to shareholders – they must be filed with the Commercial Register and published on the Internet site for public access.

It should be noted that the resolution that approves the accounts takes note of their content, so that any possible misstatements – for example, when the accounts do not give a true and fair view of the company's situation – are identified in the approval process. It is therefore necessary to distinguish between situations in which the misstatement arises from the fact that the accounts present fixing liquid assets valued higher than their real value, and those which report an asset valued lower than the real value, or even in the case of a liability unduly increased. These are two distinct situations which merit a different legal framework.

On this subject, a controversial issue that arises from the invalidity of all accounts is the effect that such invalidity of accounts in one instance, can cause in the year(s) after, by analysing the various confrontational positions.

From the approval of the accounts the final annual result, either positive or negative, is determined. This is the accounting result which is legally relevant.

The accounting result is different from the final profit or settlement. It is the positive difference between the value obtained from the liquidation of the company and the amount initially invested by the shareholders. We should also distinguish between the net income from the distributable profit and from the profit balance.


## III

After finalising the results, it is then up to the shareholders to decide how to allocate them. Therefore, it is important to identify possible allocations for the results, be they positive or negative.

Firstly, the reserves, which are values in the balance sheet that do not materialise in to any concrete asset. In this context, it is important to analyse the concept of reserves, be it in a broader or a narrower sense.

As for the different types of reserves, we must begin by distinguishing between the expressed and the hidden reserves, as well as the voluntary reserves from those that may not be distributed under the law or the statutes. Of note are also the profits reserves and those that don't come from profits, such as the reserves required for a company to allow it to acquire its own shares.

In particular, it is important to analyse the different kind of reserves required by law by comparing between the Portuguese, the Spanish, the French, the Italian and the German laws.

The Portuguese Company Law provides for the existence of various types of reserves but without a definite legal status and with different purposes. It is important to understand these differences.

Secondly, it is important to focus on the dividends payable to the shareholders, by analysing how the overall value is achieved, and the amount each shareholder is entitled to receive.

There are some exceptions, as well as the general rule that must be considered: the privileged shares, the minimum dividend, the maximum dividend, and the guaranteed dividend.

The rules for paying a dividend to the members of a company, whether in cash or otherwise, and its legal administration, both in Portugal and in neighbouring jurisdictions should also be analysed in this context.

**IV**

After having analysed the different allocations of results, it is then possible to determine the assumptions and constraints that the allocation of results must take into consideration.

At first, it is useful to focus on the notion of allocation of results resolution. It is then important to distinguish it from other similar, but different resolutions.

The allocation of results resolution is subject to certain legal constraints. Those constraints should be determined by examining in detail the power to make that resolution, the respect for the integrity of capital, the respect for the equal treatment between shareholders. The main rule is that capital must remain intact.

The allocation of positive results determines the distribution of assets to shareholders, by way of profits. However, this is not the only way for the company to distribute assets to shareholders. The next step is therefore to examine and distinguish between the various situations that comprise payments to the shareholders and those that do not. These are the operations on capital and the sharing of assets on liquidation.

Finally we analyse the priorities that shareholders have to respect in their decision on the allocation of profits, looking to rank priorities, if the result is positive. The shareholders decision must respect the legal and contractual framework.

Otherwise if the result is negative, no specificity arises. The loss for the year will be taken to retained earnings.

# BIBLIOGRAFIA

Critérios adotados:
a) Citam-se apenas as obras a que se teve acesso;
b) Os autores são apresentados pelo último nome, exceto os espanhóis que são referenciados pelos penúltimo nome;
c) As obras em coautoria são referenciadas pelo nome do primeiro autor;
d) Os títulos dos artigos de revista são apresentados em itálico.

AAVV – *Dicionário da Língua Portuguesa Contemporânea*. Lisboa: Academia das Ciências de Lisboa / Editorial Verbo, 2001.

ABREU, Jorge Manuel Coutinho de – *Curso de Direito Comercial. Vol. II.* Coimbra: Almedina, 4ª ed., 2011.

ABREU, Jorge Manuel Coutinho de – *Da Empresarialidade. As Empresas e o Direito.* Coimbra: Almedina, 1999.

ABREU, Jorge Manuel Coutinho de – *Diálogos com a jurisprudência, I – Deliberações dos sócios abusivas e contrárias aos bons costumes*, in Direito das Sociedades em Revista, Ano 1, Vol. 1, p. 33 e ss. Coimbra: Almedina, 2009.

ABREU, Jorge Manuel Coutinho de – *Responsabilidade Civil dos Administradores de Sociedades*. Coimbra: Almedina, 2007.

ABREU, Jorge Manuel Coutinho de – *Sociedade Anónima, a Sedutora (Hospitais, SA, Portugal, SA)*. Coleção Miscelâneas, nº 1. Coimbra: IDET/ / Almedina, 2003.

ABREU, Jorge Manuel Coutinho de (coord.) – *Código das Sociedades Comerciais em Comentário. Vol. I.* Coimbra: Almedina, 2010.

ABREU, Luís Vasconcelos – *A sociedade leonina*, in Revista da Ordem dos Advogados, Ano 56 (1996), Vol. II, p. 619.

ALBIÑANA, C. – *El beneficio y su distribución según la ley de sociedades anónimas*, in Revista de Derecho Mercantil (1954), p. 5.

ALMEIDA, António Pereira de – *Sociedades Comerciais, Valores Mobiliários e Mercados*. Coimbra: Coimbra Editora, 6ª ed., 2011.

ALMEIDA, Carlos Ferreira de – *Contratos III*. Coimbra: Almedina, 2ª ed., 2013.

AMER-YAIA, Amel – *Le régime juridique des dividendes*. Paris: L'Harmattan, 2010.

ANACORETA, Luísa – Até onde vão os juízos de valor? O caso particular das amortizações e imparidades. in *O SNC e os Juízos de Valor – Uma perspectiva crítica e multidisciplinar*, p. 47 e ss. Coimbra: Almedina, 2013.

ANDRADE, Manuel A. Domingues de – *Teoria Geral da Relação Jurídica*. Vol. I, Coimbra: Almedina, 1983.

ANDRADE, Margarida Costa – *Código das Sociedades Comerciais em Comentário*. Vol. I. Comentário ao artigo 23º. Coimbra: Almedina, 2010.

ANTUNES, José Engrácia – *Capital próprio, reservas legais especiais e perdas sociais*, in *Scientia Ivridica*, Tomo LVII, nº 313 (2008), p. 93.

ANTUNES, José Engrácia – *Os Grupos de Sociedades*. Coimbra: Almedina, 2ª ed., 2002.

ARANA GONDRA, Francisco Javier – *La Censura de Cuentas en las Sociedades Anónimas*. Madrid: ICE, 1976.

ARANA GONDRA, Francisco Javier – Ley de Auditoria de cuentas anuales. in *Comentarios a Las Leyes Mercantiles*, dirigidos por Fernando Sánchez Calero. Madrid: Editoriales de Derecho Reunidas, 1995.

ARAÚJO, Luís Correia – A participação dos trabalhadores nos lucros das sociedades comerciais. in *Questões de*

*Tutela de Credores e de Sócios das Sociedades Comerciais* (coord. Maria de Fátima Ribeiro), p. 141 e ss. Coimbra: Almedina, 2013.

ARNOULD, Tiago – *O destaque do direito aos lucros: esvaziamento do direito de voto e titularidade oculta*, in Revista de Direito das Sociedades, Ano V (2013), nos 1 e 2, p. 369 e ss.

ARROYO, Ignacio/ EMBID, José Miguel (coord.) – *Comentarios a la ley de sociedades de responsabilidad limitada*. Madrid: Tecnos, 1997.

ASCENSÃO, José de Oliveira – *Direito Comercial – Vol. I – Parte Geral*. Lisboa: s/ ed., 1988.

ÁVILA NAVARRO, Pedro – *La Sociedad Anónima – tomo III (Cuentas anuales. Transformaciones. Fusión y escisión. Disolución. Sociedad unipersonal*. Barcelona: Bosh, 1997.

BALZARINI, Paola – *Disciplina Portoghese degli "Agrupamentos Complementares de Empresas"*, in Rivista delle Società, Anno XX (1975), pág. 324-328.

BASTOS, Miguel Brito – *As consequências da aquisição ilícita de acções próprias pelas sociedades anónimas*, in Revista de Direito das Sociedades, Ano I (2009), nº 1, p. 185.

BAUDRY-LACANTINERIE, G./ WAHL, Albert – *Traité Théorique et Pratique de Droit Civil. Vol. XXIII – De la société, du prêt, du dépôt*. Paris: s/ ed., 3ª ed., 1907.

BROSETA PONT, Manuel/ MARTINEZ SANZ, Fernando – *Manual de Derecho Mercantil – Vol. I*. Madrid: Tecnos, 11ª ed., 2002.

CAEIRO, António – Direito aos lucros nas sociedades por quotas. in *Temas de*

*Direito das Sociedades*, p. 497. Coimbra: Almedina, 1984.

CAEIRO, António/ SERENS, M. Nogueira – *Direito aos lucros e direito ao dividendo anual,* in Revista de Direito e Economia. Ano 5 (1979), nº 2, p. 369.

CÂMARA, Paulo – *Manual de Direito dos Valores Mobiliários*. Coimbra: Almedina, 2009.

CÂMARA, Paulo – O governo das sociedades e os deveres fiduciários dos administradores. in *Jornadas Sociedades Abertas, Valores Mobiliários e Intermediação Financeira*. Coimbra: Almedina, 2007.

CARVALHO, Orlando de – Empresa e lógica empresarial. in *Estudos em Homenagem ao Prof. Doutor A. Ferrer Correia*, Vol. IV, p. 3. Coimbra: s/ ed., 1997.

CASTRO, Carlos Osório de – Acções preferenciais sem voto. in *Problemas do Direito das Sociedades*, p. 281. Coimbra: IDET/ Almedina, 2002.

CASTRO, Carlos Osório de – *Alguns apontamentos sobre a realização e a conservação do capital social das sociedades anónimas e por quotas*, in Direito e Justiça, Vol. 12, Tomo 1 (1998), p. 277.

CASTRO, Carlos Osório de – *Da prestação de garantias por sociedades a dívidas de outras entidades,* in Revista da Ordem dos Advogados, Ano 56 (1996), Vol. II, p. 565 e ss.

CASTRO, Carlos Osório de – *Sobre o artigo 89º, nº 2, do Projecto de Código das Sociedades,* in Revista de Direito e Economia, Ano 10/11 (1985), p. 227.

CASTRO, Carlos Osório de / CASTRO, Gonçalo Andrade e – *A distribuição de lucros a trabalhadores de uma sociedade anónima, por deliberação da assembleia geral,* in O Direito, Ano 137º (2005), Vol. I, p. 57.

CERA, Mario – *Il passaggio di riserve a capitale: funzioni e natura giuridica*, in Rivista delle Società, Anno 29 (1984), p. 769.

COELHO, Eduardo de Melo Lucas – Pontos críticos do Código das Sociedades Comerciais na jurisprudência. in *Nos 20 anos do Código das Sociedades Comerciais*, p. 49. Coimbra: Coimbra Editora, 2007.

COELHO, Maria Ângela – *Algumas Notas Sobre o Agrupamento Europeu de Interesse Económico (A.E.I.E.),* in Revista de Direito e Economia, Anos X/XI (1984), p. 389 e ss.

COLOMBO, G. E./ PORTALE, G. B. (Diretto da) – *Trattato delle società per azioni – Vol. 7 – Bilancio d'esercizio e consolidato.* Torino: UTET, 1995.

COLOMBO, Giovanni E. – *Riserve facoltative e riserve occulte nel bilancio delle socità per azioni*, in Rivista del Diritto Commerciale, Vol. 1 (1960), p. 176.

CONAC, Pierre-Henri – *Le capital dans le droit américain des sociétés. Quel avenir pour le capital social?* p. 153 e ss, Paris: Dalloz, 2004.

CORDEIRO, António Menezes – Escrituração comercial, prestação de contas e disponibilidade do ágio nas sociedades anónimas. in *Estudos em homenagem ao Prof. Doutor Inocêncio Galvão Telles. Vol. IV*, p. 572. Coimbra: Almedina, 2003.

CORDEIRO, António Menezes – *Introdução ao Direito da Prestação de Contas.* Coimbra: Almedina, 2008.

CORDEIRO, António Menezes – *Manual de Direito Comercial, Vol. I.* Coimbra: Almedina, 2001.

CORDEIRO, António Menezes – *Manual de Direito das Sociedades, Vol. I.* Coimbra: Almedina, 2004.

CORDEIRO, António Menezes – *SA: Assembleia Geral e Deliberações Sociais.* Coimbra: Almedina, 2007.

CORDEIRO, António Menezes (coord.) – *Código das Sociedades Comerciais Anotado.* Coimbra: Almedina, 2009.

CORREIA, A. Ferrer – *A sociedade por quotas de responsabilidade limitada segundo o Código das Sociedades Comerciais,* in Revista da Ordem dos Advogados, Ano 47 (1987), Vol. III, p. 659.

CORREIA, A. Ferrer – *Lei das sociedades comerciais (Anteprojecto),* in BMJ, 185 (1969), p. 25 e ss. (com colaboração de António Caeiro).

CORREIA, A. Ferrer – *Lições de Direito Comercial. Vol. II. Sociedades Comerciais – Doutrina geral.* Coimbra: edição policopiada, 1968.

CORREIA, A. Ferrer/ COELHO, Maria Ângela/ XAVIER, Vasco Lobo/ / CAEIRO, António – *Sociedade por quotas de responsabilidade limitada. Anteprojecto de lei,* in Revista de Direito e Economia, Ano II, nᵒˢ 1 e 2 (1976) e Ano III, nᵒ 1 (1977).

CORREIA, L. Brito – *Direito Comercial – Vol. II.* Lisboa: AAFDL, 1989.

CORREIA, Miguel J. A. Pupo – *Direito Comercial – Direito da Empresa.* Lisboa: Ediforum, 12ª ed., 2011.

COSTA, Ricardo – *"Artigo 84º"* in *Código das Sociedades Comerciais em Comentário.* Vol. I. Coimbra: Almedina, 2010, p. 965 e ss.

COSTA, Ricardo – *Unipessoalidade Societária.* Coleção Miscelâneas, nᵒ 1, Coimbra: IDET, 2003.

COSTA, Suzana Fernandes da – Novos rumos do direito contabilístico: confronto entre a reforma espanhola e o SNC português. in *Sistema de Normalização Contabilística,* p. 287. Porto: Vida Económica / ISCAP, 2010.

COZIAN, Maurice/ VIANDIER Alain/ / DEBOISSY, Florence – *Droit des Sociétés.* Paris: Litec, 21ª ed., 2008.

CROCA, Maria Adelaide – *As contas do exercício – perspectiva civilística,* in Revista da Ordem dos Advogados, Ano 57 (1997), Vol. II, p. 629.

CUNHA, Carolina – *"Artigo 156º"* in Código das Sociedades Comerciais em Comentário. Vol. II. Coimbra: Almedina, 2011, p. 669 e ss.

CUNHA, Carolina – *"Artigo 346º"* in Código das Sociedades Comerciais em Comentário. Vol. V. Coimbra: Almedina, 2012, p. 741 e ss.

CUNHA, Paulo Olavo – Breve nota sobre os direitos dos sócios (Das sociedades de responsabilidade limitada) no âmbito do Código das Sociedades Comerciais. in *Novas Perspectivas do Direito Comercial.* Coimbra: Almedina, 1988.

CUNHA, Paulo Olavo – *Direito das Sociedades Comerciais.* Coimbra: Almedina, 3ª ed., 2007.

CUNHA, Paulo Olavo – *Lições de Direito Comercial.* Coimbra: Almedina, 2010.

DAVIES, Paul L. – *Gower and Davies' Principles of Modern Company Law.* Londres: Sweet & Maxwell, 8ª ed., 2008.

DELOITTE – *Distributable profits – how much do we have?.* Disponível em http://www.deloitte.com/view/en_IE/ie/services/audit/e7b5264f0b0fb-110VgnVCM100000ba42f00aRCRD. htm, acedido em 4 de abril de 2013.

DI GIULIO, Lodovico G. Bianchi/ / BRUNO, Ferdinando – *Dalle* tracking shares *alle azioni correlate: brevi riflessioni sull'esperienza domestica italiana* in *Rivista Le Società*, n.º 2 (2009), IPSOA. Disponível em http://www.altalex.com/index.php?idnot=46855, acedido em 19 de agosto de 2013.

DIAS, Gabriela Figueiredo – Controlo de contas e responsabilidade dos ROC. in *Temas Societários*, p. 153 e ss. Coimbra: IDET/ Almedina, 2006.

DIAS, Gabriela Figueiredo – Estruturas de fiscalização de sociedades e responsabilidade civil. in *Nos 20 anos do Código das Sociedades Comerciais*, p. 803. Coimbra: Coimbra Editora, 2007.

DIAS, Gabriela Figueiredo – *Fiscalização de sociedades e responsabilidade civil*. Coimbra: Coimbra Editora, 2006.

DIAS, Joana Pereira – *Código das Sociedades Comerciais Anotado*. Comentário aos artigos 147.º a 158.º. Coimbra: Almedina, 2009.

DOMINGUES, Paulo de Tarso – *"Artigos 217.º e 218.º"* in *Código das Sociedades Comerciais em Comentário*. Vol. III. Coimbra: Almedina, 2011, p. 325 e ss.

DOMINGUES, Paulo de Tarso – *"Artigos 294.º a 298.º"* in *Código das Sociedades Comerciais em Comentário*. Vol. V. Coimbra: Almedina, 2012, p. 248 e ss.

DOMINGUES, Paulo de Tarso – *"Artigos 31.º a 35.º"* in Código das Sociedades

Comerciais em Comentário. Vol. I. Coimbra: Almedina, 2010, p. 478 e ss.

DOMINGUES, Paulo de Tarso – A perda grave do capital social. in *Estudos em Homenagem ao Professor Doutor Jorge Ribeiro de Faria* – separata. Coimbra: Coimbra Editora, 2003.

DOMINGUES, Paulo de Tarso – *A vinculação das sociedades por quotas no Código das Sociedades Comerciais*, in Revista da Faculdade de Direito da Universidade do Porto. Ano 1 (2004), p. 277.

DOMINGUES, Paulo de Tarso – Capital e património sociais, lucros e reservas. in *Estudos de Direito das Sociedades*, p. 177 e ss. Coimbra: Almedina, 10ª ed., 2010.

DOMINGUES, Paulo de Tarso – *Do Capital Social – Noção, Princípios e Funções*. Coimbra: BFDUC/ Coimbra Editora, 2ª ed., 2004.

DOMINGUES, Paulo de Tarso – Garantias da Consistência do Património Social. in *Problemas do Direito das Sociedades* – separata. Coimbra: Almedina, 2002.

DOMINGUES, Paulo de Tarso – *O aumento do capital social gratuito ou por incorporação de reservas*. in Direito das Sociedades em Revista, Ano I (2009), Vol. I, p. 215 e ss.

DOMINGUES, Paulo de Tarso – *Variações sobre o Capital Social*. Coimbra: Almedina, 2009.

EASTERBROOK, Frank H./ FISCHEL, Daniel R. – *La estructura económica del derecho de las sociedades de capital*. Madrid: Fundación Cultural del Notariado, 2002.

EMBID IRUJO, José Miguel – *Ley Alemana De Sociedades Anónimas*. Madrid: Marcial Pons, 2010.

FARIAS BATLLE, Mercedes/ SÁNCHEZ RUIZ, Mercedes – Sociedad Comanditaria Simples. Cuetas en Participación. in *Curso Fundamental de Derecho Mercantil, Vol. II.* (coor. Francisco J. Alonso Espinosa) Múrcia: Fundación Universitária San António, 2004.

FERNANDES, Luís Carvalho – *Teoria Geral do Direito Civil. Vol. I.* Lisboa: Lex, 2ª ed., 1995.

FERNÁNDEZ DEL POZO, Luis – *Aplicación de resultados y defensa del capital social. De nuevo sobre la crisis (presunta) de la noción de capital social,* in Revista General de Derecho, nº 622-623 (1996), p. 8543.

FERNÁNDEZ DEL POZO, Luis – El nuevo «test de balance» bajo las normas contables internacionales. in *La Modernización del Derecho de Sociedades de Capital en España – Cuestiones pendientes de reforma – Vol. II,* p. 109 e ss. Navarra: Aranzadi, 2011.

FERNÁNDEZ DEL POZO, Luis – *El Requisito de Mantenimiento de la Integridad del capital social tras la reforma contable (Ley 16/2007, de 4 de julio).* Disponível em http://www.auditors-censors.com/ pfw_files/cma/doc/eventos/2008%20 FAP/9dpozo.pdf, acedido em 12 de abril de 2012.

FERNÁNDEZ DEL POZO, Luis – *La aplicación de resultados en las sociedades mercantiles.* Madrid: Civitas, 1997.

FERNÁNDEZ DEL POZO, Luis – *Las Reservas atípicas. Las reservas de capital y de técnica contable en las sociedades mercantiles.* Madrid: Marcial Pons, 1999.

FERRA, Giampaolo de – *"Associazione in Partecipazione"* – Diritto Commerciale, Enciclopedia Giuridica – Treccani.

FERREIRA, Bruno – *Adiantamentos sobre lucros no decurso do exercício: algumas reflexões,* in Direito das Sociedades em Revista, Ano 3 (2011), Vol. 5, p. 181 e ss.

FERREIRA, Bruno – *O acórdão do STJ de 10 de Maio de 2011 e a distribuição de bens aos sócios,* in Direito das Sociedades em Revista, Ano 4 (2012), Vol. 8, p. 103 e ss.

FERREIRA, Leonor Fernandes – Provisões. in *O SNC e os Juízos de Valor – Uma perspectiva crítica e multidisciplinar,* p. 181 e ss. Coimbra: Almedina, 2013.

FERREIRA, Ricardo do Nascimento – *As deliberações dos sócios relativas à prestação de contas* in Direito das Sociedades em Revista, Ano 3 (2011), Vol. 5, p. 195 e ss.

FERREIRA, Rogério Fernandes – *Contabilidade para não contabilistas.* Coimbra: Almedina, 2005.

FERRI, Giuseppe – *Diritto agli utili e diritto al dividendo,* in Rivista del Diritto Commerciale, Ano 1 (1963), p. 405 e ss.

FLORES DOÑA, María de la Sierra – La adquisición de acciones propias en Italia tras el modelo de armonización mínima. in *La Modernización del Derecho de Sociedades de Capital en España – Cuestiones pendientes de reforma – Vol. II,* p. 277. Navarra: Aranzadi, 2011.

FONSECA, Tiago Soares – O Penhor de Acções. Coimbra: Almedina, 2ª Ed., 2007.

FORTUNATO, Sabino – *Capitale e bilanci nella s.p.a.*, in Rivista delle Società, Anno 36 (1991), p. 124.

FRADA, Ana Raquel – A remuneração dos administradores das sociedades anónimas – Tutela preventiva e medidas *ex post*. in *Questões de Tutela de Credores e de Sócios das Sociedades Comerciais* (coord. Maria de Fátima Ribeiro), p. 321 e ss. Coimbra: Almedina, 2013.

FRADA, Manuel Carneiro da – A Business Judgment Rule no quadro dos deveres gerais dos administradores. in *Jornadas Sociedades Abertas, Valores Mobiliários e Intermediação Financeira*, p. 201 e ss. Coimbra: Almedina, 2007.

FRADA, Manuel Carneiro da – Deliberações sociais inválidas no novo Código das Sociedades. in *Novas perspectivas do direito comercial*, p. 317. Coimbra: Almedina, 1988.

FRADA, Manuel Carneiro da/ GONÇALVES, Diogo Costa – *A acção social ut singuli (de responsabilidade civil) e o Direito Cooperativo*, in Revista de Direito das Sociedades, Ano I (2009), nº 4, p. 885 e ss.

FRÈ, Giancarlo/ SBISÀ, Giuseppe – Della Società per Azioni. in *Commentario del Codice Civile* (sob a direção de Scialoja-Branca). Bologna/ Roma: Zanichelli Editore, 1997.

FURTADO, Jorge Henrique Pinto – *Código Comercial Anotado – Vol. II (Das sociedades em especial)*. Coimbra: Almedina, 1986.

FURTADO, Jorge Henrique Pinto – *Código das Sociedades Comerciais Anotado*. Lisboa: Petrony, 5ª ed. revista e atualizada, 2007.

FURTADO, Jorge Henrique Pinto – *Curso de Direito das Sociedades*. Coimbra: Almedina, 5ª ed., 2004.

FURTADO, Jorge Henrique Pinto – *Deliberações de Sociedades Comerciais*. Coimbra: Almedina, 2005.

GALGANO, Francesco – *Diritto Commerciale – Le società*. Bologna: Zanichelli Editore, 18ª ed., 2013.

GALGANO, Francesco – *Trattato di Diritto Commerciale e di Diritto Publico Dell'Economia – Vol. VII*. Padova: Cedam, 2ª ed., 1988.

GARCÍA MÉRIDA, Javier – *Atribución, Aplicación y Distribución del Resultado en las Sociedades Anónimas*. Cuenca: Ediciones de la Universidad de Castilla-La Mancha, 2005.

GARCÍA SANZ, Arturo – *Derecho de separación en caso de falta de distribución de dividendos*, in Revista de Derecho de Sociedades, nº 38 (2012), Navarra: Aranzadi, p. 55 e ss.

GARCIA-MORENO GONZALO, José María – Actualización de balances: afloración y aplicación de reservas ocultas. in *Estudios Jurídicos en homenaje al Profesor Aurelio Menéndez – Vol. II*, p. 1839. Madrid: Civitas, 1996.

GARCIA-MORENO GONZALO, José María – La posición del socio minoritario frente a la distribución de beneficios. in *Derecho de Sociedades – Libro de Homenaje al Profesor Fernando Sánchez Calero – Vol. I*, p. 959. Madrid: Mc Graw Hill, 2002.

GARRIGUES, Joaquín/ URIA, Rodrigo – *Comentario a la ley de sociedades anónimas, Tomo I e II*. Madrid: s/ed., 1976.

GIRON TENA, J. – *Derecho de Sociedades* – Tomo I. Madrid: s/ed., 1976.

GOMES, Fátima – *O Direito aos Lucros e o Dever de Participar nas Perdas nas Sociedades Anónimas.* Coimbra: Almedina, 2011.

GOMES, Júlio Manuel Vieira – *Direito do Trabalho. Vol. I.* Coimbra: Coimbra Editora, 2007.

GONDRA ROMERO, José M. – Significado y función del principio de «Imagen Fiel» («True and fair view») en el sistema del nuevo Derecho de Balances. in *Derecho Mercantil de la Comunidad Económica Europea – Estudios en homenaje a Jose Girón Tena.* p. 553, 1991.

GRADE, Jean-Marie Nelisse/ WAUTERS, Matthias – Reforming Legal Capital: Harmonisation or Fragmentation of Creditor Protection? in *The European Company Law Action Plan Revisited,* p. 25. Louvain: Leuven University Press, 2010.

GRUNDMANN, Stefan – *European Company Law – Organization, Finance and Capital Markets.* Ius Communitatis I. Cambridge/ Antwerp/ Portland: Intersentia, 2ª ed., 2012.

GUICHARD, Raul – *O Regime da Sociedade Cooperativa Europeia (SCE). Alguns aspectos.* in Revista de Ciências Empresariais e Jurídicas (Estudos sobre os Direitos Cooperativos Galegos, Português e Comunitário), nº 7 (2006), Porto: ISCAP, p. 203 e ss.

GUIMARÃES, Joaquim Fernando da Cunha – *O "Justo Valor" no SNC e o Art. 32º do CSC.* in Revista Electrónica INFOCONTAB, nº 47 (2009).

GUINÉ, Orlando Vogler – *"Artigo 360º"* in *Código das Sociedades Comerciais em Comentário.* Vol. V. Coimbra: Almedina, 2012, p. 882 e ss.

HOPT, Klaus J. – The European Company Law Action Plan Revisited: An Introduction. in *The European Company Law Action Plan Revisited,* p. 25. Louvain: Leuven University Press, 2010.

HOUET, Arnaud/ CULOT, Henri – *Affectio societatis, esprit de lucre et libération du capital: deux conceptions de la société?* – Comentário à sentença do Tribunal de primeira instância de Bruxelas, de 25 de janeiro de 2012. in Revue Pratique des Sociétés, 111º Ano (3º trimestre de 2012), p. 351 e ss.

ILLESCAS ORTIZ, Rafael – *"Derecho al dividendo"* in Enciclopedia Jurídica Básica, II, p. 2181. Madrid: Civitas, 1995.

ILLESCAS ORTIZ, Rafael – Auditoria, aprobación, deposito y publicidad de las cuentas anuales. in URIA, Rodrigo; MENENDEZ, Aurelio; OLIVENCIA, Manuel (dir.) – *Comentario al régimen legal de las sociedades mercantiles. Tomo VIII, Vol. 2º.* Madrid: Civitas, 1993.

ILLESCAS, R. – *El derecho del socio al dividendo en la sociedad Anónima.* Sevilla: Universidad de Sevilla, 1973.

ILLESCAS, R. – La formulación de las cuentas anuales de la sociedad anónima. in *Estudios Jurídicos en homenaje al Profesor Aurelio Menéndez – Vol. II,* p. 1925. Madrid: Civitas, 1996.

IRACULIS ARREGUI, Nerea – *La separación del socio sin necesidad de justificación: por no reparto de dividendos o por la propia voluntad del socio.* in Revista de

Derecho de Sociedades, n.º 38 (2012), Navarra: Aranzadi, p. 225 e ss.

JESUS, José Rodrigues de/ JESUS, Susana Rodrigues de – *Alguns aspectos da aplicação do método da equivalência patrimonial* in Revista Revisores & Auditores, n.º 54 (2011), p. 17 e ss.

JESUS, Susana Rodrigues de – *Algumas notas sobre a entrega de bens aos sócios nas sociedades comerciais.* Trabalho final do estágio, Ordem dos Revisores Oficiais de Contas. Porto: texto não publicado, 2006.

JIMÉNEZ SÁNCHEZ, Guillermo J. (Coord.) – *Derecho Mercantil – Vol. I.* Barcelona: Ariel, 9ª ed., 2004.

JUNGMANN, Carsten/ SANTORO, David – *German GmbH Law/ Das deutsche GmbH-Recht.* Munique: Verlag, 2011.

KPMG – *Feasibility study on an alternative to the capital maintenance regime established by the Second Company Law Directive 77/91/EEC of 13 December 1976 and an examination of the impact on profit distribution of the new EU-accounting regime – Main Report,* 2007, disponível, em http://ec.europa.eu/internal_market/company/docs/capital/feasbility/study_en.pdf.

KUBLER, Friedrich – *Derecho de Sociedades.* Madrid: Fundación Cultural del Notariado, 5ª ed. revisada y ampliada, 2001.

LABAREDA, João – *Das acções das sociedades anónimas.* Lisboa: AAFDL, 1988.

LACOMBE, Jean – *Les Réserves dans les Sociétés par Actions.* Paris: Éditions Cujas, 1962.

LEITE, Luís Ferreira – *Novos Agrupamentos de Empresas.* Porto: Athena, 1982.

LÉON SANZ, Francisco José – Las Cuentas Anuales de la Sociedad Anónima Europea. in *La Sociedad Anónima Europea – Régimen Jurídico Societario y Fiscal,* p. 815 e ss. Madrid/ Barcelona: Marcial Pons, 2004.

LIMA, Pires de/ VARELA, Antunes – *Código civil – Anotado – Vol. I.* (com a colaboração de M. Henrique Mesquita). Coimbra: Coimbra Editora, 1984.

LIMA, Pires de/ VARELA, Antunes – *Código civil – Anotado – Vol. II.* Coimbra: Coimbra Editora, 2ª ed., 1987.

LOLLI, Andrea – *Mandatory rules on financial situation, dividends distribution and fair value accounting in the EU IRFS/ IAS regulation.* Corporate Ownership and Control Journal. Disponível em http://papers.ssrn.com/sol3/papers.cfm?abstract_id=1539900, acedido em 4 de abril de 2013.

LOURENÇO, Ana Príncipe – *O impacto da lei nos custos de transação.* Lisboa: Universidade Católica Editora, 2004.

LOWRY, John/ REISBERG, Arad – *Pettet's Company Law: Company Law & Corporate Finance.* Harlow: Pearson, 4ª ed., 2012.

LUIS IGLESIAS, Juan/ GARCÍA DE ENTERRÍA, Javier – Las cuentas anuales de las sociedades anónima y limitada. in MENÉNDEZ, Aurelio (Dir.) – *Lecciones de Derecho Mercantil.* Navarra: Civitas/ Thomson, 2005.

MACHADO PLAZAS, José – *Perdida del capital social y responsabilidad de los administradores por las deudas sociales.* Madrid: Civitas, 1997.

MACHADO, José Carlos Soares – *A deliberação de confiança na apreciação anual da situação da sociedade,* in Revista da Ordem dos Advogados, Ano 55 (1995), Vol. II, p. 597 e ss.

MACHADO, José Carlos Soares – *A recusa de assinatura do relatório anual nas sociedades anónimas*, in Revista da Ordem dos Advogados, Ano 54 (1994), Vol. III, p. 935 e ss.

MACHADO, José Carlos Soares – *Sobre a justificação da recusa de assinatura do relatório e contas da sociedade*, in Revista da Ordem dos Advogados, Ano 56 (1996), Vol. I, p. 353 e ss.

MARQUES, Elda – *"Artigo 341º"* in *Código das Sociedades Comerciais em Comentário*. Vol. V. Coimbra: Almedina, 2012, p. 601 e ss.

MARTÍNEZ MARTÍNEZ, Maite – *Nuevas tendencias sobre el alcance del derecho de información en relación con las cuentas anuales, ejercitado por minorías cualificadas en sociedades anónimas cerradas: SSTS de 1 de diciembre de 2010 (RJ 2011, 1171), 21 de marzo de 2011 (RJ 2011, 2890), 21 y 30 de noviembre de 2011, y 16 de enero de 2012*, in Revista de Derecho de Sociedades, nº 38 (2012), Navarra: Aranzadi. p. 379 e ss.

MASSAGUER, José – *La distribución de dividendos a cuenta*, in Derecho de los Negocios, Ano 1 (1990), nº 1, p. 9 e ss.

MASSAGUER, José – *Los Dividendos a cuenta en la sociedad anónima: un estudio de los artículos 216 y 217 LSA*. Madrid: Civitas, 1990.

MEIRA, Deolinda Aparício – *A natureza jurídica da Cooperativa. Comentário ao acórdão do Supremo Tribunal de Justiça de 5 de Fevereiro de 2002 (Garcia Marques)*, in Revista de Ciências Empresariais e Jurídicas (Estudos sobre os Direitos

Cooperativos Galegos, Português e Comunitário), nº 7 (2006), Porto: ISCAP, p. 147 e ss.

MEIRA, Deolinda Aparício – *O direito ao retorno cooperativo*, in Cooperativismo e Economia Social, nº 32 (2009-2010), p. 7 e ss.

MEIRA, Deolinda Aparício – *O Regime Económico das Cooperativas no Direito Português – O Capital Social*. Porto: Vida Económica, 2009.

MENDES, Evaristo – *Lucros de exercício*, in Revista de Direito e Estudos Sociais, Ano XXXVIII (1996), p. 257 e ss.

MERLE, Philippe – *Droit Commercial – Sociétés Commerciales*. Paris: Dalloz, 13ª ed., 2009.

MESTRE, Jacques/ PANCRAZI, Marie-Eve – *Droit Commercial*. Paris: LGDJ, 25ª ed., 2001.

MIOLA, Massimo – Tutela de los acreedores en las sociedades de capital y técnicas alternativas. El debate entre la tradición europea continental y el punto de vista anglosajón. in *La Modernización del Derecho de Sociedades de Capital en España – Cuestiones pendientes de reforma – Vol. II*, p. 19. Navarra: Aranzadi, 2011.

MORAIS, Ana Isabel – Principais implicações da adopção do justo valor. in *O SNC e os Juízos de Valor – Uma perspectiva crítica e multidisciplinar*, p. 17 e ss. Coimbra: Almedina, 2013.

NAMORADO, Rui – *Introdução ao Direito Cooperativo. Para uma expressão jurídica da cooperatividade*. Coimbra: Almedina, 2000.

NUNES, Pedro Caetano – *A responsabilidade civil dos administradores perante os accionistas*. Coimbra: Almedina, 2001.

OLIVEIRA, Ana Perestrelo de – *Código das Sociedades Comerciais Anotado*. Comentário ao artigo 500º. Coimbra: Almedina, 2009.

OLIVEIRA, Helena Maria Santos de/ SOUSA, Benjamim Manuel Ferreira de/ TEIXEIRA, Alfredo Luís Portocarrero Pinto – A apresentação das demonstrações financeiras de acordo com o SNC. in *Sistema de Normalização Contabilística*, p. 41. Porto: Vida Económica/ ISCAP, 2010.

PAZ-ARES, Cándido – La Sociedad Colectiva. Posición del socio y distribución de resultados. in URÍA, Rodrigo; MENÉNDEZ, Aurelio – *Curso de Derecho Mercantil, Vol. I*, p. 599. Madrid: Civitas, 1999.

PAZ-ARES, Cándido – Las sociedades mercantiles. In MENÉNDEZ, Aurelio (dir.) – *Lecciones de Derecho Mercantil*. Navarra: Civitas/ Thomson, 2005.

PEREIRA, Sofia Gouveia – As prestações suplementares no direito societário português. Cascais: Principia, 2004.

PIMENTA, Alberto – *A prestação de contas do exercício nas sociedades comerciais*. Lisboa: s/ed., 1972.

PINTO, José Alberto Pinheiro – *Tratamento contabilístico e fiscal do imobilizado*. Porto: Areal Editores, 2005.

PINTO, José Alberto Pinheiro – *Tratamento fiscal das gratificações por aplicações de resultados*, in Contabilidade & Empresas, ICS nº 108640 (2010), nº 1, 2ª série.

PITA, Manuel António – *Direito aos lucros*. Coimbra: Almedina, 1989.

PITA, Manuel António – *Direito Comercial*. Lisboa: Edifisco, 2ª ed., 1992.

PREITE, Disiano – *La destinazione dei risultati nei contratti associativi*. Milano: Giuffrè Editore, 1988.

PUTZOLU, Giovanna Volpe – *I Consorzi per il Coordinamento della Produzione e degli Scambi*, Trattato di Diritto Commerciale e di Diritto Pubblico dell'Economia, Diretto da F. Galgano. Padova: Cedam, 1981, vol. IV, p. 317.

QUATRARO, Bartolomeo/ ISRAEL, Ruben/ D'AMORA, Salvatore/ QUATRARO, Gabriella – *Trattato Teorico-Pratico delle Operazioni sul Capitale*. Milano: Giuffrè Editore, 2ª ed., 2001.

RAMOS, Maria Elisabete – "Artigo 16º" in *Código das Sociedades Comerciais em Comentário*. Vol. I. Coimbra: Almedina, 2010, p. 281 e ss.

RAMOS, Maria Elisabete – "Artigos 7º a 9º" in *Código das Sociedades Comerciais em Comentário*. Vol. I. Coimbra: Almedina, 2010, p. 123 e ss.

RICHTER, Mario Stella jr. – Novo e novissimo regime dell'acquisto delle proprie azioni. in *Profili attuali di Diritto Societario Europeo*, p. 91. Milano: Giuffrè Editore, 2010.

RIPERT, G./ ROBLOT, R. – *Traité de Droit Commercial*. Volumes 1 e 2. Paris: LGDJ, 18ª ed., 2003.

RIVERO MENÉNDEZ, José Angel – *Restricciones legales a la aplicación del resultado en las sociedades de capital*. Madrid: Dykinson, 2000.

ROBERT, Paul – *Le Grand Robert de la Langue Française, Dictionnaire Alphabétique et Analogique de la Langue Française*. Vol. III. Paris: Le Robert, 12ª ed., 1989.

ROBERT, Paul – *Le Grand Robert de La Langue Française, Dictionnaire Alphabétique et Analogique de la Langue Française*. Vol. II. Paris: Dictionnaires Le Robert, 1989.

ROCHA, Luís Miranda – *A distribuição de resultados no contexto do Sistema de Normalização Contabilística: a relação com o Direito das Sociedades*. Trabalho realizado no âmbito do estágio para a Ordem dos Revisores Oficiais de Contas. Porto, 2011. Disponível em http://www.fep.up.pt/docentes/lrocha/A%20distribuicao%20de%20resultados%20no%20contexto%20do%20SNC.pdf.

ROCHA, Maria Victória – *Aquisições de acções próprias no Código das Sociedades Comerciais*. Coimbra: Almedina, 1994.

RODRIGUES, Ana Maria – *A aplicação do MEP em subsidiarias e associadas – Uma visão critica*. in *O SNC e os Juízos de Valor – Uma perspectiva crítica e multidisciplinar*, p. 215 e ss. Coimbra: Almedina, 2013.

RODRIGUES, Ana Maria – *O SNC e os Juízos de Valor – Uma perspectiva crítica e multidisciplinar*. Março de 2012. Disponível em http://www.uc.pt/feuc/documentos/destaqueDocs/Docs12/SNC/ana_maria_rodrigues_1_apresentacao.pdf, acedido em abril de 2013.

RODRIGUES, Ana Maria – *Resultado contabilístico vs. Lucro distribuível – Uma leitura crítica do nº 2 do artigo 32º do CSC*. Janeiro de 2012. Disponível, em http://www.oa.pt/upl/%7B897b67a2-3d2e-4c09-b5ce-2c45ec494e63%7D.pdf, acedido em abril de 2013.

RODRIGUES, Ana Maria/ DIAS, Rui Pereira – *"Artigos 65º a 70º-A"* in Código das Sociedades Comerciais em Comentário. Coimbra: Almedina, 2010, p. 759 e ss.

RODRIGUES, Ilídio Duarte – *A Administração das Sociedades por Quotas e Anónimas*. Lisboa: Petrony, 1990.

ROSSI, Guido – *Diritto agli utili e diritto alla quota di liquidazione*, in Rivista delle Società, Ano II – Fase 2 (1957), p. 272 e ss.

SAN PEDRO, Luis Antonio Velasco – EI tratamiento de las distribuciones a los socios. in *La Modernización del Derecho de Sociedades de Capital en España – Cuestiones pendientes de reforma – Vol. II*, p. 171. Navarra: Aranzadi, 2011.

SANCHES, J. L. Saldanha – As novas regras do Direito Contabilístico, *in Estudos de Direito Contabilístico e Fiscal*, p. 7 e ss. Coimbra: Coimbra Editora, 2000.

SANCHES, J. L. Saldanha – Os IAS/IFRS como fonte de Direito ou o efeito Monsieur Jourdain. in *Estudos Jurídicos e Económicos em Homenagem ao Prof. Doutor António de Sousa Franco*, Vol. II, p. 187 e ss. Coimbra: Coimbra Editora, 2006.

SANCHES, J. L. Saldanha – Problemas jurídicos da contabilidade. in AD VNO AD OMNES – *75 Anos da Coimbra Editora*, p. 469. Coimbra: Coimbra Editora, 1998.

SANCHEZ CALERO, Fernando – *Concepto de beneficio neto según la Ley de sociedades anónimas*, in Revista de derecho financiero y de la hacienda pública. 1971, p. 723 e ss.

SANCHEZ CALERO, Fernando – *Instituciones de Derecho Mercantil – Vol. I*. Madrid: Mc Graw Hill, 27ª ed., 2004.

SANCHEZ CALERO, Fernando – *La determinación y la distribución del beneficio neto en la sociedad anónima*. Roma/ Madrid: Consejo Superior de Investigaciones Científicas – Delegación de Roma, 1955.

SANCHEZ CALERO, Fernando / CEA GARCÍA, José Luis – *La propuesta de distribución de beneficios*. Madrid: Ministério de Economia y Hacienda, 1984.

SANTOS, Filipe Cassiano dos – *A Posição do Accionista Face aos Lucros de Balanço*. Coimbra: BFDUC/ Coimbra Editora, 1996.

SANTOS, Filipe Cassiano dos – *Estrutura Associativa e Participação Societária Capitalística*. Coimbra: Coimbra Editora, 2006.

SANTOS, Filipe Cassiano dos – O direito aos lucros no Código das Sociedades Comerciais (à luz de 15 anos de vigência). in *Problemas do Direito das Sociedades*, p. 185 e ss. Coimbra: IDET/ Almedina, 2002.

SCHMITTHOFF, Clive M. – *O papel das minorias e a protecção das minorias no direito inglês sobre sociedades* (tradução e notas de Alberto Pimenta), in Revista de Direito e Estudos Sociais, Ano 12 (1965), p. 58 e ss.

SERENS, M. Nogueira – *Notas sobre a Sociedade Anónima*. Coimbra: BFDUC/ Coimbra Editora, 1995.

SERRA, Adriano Vaz – *Anotação ao Acórdão do STJ, de 21 de Junho de 1979.* in Revista de Legislação e Jurisprudência, Ano 112º (1979), nº 3657, p. 377

e ss. e ano 113º (1980), nº 3658, p. 3 e ss.

SERRA, Catarina – *A responsabilidade social das empresas através do Direito (e o Direito à luz da responsabilidade social das empresas)*. in: AA.VV., Comunicações da I Conferência Ibero-Americana "Responsabilidade Social das Empresas – Percursos em Portugal", Centro de Estudos Sociais, 2010 (no prelo).

SERRA, Catarina – *Direito Comercial – Noções Fundamentais*. Coimbra: Coimbra Editora, 2009.

SILVA, Calvão – *Corporate Governance – Responsabilidade civil dos administradores não executivos, da comissão de auditoria e do conselho geral e de supervisão*. in Revista de Legislação e de Jurisprudência, nº 3940 (2006), Coimbra: Coimbra Editora, p. 31 e ss.

SILVA, Eusébio Pires da/ SILVA, Ana Cristina Pires da – *SNC – Manual de Contabilidade*. Lisboa: Rei dos Livros, 2ª ed., 2011.

SILVA, Gonçalves da – *O balanço e a demonstração de resultados*. Lisboa: Livraria Sá da Costa, 1973.

SILVA, Gonçalves da/ PEREIRA, Esteves – *Contabilidade das Sociedades*. Lisboa: Plátano Editora, 1999.

SIMONETTO, Ernesto – *I Bilanci*. Padova: Cedam, 1967.

SOUSA, Luís Alexandre Serras de – *Direito aos lucros nas sociedades anónimas desportivas – um verdadeiro direito?*, in Revista de Direito das Sociedades, Ano V (2013), nᵒˢ 1 e 2, p. 167 e ss.

STRAMPELLI, Giovanni – *The IAS/IFRS after the crisis: limiting the impact of fair value accounting on companies' capital*. in European Company & Financial Law Review (2011), p. 1 e ss.

TATO PLAZA, Anxo, *Concepto e caracteristicas da Sociedade Cooperativa (con especial rerefencia á sociedade cooperativa galega)*. in Cooperativismo e Economia Social, n.º 23 (2000/2001), Vigo: Universidade de Vigo, p. 39 e ss.

TATO PLAZA, Anxo, *Sustitución y Anulación por la sociedad de acuerdos sociales impugnables (contribución al estudio del art. 115.3 LSA)*. Madrid: McGraw-Hill, 1997.

TAVARES, Tomás Cantista – A interpretação jurídica da lei contabilística. in *O SNC e os Juízos de Valor – Uma perspectiva crítica e multidisciplinar*, p. 287 e ss. Coimbra: Almedina, 2013.

TEPEDINO, Gustavo / BARBOSA, Heloísa Helena/ MORAES, Maria Celina Bodin de – *Código Civil Interpretado – Conforme a Constituição da República – Vol. III*. Rio de Janeiro: Renovar, 2011.

TRIUNFANTE, Armando Manuel – *A tutela das minorias nas Sociedades Anónimas – Direitos Individuais*. Coimbra: Coimbra Editora, 2004.

TRIUNFANTE, Armando Manuel – *A tutela das minorias nas Sociedades Anónimas – Quórum de Constituição e Maiorias Deliberativas (e autonomia estatutária)*. Coimbra: Coimbra Editora, 2005.

ULMER, Peter – *Principios fundamentales del Derecho alemán de sociedades de responsabilidad limitada* (tradução de Jesús Alfaro Aguila-Real). Madrid: Civitas, 1998.

URÍA, Rodrigo – *Derecho Mercantil*. Madrid: s/ ed., 6ª ed., 1968.

URÍA, Rodrigo/ MENÉNDEZ, Aurelio/ GARCIA DE ENTERRÍA, Javier – La sociedad anónima: cuentas anuales de la sociedad y aplicación del resultado del ejercicio. in URÍA, Rodrigo; MENÉNDEZ, Aurelio – *Curso de Derecho Mercantil, vol. I*, p. 766. Madrid: Civitas, 1999.

URÍA, Rodrigo/ MENÉNDEZ, Aurelio/ GARCIA DE ENTERRÍA, Javier – La sociedad anónima: La acción en general. in URÍA, Rodrigo; MENÉNDEZ, Aurelio – *Curso de Derecho Mercantil, vol. I*, p. 815. Madrid: Civitas, 1999.

URÍA, Rodrigo/ MENÉNDEZ, Aurelio/ GARCIA DE ENTERRÍA, Javier – La sociedad anónima: principios fundamentales. in URÍA, Rodrigo; MENÉNDEZ, Aurelio – *Curso de Derecho Mercantil, vol. I*, p. 765. Madrid: Civitas, 1999.

VAN HULLE, Karel/ HELLEMANS, Frank – Belgian and European Accounting Law 30 years after the Fourth EC Directive – A route planner in a landscape scattered with (a growing number of) crossroads. in *The European Company Law Action Plan Revisited*, p. 209. Louvain: Leuven University Press, 2010.

VASCONCELOS, Paulo – *A perda grave do capital social*, in Revista de Ciências Empresariais e Jurídicas, n.º 10 (2007), Porto: ISCAP, p. 7 e ss.

VASCONCELOS, Paulo – *O Contrato de Consórcio no âmbito dos contratos de cooperação entre empresas*. Universidade de Coimbra – Coleção *Stvdia Ivridica*, nº 36. Coimbra: Coimbra Editora, 1999.

VASCONCELOS, Pedro Pais de – *A Participação Social nas Sociedades Comerciais*. Coimbra: Almedina, 2005.

VASCONCELOS, Pedro Pais de – *Responsabilidade civil dos gestores das sociedades comerciais*, in Direito das Sociedades em Revista, Ano 1 (2009), Vol. I, p. 11 e ss.

VÁZQUEZ CUETO, José Carlos – *La reforma del Régimen de las Cuentas Anuales de la sociedad de capital en concurso*, in Revista de Derecho de Sociedades, nº 38 (2012), Navarra: Aranzadi, p. 19 e ss.

VÉLAZ NEGUERUELA, José Luis – *El resultado en las sociedades de capital*. Barcelona: Bosch, 2002.

VENTURA, Raúl – *Direitos especiais dos sócios*, in O Direito, Ano 121º (1989), Vol. I, p. 207 e ss.

VENTURA, Raúl – *Dissolução e Liquidação de Sociedades – Comentário ao Código das Sociedades Comerciais*. Coimbra: Almedina, 2003.

VENTURA, Raúl – *Estudos vários sobre sociedades anónimas – Acções próprias (CSC, arts. 316º a 325º)*. Coimbra: Almedina, 1992.

VENTURA, Raúl – *Primeiras notas sobre o contrato de consórcio*, Revista da Ordem dos Advogados, Ano 41º (1981), p. 609 e ss.

VENTURA, Raúl – *Sociedades por Quotas – Comentário ao Código das Sociedades Comerciais – Vol. I*. Coimbra: Almedina, 1987.

VICENT CHULIÁ, Francisco – *Aplicación del resultado*, in Enciclopedia Jurídica Básica, Vol. I, p. 501. Madrid: Civitas, 1995.

VICENT CHULIÁ, Francisco – *Compendio Critico de Derecho Mercantil – Tomo I. (Vols. 1º e 2º)* Barcelona: Bosch, 3ª ed., 1991.

VICENT CHULIÁ, Francisco – *Introducción al Derecho Mercantil*. València: Tirant lo Blanch, 15ª ed., 2002.

VOUTSIS, Constantin – *La Distribution de Dividendes Fictifs – Conséquences pénales et civiles*. Paris: Pichon & Durand-Auzias, 1965.

WINTER (Relatório), Relatório do High Level Group of Company Law Experts, presidido por Jaap Winter, *A Modern Regulatory Framework for Company Law in Europe*. Novembro 2002. Disponível em http://ec.europa.eu/internal_market/company/docs/modern/report_en.pdf

WIRTH, Gerhard/ ARNOLD, Michael/ MORSHÄUSER, Ralf – *Corporate Law in Germany*. Munique: Verlag, 2010.

XAVIER, Vasco da Gama Lobo – *Anotação ao Acórdão do STJ, de 31 de Maio de 1983*, in Revista de Legislação e Jurisprudência, Ano 117º (1984), nº 3725, p. 252 e ss, nº 3726, p. 286 e ss e nº 3727, p. 312 e ss.

XAVIER, Vasco da Gama Lobo – *Anulação de deliberação social e deliberações conexas*. Coimbra: Atlântida Editora, 1975.

XAVIER, Vasco da Gama Lobo – *O regime das deliberações sociais no projecto de código das sociedades*. in *Temas de Direito Comercial*. Coimbra: Almedina, 1986.

XAVIER, Vasco da Gama Lobo – *Sociedade Anónima*, in POLIS – Enciclopédia

Verbo da Sociedade e do Estado, Vol. 5, p. 921 e ss. Lisboa: Verbo, 1987.

XAVIER, Vasco da Gama Lobo – *Sociedade Comercial*, in POLIS – Enciclopédia Verbo da Sociedade e do Estado, Vol. 5, p. 926 e ss. Lisboa: Verbo, 1987.

XAVIER, Vasco da Gama Lobo – *Sociedades Comerciais*. Coimbra: s/ ed., 1987.

XAVIER, Vasco da Gama Lobo/ COELHO, Maria Ângela – *Lucro obtido no exercício, lucro de balanço e lucro distribuível*, in Revista de Direito e Economia, Ano 8 (1982), nº 2, p. 259 e ss.

# JURISPRUDÊNCIA PORTUGUESA CONSULTADA

| Tribunal | data | relator | publicação | assunto |
|---|---|---|---|---|
| STJ | 5-Fev-1963 | Arlindo Martins | BMJ, 124 (1963), p. 719 | Nulidade da deliberação de distribuir lucros depois de retirar diversas verbas |
| STJ | 19-Abr-1968 | Gonçalves Pereira | BMJ, 176 (1968), p. 199 | Direito ao dividendo já votado |
| STJ | 9-Mai-1978 | Bruto da Costa | www.dgsi | Fim lucrativo da sociedade |
| TRL | 24-Nov-1978 | Pinto Furtado | www.dgsi | LSQ – art. 20º – Não retira à AG larga margem discricionária na distribuição |
| STJ | 21-Jun-1979 | Octávio Dias Garcia | BMJ, 288 (1979), p. 437 | Anulação de deliberação de não distribuição de lucros |
| STJ | 23-Jul-1981 | Rodrigues Bastos | BMJ, 309 (1981), p. 368 | LSQ – art. 20º – Só por unanimidade se pode deixar de repartir lucros |
| TRC | 30-Nov-1982 | Manuel de Oliveira Matos | CJ, 1982, V, p. 33 | As contas não têm que constar da ata; O direito ao lucro não é posto em causa por reservas livres |
| STJ | 18-Jan-1983 | Aníbal Aquilino Ribeiro | BMJ, 323 (1983), p. 398 | A deliberação de não distribuição de lucros só é eficaz se for unânime |

| STJ | 7-Jun-1983 | Magalhães Baião | www.dgsi | LSQ – art. 20º |
|---|---|---|---|---|
| STJ | 31-Mai-1983 | Corte-Real | BMJ, 327 (1983), p. 675 | Distribuição de lucros aos trabalhadores |
| TRC | 6-Mar-1990 | Fernando Costa | CJ, 1990, II, p. 45 | Deliberação que viola o 217 é anulável |
| STJ | 25-Oct-1990 | Brochado Brandão | www.dgsi | Direito a informação de sócio que tb é gerente; gratificações a funcionários |
| TRC | 2-Jul-1991 | Herculano Namora | CJ, 1991, IV, p. 89 | Deliberação que viola o 217 é anulável |
| TRE | 25-Jun-1992 | Raul Mateus | BMJ, 418 (1992), p. 891 | Prestação de contas – art. 67º CSC – ação contra a sociedade |
| TRL | 20-Out-1992 | Correia de Sousa | www.dgsi | Deliberação que viola o 217 é anulável |
| TRP | 2-Nov-1992 | Azevedo Ramos | BMJ, 421 (1992), p. 497 | Cessão de quota a favor da sociedade / falta de reservas |
| STJ | 7-Jan-1993 | Raul Mateus | CJ, STJ 1993, I, p. 6 | Não distribuição lucros – abuso de direito |
| TRE | 28-Jan-1993 | Geraldes de Carvalho | CJ, 1993, I, p. 270 | Prestação de contas – art. 67º CSC – não tem prazo |
| STJ | 22-Abr-1993 | Folque de Gouveia | www.dgsi | Prestação de contas – art. 67º CSC |
| STJ | 6-Jul-1993 | Miguel Montenegro | www.dgsi | Deliberação que viola o 217 é anulável |
| TRL | 7-Jul-1993 | Campos Oliveira | www.dgsi | Prestação de contas – sociedade civil irregular |
| TRL | 22-Mar-1994 | Azadinho Loureira | CJ, 1994, II, p. 91 | Anulabilidade de deliberação sobre contas por falta do relatório de gestão |
| STJ | 15-Mar-1994 | Ramiro Vidigal | www.dgsi | Prestação de contas – qualquer sócio pode pedir |
| TRL | 26-Mai-1994 | Nascimento Gomes | CJ, 1994, III, p. 103 | A participação dos administradores nos lucros não tem natureza de dividendo |

| STJ | 21-Jun-1994 | Machado Soares | BMJ, 438 (1994), p. 390 | Não distribuição da totalidade dos lucros / dano apreciável para o sócio |
|---|---|---|---|---|
| STJ | 28-Mar-1995 | Adriano Cardigos | BMJ, 445 (1995), p. 569 | Prestação de contas – art. 67º CSC |
| TRE | 6-Abr-1995 | Manuel Pereira | CJ, 1995, I, p. 261 | Prestação de contas – art. 67º CSC |
| STJ | 24-Abr-1995 | Raul Mateus | BMJ, 446 (1995), p. 302 | Falta do relatório de gestão / Anulação da aprovação das contas e aumento do CS |
| TRC | 16-Mai-1995 | Pereira da Graça | CJ, 1995, III, p. 28 | Deliberação que viola o 217 é anulável / gratificação à gerência |
| STJ | 26-Set-1995 | Fernando Fabião | www.dgsi | Prestação de contas – art. 67º CSC |
| STJ | 22-Nov-1995 | Herculano Lima | CJ, STJ, 1995, III, p. 113 | Prestação de contas – art. 67º CSC |
| STJ | 28-Mai-1996 | Costa Marques | www.dgsi | Deliberação que viola o 217 é anulável |
| TRC | 28-Mai-1996 | Cardoso Albuquerque | BMJ, 457 (1996), p. 459 | Prestação de contas – art. 67º CSC (e não 1014º CPC) |
| TRC | 1-Out-1996 | Nuno Cameira | BMJ, 460 (1996), p. 822 | Prestação de contas – art. 67º CSC (e não 1014º CPC) |
| STJ | 19-Nov-1996 | Machado Soares | CJ, STJ, 1996, III, p. 107 | Prestação de contas – art. 67º CSC |
| TRL | 13-Mai-1997 | Bettencourt Faria | CJ, 1997, II, p. 82 | Anulabilidade de deliberação sobre contas por relatório de gestão incompleto |
| TRP | 17-Jun-1997 | Afonso Correia | CJ, 1997, II, p. 220 | Invalidade de deliberação de aprovação de contas |
| TRL | 9-Out-1997 | Ponce Leão | www.dgsi | Só é fruto civil o resultado distribuído; as reservas não são frutos. Os frutos são bens comuns do casal |

| TRC | 11-Mar-1998 | Gil Roque | BMJ, 475 (1998), p. 787 | Gratificações aos gerentes que também são sócios |
|---|---|---|---|---|
| TRC | 13-Out-1998 | Távora Vítor | CJ, 1998, IV, p. 31 | Deliberação que viola o 217 é anulável |
| STJ | 26-Jun-1999 | Aragão Seia | www.dgsi | Prestação de contas – art. 67º CSC |
| STJ | 10-Jul-1999 | Noronha do Nascimento | www.dgsi | Fim lucrativo da sociedade |
| STJ | 28-Out-1999 | Abílio de Vasconcelos | www.dgsi | Fim lucrativo da sociedade |
| STJ | 7-Dez-1999 | Afonso de Melo | www.dgsi | Gratificações aos gerentes |
| TRC | 1-Fev-2000 | António Geraldes | CJ, 2000, I, p. 15 | Prestação de contas – art. 67º CSC |
| STJ | 16-Mai-2000 | Ribeiro Coelho | CJ, STJ, 2000, II, p. 61 | Prestação de contas – art. 67º CSC (e não 1014º CPC) |
| TRP | 23-Mai-2000 | Soares de Almeida | www.dgsi | Deliberação que viola o 217 é anulável; convocatória omissa |
| STJ | 20-Jun-2000 | Afonso de Melo | www.dgsi | Gratificações aos gerentes que também são sócios |
| TRC | 26-Set-2000 | Cardoso Albuquerque | CJ, 2000, IV, p. 24 | Cláusula de distribuição de lucros |
| TRP | 10-Out-2002 | Viriato Bernardo | www.dgsi | Deliberação de aprovação de contas |
| STJ | 8-Mai-2003 | Neves Ribeiro | www.dgsi | Deliberação de aprovação de contas; nulidade |
| STJ | 27-Mai-2003 | Afonso Correia | CJ, STJ, 2003, II, p. 69 | Invalidade de deliberação de aprovação de contas |
| STJ | 4-Mar-2004 | Ferreira de Almeida | CJ, STJ, 2004, I, p. 104 | Quórum deliberativo nas SQ's |
| STJ | 18-Mai-2004 | Lopes Pinto | www.dgsi | Cláusula de distribuição de lucros |
| TRE | 9-Nov-2006 | Abrantes Mendes | CJ, 2006, V, p. 245 | Deliberação social abusiva |

| TC | 30-Mar-2007 | Gil Galvão | DR de 25 Maio 2007 | Sociedades Unipessoais |
|---|---|---|---|---|
| TRC | 15-Mai-2007 | Hélder Roque | CJ, 2007, III, p. 7 | Nomeação judicial de membro do órgão de fiscalização a pedido da minoria |
| STJ | 26-Jun-2007 | Afonso Correia | www.dgsi | Deliberação de aprovação de contas |
| TCAS | 04-Dez-2007 | José Correia | www.dgsi | Subcapitalização |
| STJ | 7-Jan-2010 | Serra Baptista | www.dgsi | Prestação de contas – art. 67º CSC |
| TRG | 9-Mar-2010 | Rosa Tching | CJ, 2010, II, p. 272 | Cláusula de distribuição de lucros |
| STJ | 19-Mai-2010 | Soares de Oliveira | www.dgsi | Reservas; deliberação de não distribuir lucros |
| STJ | 12-Out-2010 | Urbano Dias | CJ, STJ, 2010, III, p. 119 | Cláusula de distribuição de lucros |
| STJ | 16-Dez-2010 | Garcia Calejo | CJ, STJ, 2010, III, p. 226 | Ações como bens próprios – incorporação de reservas |
| TRC | 21-Dez-2010 | Carlos Gil | www.dgsi | Cláusula de distribuição de lucros |
| STJ | 16-Mar-2011 | Oliveira Vasconcelos | CJ, STJ, 2011, I, p. 118 | Anulabilidade de deliberação sobre as contas por falta de informação |
| STJ | 22-Mar-2011 | Paulo Sá | CJ, STJ, 2011, I, p. 147 | Sociedade civil; momento do pagamento a definir pela administração |
| TRC | 12-Abr-2011 | Barateiro Martins | CJ, 2011, I, p. 51 | Distribuição necessária de lucros; ausência de deliberação |
| STJ | 10-Mai-2011 | Garcia Calejo | www.dgsi | Distribuição de lucros, restituição de lucros ou reservas |
| STJ | 31-Mai-2011 | Salazar Casanova | CJ, STJ, 2011, II, p. 83 | Dever da sociedade dominante compensar prejuízos da dominada; fé pública do relatório do ROC |

APURAMENTO E APLICAÇÃO DE RESULTADOS

| TRE | 15-Set-2011 | Mário Serrano | CJ, 2011, IV, p. 243 | O cônjuge do sócio não tem legitimidade para pedir prestação de contas |
| STJ | 9-Fev-2012 | Abrantes Geraldes | CJ, STJ, 2012, I, p. 69 | Invalidade da deliberação de aprovação das contas |
| STJ | 31-Mai-2012 | João Trindade | www.dgsi | Gratificações aos administradores, custo |

# ÍNDICE

| | |
|---|---|
| NOTA PRÉVIA | 7 |
| ABREVIATURAS | 11 |
| SUMÁRIO | 15 |
| PRÓLOGO | 17 |
| INTRODUÇÃO | 23 |

| | |
|---|---|
| CAPÍTULO I – O LUCRO COMO ELEMENTO CARACTERIZADOR DAS SOCIEDADES COMERCIAIS | 29 |
| 1. O lucro no contrato de sociedade | 29 |
| 1.1. Noção de contrato de sociedade | 29 |
| 1.2. O escopo lucrativo | 33 |
| 1.3. Confronto com figuras afins | 43 |
| 1.3.1. Agrupamento complementar de empresas | 44 |
| 1.3.2. Agrupamento Europeu de Interesse Económico | 49 |
| 1.3.3. Cooperativas | 52 |
| 1.3.4. Contrato de Consórcio | 62 |
| 1.3.5. Associação em Participação | 66 |
| 2. O lucro nas Sociedades Comerciais | 69 |
| 2.1. O fim lucrativo como limite da capacidade | 70 |
| 2.2. O direito dos sócios ao lucro | 73 |
| 2.2.1. O direito abstrato ao lucro | 73 |
| 2.2.2. O direito ao lucro final ou de liquidação | 76 |
| 2.2.3. O direito à distribuição periódica do lucro | 78 |
| 2.2.3.1. Introdução | 78 |

APURAMENTO E APLICAÇÃO DE RESULTADOS

|  |  |
|---|---|
| 2.2.3.2. No Código das Sociedades Comerciais | 82 |
| 2.2.3.3. Na *Ley de Sociedades de Capital* | 90 |
| 2.2.3.4. Confronto dos dois regimes | 93 |
| 2.2.4. O direito ao lucro deliberado | 95 |
| 2.3. As formas indiretas de participação nos lucros | 96 |
|  |  |
| CAPÍTULO II – O APURAMENTO DE RESULTADOS | 101 |
| 1. O apuramento anual da situação social – obrigação de dar balanço e de prestar contas anualmente | 101 |
| 1.1. A razão de ser | 101 |
| 1.2. O conteúdo da obrigação de prestação de contas | 105 |
| 1.3. O apuramento de acordo com as regras contabilísticas aplicáveis | 114 |
| 2. O processo de apuramento dos resultados do exercício | 118 |
| 2.1. A apresentação das contas | 118 |
| 2.1.1. A competência | 118 |
| 2.1.2. O prazo | 123 |
| 2.1.3. As consequências do incumprimento do prazo | 126 |
| 2.2. O controlo das contas | 131 |
| 2.2.1. Nas sociedades por quotas | 132 |
| 2.2.2. Nas sociedades anónimas | 134 |
| 2.2.2.1. Competências | 135 |
| 2.2.2.2. Conselho fiscal e Fiscal Único | 136 |
| 2.2.2.3. Comissão de auditoria | 138 |
| 2.2.2.4. Conselho geral e de supervisão | 140 |
| 2.2.2.5. Revisor Oficial de Contas e a certificação legal de contas | 141 |
| 2.3. A aprovação das contas | 144 |
| 2.3.1. A competência | 144 |
| 2.3.2. As consequência da não aprovação | 149 |
| 2.4. O depósito e a publicidade das contas | 152 |
| 3. A invalidade das contas | 155 |
| 4. Os resultados apurados | 165 |
| 4.1. Os resultados positivos. O lucro do exercício | 165 |
| 4.1.1. O apuramento do lucro | 165 |
| 4.1.2. Diferentes noções de lucro | 167 |
| 4.1.2.1. Lucro do exercício | 169 |
| 4.1.2.2. Lucro do exercício distribuível | 173 |

| | | |
|---|---|---|
| 4.1.2.2.1. | As Normas Internacionais de Contabilidade (NIC) e o "justo valor" | 175 |
| 4.1.2.2.2. | A adoção do Método da Equivalência Patrimonial (MEP) | 184 |
| 4.1.2.3. | Lucro de balanço | 189 |
| 4.1.2.4. | Lucro final | 190 |
| 4.2. Os resultados negativos. O prejuízo do exercício | | 192 |

## CAPÍTULO III – AS APLICAÇÕES DE RESULTADOS — 195

| | | |
|---|---|---|
| 1. As reservas | | 196 |
| 1.1. Noção de reservas | | 196 |
| 1.1.1. | Distinção de figuras próximas | 200 |
| 1.1.1.1. | Capital Social | 200 |
| 1.1.1.2. | Depreciações, amortizações, imparidades e provisões | 202 |
| 1.2. Tipos de reservas | | 206 |
| 1.2.1. | Reservas expressas e reservas ocultas | 206 |
| 1.2.2. | Reservas obrigatórias e reservas facultativas | 209 |
| 1.2.3. | Reservas de lucros, reservas de capital e reservas técnicas | 211 |
| 1.3. Reservas previstas no CSC | | 213 |
| 1.3.1. | A reserva legal | 213 |
| 1.3.2. | As reservas previstas no artigo 295º, nº 2, do CSC | 221 |
| 1.3.2.1. | Reserva de prémios de emissão de ações | 221 |
| 1.3.2.2. | Reserva de reavaliação | 225 |
| 1.3.2.3. | Reserva correspondente a bens obtidos a título gratuito, acessões e prémios | 229 |
| 1.3.3. | Sujeição destas reservas ao regime da reserva legal | 230 |
| 1.3.4. | Outras reservas previstas no CSC | 233 |
| 1.3.4.1. | Reserva por quotas ou ações próprias | 233 |
| 1.3.4.2. | Reservas por redução do capital social | 236 |
| 1.3.4.3. | Reserva por remissão de ações | 237 |
| 1.3.4.4. | Reserva por amortização de ações | 238 |
| 2. Os dividendos | | 239 |
| 2.1. Noção de dividendo | | 239 |
| 2.2. Repartição dos dividendos | | 241 |
| 2.2.1. | Valor a distribuir | 241 |
| 2.2.2. | Ações privilegiadas | 244 |

APURAMENTO E APLICAÇÃO DE RESULTADOS

|  |  |
|---|---|
| 2.2.3. Ações sectoriais | 247 |
| 2.2.4. Dividendo mínimo | 248 |
| 2.2.5. Dividendo máximo | 251 |
| 2.2.6. Dividendo garantido | 251 |
| 2.2.7. Ações de fruição | 253 |
| 2.3. Dividendos antecipados | 255 |
| 2.4. Titularidade do direito ao dividendo | 259 |
| 2.4.1. Contitularidade: solidariedade ativa e passiva | 261 |
| 2.4.2. Usufruto de participações sociais | 261 |
| 2.4.3. Penhor de participações sociais | 264 |

| | |
|---|---|
| CAPÍTULO IV – A DELIBERAÇÃO DE APLICAÇÃO DE RESULTADOS | 267 |
| 1. Noção de aplicação de resultados | 268 |
| 1.1. Aplicação de resultados e distribuição de bens aos sócios | 269 |
| 1.2. Aplicação de resultados e distribuição de lucros | 272 |
| 1.3. Aplicação de resultados e constituição de reservas | 273 |
| 1.4. Aplicação de resultados e gastos | 274 |
| 1.4.1. Participação dos trabalhadores | 280 |
| 1.4.2. Participação dos administradores | 282 |
| 1.4.3. Participação dos obrigacionistas | 284 |
| 1.4.4. Participação dos fundadores e promotores | 285 |
| 1.4.5. Associação em participação | 287 |
| 1.4.6. Conclusão | 288 |
| 2. Regras a que está sujeita a deliberação de aplicação de resultados | 291 |
| 2.1. Obrigatoriedade da deliberação | 291 |
| 2.2. A aplicação de resultados compete aos sócios | 292 |
| 2.3. Aprovação prévia das contas do exercício | 299 |
| 2.4. Respeito pela integridade do capital social | 300 |
| 2.5. Igualdade de tratamento entre sócios | 306 |
| 2.6. Distribuição de dividendos em dinheiro ou em espécie | 309 |
| 2.7. Restituição do que for indevidamente recebido a título de lucros | 312 |
| 3. Distinção de figuras afins | 316 |
| 3.1. Aplicação de resultados e operações sobre o capital social | 317 |
| 3.2. Aplicação de resultados e antecipação de dividendos | 320 |
| 3.3. Aplicação de resultados e distribuição de reservas disponíveis | 321 |
| 3.4. Aplicação de resultados e partilha do ativo na liquidação | 322 |

| | |
|---|---|
| 4. Síntese das prioridades a observar na aplicação de resultados | 323 |
| 4.1. Cobertura de prejuízos | 326 |
| 4.2. Constituição de reservas obrigatórias | 327 |
| 4.3. Distribuição de dividendos | 329 |
| | |
| CONCLUSÕES | 331 |
| Capítulo I – O lucro no contrato de sociedade | 331 |
| Capítulo II – O apuramento de resultados | 332 |
| Capítulo III – As aplicações de resultados | 334 |
| Capítulo IV – A deliberação de aplicação dos resultados | 336 |
| | |
| ABSTRACT | |
| Determination and allocation of results – in The Portuguese Company Code | 339 |
| | |
| BIBLIOGRAFIA | 345 |
| JURISPRUDÊNCIA PORTUGUESA CONSULTADA | 361 |